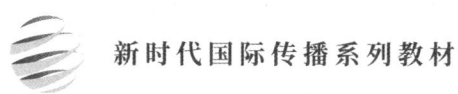

新时代国际传播系列教材

新时代国际传播案例教程

International Communication in the New Era: *A Casebook*

张淑燕　吴文汐　　
刘　婷　刘小晔　／编著

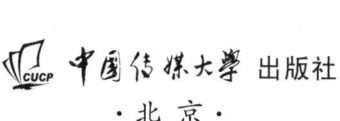

中国传媒大学 出版社
·北京·

序 言

改革开放以来，随着经济实力和综合国力不断提升，我国日益走向世界舞台的中央，站在世界的聚光灯之下。然而，我国的国际传播能力、国际话语权与国家的综合实力、国际地位不相匹配，在国际舆论场中"挨骂"的问题尚未得到根本解决，"西强我弱"格局仍未得到根本改变。因此，加强国际传播能力建设，增强国际话语权，是新时代中国特色社会主义现代化建设的一项重大而迫切的任务。党的十八大以来，党中央高度重视国际传播工作，习近平总书记就我国国际传播问题多次发表重要讲话，作出一系列指示。近年来，为深入贯彻落实习近平总书记重要指示精神，我国国际传播能力建设取得了长足进步。这主要表现为：传播主体日趋多样化，个体与跨国企业、民间组织在国际传播中发挥的作用越来越重要；由"借船出海"到"造船出海"，传播平台自主化程度逐步提高；主流媒体提升国际传播能力的紧迫感、使命感不断增强，"讲故事"的意识和能力得到强化，主动设置议题的意识和参与国际舆论竞争的自信明显增强，开展国际舆论斗争的能力得到提升；话语体系与渠道建设效果明显，传播方式不断创新，国际传播的优秀案例不断涌现。成功的实践探索只有经过及时的经验总结与学理归纳，才能为从事国际传播的工作者及研究者提供启发和参考。

环顾全球，世界百年未有之大变局加速演进，国际传播面临的挑战更加多样化和复杂化。人才是从容应对各种局面的基础，也是关键。2021年5月31日，十九届中央政治局就加强我国国际传播能力建设进行第三十次集体学习，中共中央总书记习近平在主持学习时强调，讲好中国故事，传播好中国声音，展示真实、立体、全面的中国，是加强我国国际传播能力建设的重要任务。我国要加强高校学科建设和后备人才培养，提升国际传播理论研究水平。为深入贯彻落实习近平总书记关于加强国际传播能力建设的重要指示精神，教育部高等学校新闻传播学类专业教学指导委员会于同年7月举办了"高校新闻传播院系骨干教师国际传播能力建设主题培训"。这次培训一方面强化了各高校新闻传播学科加强国际传播人才培养的意识，另一方面也促进了任课教师对提高国际传播教学效果的思考。在国际传播领域学者的共同努力下，国际传播教材建设成效显著，诸如北京大学程曼丽教授撰写的《国际传播学教程》、中国传媒大学李智教授撰写的《国际传播》等优秀教材，为国际传播教学提供了坚实的支撑。然而，因案例类教材相对匮乏，国际传播的案例教学环节较为薄弱，当前国际传播实践中不断涌现的成功范例未能在教学中得到充分展现。

东北师范大学传媒科学学院（新闻学院）高度重视实践教学和案例建设，秉持长期主义理念，自2020年起连续四年编撰出版《新闻传播学案例教程》，这为本学科领域的案例纵深开发、类别拓展以及案例教学实践作出了有益探索，也为本教程的写作提供了可资借鉴的经验。笔者长期从事国际传播及跨文化传播的教学工作，积累了较为丰富的教学资源。有感于国际传播案例教材的欠缺，为响应新闻传播学类专业教执委的号召，为满足加强国际传播人才培养的现实需求，笔者带领团队撰写了《新时代国际传播案例教程》一书。团队精选了近年来我国在国际传播领域的35个代表性案例，从专业角度进行深度解析。教材从案例选取到分析解读严把政治关，以习近平总书记讲话精神为指针，确保价值导向的正确性。

与同类教材相比，本教材具有以下特点：第一，案例新颖，覆盖范围广。案例涵盖政治、经济、文化各个领域，涉及主流媒体、企业、民间组织、个人等多样化主体，包括新闻报道、网络文学、影视剧、短视频、主题活动、教育项目等多种渠道和载体，与时代接轨，与现实同步，富有吸引力。第二，教材章节设置与当下通行的国际传播教材高度匹配。本教材的六个章节与北京大学程曼丽教授的《国际传播学教程》、中国传媒大学李智教授的《国际传播》等教材的相关章节内容框架高度契合，具体包括国际传播主体篇、国际传播控制及舆论引导篇、国际传播内容篇、国际传播渠道篇、国际传播受众篇、国际传播效果篇，能够为国际传播教学提供具有适用性的配套案例。第三，案例撰写体例适用于教学。每个案例包括导语、案例背景、案例描述、案例分析以及思考题五个版块，为教师结合知识点恰当选择及正确使用相关案例提供了便利。

前不久，"浙江宣传"微信公众号的一篇文章一针见血地指出了我国国际传播工作中面临的内宣化、浅表化、模板化、笼统化、碎片化等五大困难，并提出了创新、共情、真实、落细、合唱等五个方面的改进建议。《新时代国际传播案例教程》中的诸多案例恰恰体现了近年来我国国际传播实践在这几个方面所作的尝试和努力。这些非常接地气的真知灼见也提醒我们，高校培养的国际传播人才既要立场坚定、视野宽广，又要本领高强，富于创新精神，是可以相时而动、顺势而为的能讲、会讲中国故事的人。这样的人才能在讲好中国故事，传播好中国声音，提升我国国际传播能力的实践中发挥积极作用。希望《新时代国际传播案例教程》提供的鲜活案例能够为国际传播人才培养及从事国际传播实务的同仁提供有价值的参考。

张淑燕

2024年3月

目 录

第一章 国际传播主体篇 ……………………………………………………1
新华社 Twitter 账号：抢占海外社交媒体舆论引导高地 ……………………2
iChongqing 海外传播平台：地方媒体融入大外宣格局的典范 ……………11
华为云启动"全球抗疫计划"：用公益营销彰显负责任大国形象 …………18
藏族小伙丁真海外受追捧：打开国际网民认识西藏的新窗口 ………………23
"阿木爷爷"：以民间技艺展现中华传统文化魅力 …………………………30
全球化智库（CCG）：全方位发挥国际传播作用的实践探索 ………………35
全日本华侨华人社团联合会：架起中日交流桥梁，促进中国话语的接受与
　传播 …………………………………………………………………………44

第二章 国际传播控制及舆论引导篇 …………………………………51
《全球数据安全倡议》：构建新国际规则框架，守护全球数据安全 …………52
坚决向 BBC 说"不"：各方携手回击西方媒体的不实报道和蓄意抹黑 ……59
让"宝格丽"们放下傲慢：多方联动，有力回击辱华品牌宣传 ……………69
"新疆棉事件"：国际传播中的话语博弈 ……………………………………76
CGTN 智库民意调查：掌握议程设置主动权，有效引导国际舆论 …………83
云南象群迁徙事件报道：掌握舆论引导主动权，巧妙展现中国生态建设成果 …93

第三章 国际传播内容篇 ……………………………………………102
习近平总书记海外署名文章：人类命运共同体理念的认知与认同建构 ……103
"40 years on"：借海外名人之口讲述中国改革开放 40 年成就 ……………112

《中国日报国际版周刊》头版插画：以画为媒，增强主流媒体国际传播的吸引力和传播力……118

　　从"盼盼""晶晶"到"冰墩墩"：跨文化传播视角下我国吉祥物符号设计及沟通策略的转向……127

　　《斗罗大陆》"出海"：融通中外叙事，传播中华文化价值观……136

　　YouTube平台Thomas阿福短视频走红："洋女婿"如何讲好中国故事……144

第四章　国际传播渠道篇……154

　　"秦兵马俑史密森尼数字教育"项目：开辟中华文化国际传播新渠道……155

　　Tik Tok抖音国际版：占据社交媒体本土席位，构建多元文化平等交流平台……163

　　建好中非民心相通渠道：以顶层设计推动中非媒体合作走深走实……174

　　"走进三星堆，读懂中华文明"：以文博主题活动向全球推广中华文化……180

　　芒果TV：锁定海外青年群体，打造国际传播自主渠道……187

　　起点国际：打造国际网络文学垂直社区，凝聚海外中华文化爱好者……196

第五章　国际传播受众篇……205

　　中国对非传播：深耕本土化，增进认知与好感……206

　　洞悉美国"Z世代"群体特征：精准传播中国声音……216

　　中国古装电视剧走红东南亚：立足受众需求，践行精准"出海"……225

　　中外文化交流互鉴的使者：来华留学生对中国文化的接受与认同……231

　　中国电影的对韩传播：接受偏好与策略探索……242

第六章　国际传播效果篇……253

　　《流浪地球》海外传播：诠释人类命运共同体理念，激发共情共鸣……254

　　中国国际进口博览会：意见领袖助力，突破圈层限制……260

　　北京冬奥会：创新符号表达，赢得关注和认同……268

　　中国城市海外网络传播效果：效果分化，特色致胜……274

　　中央企业海外网络传播效果：内容多元，成效显著……281

后　　记……289

第一章　国际传播主体篇

本章概述

国际传播主体是开展国际传播活动的发起者、组织者和过程控制者，是国际传播的最基本要素。随着国际传播形势的变化，政府、媒体、国际组织、跨国公司、个人等多元主体并存的格局形成了。各类主体借助不同渠道、平台和资源优势开展国际传播，丰富了国际传播的内容、形式以及文化内涵，增进了我国与世界的连接与融通。

本章选取的案例不仅关注国家和主流媒体在国际传播中的主体作用，也关注跨国企业、非政府组织及社交媒体平台中的个体在打通文化壁垒、改善国家形象、促进文化交流方面发挥的功能。这些案例旨在探究各类传播主体在国际传播中遵循的主旨，以及他们的传播内容生产和流通的模式，从而打开思考国际传播主体如何发挥作用的立体视域。

教学目标

使学生了解国际传播多元主体的构成及其多层次、多样化特征；全面分析各类主体如何通过创新传播形式、打造优质内容、构建立体传播渠道等方式达到更好地传递中国声音、提升国际传播效能的目的；激活多元主体参与国际传播的积极性及创新性。

学习建议

1. 通读相关国际传播教材的"国际传播主体"章节内容，回顾相关知识要点。

2. 扩展学习国家、媒体、跨国公司、国际组织等作为国际传播主体的功能表现，以及个人作为国际传播主体的细分定位和差异化的内容生产特点，为深入理解案例、认知国际传播主体构建的新传播格局奠定基础。

3. 查找典型的多元主体参与国际传播的案例，结合所学专业知识进行解读。

新华社 Twitter 账号：抢占海外社交媒体舆论引导高地

导语

随着移动互联网的发展与普及，社交媒体平台逐渐成为国际传播的重要渠道。面对复杂多元的国际舆论环境，世界各国的主流媒体纷纷入驻 Twitter、Facebook、YouTube 等知名社交媒体平台，在国际舆论场中抢占话语权。2012 年，新华社在 Twitter 上开设账号以开展国际传播活动。本案例以新华社 Twitter 账号为例，详细分析其在 Twitter 平台上通过创新报道形式、打造优质内容、结合宏观与微观叙事视角、及时主动设置议题、扩大共通意义空间、联动多元主体等方式讲好中国故事的具体实践，为我国主流媒体"借船出海"以提高国际传播效能提供经验。

一、案例背景

近代以来，中国一直处于"西强我弱"的国际传播格局，以英美为首的西方国家依靠自己强大的媒体机构，如 BBC、CNN、美联社、路透社、《卫报》、《纽约时报》、《泰晤士报》等，以及成熟的传播学学科与理论体系，在国际舆论场中牢牢占据话语权高地。我国大众传播起步较晚，近年来虽然有所发展，但海外的媒体布局仍然势单力薄，设置国际议题的能力不足，中国形象被迫"他塑"。然而，以英美为首的部分西方国家及其媒体机构采用零和思维，对我国进行"污名化"和"妖魔化"报道，令国际社会对中国产生严重的误解与偏见，阻碍了中国故事的传播。习近平总书记多次强调，"加强国际传播能力建设，全面提升国际传播效能，形成同我国综合国力和国际地位相匹配的国际话语权"；"加快构建中国话语和中国叙事体系，讲好中国故事、传播好中国声音，展现可信、可爱、可敬的中国形象。"[①] 面对复杂的国际舆论环境和日趋激烈的国家间话语博弈现状，主流媒体积极响应国家号召，积极提升对外传播能力。

互联网特别是移动互联网的普及促进了社交媒体的快速崛起。因具有连通性、互动性、即时性、海量性等特点，社交媒体成为人们获取新闻信息最重要的渠道之一。《2023 年全球数字报告》显示，目前全球有 47.6 亿社交媒体用户，占全球总人口的 59.4%。[②] 随着社交媒体在全球范围的纵深发展，国际传播环境也发生深刻变化，社

---

① 新华社. 二十大报告（全文）[R/OL]. (2022-10-25) [2023-11-29]. https://mp.weixin.qq.com/s/jJQCOwmhav5HbRhXxNGZWQ.

② 199IT 互联网数据中心. 2023 年全球数字报告 [R/OL]. (2023-04-14) [2023-11-29]. https://mp.weixin.qq.com/s/1QwCa3JR1OtX0X8cogz1Hg.

交媒体平台成为国际传播的重要渠道，对它的利用和掌控能力直接关系国家形象的塑造效果。近年来，众多国际主流媒体如 BBC、CNN 等纷纷在以 Twitter、Facebook、YouTube 为代表的国际知名社交媒体平台上开设账号，积极开展国际传播活动，抢占舆论阵地。面对复杂的国际传播环境和我国对外传播的实际需求，国家级主流媒体如新华社、《人民日报》、中央广播电视总台等抓住机遇，纷纷"借船出海"。

二、案例描述

作为中国国家通讯社和世界性通讯社，新华社于 2012 年 2 月入驻海外社交媒体平台 Twitter，目前开设了主账号 China Xinhua News（@XHNews）和分账号 New China 中文（@XinhuaChinese）、Xinhua Sports（@Xinhua Sports）、Xinhua Culture&Travel（@XinhuaTravel）、China Xinhua Sci-Tech（@XHscitech）等。新华社 Twitter 主账号自开设以来，粉丝量、推文量等各项指标都在逐年增长，截至 2023 年 11 月，其粉丝数量共计 1,199.2 万，共发布推文 26.74 万篇。

新华社 Twitter 账号坚持公共媒体为公众利益服务的原则，以"不追求企业利益，不追求意识形态污名化和政治偏见的压力"为价值导向，以"洞察中国、放眼全球"为基本定位。[①] 它发布的信息以中国新闻为主、国际新闻为辅，涵盖政治、经济、文化、科技等各个领域。[②] 在"一带一路"国际合作高峰论坛举办期间，新华社 Twitter 账号对该峰会进行了全面及时的报道，通过设置议题，让世界人民了解"一带一路"倡议的政策主张，感受古丝绸之路的文化魅力。在新冠疫情期间，针对一些美国政客故意抹黑中国、转嫁矛盾的行为，新华社 Twitter 账号发布动画短片《病毒往事：中美疫情对话》，以"兵马俑"与"自由女神"围绕疫情的对话，犀利且生动地揭示中美双方对待疫情的不同态度及其背后隐含的理念差异，强调中国政府采取积极防控措施是遵循"以人为本"理念作出的价值选择，得到了海内外网友的广泛认同。在"9·3"胜利日阅兵期间，新华社 Twitter 账号推出了一系列相关报道，并在 Twitter 平台进行现场同步直播，为全球用户提供第一手新闻资讯。

发展至今，新华社一直以先进技术为支撑，不断进行形式创新，探索多角度叙事，积极通过 Twitter 这一海外知名社交媒体平台发布全球新闻，让世界各地的用户及时获取新闻资讯，了解世界动态。同时，新华社 Twitter 账号还在一些国内外重大事件中积极设置议题，生产具有代表性的优质内容，发挥了强大的舆论引导作用，为塑造和提

---

① 缪晓娟，左为.如何利用境外社交媒体更有成效——以新华社在 Twitter 上的探索为例［J］.对外传播，2015（3）：62-64.
② 缪晓娟，左为.如何利用境外社交媒体更有成效——以新华社在 Twitter 上的探索为例［J］.对外传播，2015（3）：62-64.

升中国的国家形象提供了强大的助力。

三、案例分析

（一）创新报道形式，增强主流媒体国际传播效果

新华社 Twitter 账号充分把握并主动遵循社交媒体特性和用户使用习惯，以先进技术为支撑，积极探索报道形式创新，一改早期推文以文字为主的传统风格，综合运用数据可视化、互动新闻、动画漫画、现场直播、全景技术摄影等多种形式，使新闻报道更加生动有趣，增强了传播效果。

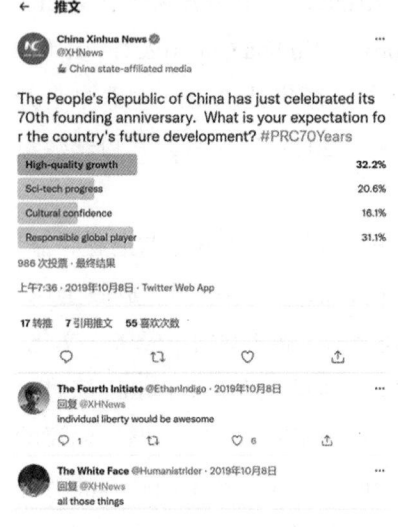

图 1-1　新华社 Twitter 账号发布海外受众"对中国未来发展的期待"调查结果

法国结构主义理论的代表学者罗兰·巴特指出，在视觉传播中，图像符号比文字符号更加深入人心。① 面对国外媒体对我国经济增长速度的指摘，新华社 Twitter 账号通过数据可视化的方式，将美、德、英、日四国的经济增长数据制成图表，与我国进行对比，将数据以更加直观的方式呈现给受众，提高报道内容的易读性、可感性和接受度。在"庆祝中国共产党成立 100 周年"的相关报道中，新华社 Twitter 账号发起投票，吸引了近千名海外受众参与"对中国未来发展的期待"的调查互动，并以图文形式对调查结果进行了直观展示（见图 1-1）。

在"9·3"胜利日阅兵的报道中，新华社 Twitter 账号运用 360panorama 技术发布现场全景图片，使受众沉浸式感受现场氛围，提高了受众对新闻的信任度，提升了报道效果。在新冠疫情期间，针对美国政客抹黑中国的相关言论和西方媒体的不实报道，新华社在 Twitter 上发布动画短片《病毒往事：中美疫情对话》，以"兵马俑"与"自由女神"的对话，犀利地呈现中美两国应对疫情的不同态度（见图 1-2）。《病毒往事：中美疫情对话》的动画创意源于一位名叫艾米·布罗姆奎斯特的瑞典网友，她以对比和反讽的手法在 Facebook 上发表帖文《中国是如何"欺骗"世界的？》，该帖文揭示了在疫情面前中国及其他亚洲国家表现的团结、理性、高效，以及西方国家的傲慢、反智和混乱。② 仅以图文形式传播难以形成强大的传播声量，新华社 Twitter

---

① 周珊珊，胡克凡. 新华社如何利用推特平台对外报道"9·3"胜利日阅兵［J］. 中国记者，2015（10）：116-117.
② 杨定都，黎藜. 讲好故事　把故事讲好——《病毒往事》动画走红海外社交媒体的启示［J］. 对外传播，2020（7）：68-69.

图1-2 动画短片《病毒往事：中美疫情对话》

账号巧妙地以动画形式对该帖文所述的真实内容进行改编。此动画短片一经播出，便迅速走红海外社交媒体平台，当天就获得152万余次观看，1.5万次转发以及2.8万次点赞，[①]还被CNN、ABC、路透社、《纽约时报》、《华盛顿邮报》等众多西方主流媒体转发。此外，新华社还在Twitter平台对"火神山"和"雷神山"医院的建设过程进行慢直播，对"一带一路"国际合作高峰论坛、北京冬奥会赛事、探索云冈石窟活动（见图1-3）等进行现场直播，以此吸引海外青年群体的目光。

总之，新华社Twitter账号通过创新报道形式，为受众提供了更加有趣的新闻体验，吸引了众多海外受众的关注和互动，也赢得了他们的信任与关注，提升了主流媒体的国际传播效能。

（二）坚持内容为王，打造外宣旗舰

对于媒体而言，技术始终是支撑，内容建设才是立足之根本。新华社Twitter账号作为我国重点新闻外宣媒体，它在国际传播中不仅注重技术在创新报道形式方面发挥的重要作用，而且坚持

图1-3 "探索云冈石窟，丝绸之路上1,500年历史的石雕宝藏"直播

内容为王，致力于将自身打造成与BBC、CNN相当的具有全球影响力的外宣旗舰媒体。

首先，新华社Twitter账号以公共性为内容创作导向，积极担负媒体的使命和责任。在新冠疫情期间，新华社Twitter账号基于国外受众对中国经济状况、民生状况以及中国疫情防控所采取的医疗措施等信息的需求生产内容，及时回应受众关切，推送了一系列涉及宏观经济政策、财税政策、民生政策以及企业复工复产、居民复动复出等的相关报道，在客观介绍疫情对我国经济造成的负面影响的同时，还强调科技在抗疫中发挥的重要作用，相关报道梳理了人工智能等新技术在疫情监测分析、患者行迹追踪、智慧物流监管、病毒源头查找、疫苗研发、红外热成像测温、境外口岸防控等方面的

---

① 韩彩彩.新华社《病毒往事》走红推特，这样的外宣才对味！[EB/OL].（2020-05-18）[2023-11-29].https://mp.weixin.qq.com/s/JdaTBMn2zp_x1sYgj-o8yQ.

应用，全面展示了中国对新冠疫情的科学防控，为全球疫情防控提供了中国方案与中国智慧。①

图1-4 新华社Twitter账号原创冬奥英文歌曲MV *You Are the Miracle* 海报

其次，新华社Twitter账号注重通过挖掘特色内容来打造优质产品。在中华人民共和国成立70周年之际，新华社Twitter账号将1949年10月1日开国大典典礼现场的珍贵历史影像素材重新剪辑并制作成短片在Twitter上发布，受到海外受众的广泛关注。②在北京冬奥会前夕，新华社Twitter账号综合利用现代科技符号和中国传统文化符号打造了原创英文歌曲MV *You Are the Miracle*，该MV以"京张高铁"为主要场景（见图1-4），这列高铁不仅是北京冬奥会的重点交通配套项目和雪友们喜爱的滑雪专列，而且是中国科技飞速发展的代表符号之一。此外，雪孩子、孙悟空、哪吒、葫芦娃等中国经典动画人物在该MV中与演唱者亲密互动，共同演绎"冰雪奇缘"。该MV以其独特性、趣味性在Twitter平台获得大量海外受众的喜爱。

当前，"西强我弱"的世界传播格局并没有从根本上改变，作为国际传播新渠道的社交媒体平台依然被美联社、BBC、《纽约时报》等发达国家的媒体机构掌控。新华社作为中国国家通讯社，自入驻Twitter以来，一直致力于通过发布优质内容赢得海外受众的认可与关注，逐步将自己打造成中国的外宣旗舰。

（三）宏观与微观视角互补，兼顾中国故事的深度与温度

宏大叙事多从国家命运、民族前途、政治博弈、社会变迁等角度出发，进行政治意识形态的生产；个体叙事则是一种"小叙事"、日常叙事和"地方化叙事"，多从个体经验的视角去书写人们日常生活中的世态人情和悲欢离合。③新华社Twitter账号的海外传播实践既采用传统的宏大叙事视角，坚守新闻报道的深度，又将焦点下移，使用个体叙事视角，为新闻报道增添温度。

首先，新华社Twitter账号聚焦国内外重大新闻事件，紧密跟进国家和世界发展趋

---

① 谭登科，马晓艳.如何向世界讲好中国抗疫故事——基于新华社推特账号的内容分析[J].文化软实力研究，2021（2）：56-66.
② 毛伟.重大主题新闻报道如何优化运用海外社交媒体平台[J].对外传播，2022（1）：63-67.
③ 姜小凌，张昆.话语·故事·价值：国际传播视阈下抗战电影的叙事维度[J].现代传播（中国传媒大学学报），2020（10）：43-49.

势。它不仅从宏大叙事的角度发布中国政府的重要决策、外交活动、国际合作等内容，展示中国在国际事务中的地位和影响力；而且从国际视野出发报道全球范围内的重大事件和热点问题，为海外受众提供客观、全面的新闻资讯。2023年11月24日，新华社Twitter账号对金砖国家领导人巴以问题特别视频峰会进行了全面报道（见图1-5）；同年11月29日，新华社Twitter账号对肯尼亚洪灾状况、受灾人员伤亡情况以及肯尼亚政府的应急措施进行了深入报道，让世界人民及时了解灾情（见图1-6）。

图1-5 新华社Twitter账号对金砖国家领导人巴以问题特别视频峰会进行报道

图1-6 新华社Twitter账号对肯尼亚洪水灾害进行报道

其次，新华社Twitter账号在关注世界前途命运的同时，还将视角聚焦普通人，为国外受众呈现更真实、全面、立体的中国。2023年11月29日，新华社Twitter账号发布了一篇关于我国盲人登山者成功登顶珠穆朗玛峰的报道（见图1-7），通过讲述这位登山者的故事，传递小人物勇往直前、永不放弃的精神，在引发众多海外受众情感共鸣的同时，也让各国人民感受到中国人的坚韧和毅力。此外，在疫情期间，新华社Twitter账号从"理性式话语"转换为"感性式话语"，更加关注小人物的大作为。它通过对驰援武汉的志愿者以及冲锋在前的广大医务工作者等平凡个体的报

图1-7 新华社Twitter账号对盲人登山者登顶珠峰进行报道

道，向海外受众展现了中国人民在灾难面前的团结一心和众志成城。①

（四）及时设置议题，把握社交媒体舆论引导先机

在"西强我弱"的国际传播格局中，我国经常处于被描述、被建构、被压制的地位，部分西方国家利用话语权及影响力优势，对我国进行"污名化"报道和舆论打击。面对日益激烈的国际舆论斗争，我国外宣媒体和相关机构不再仅仅被动回应，而是主动发声，通过积极设置议题，抢占舆论引导先机。

"我们不把中国故事讲好，别人就会替你讲故事。"近年来，为摆脱"他塑"的窘境，我国外宣媒体在海外社交媒体平台主动设置议题，把真正的"中国故事"讲给世界听，营造有利于我国发展的国际舆论环境。在"一带一路"国际合作高峰论坛举办期间，新华社 Twitter 账号对该峰会进行了全面及时的报道，通过设置议题，让世界人民了解"一带一路"倡议的政策主张。在新冠疫情期间，新华社 Twitter 账号积极主动向世界分享中国最新的研究成果和成功经验，为全球疫情防控提供中国方案和中国智慧；发布中国向其他国家派出医疗队、捐赠医疗防护物资等新闻，展现我国负责任大国的形象；讲述中国民营企业、民间团体及个人向疫情国家提供援助的故事，展现我国人民上下同心、共抗疫情的团结一致精神。②新华社 Twitter 账号对疫情相关议题的设置吸引了海外受众的广泛关注，他们纷纷留言赞扬中国抗击新冠疫情的态度和行动。

此外，面对部分西方国家对中国的恶意抹黑，以新华社为代表的主流媒体敢于正面交锋，以迅速且有力的回击揭穿谬误。例如在新冠疫情期间，部分西方政客捏造"中国病毒"谎言，挑动反华情绪，对我国国家安全、社会稳定以及海内外民众思想产生了恶劣影响。新华社 Twitter 账号主动出击，通过"Fight Virus""Fight Rumor""Fact Check"等标签主动设置议题，推出"疫情流言辟谣"系列报道。③其中最为典型的是《病毒往事：中美疫情对话》，该动画短片以诙谐幽默的形式有力反击了西方社会对中国的抹黑和诋毁，获得了海外受众的广泛支持与认可。

（五）注重融通中外话语，创造共通的意义空间

在国际传播中，不同国家之间存在语境和文化差异，而不同文明只有在交流对话的话语空间中实现相互融通，方能形成理解与认同。④新华社 Twitter 账号在进行国际传播时充分考虑不同国家、地区的差异，在报道中积极创造共通的意义空间，取得了

---

① 毛伟.海外媒体涉华新冠肺炎疫情英文报道研究［J］.青年记者，2020（21）：94-95.
② 谭登科，马晓艳.如何向世界讲好中国抗疫故事——基于新华社推特账号的内容分析［J］.文化软实力研究，2021（2）：56-66.
③ 谭登科，马晓艳.如何向世界讲好中国抗疫故事——基于新华社推特账号的内容分析［J］.文化软实力研究，2021（2）：56-66.
④ 赵平广，王子凯.企业的国际形象与国际声誉——塑造中外共通话语空间的问题与路径［J］.青年记者，2022（4）：108-110.

显著的传播效果。

在北京冬奥会期间,新华社 Twitter 账号的报道充分考虑其他国家的文化背景,利用国外受众熟悉的文化符号进行传播。比如新华社《全球连线》栏目在报道首钢滑雪大跳台时,称它的设计灵感来源于敦煌壁画飘带的形状,夜晚亮灯时跳台形状又有点像"水晶鞋"。①"水晶鞋"是西方广泛流传的童话故事元素,对于海外受众来说,相较于敦煌壁画飘带,他们会更容易理解和接受"水晶鞋"这个比喻,这就有效消除了传播中的文化隔阂。

面对美国政府"团结盟友"的外交政策及对我国的轮番抹黑言论,新华社 Twitter 账号模仿以揭露美国政治黑幕和政客丑态的热播美剧《纸牌屋》,制作了系列英语微电影《扯牌屋》(见图 1-8),并在 Twitter 等海外社交媒体平台播出。该系列微电影以美国受众熟悉的影视风格和故事情节,揭露美国政客抹黑中国的套路伎俩,海外总浏览量超千万,甚至引发了众多海外网友的"催更"。

此外,新华社 Twitter 账号发布的《病毒往事:中美疫情对话》利用美国公众喜爱的乐高玩具来打造该动画短片中代表美国形象的"自由女神",并采用西方人熟悉的美国口音进行配音。该动画短片一经发布,就引发了海外受众和西方主流媒体的关注。

图 1-8　新华社 Twitter 账号发布英语微电影《扯牌屋》

(六)联动多元主体,加大传播声量

Twitter 作为国际知名社交媒体平台,拥有来自世界各地的海量信息,新华社 Twitter 账号发布的推文想要脱颖而出并非易事。对此,新华社 Twitter 账号联动多元主体进行传播,提高自己的传播声量。这具体表现在两个方面:一是借助其他节点的转发,扩大报道的传播范围;二是让国际意见领袖参与内容生产,借助他们的影响力提高报道的可见度。

社交媒体时代,信息传播模式已然改变,用户的关系网络构成了信息传播的新基础设施,个体成为信息传播网络中的节点。② 鉴于此,新华社 Twitter 账号积极联动其他节点,依托其他节点的转发实现相关报道的裂变式传播。在庆祝中国共产党成立 100 周年和庆祝中华人民共和国成立 70 周年之际,新华社 Twitter 账号联动《人民日报》

---

① 杨凤娇,张贵徽.北京冬奥会的国际社交媒体平台传播策略[J].对外传播,2022(1):59-62.
② 彭兰.数字时代新闻生态的"破壁"与重构[J].青年记者,2021(14):4-5.

Twitter 账号、新华社"网红记者"个人 Twitter 账号、中国国际电视台 Twitter 账号等对相关报道进行转发与扩散，取得了良好的传播效果。

国际意见领袖是指在全球范围内具有广泛知名度和重要影响力的个人、组织或机构。新华社 Twitter 账号联动国际意见领袖进行相关内容的生产，借助他们的影响力提高传播声量。例如，面对西方社会对我国在新冠疫情背景下能否成功举办冬奥会的质疑，新华社 Twitter 账号报道了国际奥委会主席巴赫、联合国前秘书长潘基文、国际滑雪联合会前秘书长等知名人士对中国冬奥会筹办工作的评价，通过他们在评价中使用的"信心""成功""赞扬""奇迹"等积极词汇，传递中国冬奥会筹备工作正在有条不紊进行的消息，有力地消除了西方社会的疑虑。[①] 同时，该推文借助国际意见领袖的影响力获得了更多海外受众的关注。

四、总结

社交媒体的兴起为国际传播提供了一个全新的平台，对社交媒体的运用和掌控能力直接关系国家形象的塑造效果和国际影响力的提升效果。近年来，以新华社为代表的我国主流媒体纷纷"借船出海"，在以 Twitter 为代表的海外社交媒体平台积极开展国际传播活动，通过创新报道形式、打造优质内容、主动设置议题、联动多元主体等方式传播中国声音，向世界展示真实、立体、全面的中国。我国主流媒体在海外社交媒体平台的国际传播实践在一定程度上提升了我国国际传播效能和国际话语权。但不可否认，"西强我弱"的国际传播格局尚未改变，国际舆论斗争愈加激烈。因此，我国主流媒体要进一步加强自身国际传播能力建设，全面提升国际传播效能，尽快获得同我国综合国力和国际地位相匹配的国际话语权。

思考题

1. 结合社交媒体的特点，谈谈以 Twitter 为代表的社交媒体平台在国际传播中发挥的作用。

2. 新华社 Twitter 账号是如何解决国际传播中的文化折扣问题的？还可以通过哪些方式解决？

3. 新华社 Twitter 账号通过哪些方式增强国际传播效能？它"借船出海"的实践为我国其他媒体进行国际传播提供了哪些经验？

4. 新华社在海外传播中可能会遇到哪些挑战，如何应对这些挑战？

---

① 杨凤娇，张贵徽.北京冬奥会的国际社交媒体平台传播策略［J］.对外传播，2022（1）：59-62.

参考文献

[1] 缪晓娟,左为.如何利用境外社交媒体更有成效——以新华社在 Twitter 上的探索为例[J].对外传播,2015(3):62-64.

[2] 周珊珊,胡克凡.新华社如何利用推特平台对外报道"9·3"胜利日阅兵[J].中国记者,2015(10):116-117.

[3] 杨定都,黎藜.讲好故事 把故事讲好——《病毒往事》动画走红海外社交媒体的启示[J].对外传播,2020(7):68-69.

[4] 谭登科,马晓艳.如何向世界讲好中国抗疫故事——基于新华社推特账号的内容分析[J].文化软实力研究,2021(2):56-66.

[5] 毛伟.重大主题新闻报道如何优化运用海外社交媒体平台[J].对外传播,2022(1):63-67.

[6] 姜小凌,张昆.话语·故事·价值:国际传播视阈下抗战电影的叙事维度[J].现代传播(中国传媒大学学报),2020(10):43-49.

[7] 赵平广,王子凯.企业的国际形象与国际声誉——塑造中外共通话语空间的问题与路径[J].青年记者,2022(4):108-110.

[8] 杨凤娇,张贵徽.北京冬奥会的国际社交媒体平台传播策略[J].对外传播,2022(1):59-62.

[9] 彭兰.数字时代新闻生态的"破壁"与重构[J].青年记者,2021(14):4-5.

【作者:张淑燕 梅璐 陈维青】

iChongqing 海外传播平台:地方媒体融入大外宣格局的典范

导语

改革开放 40 多年来,我国一线城市的国际化步伐不断加快。一批走在国际化前列的城市主流媒体正在融入主体多元、层次立体的大外宣格局,进一步释放中国国际传播效能。本案例以重庆国际传播中心(又名 iChongqing 海外传播平台,下文简称 iChongqing)为研究对象,讲述地方媒体如何不断利用地方特色资源打造众多"小而精"的作品,并从平台搭建、渠道建设、内容模态、人才培养等维度总结分析 iChongqing 的对外传播实践,以期为地方媒体更好地发挥国际传播功能提供参考。

一、案例背景

在"西强我弱"的国际传播格局下,加强我国国际传播能力建设,大力推动国际传播守正创新，打造具有国际影响力的媒体集群，仍然是我国国际传播的重要任务。这需要充分调动各国际传播主体的力量，以中央主流媒体为中心，向地方主流媒体、跨国企业、国际非政府组织以及有影响力的个体等传播主体辐射，积极构建主体多元、层次立体的大外宣格局。目前，一些国际化程度较高的头部城市主流媒体正在融入大外宣格局。例如，湖南广播影视集团早在2018年就率先推出芒果TV国际版App，并探索出独一无二的国际传播"芒果模式"。浙江卫视通过设置《这十年·百名外国友人看浙江》栏目、举办"诗画江南 活力浙江"全球短视频大赛等活动，充分整合资源，聚焦地方特色，这些发出"中国声音"、讲好"浙江故事"的实践探索发挥了地方媒体在国际传播中的价值。总之，地方媒体的主动出击进一步挖掘了中国国际传播的潜力，让中国声音传得更广更远。同时，地方媒体的加入丰富了中国故事的内容，向国际社会展示了更加立体丰满的中国形象。

重庆是"一带一路"和长江经济带连接的节点城市，也是中国深化与东盟区域经济合作的重要枢纽。世界银行认为，在未来的15年至20年，重庆有能力也有机会成为一个全球化城市。[①]重庆作为潜力巨大的对外传播窗口，一直致力于推动与"一带一路"沿线国家以及其他国家的陆上、海上、空中及网上互联互通，加快构建城市对外传播新格局。重庆日报报业集团打造的iChongqing充分利用新兴媒体的对外传播优势，精准触达海外受众，与中央主流媒体形成互补之势，成为我国打造资源集约、结构合理、差异发展、协同高效的全媒体传播体系的有机组成部分。它在融合发展中形成了自身的特色发展模式，通过在平台搭建、内容生产、渠道和队伍建设等方面的创新深耕，成为地方媒体担当国际传播重任的佼佼者。

二、案例描述

为落实习近平总书记2016年视察重庆时提出的"建设内陆开放高地"要求，向全世界讲好重庆故事，展现丰富多彩、生动立体的重庆形象，2018年8月30日，重庆市委宣传部谋划建立了重庆国际传播中心，该中心设在重庆日报报业集团，并建立官方海外传播平台iChongqing。2020年5月，iChongqing改由重庆日报报业集团经营管理，政府与行业主体共同开展平台搭建及运营。经过5年的精心打造，iChongqing在国际传播中表现亮眼，取得了良好的成绩。2023年，iChongqing更新迭代为西部国际传播中心，将地方国际传播网络从文化旅游领域拓展至财经、传媒服务和出版领域。

首先，在内容制播方面，iChongqing依托专业采编团队生产大量优质稿件。2021

---

① 刘昊，尹佳，秦昕婕. "一带一路"倡议背景下重庆在国际媒体中的形象研究——基于43个国家及地区媒体数据源的分析[J]. 国际传播，2021（2）：88-96.

年，iChongqing 发布英文稿件近 2,000 条，原创视频 200 余条，海外社交账号矩阵发布近 4,000 条推文，视频 900 余条。iChongqing 通过制作发布高质量的作品，赢得了海外用户的广泛关注。

其次，在传播渠道拓展方面，iChongqing 自建英文网站 www.iChongqing.info，从海外用户兴趣出发，用地道的英语讲述重庆故事。iChongqing 在 Facebook、Twitter、Instagram、LinkedIn、YouTube 等海外头部社交媒体平台开设运营主账号，对网站内容进行二次分发，并根据各平台特点定制内容。同时，iChongqing 与 Google、Facebook、Youtube、Twitter 等海外互联网公司合作，运用数字营销手段，拓宽的内容分发渠道。[①]

丰富优质的内容与立体多维的传播渠道相结合，使 iChongqing 获得了良好的传播效果。2020 年 4 月 20 日，"重庆打造 iChongqing 城市外宣平台"实践案例在第二届中国机构海外传播十大杰出案例评选中位列第一。截至 2022 年年底，iChongqing 传播矩阵海外用户量超过 1,700 万，累计阅读量超过 30 亿次，海外用户互动量超过 3.93 亿次。2022 年，重庆市国际传播影响力升至全国第 6 位（见表 1-1），这与 iChongqing 的持续发力密不可分。

表 1-1 中国城市国际传播影响力榜单（2022）

排名	城市名称	评分（百分制）
1	香港	100
2	北京	71.57
3	上海	56.88
4	澳门	25.70
5	台北	23.22
6	重庆	17.06
7	武汉	14.25
8	深圳	12.68
9	西安	11.14
10	广州	10.83

资料来源：《2022 中国城市国际传播影响力指数报告》

---

① 陈冬艳. 用好移动互联网，推进重庆国际传播能力建设——重庆国际传播中心对城市外宣的路径探索 [J]. 传媒，2019（16）：20-22.

三、案例分析

iChongqing在短短几年内取得了良好的国际传播效果,一方面,这得益于多元主体协同管理的机制创新;另一方面,在平台运营层面,iChongqing践行以用户为中心的内容生产理念,建设多类采编队伍,创新传播渠道和报道形式,形成了独特的平台特色与核心竞争力。

(一)多元主体协同共建,充分释放平台国际传播效能

iChongqing海外传播平台积极联合多元主体共同建设,政府、市场与社会组织等多个主体被有机结合。它们充分发挥各自的主体优势与功能,为iChongqing走向国际化提供制度保障(见图1-9)。

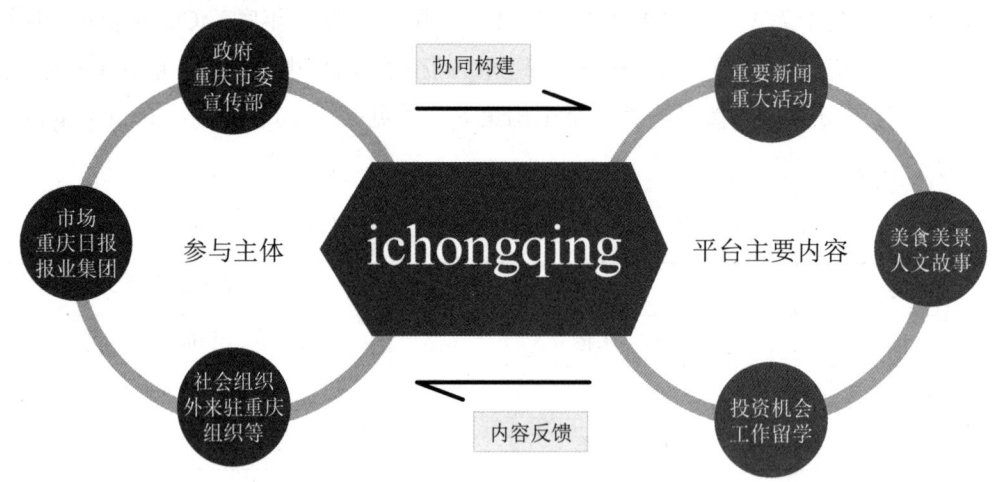

图1-9 iChongqing平台构建模式图
图片来源:iChongqing官方公众号

iChongqing开拓了多元主体协同共建对外传播平台的实践进路,平台既能在政府的主导下坚守大外宣方向,又能尊重传播规律,保持运营活力,基于不同分发渠道的特点生产相应的传播内容。在不断的探索中,地方政府与地方媒体集团协同融入大外宣格局的"重庆模式"形成了,这能保障平台释放更强的国际传播效能。

(二)多样呈现本土信息,贴近国际用户需求

在主网站设计上,iChongqing设置了丰富多样的信息板块,并对每个板块的内容进行分类,比如旅游、文化、商业、国际交流等,大大提高了用户获取信息的效率。基于国际用户的信息需求,平台采用全英文界面,提供旅游景点、签证办理等详细信息(见图1-10)。

图 1–10　iChongqing 网站首页导航（已翻译）
图片来源：iChongqing 官方网站

此外，除了积极贴近国际用户需求，iChongqing 还自觉地传播重庆本土文化，在主界面设置文化板块，在网页中设置"探索重庆"板块，详细介绍重庆的交通、美食、传统、历史等，并用具象化符号直观呈现内容，加深国际受众对重庆的多维了解，这些举措使其成为一个具有地方特色的国际传播平台（见图 1–11）。

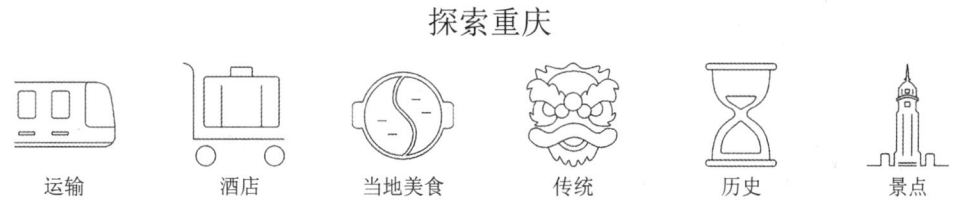

图 1–11　iChongqing 网站页面（已翻译）
图片来源：iChongqing 官方网站

（三）多种形式产出内容，强化平台与受众的互动

在表现形式上，iChongqing 灵活使用图文、长短视频、H5 等多媒体形式，内容呈现生动有趣，受众在沉浸式的视听环境中充分感受着重庆特色。iChongqing 以不同的报道形式诠释同一议题，以不同的视角全方位展示该议题，如针对"中国抗击新冠疫情"议题，iChongqing 不仅在"视频对话重庆老外"专题视频、《外籍记者播报》脱口秀栏目等模块更新内容以呼应议题，还策划了"加油中国，我们挺你！"系列活动，将各国友人支援中国的鲜活素材制成合集，发布在 YouTube、Facebook 等社交媒体平台，该视频合集被 CGTN（中国国际电视台）转载。iChongqing 还连线具有一定粉丝体量的海外意见领袖，用海外友人的视角共话疫情应对的中国举措和中国速度。由此可见，iChongqing 采用视频、连线互动、专访等多种形式围绕核心主题进行系统化叙事表达，

逐层深化阐释"中国抗疫反应迅速"这一中心议题。换言之，iChongqing以多样化的叙事方式，将一个个有关重庆、有关中国的故事进行创新化、深层次呈现，使国际社会看到一个更具特色的重庆与更全面的中国。

（四）建设多维对外传播渠道，打造"1+N+X"传播矩阵

在国际传播新格局中，主流媒体推进对外传播平台建设，既是顺应平台社会发展趋势的举措，又是区域媒体对外融合发展的路径选择。面对新的挑战与机遇，iChongqing不断创新传播实践，搭建"1+N+X"传播矩阵促进媒体融合，不断优化分发模式，在国际传播领域的影响力被进一步提高了。其中，"1"为www.iChongqing.info英文网站，内容从海外用户兴趣出发，用地道的英语讲重庆故事；"N"指在Facebook、Twitter、Instagram、LinkedIn、YouTube等代表性社交媒体平台运营iChongqing主账号，对网站内容进行二次分发，同时根据各平台特点定制大量内容；"X"即与Google、Facebook、Youtube、Twitter等海外互联网公司合作，运用数字营销手段，拓宽iChongqing的内容分发渠道。①

在自建平台的基础上，iChongqing积极融入国际传播生态，进一步深化"1+N+X"传播矩阵建设。在全球范围内，平台化深刻影响着人类社会的组织形式、经济结构与文化形态，使当前的国际传播格局加速进入全球平台传播时代。②在Facebook、Twitter等国际媒体平台，iChongqing官方账号的内容并非是对网站信息的简单分发，而是基于平台特性对内容进行二次加工，如同一内容在Twitter平台采用精要浓缩的短文字并配置图片，在YouTube平台则采用视频形式。不同平台的差别化内容呈现有利于满足不同用户的内容需求，在内容严谨性、全面性和趣味性之间取得平衡，这进一步提升了用户体验，增强了用户黏性。在满足用户深度阅读与便捷性获取信息两大需求后，iChongqing以搜索引擎优化技术开展数字营销，即通过与Google、Facebook、Youtube、Twitter合作，优化搜索排名及关键词、长尾词的相关指数设置，通过对重点新闻和长效内容的曝光展示实现引流。

从文字到图文再到视频以及搜索引擎优化，iChongqing在对网站内容进行二次分发的过程中，进一步增强了影像的交互性、情感性、娱乐性，更好地贴近海外受众需求。iChongqing借助社交媒体平台与用户进行互动，并为其呈现生动的内容，这不仅提升了用户的参与感，而且增强了自身的传播力。

（五）建设多类采编人才队伍，确保语际转换效果

语际转换（interlingual transform）是语言符号系统之间的换码（decoding），是指

---

① 陈冬艳. 用好移动互联网，推进重庆国际传播能力建设——重庆国际传播中心对城市外宣的路径探索[J]. 传媒，2019（16）：20-22.
② 田香凝，曾祥敏. 媒体深度融合背景下我国主流媒体的国际传播平台建设[J]. 中国编辑，2022（7）：23-28.

从一种语言转换到另一种语言,是一种语言的使用行为。在语际转换过程中,传播者不仅要打破语言壁垒,而且要注意语言在不同文化情境间的转化,避免因文化差异造成误传与误读。重庆具有深厚的地域文化底蕴,人们要想将之传播到国际舞台并被正确理解,对重庆本土文化的深厚理解与海外表达的熟练掌握这二者缺一不可。在采编人员的组成上,iChongqing 大量吸纳外籍人员与具有海外生活经验的华人。优秀采编人才的加入使得 iChongqing 生产的内容受到了广泛欢迎。如 iChongqing 的加拿大籍兼职审稿编辑王凯(英文名:Jorah Kai Wood)在 iChongqing 英文网站《老外抗疫日记》栏目发布的《凯哥日记》,以英文日记体记录自己在重庆抗疫期间居家隔离、新冠疫苗接种等生活片段,吸引了大量用户关注。《一位在渝加拿大人的抗疫日记——〈凯哥日记〉:向全球传播中国正能量》案例获 2020 年度中国对外传播十大优秀案例。iChongqing 还将《凯哥日记》集结成书,通过 iChongqing 网站和海外社交平台与全球用户分享,强化该案例的长尾传播效应,拓展了城市对外传播版图。

四、总结

在推进中国国际传播能力建设的过程中,对 iChongqing 这一重要对外传播主体的研究,可以为城市在国际传播中如何坚持国际视野、聚焦地域叙事、建设海外传播矩阵、提高国际传播能力等提供参考,开拓地方主流媒体进行国际传播实践的新思路。

在多主体、多层级的大外宣格局中,地方政府与区域主体正在成为国际传播的重要主体类型,这也是展示丰富、生动、立体中国形象的着力点。iChongqing 是由重庆地方政府主导的对外传播平台,地方政府通过与媒体合作、人才培养、内容生产创新、消除跨文化传播障碍等方式,践行重庆文化走向世界、地方故事融合传递的对外传播策略,该平台是地方主体与中央主体、全球视野与地方观照的有机结合。我国各级城市拥有极其丰富的地方知识与文化资源,激活多元主体的国际传播积极性与创造力,实现地方国际传播主体的跨区域联动、跨媒体合作、跨平台融合,是丰富中国故事、释放我国国际传播效能的有效途径。

思考题

1. 结合案例内容,你认为 iChongqing 海外传播平台的最大亮点是什么?它如何将这一亮点充分运用到国际传播实践?

2. 以 iChongqing 海外传播平台的架构与运营为例,谈谈基于地方的国际传播体系包含哪些要点。

3. 谈谈你所知道的其他地方政府或地方媒体的国际传播案例,从国际传播主体角度谈谈未来应该如何加强多元中华文化的国际传播能力建设。

参考文献

[1] 田香凝，曾祥敏.媒体深度融合背景下我国主流媒体的国际传播平台建设[J].中国编辑，2022（7）：23-28.

[2] 郝潞霞，孙雪梅.中国共产党"党管媒体"的历史考察及经验启示[J].思想理论教育导刊，2022（12）：68-77.

[3] 胡智锋，刘俊.主体·诉求·渠道·类型：四重维度论如何提高中国传媒的国际传播力[J].新闻与传播研究，2013（4）：5-24，126.

[4] 沈苏儒.对外传播的理论与实践[M].北京：五洲传播出版社，2004.

[5] 陈冬艳.用好移动互联网，推进重庆国际传播能力建设——重庆国际传播中心对城市外宣的路径探索[J].传媒，2019（16）：20-22.

[6] 刘肖.国际传播力：评估指标构建与传播效力提升路径分析[J].江淮论坛，2017（4）：172-177.

[7] 谭天，王晶晶.对外传播新媒体平台的构建与应用[J].对外传播，2012（12）：51-53.

[8] 王帆.在华外国人的媒介使用与效果研究——中国对外传播研究路径的再审视[D].上海：复旦大学，2012.

[9] 高钢.媒体融合：追求信息传播理想境界的过程[J].国际新闻界，2007（3）：54-59.

[10] 姬德强，黄彬."地方"国际传播：概念勘定与实践走向[J].全媒体探索，2023（6）：4-7.

【作者：刘小晔　刘婷　付榕　段丽华】

华为云启动"全球抗疫计划"：用公益营销彰显负责任大国形象

导语

近年来，公共外交理念的流行，使得包括企业在内的民间力量在国际传播中扮演越来越重要的角色，企业成为展现国家形象的重要载体之一。2022年，在央视举办的"中国品牌强国盛典"上，华为被授予"十大国之重器"荣誉称号。华为之所以获此殊荣，不仅因为它是中国科技发展的领航者，而且因为它是国家形象的代言人。随着国际环境变化，华为勇于承担社会责任，积极推进国际传播战略布局，依托其打造的全媒体平台，以跨国企业身份讲述精彩双赢故事。本案例以2020年疫情期间，华为云启动"全球抗疫计划"为例，解析中国企业如何以智能媒体技术助力全球抗疫。华为通过接地气的公益营销，在提升企业知名度和美誉度的同时，立体可感地展示有担当、负责任的国家形象，生动诠释我国倡导的人类命运共同体理念，这对跨国企业的形象塑造、口碑建立都具有借鉴意义。

一、案例背景

国家形象作为国家软实力的重要组成部分，是一个国家重要的无形资产。它体现着一个国家的综合实力和国际影响力，也彰显着一个国家在国际舞台上的角色魅力和精神气质。[①] 面对世界百年未有之大变局，国家形象的塑造与传播成为国际竞争的重要方面。近年来，随着经济全球化的不断发展，企业日渐成为活跃在国际舞台上的重要力量，也成为传递中国声音、展示中国形象的新窗口。

自 20 世纪 80 年代以来，公益营销成为备受企业青睐的营销策略。公益营销是以关心人的生存发展、社会进步为出发点，以公益性事件的发生为契机，与消费者进行沟通对话，以求在短时间内扩大自身知名度和影响力的营销方式。企业在进行公益营销过程中会产生公益效益，提升消费者对该企业的产品或服务的好感度，并在需要时优先选择该企业的产品或服务。[②]

随着中国经济的持续发展和中国企业数量及实力的日益增长，包括华为、海尔、联想、美的在内的一批企业不断成长壮大，并开启了进军海外之路，成为跨国企业。然而，在海外市场竞争日趋激烈的当下，我国的出海企业如何树立良好的品牌形象，获得更好的口碑，成为亟待解决的问题。[③] 公益营销的理念及实践为企业的海外竞争打开了新思路。经过不懈地探索与努力，这些企业通过成功的公益营销获得了其他国家消费者的认可，在当地站稳了脚跟。同时，企业形象的树立也会反哺国家形象，跨国企业成为海外民众感知中国形象的重要窗口。

二、案例描述

华为作为成功的民营企业之一，经过多年的打拼，不但成为中国科技发展的领头羊，而且成为拥有"中国红"信念的爱国榜样。在汶川地震、河南暴雨等突发灾难面前，华为捐赠巨额物资。2020 年，新冠疫情在全球范围暴发，华为主动承担社会责任，其旗下华为云计算平台启动"全球抗疫计划"，以智能媒体技术助力全球疫情防控与复工复产，展现企业的博大胸襟和我国负责任的大国形象，提升了中国的国际影响力。

2020 年 4 月 3 日，华为云宣布启动"全球抗疫计划"，免费开放 AI 医疗服务和相关云服务，助力全球抗击疫情。面向医疗领域，华为云将 AI 辅助筛查系统部署到菲律宾、厄瓜多尔、巴拿马等国家和地区的多家医院。面向教育领域，华为云携手合作伙

[①] 程曼丽. 信息全球化时代的国际传播 [J]. 国际新闻界, 2000 (4): 17-21.
[②] 舒咏平, 谷羽. 企业公益传播: 公益营销的超越 [J]. 现代传播（中国传媒大学学报）, 2012 (9): 94-97, 110.
[③] 胡正荣. 当代性与世界性: 国际传播效能提升的重要路径 [J]. 国际传播, 2022 (3): 1-7.

伴为学校和教育机构提供在线教育服务和优质便捷的教育资源，其推出的在线教育解决方案被印度尼西亚等国家采用。面向企业，华为云帮助企业业务上云，保证企业在疫情期间持续运营，并发起了"中小企业战疫援驰计划"，免费发放战疫云资源包。①

在本次华为云面向全球开放的服务中，华为云 EI 医疗智能体（EIHealth）是一套针对医疗领域的专业 AI 研发平台，主要涉及基因组分析、医疗影像、药物研发三大领域。在基因组分析领域，华为云 EIHealth 研发了病毒基因测序数据上云分析及检测试剂盒，各国医疗机构可申请使用多种研究工具进行病毒检测和抗病毒药物研发。在医疗影像领域，华为云推出 AI+CT 辅助诊断与量化分析服务，帮助医生快速、准确地获得 CT 量化结果，助力初筛患者，在解决医务人员紧缺、隔离防控压力大等困难的同时，大大提高了新冠患者排查的准确度和效率。在药物研发领域，华为云 EIHealth 利用大规模计算机辅助技术在数小时内完成抗病毒药物筛选工作。该服务集成了医药领域众多算法工具、AI 模型和自动化流水线，有助于全球各地的科研机构、制药企业快速完成大规模虚拟药物筛选。②在本次全球抗疫行动中，华为云的科技力量进入东南亚、拉美等区域，涉及疫情防控、医疗诊断、线上教育等多个领域，并取得了突破性进展，得到了多国认可。

三、案例分析

企业在国家形象建构与传播中扮演着重要角色，跨国企业作为重要的国际传播主体，通过在公共事件中的公益营销与传播，获得良好口碑，以此塑造国家形象。受众通过与企业的平等交流，在共鸣中感知其传达的内容所承载的意义，从而建立对某一国家的形象感知。疫情期间，华为云启动了"全球抗疫计划"，以企业身份积极贡献中国智慧，以企业形象彰显国家形象，履行了自身应尽的社会责任，肩负起树立可爱、可信、可敬的中国形象的使命。

（一）深耕企业文化，以企业精神彰显国家形象

在华为的企业理念中，爱国是基础。在 30 年的发展历程中，"心系中国，中华有为"是华为的初心与使命，也是贯穿整个企业的核心精神。华为的发展历程显示，人的变化、企业的变化始终与国家的发展紧密相连，华为践行自力更生的民族精神。面对内忧外患，任正非敢于打破常规，自强不息，率领华为人在自主研发的道路上砥砺前行，带领华为成为 5G 时代通信领域的弄潮儿，诠释了迎难而上、不惧挑战、独立自

---

① 雷锋网. 科技驰援全球抗疫，华为云做了什么？［EB/OL］.（2020-04-03）［2023-07-10］. https://baijiahao.baidu.com/s?id=1662959228158722209&wfr=spider&for=pc.

② 雷锋网. 科技驰援全球抗疫，华为云做了什么？［EB/OL］.（2020-04-03）［2023-07-10］. https://baijiahao.baidu.com/s?id=1662959228158722209&wfr=spider&for=pc.

强的民族精神。①

2020年，新冠疫情在全球范围暴发，华为云积极采取行动，在向国内外捐赠巨额物资的同时，利用自身技术优势，尽最大可能为世界各地用户提供优质便捷的教育、医疗等资源支撑，助力全球复工复产，在多领域、多方面贡献自身力量。其心系祖国、胸怀天下、无私奉献的企业情怀，不但树立了自身富有爱心和责任感的品牌形象，而且折射出我国积极践行人类命运共同体的理念，构建了无私奉献的负责任的大国形象。

（二）借助全球公共危机事件，以实际行动诠释人类命运共同体理念

火神山、雷神山10天交付，展现了中国基建狂魔的速度，而华为云则为火神山和雷神山搭建了最强有力的5G心脏。200多名华为人，3天无休，完成了5G网络搭建。5G网络组网完成实现了超高清远程会诊，所有病人的数据可以实现秒速上传。

在国内联合伙伴运用云、AI等创新技术抗击疫情方面积累了一定的实践经验后，华为云发挥技术优势，支持国际社会科技抗疫。随着"全球抗疫计划"的启动，华为云不但将国内成熟的技术和经验应用到多个国家的相关领域，为当地民众排忧解难，而且积极向所在国政府建言献策，提供有针对性的技术支持，以解决各地民众在生活、工作和学习中遇到的困难，在全球范围内贡献了中国智慧和中国方案。华为云此次实施的"全球抗疫计划"是对我国提出的人类命运共同体理念的生动实践，打开了我国国际传播的新窗口，彰显了我国在疫情面前有担当、负责任的大国形象，提升了我国的国际影响力。

（三）搭建各国专家对话平台，在服务国际社会中提高知名度

在助力国际社会抗疫过程中，华为云为意大利、厄瓜多尔、巴拿马、泰国和尼日利亚等国的多家医疗机构及公共场所部署了新冠辅助筛查和诊疗系统，并搭建了各国专家交流平台，我国相关工作人员与各国医疗及技术专家通过线上交流，可以了解这些设施的使用与运行情况，完善系统功能。双方以平等包容的方式协商对话，针对问题寻找更优解决方案，实现了相互信任与价值共创。

北京时间2020年4月2日下午，中山医院医疗专家团队通过视频连线与意大利那不勒斯省COLLI集团医院医疗专家进行交流。中山医院专家分享了新冠防控和救治经验，并解答了对方在抗疫中遇到的各种问题，华为超高清视频会议系统结合华为云Welink智能协作云服务，为本次会议提供了技术支持。同时，华为云紧急成立特别保障项目组，短时间内为意大利多家医院部署了华为高清视频会议终端BOX，结合Welink智能协作云服务，将互联网接入意大利的华为视讯平台，通过华为4K智慧屏输出超高清的会议画面，为即时高效的沟通交流提供了坚实的技术保障。华为云启动的

---

① 庄学敏. 基于华为的战略转型分析［J］. 科研管理，2017（2）：144-152.

"全球抗疫计划"也包括以技术优势为国际专家积极搭建对话平台,保障各国医疗信息的无障碍传输,华为以此树立兼具技术活力和责任担当的企业形象,提高了企业的国际知名度。

(四)加强受众切身体验,以"他塑"赢得国际社会认同

在华为云启动的"全球抗疫计划"中,华为秉持人类命运共同体理念,以自觉的担当向全球提供技术支持,助力各国复工复产,为后疫情时代全球经济的恢复作出了重要贡献。华为云这种身体力行、实实在在的善举使被援驰国家切实感受到中国企业的善意及中国无私奉献的民族精神。厄瓜多尔总统在 Twitter 上发文说:"感谢华为云对厄瓜多尔的贡献,帮助厄瓜多尔成为拉美地区第一个拥有新冠 AI 辅助筛查系统的国家。"美国纽约州州长在 Twitter 上代表纽约家庭表达了向华为捐赠物资的感谢。这些向华为表达的感谢不但提高了华为品牌的国际知名度,而且提高了华为品牌的美誉度,在全球抗疫取得成功之后,华为产品在相关国家的销量实现了大幅度增长。由此证明,公益营销能够推动企业自身价值的增长。

(五)打造全媒体传播矩阵,立体化讲述中国故事

华为在发展过程中十分注重利用新媒体技术提供传播新平台。2019 年,华为在延展产品品类的同时,不断拓展新的传播市场和空间,在社交平台上持续进行品牌推广。华为注重传播范围、频次和效度等综合影响力的构建,迄今为止,它已在 Facebook、Twitter、Instagram、LinkedIn 等多个平台布局国际传播账号,多渠道同时发力,与全球网友交流互动。华为从自身产品的定位和优势出发,依托短视频平台,通过生活化场景展现产品亮点,有效利用平台建立用户社区交流频道,与用户分享有价值的资源、产品及服务,有效提高了与海外用户的连接度,形成了自主性相对较强的传播矩阵,强化了国际传播效果。

2020 年,疫情的暴发与蔓延给各国人民带来了不安与惶恐。华为云逆流而上,利用技术优势,依托全媒体传播矩阵,向世界讲述中国政府在疫情面前不畏艰难、保护人民、积极承担责任的中国故事。华为充满人文关怀的创新叙事引起海外受众的广泛关注,引发了海外受众的共鸣,相关作品全网点击量迅速突破 5,000 万,为各国人民在中国抗疫故事中感受中国力量与大国担当提供了机会。

四、总结

跨国企业一直是国际传播的重要主体。它在为世界各地的消费者提供普适性、通用性、共享性产品的同时,也通过广告活动、公关活动传播文化观念和意识形态。在某种意义上,企业是一个国家形象在当地的代言人。对于像华为这样的跨国企业而言,如何讲好中国故事,讲好中国企业故事,既是企业实力的表现,又是企业应有的责任

担当。多年来，华为一直致力于通过塑造自身品牌形象、承载国家形象的实践，形成中国企业在国际传播中的"华为模式"，特别是华为云在疫情期间的公益营销传播，可谓教科书式的典范。"国际传播没有完成时，只有进行时"，中国企业是中华民族精神的书写和表达载体，华为在海外的表现，展现了中华民族不屈不挠、艰苦奋斗、与人为善的民族精神，也折射出有担当、负责任的大国形象。华为成为树立中国国家形象的亮丽名片。

思考题

1. 谈谈企业在国际传播与交流中的角色及其重要性。
2. 企业作为国际传播的主体之一，可以通过哪些途径和方式来塑造国家形象？
3. 华为在抗疫过程中如何通过开展公益营销塑造企业和国家形象？其塑造了怎样的国家形象？
4. 结合具体案例谈谈公益营销对于跨国企业的价值。

参考文献

[1] 程曼丽. 信息全球化时代的国际传播[J]. 国际新闻界，2000（4）：17-21.
[2] 叶皓. 公共外交与国际传播[J]. 现代传播（中国传媒大学学报），2012（6）：11-19.
[3] 胡正荣. 当代性与世界性：国际传播效能提升的重要路径[J]. 国际传播，2022（3）：1-7.
[4] 张帅. 科技驰援全球抗疫，华为云做了什么？[EB/OL]. （2020-04-03）[2023-07-10]. https://www.huaweicloud.com/cloudplus/ninthphase/detail04.html.
[5] 庄学敏. 基于华为的战略转型分析[J]. 科研管理，2017（2）：144-152.
[6] 米金升，田恬. 着力"公共外交"，以企业传播塑造国家形象——中国企业"走出去"的传播策略[J]. 中国记者，2014（10）：94-95.

【作者：刘婷　朱萍　张文静】

藏族小伙丁真海外受追捧：打开国际网民认识西藏的新窗口

导语

面对日益复杂的国际传播局势，名人成为国际传播的新窗口。2020年，藏族小伙丁真凭借一段16秒的视频在自媒体爆红，其因清澈的眼神、甜美的笑容，加之藏族所独有的文化气息获得海内外网友的大力追捧，也吸引了海外媒体的目光。美国新闻网站Next Shark、韩国Insight网站、日本ANN电视台等多家外国媒体对丁真进行报道,丁真籍此跨出国门,成为世界了解中国少数民族尤其是西藏民族文化、地域风情、人文风貌的重要载体。本案例对丁真作为典型人物如何充分发挥名人效应,进行柔性个体传播,配合主流媒体构筑强势传播矩阵,展现少数民族真实面貌,传播中华民族特色文化,树立多维立体中国形象等成功经验进行了总结。

一、案例背景

国际传播旨在加强民族、国家之间的跨文化信息交流与沟通。在大众媒体居主导地位的时代,政府、主流媒体是国际传播的重要主体。随着互联网技术的蓬勃发展,新媒体平台不断涌现,这为国际传播提供了新的渠道。在社交媒体场域,普通民众成为传播主体,一批具有独特魅力的普通人在时代红利加持下,成为富有影响力的网红。Twitter、Facebook等海外社交媒体中同样活跃着一批中国网红,他们从个体视角切入讲述中国故事,通过以小见大的方式和民众的日常生活讲述博大精深的中华文化,改变了以往主流媒体以说教为主的传播模式,增强了传播内容的可信性及文化感染力,使中华文化展现鲜活魅力。凭借拥有庞大的粉丝群,海外社交媒体平台中的中国网红扮演着民族文化传播者的重要角色。

乔舒亚·库珀·雷默在《中国形象——外国学者眼里的中国》一书中指出:"中国人与其他国家民众对'中国形象'的认知存在差异。"[①] 长期以来,信息接收渠道不畅,加之西方媒体的不实报道、蓄意抹黑,部分外国民众对我国西藏、新疆等少数民族地区存在刻板印象甚至错误认知,他们了解的形象与真实的中国少数民族形象存在极大的偏差。在"西强我弱"的世界传播格局中,我国的国际传播频频遇阻,传播效果大打折扣。例如,特朗普上台以来,伴随着美国在贸易、科技、外交上的打压,中国媒体在海外的业务拓展受到极大限制——从反制中国媒体的"政治宣传",到迫使中国媒体注册为"外国代理人",再到列入"外交使团"、限制驻美中国记者人员上限等。[②] 在这种不利状况下,我国亟须改变国际传播依赖主流媒体的现状,构建立体多维的传播矩阵,形成多元主体共同参与国际传播的新局面,通过更广泛的渠道、更多样的形象,改变外国民众心中消极的中国形象,塑造更加真实、立体、全面的中国形象和更加真实客观的中国少数民族形象。丁真作为独具中国少数民族特色、依靠自媒体爆红海外的现象级网红,成功地打开了中华文化尤其是西藏少数民族文化国际传播的新窗口,在改变国外受众对中国少数民族地区的刻板印象方面发挥了积极作用。

---

① 雷默. 中国形象:外国学者眼里的中国[M]. 沈晓雷,译. 北京:社会科学文献出版社,2008.
② 程曼丽. 西方国家对中国形象认知变化的辩证分析[J]. 对外传播,2021(3):4-7.

二、案例描述

2020年11月11日,一名摄影师在抖音平台发布了一条16秒的短视频(见图1-12)。视频中藏族小伙丁真迎着阳光,身着藏族传统服饰,眼神清澈纯净,面露微笑,令广大网友眼前一亮。丁真因此爆红网络,成功出圈。网友纷纷点赞,称其为"甜野男孩"。根据微热点大数据统计,11月11日至30日,丁真的热度指数达30.15,产生相关信息261.88万条。其中,微博平台信息量占比最高,达94.74%;客户端信息量占比达2.82%。丁真相关视频在网络上快速传播,在视频平台信息量排行中位列第3。

丁真随后开通微博,走进大众视野(见图1-13)。

图1-12　丁真走红网络视频截图

各地官方微博开启了一场以丁真为主角的"抢人大战",这又一次引起网民关注。主流媒体紧紧抓住流量密码,《人民日报》、中央广播电视总台等主流媒体的官方微博账号纷纷为其宣传造势,丁真从默默无闻的藏族青年一跃成为新生代网红。截止到2020年11月30日,丁真个人微博粉丝数超过100万,全网共产生与丁真相关的热搜170余个,从抖音短视频到新浪微博、从豆瓣到知乎,各大社交媒体平台都充斥着丁真的身影(见图1-14)。与此同时,以丁真为主角的双语旅游宣传片《丁真的世界》上映,该片以丁真为主角,以第一人称视角介绍其家乡四川甘孜。视频中,丁真身着藏族传统服饰,牵着一匹白马,悠闲徜徉在纯净的理塘美景中(见图1-15)。该宣传片在国内外同步上映,不但引发国内网民的高度关注,而且引发国外网民热议。

丁真凭借清澈的眼神和质朴的笑容在审美同质化的时代赢得一席之地,不但赢得国内网友的喜爱,而且收获大量海外粉丝。日本电视台以《因为太帅而成为观光大使,在社交网络上人气爆棚的19岁少年》为新闻标题,向日本社会介绍了丁真意外走红的经过,并分析了其为家乡带来的经济效益。外交部发言人华春莹在其个人海外社交平台上连发三条推文介绍丁真,海外网友纷纷在其推文下留言,如小伙眼神纯真,笑容可爱,希望有机会去他的家乡看看。除此之外,愈来愈多的外国媒体注意到这位中国新生代网红,他走在青藏高原的家门口,对着镜头羞涩微笑。《南华早报》如此描述丁真:黝黑的皮肤、大大的眼睛、长长的睫毛和浓密而凌乱的头发,这都是扎西丁真吸引人的特质。丁真作为中国少数民族网红成功出圈,收获越来越多的海外粉丝,世界的目光被汇聚中国四川,聚焦中国藏族同胞。

图1-13 丁真微博账号截图　　　　图1-14 丁真抖音账号截图

图1-15 双语旅游宣传片《丁真的世界》

丁真——一名默默无闻的藏族青年，一跃成为中国新生代国际网红，究其原因，除其本身所具有的独特魅力之外，媒体抢抓流量密码的行为也发挥了重要作用。作为多民族国家，中国的民族团结问题一直是国际社会关心的敏感话题之一。丁真作为一名藏族青年，其个人身份在国际舞台上的展露就足以聚焦国际媒体的目光，更在一定程度上迎合了海外受众对中国藏族的好奇心。同时，丁真的个人形象在国际舞台上的展现一改往日生硬晦涩的宣传式话语，通过小视角展现更为多元立体的中国藏族文化与人文形象，消除语言文化构筑的传播壁垒，更易为国际社会所接受。越来越多的海外受众通过丁真了解中国，丁真成为中华文化国际传播的新窗口。

三、案例分析

新媒体时代，网络名人凭借自身拥有的庞大粉丝群，巧借互联网的技术力量，成为国际传播的重要新生主体，肩负起对外传播中华文化的使命。名人作为国际传播的新主体，不但能在一定程度上破除异民族文化间的传播障碍，而且能依托人物符号的传播特性将异民族的历史、文化、地域、民族风情等通过生动鲜活的衣食住行进行展现，实现与外国受众的情感沟通与共鸣，规避文化差异和障碍，以润物无声的方式传播中国故事。藏族青年丁真作为新媒体时代的现象级网红，成为中国故事走出国门的又一张闪亮名片。在他成名的过程中，主流媒体抢抓机遇，自媒体更是以主流媒体的传播基调为导向，积极拓展多层次传播渠道，实现全媒体高效联动，自发打造国际传播矩阵，为新时代中国故事讲述者搭建了更大的舞台。

（一）充分利用名人效应，展现中国少数民族真实面貌

丁真出生于中国四川省甘孜藏族自治州理塘县，他凭借一张纯真朴素的笑脸在自媒体平台迅速走红，赢得了海内外网友的喜爱。全媒体时代，通过社交媒体平台发布短视频吸引粉丝的网红比比皆是，但他们未必都能取得丁真的成就，也不一定能赢得海外受众的认可。丁真的成功，原因在于他身上所蕴含的不同于大众审美的独特民族性。中国作为一个拥有56个民族的多民族国家，各民族平等、团结、互助、和谐一直是我国社会主义民族关系的基本特征，坚持民族平等、民族团结和各民族共同繁荣是我国处理民族关系的基本原则。正因为中华民族是统一的多民族国家，中华民族文化才异彩纷呈，具有不同于其他民族文化的独特魅力。但也正是由于中华文化博大精深、丰富多彩，它在国际传播中被蒙上一层神秘面纱。加之西方媒体对中国西藏地区的负面报道，西藏形象难以被真实展现。与此同时，由于政治体制、意识形态的不同，西藏的民族问题一直是西方媒体意图挑起纷争的敏感领域，也是海外受众不断探求真相的议题。

在数字技术快速发展的时代背景下，世界联系日益密切，俨然成为一个信息同步传播的"地球村"。中国作为具有庞大人口数量的发展中国家，在国际舞台上发挥着日益重要的作用。面对西方媒体的恶意抹黑和西方社会的质疑，增强国际传播能力、讲好中国故事是当务之急。十八大以来，党中央一直高度重视国际传播能力的提升，不断加强对外传播的话语体系建设，但诸多文化障碍的存在使得真正意义上的文化互通难以实现。讲什么样的中国故事，如何讲好中国故事，怎样让海外受众将中国故事听到心里，一直是加强国际传播能力建设面临的困难。

丁真作为国际传播场域的成功案例，极大发挥了网络名人效应，通过平台推流与

粉丝追捧，成为向世界展现真实中国藏族形象的重要媒介。作为少数民族网红，丁真身上所呈现的民族野性是其短视频爆火的重要原因。与此同时，通过对藏族人民日常生活细节和真实场景的记录，丁真的视频展现了川西藏区人民安宁幸福的生活面貌，满足了海外受众了解中国少数民族及其生活方式的需求。丁真出现在公众视野，成为海外受众了解我国少数民族的媒介。他身上散发的质朴纯真、充满阳光的青春魅力，赢得了海外受众的喜爱。这些内容的广泛传播，粉碎了西方制造的中华民族分裂的不实谣言，是对西方媒体虚假宣传的有力回击。

因此，利用名人效应打造独具特色的中国式网红，借新媒体之力，在国际传播场域为少数民族文化的传播争取一席之地，能够进一步提升中国的国际话语权，打破海外受众对中国少数民族的刻板印象。

（二）挖掘个体叙事价值，彰显中华文化魅力

德国学者卡西尔提出，人可以被抽象为"符号"，人的行为和人类的历史可以被抽象为"文化"。换言之，作为物理存在的人，其本身即符号。[1] 人物符号的塑造可以通过外在形象与内在修养两个方面，从而形成自身的风格特色。面对不同文化、不同语言造成的复杂的国际传播局面，独特的人物符号往往可以成为打开封闭大门的钥匙。

丁真在海外爆火的现象一定程度上展现了依托数字媒体平台的个体叙事的价值。丁真凭借其纯真的眼神和笑容，身穿红蓝相间的传统藏服，佩戴蜜蜡、绿松石等传统的藏族饰品，塑造了具有藏族特色的人物符号，激发了海外受众探究中华文化的浓厚兴趣。藏族文化作为独具特色的少数民族文化，既具有中华文化源远流长的历史传统，又具有自身独特的文化魅力，是中华文化中一颗璀璨明珠。社交平台个性化、生活化的个体叙事能够达到以小见大的效果。丁真以民族文化为突破，改变了中国在国际社会的单调形象，展现了中华文化的风采。

（三）拓宽传播渠道，探索中华文化柔性传播新模式

丁真成功破圈的主要手段是拓宽传播渠道，积极进行跨媒体传播。"跨媒体"一词最早由美国文化研究学者玛莎·金德于1991年提出，她用这一概念来描述影视作品中的形象角色出现在多个媒体平台上的现象。2008年，跨媒体叙事相关概念被引入中国。学者董乃斌指出："跨媒介叙事是指一个叙事行为在不止一种媒介中进行，一个叙事作品由一种媒介转换为另一种媒介，从而以不止一种形态出现在受众面前的情况。"[2]

丁真凭借在抖音平台发布的一条短视频一炮走红，之后他将这条短视频发布在Tik Tok（抖音海外版），开始走出国门，赢得海外粉丝青睐。除短视频平台的助推外，

---

[1] 王欢.论榜样文化社会舆论引导[J].人民论坛，2014（35）：158-160.
[2] 艾伦.新闻文化[M].方洁，陈亦南，牟玉涵，等译.北京：北京大学出版社，2010.

主流媒体抢抓机遇，与新媒体平台联动，以深度报道、追踪报道等形式，深入剖析这个藏族青年的内心世界，将丁真这一人物所代表的藏族文化、国家形象塑造得更加立体丰满，也是丁真走红的重要原因。同时，以丁真为主体的双语纪录片《丁真的世界》在国内外同步上映，自媒体与主流媒体联合发力，打造全媒体传播矩阵，通过跨媒介叙事将这一藏族青年的形象鲜活、生动地传递给海外受众，将其代表的独具特色的藏族文化内涵全方位地传递出去，借丁真之口讲述更为真实生动的藏族故事。

社交媒体为中华文化的多层次、多渠道传播创造了技术条件，全媒体平台的综合运用，可以打造民族文化传播矩阵，拓展民族文化交流的范围与层次，实现中华文化的柔性传播。

四、总结

一个物质强大但话语羸弱的民族，不可能屹立于世界民族之林。[①] 面对百年未有之大变局，藏族形象的塑造与对外传播对于弘扬中华文化、改变世界对西藏问题的刻板印象意义重大，也是中国树立文化自信、提高国际话语权、增强中华文化的国际传播能力、塑造可信、可爱、可敬的国家形象的题中应有之义。少数民族正面形象的国际传播需要全社会联合发力，主流媒体引领好藏族外宣工作的正确方向，发挥内容优势，深入挖掘藏族的人文内涵，树立正面的民族形象。自媒体发挥平台优势，全力挖掘草根网红作为传播主体的潜力，展现藏族特有的民族魅力，激发社交平台传播的活力，与主流媒体平台联合发力，实现同频共振，进一步提升优秀民族文化国际传播的影响力，以及少数民族文化的感召力和亲和力。

思考题

1. 丁真作为中国少数民族文化的名人载体成功破圈的关键是什么？

2. 除本案例外，你还能想到哪些国际传播的名人案例？其成功的因素有哪些？与本案例有何异同？

3. 在当前形势下，如何讲好中华民族故事，才能更好消除西方媒体蓄意抹黑造成的负面影响？

参考文献

[1] 程曼丽.我国国际传播理论研究的课题指南——学习习近平总书记"5·31"重要讲话获得的启示[J].中国记者，2021（7）：20-23.

[2] 夏康健，崔士鑫.习近平总书记关于推进国际传播能力建设重要论述的发展脉络和深刻内涵

---

① 陈曙光.论国际舞台上的话语权力逻辑[J].马克思主义与现实，2021（1）：35-40.

[J].中国出版,2021(13):8-13.
[3]雷默.中国形象:外国学者眼里的中国[M].沈晓雷,译.北京:社会科学文献出版社,2008.
[4]王欢.论榜样文化社会舆论引导[J].人民论坛,2014(35):158-160.
[5]艾伦.新闻文化[M].方洁,陈亦南,牟玉涵,等译.北京:北京大学出版社,2010.
[6]程曼丽.西方国家对中国形象认知变化的辩证分析[J].对外传播,2021(3):4-7.
[7]陈曙光.论国际舞台上的话语权力逻辑[J].马克思主义与现实,2021(1):35-40.

【作者：刘婷 孙源源 王祥玲】

"阿木爷爷"：以民间技艺展现中华传统文化魅力

导语

随着全球化进程的加速以及我国综合国力的提升，讲好中国故事，传播好中国声音，向世界展示和传播优秀文化艺术等，成为提升我国文化软实力的重要举措。传统主流媒体在国际传播中取得良好成绩的同时，社交媒体中以个人为代表的民间国际传播力量不断壮大，作用日益凸显。其中，"阿木爷爷"就是当下我国国际传播的一个典范。本案例将基于国际传播视角，分析"阿木爷爷"在国际传播中的爆火现象，从主题定位、内容制作、呈现方式以及文化认同等维度探析民间个体作为文化交流的使者如何发挥国际传播的主体作用，为全面、立体讲好中国故事探寻新路径。

一、案例背景

最早的国际传播活动是由个人开启的。历史上，个人一直是跨境信息传播的最常见的载体。20世纪70年代以来，随着个人化信息传播科技的发展，个人在国际传播中扮演的角色越来越重要。对于作为国际传播主体的个人而言，互联网的兴起和广泛使用具有里程碑式的意义，个人从国际传播的弱势主体转变为同主权国家、跨国公司和国际非政府组织并立的等势主体。①尤其在社交媒体中，以个人为代表的民间国际传播力量不断壮大，作用日益凸显，"李子柒""滇西小哥""美食作家王刚"和"办公室小野"等一批备受国外网友关注的中国网红涌现。"阿木爷爷"是近年来活跃在海外社交媒体上的国际传播的代表个体之一，他以民间匠人的身份，通过创作独特的视频内

---

① 李智.国际传播(第3版)[M].北京：中国人民大学出版社,2023.

容，在讲好中国故事、传播中华文化方面取得了显著成绩。① 截至 2023 年 12 月，他的 YouTube 频道拥有超过 175 万的订阅者，视频播放量接近 4 亿次。

中华民族拥有悠久的历史和灿烂的文化，从唐诗宋词到传统美食和服饰等多姿多彩的文化元素不仅为民间人士做好国际传播提供了丰富的创作素材，也成为推动国际传播创新的内在动力。目前，在 Twitter 和 Facebook 平台，粉丝排名靠前的中国网红有"李子柒""手工耿""滇西小哥"和"办公室小野"等，他们通过差异化的定位和独特的内容输出，分别从传统文化、创意发明、地方美食和现代生活的角度，展现丰富多彩的中华文化，呈现真实立体的中国形象，增进国际社会对中国的理解和认同。

2014 年 10 月 15 日，习近平总书记在文艺工作座谈会上讲话强调，文艺工作者要讲好中国故事、传播好中国声音、阐发中国精神、展现中国风貌，让外国民众通过欣赏中国作家艺术家的作品来深化对中国的认识、增进对中国的了解。我们要向世界宣传推介我国优秀文化艺术，让国外民众感受中华文化的魅力，加深对中华文化的认识和理解。以"阿木爷爷"为代表的中国网红，其受关注程度表明个体在国际传播中具有不可忽视的影响。作为民间交流的使者，他们成为不可或缺的国际传播主体。

二、案例描述

"阿木爷爷"，本名王德文，是一位拥有近 50 年木匠经验的老手艺人。他的儿子阿成，一个 80 后的网络视频博主，主要工作是策划、拍摄、后期制作和上传视频。2017 年，"阿木爷爷"为了照顾孙子，从山东聊城搬到位于广西梧州市蒙山县陈塘镇屯两村的儿子家。在这里，他的木工技艺开始与儿子阿成的网络视频创作相结合。这对父子组成了一个独特的创作团队，通过现代网络媒体展现传统木工技艺。

"阿木爷爷"的视频内容主要是展示各种木工制品的制作过程，展现中国古代独特的榫卯工艺。榫卯作为中国古代传统建筑、家具和其他器械的主要结构方式，是在两个构件上采用凹凸部位相结合的一种连接方式。这种古老而神秘的技艺展示激发了网友的强烈兴趣，"阿木爷爷"的视频一经投放，很快就在国内短视频平台获得高度关注。尤其是"阿木爷爷"制作的"鲁班凳"视频（见图 1-16），一夜之间播放量突破百万。随后，他们的视频开始在 YouTube 上获得关注，播

图 1-16 "阿木爷爷"视频中制作榫卯结构木器

---

① 黄志敏. 国际传播民间传播者研究综述——结合李子柒个案分析［J］. 新闻传播，2021（7）：10-12.

放量达到了惊人的 2.17 亿次。在一期超过 5,000 万播放量的木拱桥制作视频中,"阿木爷爷"凭借榫卯技巧,全程没有使用一根钉子就制作完成了木拱桥模型,通过 13 分钟的近距离镜头展示,"阿木爷爷"通过各种榫卯部件的拆分组合拼接成一项"巨大工程"被清晰展现给受众。该视频的评论数将近 3 万,不同国家的网友都惊叹这项来自东方的神奇制作工艺。在 YouTube 等国际社交平台上,"阿木爷爷"获百万粉丝,被国内外的网友称为"现代鲁班"。

阿木爷爷的故事和技艺展示了中华传统文化的魅力,同时也证明了传统手艺和现代网络的完美结合可以创造惊人的影响力。"阿木爷爷"成为向世界推介优秀中华文化的重要名片。

三、案例分析

"阿木爷爷"在海外爆红,表明新媒体时代国际传播呈现主体多元的发展趋势,原本以国家、政府、组织为传播主体的国际传播被"降维"至个体层面,普通草根凭借差异化的内容产品,依托自媒体平台表达自我、展示文化,进而成为传播中华优秀传统文化、推动文化交流的新主力。

(一)以独特的定位和主题内容赢得海外受众

YouTube 作为一个国际化的社交媒体平台,覆盖全世界 100 多个国家和地区,拥有超过 20 亿月活跃用户,并支持 80 多种语言,这使得内容创作者能够接触多元化和国际化的用户群体。同时,这也意味着我们可以利用这个海外平台打造讲述中国故事的文化名片,传播者有机会在海量用户中脱颖而出,成为拥有百万粉丝的网络"大 V",争得在国际传播中的一席之地。

"阿木爷爷"之所以在 YouTube 上走红,是因为其鲜明的中国匠人定位。通过对"阿木爷爷"发布的 523 个视频的研究发现,这些视频的共同之处是拥有鲜明而持续统一的人设,每一条视频都是这个系列的延续,但又有亮点和特色。"阿木爷爷"的视频主题基本都是展示中国传统木工榫卯工艺的,不管是爆火的"木拱桥",还是日常的"鲁班锁""鲁班凳",这些视频都以令人惊叹的技术让观众眼前一亮,并吸引海外受众的持续关注。榫卯工艺作为中国古代劳动人民智慧的结晶,内蕴儒家和道家的平和中庸、相生相克、以制为衡等思想精髓。榫卯工艺的背后不仅蕴含古代智慧,还生动体现着中华文化特有的世界观和价值观。榫卯工艺的主题视频成为"阿木爷爷"的标识,成为中国传统技艺对外传播的一张亮丽名片。这些高质量视频的传播,不但为"阿木爷爷"赢得了良好口碑,而且有助于改变海外受众对中国的刻板印象。

(二)以鲜活的镜头语言突破"文化疆界"

在短视频媒体内容表达方面,传播者与接收者之间存在一种由文化背景差异导致的"文化疆界"。语言符号作为一种有组织结构的约定俗成的习得性符号系统,在很大程度上受具体文化的思维方式和价值观影响。由于文化的差异性,语言符号往往容易导致意义的模糊或遮蔽。[①] 与语言符号不同,非语言符号是指除了语言以外的所有由人类和环境所产生的刺激,它们在某种程度上能够打破跨文化传播的障碍。

在YouTube平台上,"阿木爷爷"通过视频形式展现中国文化,用镜头语言打通中华传统文化与西方受众之间"共通的意义空间"。他的"将军案""鲁班锁""鲁班凳"等热门视频通过镜头语言传递信息,传情达意。这不仅可以消除语言带来的文化疆界,而且可以增强受众在观看时的沉浸感,体验手工制作的乐趣。此外,"阿木爷爷"展现的内容多为手工技艺和天伦之乐等主题,他的作品以日常化的微观叙事获得国际受众的认同,满足了西方国家的受众对东方大国的认知需求。

在跨文化传播中,适度默片化的话语表达和传播方式,不仅不会影响海外受众的观看,反而能在潜移默化中加深其对中华文化的理解和认同,最大限度减少因为文字翻译造成的信息缺失或误读。特别是"阿木爷爷"这种以技艺展示为主的视频作品,以画面叙事为主的表达方式不但不会影响海外受众的观看和理解,而且可以给海外受众留出充分的想象空间,增强作品的神秘感和吸引力。

(三)以场景化体验降低文化理解难度

在跨文化传播研究领域,爱德华·霍尔提出了语境文化的概念,并进一步将其细分为低语境文化和高语境文化两种类型,以呈现全球文化的多样性和复杂性。低语境文化主要体现在西方国家,语言表达往往更为明确和直接。而中国作为一个具有高语境文化特征的国家,语言使用充满了丰富的含义和微妙的暗示。[②] 在跨文化传播中,编码和解码过程难免会产生歧义和误解。过去,人们往往以精心选择图像和语言符号的方式解决该问题。随着网络技术的发展,短视频消除这一障碍的手段是通过增强中国语境的"场景化"表达,即将中国文化元素、符号自然地融入具体的场景,来增强符号意义传达的完整性和准确性,为海外受众提供一种更为直观的感知和理解中国文化的方式。"阿木爷爷"来自山东聊城,他的视频里充满中国传统的乡村景观和日常生活场景,这种由中国式环境符号和元素构建的沉浸式、场景化的体验,消除了不同国家受众的理解障碍。

颇具原生态的田园风光与"阿木爷爷"优秀的手工技艺完美融合,带给外国受众全新的视觉体验的同时,也为其提供了一个了解中国的独特视角。尽管不同民族国家

[①] 余佳,张玉容.中国网红在YouTube中的短视频跨文化传播分析——基于十个中国网红的短视频内容分析[J].东南传播,2021(5):77-80.
[②] 郭巧云.中华文化跨文化传播路径思考——以李子柒走红Youtube平台为例[J].科技传播,2021(3):144-146.

存在文化差异，但追求精益求精、打造独特器具的匠人文化却能够引发各国人民的共鸣。"阿木爷爷"在作品中不用现代化工具、不炫技、不刻意博人眼球，就像他的视频营造的中国乡村场景一样，质朴无华，自然简单，这种专注和克制不仅展示了一位典型中国老匠人的内在魅力，而且是对中国传统技艺文化和极简美学的高度呈现，为中华文化的对外传播贡献了力量。

（四）以接近性和独特性唤起海外受众对中华文化的认同

在以西方文化为主导的国际传播语境中，传播中华文化面临多重挑战。社会制度、生活方式以及语言思维等方面存在的差异，往往会导致刻板印象和文化鸿沟。因此，激发国外受众观看兴趣的首要因素便是以文化贴近性引发共鸣。

"阿木爷爷"内容爆火的原因除了他的精湛手工技艺，也在于他的视频中蕴含了一种东西方共通的文化价值观。"阿木爷爷"制作木器的爱好符合西方人所推崇的"车库文化"，即自己动手，亲自打造，这一点在作品弹幕中得到证明。许多国外用户表示，观看"阿木爷爷"的视频让他们回想起自己与祖父共同进行手工制作的温馨时光，他们在观看短视频过程中获得了极大的心理满足。

此外，"阿木爷爷"的视频作品也包含很多独具中国特色的文化符号，"阿木爷爷"身披斗笠的身影和身穿汉服的小孙子经常出现，国外用户在欣赏手工制作的同时，也被中国传统文化所浸润。视频评论中很多用户时常表达对中国传统服饰、工具和饮食文化的浓厚兴趣，并且充满了对这种隐士般生活方式的向往（见图1-17）。

图1-17 "阿木爷爷"视频的社交评论互动

四、总结

社交媒体平台的崛起促进话语权从官方走向民间，民间力量在国际传播中的作用得以突显。民间传播主体往往以其新颖的内容、独特的故事、生动的形象以及富有创造力的表达方式产出独具魅力和影响力的作品，为国际传播注入新的活力和动力。以"阿木爷爷"为代表的中国网红，通过各具特色的短视频作品的生产和传播，为海外受众提供了了解中国的独特视角。一定意义上可以说，他们的作品成为一种有效的文化外交工具，有助于塑造和传播更为立体、全面的中国形象，促进了国际社会对中国的认知和理解。

"阿木爷爷"凭借其独特的视频风格和极具吸引力的手艺展示在跨文化传播中起到

了良好的示范作用，使得中国传统的榫卯工艺不仅在国内受到高度关注，而且让国外受众了解了其精妙之处，为我国传统文化的对外传播发挥了积极作用。

中华五千年文化意蕴深厚、博大精深，仅靠一人或几人进行传播是远远不够的。在未来的国际传播中，我们还需要更多的"民间艺人"讲出、讲好中国故事。而且，我们不但需要更多像"阿木爷爷"这样的优秀民间匠人来传播中华优秀传统文化，而且需要年轻人传播现代化、科技化的中国形象，多维度、全方位地提升中国的文化软实力，塑造国际传播新格局。

思考题

1. 为什么在当前的国际传播格局中，民间传播主体的作用变得越来越重要？
2. 如何进一步利用中华文化的元素，打造更多"阿木爷爷"式的传播案例？
3. 在国际传播中如何平衡民间和官方传播，更好地输出中国声音？

参考文献

[1] 李智. 国际传播（第3版）[M]. 北京：中国人民大学出版社，2023.
[2] 朱鸿军，蒲晓. 新中国成立70年对外传播媒介与传播观念之变迁回顾[J]. 对外传播，2019（6）：11-13.
[3] 单波. 跨文化传播的问题与可能性[M]. 武汉：武汉大学出版社，2010.
[4] 李彬. 符号透视：传播内容的本体诠释[M]. 上海：复旦大学出版社，2010.
[5] 刘建萍，罗江. 短视频中的国家形象及其建构：基于海外用户的调查分析[J]. 现代传播（中国传媒大学学报），2022（12）：154-160.
[6] 李思明. 以中国为主题的"网红"国际传播现状与态势分析[J]. 对外传播，2021（2）：48-51.
[7] 习近平在中共中央政治局第三十次集体学习时强调　加强和改进国际传播工作　展示真实立体全面的中国[N]. 人民日报，2021-06-02（1）.
[8] 习近平在文艺工作座谈会上的讲话[J]. 新疆新闻出版，2015（6）：14-20.

【作者：刘婷　范占涛】

全球化智库（CCG）：全方位发挥国际传播作用的实践探索

导语

自习近平总书记提出建设"中国特色新型智库"目标以来，中国的智库行业不断创新发展。作为国家文化软实力的重要组成部分,智库在塑造国家形象、构建对外话语体系、争取国际传播话语权、提升中国国际影响力等方面扮演着重要角色。本案例以全球化智库(CCG)为例,通过总结其在国际传播中发挥重要作用的经验,为我国智库建设及其功能完善提供启示。

一、案例背景

智库作为思想理论的容器,是理论话语的策源地和发散地。当前,我国正处于经济社会转型升级的关键阶段,国际和国内形势错综复杂,不确定性因素不断增加。中国的发展亟须智库提供强有力的智力支持,中国特色新型智库建设的战略地位日益凸显。

党的十八大以来,以习近平总书记为核心的党中央高度重视我国的智库建设。习近平总书记于2013年4月首次提出打造"中国特色新型智库"这一奋斗目标。2013年11月,党的十八届三中全会审议通过的《中共中央关于全面深化改革若干重大问题的决定》明确提出了"加强中国特色新型智库建设"的使命。中共中央办公厅、国务院办公厅于2015年1月印发的《关于加强中国特色新型智库建设的意见》指出:"智库是国家软实力的重要载体,越来越成为国际竞争力的重要因素,在对外交往中发挥着不可替代的作用。"

政府、媒体、组织、企业、个人等国际传播主体在全球话语体系中开展传播活动时,其传播内容大多来源于智库及其背后的专家学者,若无他们提供的智力支撑,国际传播和对外话语体系构建就会成为无源之水、无本之木。[①] 因此,树立社会主义中国的良好形象,推动中华优秀传统文化和当代中国价值观念走向世界,在国际舞台上发出中国声音,都迫切需要发挥中国特色新型智库在公共外交和文明交流互鉴中的巨大推动作用,不断增强中国的国际影响力。

二、案例描述

(一)全球化智库(CCG)的基本情况

全球化智库(CCG)成立于2008年,是中国第一个以"全球化"命名的研究机构,总部设在北京,创立人为王辉耀。CCG自成立以来,始终秉承"国际化、影响力、建设性"的专业定位,坚持"以全球视野为中国建言,以中国智慧为全球献策"的原则,致力于全球化、全球治理、国际经贸与投资、国际移民、人才与企业全球化、中美关系与中美经贸、国际关系、一带一路、智库发展等领域的研究,具有广泛的国际

---

① 王眉.智库国际传播与对外话语体系构建[J].新疆师范大学学报(哲学社会科学版),2015(6):94-100,2.

影响力。①

CCG 由原中国加入 WTO 首席谈判代表、原博鳌亚洲论坛秘书长龙永图担任主席，由香港恒隆地产董事长、亚洲协会联席主席陈启宗，原中国外交部副部长、原国侨办副主任何亚非担任联席主席，由中国欧美同学会副会长、国务院参事王辉耀担任理事长。CCG 还邀请国内外知名学者组成了学术专家委员会，邀请国内外著名企业家组成了 CCG 咨询委员会。遍布全球的百余名特邀研究员为 CCG 带来了新的理念和智慧。

经过 15 年的发展，CCG 现已在国内外设有多个分支机构，拥有 100 多个全职智库研究人员，成为我国规模最大的国际化社会智库。在美国宾夕法尼亚大学《全球智库报告》中，CCG 连续四年跻身全球顶级智库百强榜，是首个进入世界百强的中国社会智库；在《中华智库影响力报告》《中国智库发展评价报告》等权威智库榜单中，CCG 均位列中国社会智库首位。

（二）CCG 的业务范围

CCG 自成立以来，一直以国际化的视角对全球化与全球治理、国际经贸、国际教育、智库发展、国际关系、企业全球化、国际移民与人才流动等领域展开深入研究，至今已出版中英文图书百余部，撰写系列研究报告百余篇，其研究成果对多个国家的发展和全球治理政策都产生了积极影响。在 15 年的发展历程中，CCG 承接了数百项政府课题，并定期向中央和国家机关各部委提供有针对性的建言献策参考。每年提交建言献策参考多达 200 余篇，多篇得到中央领导批示。此外，作为民间外交的重要机构，CCG 主动搭建国际交流平台，积极开展和参与国际交流活动，在向世界讲述中国故事的同时，以国际化视野探讨全球议题，不断提出公共政策建议，为公共利益发声。目前，CCG 已经与多个国际组织、国际智库及国际非政府组织建立良好且持久的合作机制。

三、案例分析

（一）发布全球化智库研究成果，让世界了解中国主张

全球化是 CCG 重点关注的研究领域，其中全球治理、国际组织、区域合作和"一带一路"是其研究的主要内容。例如，CCG 撰写并出版了《"一带一路"的国际合作共赢方案及实现路径》报告（见图 1-18），阐述了"一带一路"是在当前全球化处于停滞与挫折时期推进新型全球化、实现合作共赢的有效方案，并提出了"加强与联合国以及世界银行、国际货币基金组织等机构合作""邀请发达国家和世界跨国公司 500 强参与'一带一路'建设""充分发挥华人华侨在'一带一路'建设中的作用""大力

---

① CCG. CCG 开放日丨展示国际化智库崭新形象［EB/OL］.（2021-03-25）［2023-11-04］.https://mp.weixin.qq.com/s/-9EFsghFUyFCpaEI-iPvSQ.

发展'一带一路'跨境电商"等能够深入推进"一带一路"建设的路径，为有关方面和各界人士提供参考。CCG还出版了"全球化"研究系列书籍，包括《大转向——谁将推动新一波全球化？》《全球化 VS 逆全球化》《全球化向何处去：大变局与中国策》等。这些书籍均指出，自"全球化"诞生以来，它逐步打破了地理上的限制，重新塑造了全球格局，通过打通全球市场、连接国家间的生产和贸易体系，推动资本、技术与人才向全球流动，从而极大地提高了生产力，为世界创造了巨大的财富。① 在当今世界，国家与地区间相互依存成为国际关系的根本特征，因此，全球化是一种不可阻挡的趋势。由 Edward Elgar 出版社出版的 *Handbook on China and Globalization*（见图1-19）是为数不多的由智库在国际权威学术出版社出版的全英文书籍。这本书邀请了40位国内外全球化领域的专家学者对中国与全球化的话题进行探究，回答了诸多与全球化进程以及中国对世界的影响等密切相关的问题，并从不同视角阐述了未来中国在全球化进程中的作用。*Handbook on China and Globalization* 在国际重要学术出版社的出版问世，是 CCG 在世界范围内传播研究成果，用国际化渠道发出中国声音，影响国际学术界所作的不懈努力。这不仅提升了中国智库的国际影响力，而且对国际社会更好地了解中国、提升中国软实力具有重要意义。

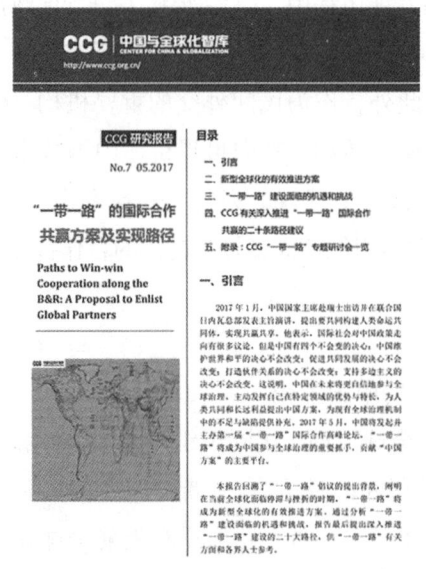

图1-18 《"一带一路"的国际合作共赢方案及实现路径》
资料来源：CCG 官网

图1-19 *Handbook on China and Globalization*
资料来源：CCG 官网

---

① 中国社会科学出版社.2020书单|疫情之下，世界更需构建"人类命运共同体"的中国方案［EB/OL］.（2020-04-27）［2023-11-04］.https://mp.weixin.qq.com/s/fPGGNxicxPsGflgMCgQIUA?poc-token=HAandHG2jZM7ACj3i47ErsykvWbEQkaOsRwFIchin.

此外，CCG持续对企业全球化、"走出去"与"引进来"进行双向研究，在当前国际背景下，就中美贸易、国际贸易、来华投资、对外投资、数字贸易等主题展开深入分析与解读。CCG课题组每年撰写并出版国内唯一的"企业国际化蓝皮书"——《中国企业全球化报告》；出版《世界华商发展报告》、《大潮澎湃——中国企业"出海"四十年》、China Goes Global 及 The Globalization of Chinese Enterprises 等中英文图书。这些报告与图书均以当前世界经济的大变局为视角，聚焦双向投资，为中资企业和外商投资企业提供全球化发展建议，并不断寻求更多力量以推动全球自由贸易的发展。

这些研究成果的生产与发布，不仅传播了中国声音，增进了国际社会对中国的了解；而且为我国在相关领域的国际传播活动以及国际舆论场发声打牢了理论根基，提供了智力支持。同时，它们还为国家相关政策的制定提供了有价值的参考，有效发挥了建言资政的作用。

（二）开展丰富多彩的智库活动，打造高端国际交流平台

秉持国际化、影响力和建设性的理念，CCG长期致力于探索多元化的智库活动，每年举办系列高端品牌论坛以及百余场研讨会、圆桌会、午餐会、发布会和建言献策交流会等，为国内外政要、知名学者和先进同行提供了一个思想碰撞的官产学交流平台。CCG是国内举办各类学术和交流活动最多的智库。

1. 打造全球性高端品牌论坛

打造品牌论坛是CCG的重要工作内容，这些论坛，主要包括中国与全球化论坛、中国企业全球化论坛、中国全球智库创新年会等。不同类型的论坛从不同的方向开展讨论，均对中国与全球化发展带来了积极影响。

中国与全球化论坛是CCG举办的以"命运共同体"与"中国全球化发展"为核心的智库品牌论坛，每年均有来自国内外的数百位全球化领域的政、产、学、研等各界精英参会交流，他们共同为中国全面深化改革开放、积极推动全球化和参与全球治理建言献策。

中国企业全球化论坛更注重对经济议题的探讨，致力于打造一个"立足中国，走向全球"的新型世界经济论坛。该论坛自成立以来，凭借开阔的国际视野、宏观的政策解读和高度的战略思维，为国内外知名企业的领袖、政府官员、专家学者、外国使节和国际组织专家等参会嘉宾带来思想盛宴。此外，中国企业全球化论坛以其高端性、专业性和国际化，成为目前中国规模最大、影响最深远的企业"引进来"与"走出去"论坛，同时也是中国全球化发展各主体一年一度的思想盛会。

中国全球智库创新年会聚焦全球智库行业发展与创新进程中的新动向，推动全球智库和中国特色新型智库的交流与合作，使它们更好地肩负起当代智库的历史使命。该年会至今已成功举办八届，有来自全球数十个国家及国际组织、数百家智库和深耕战略、经济、商业等领域的研究机构及团体代表出席。旨在凝聚全球智库共识的中国全球智库创新年会已经成为国际会议品牌，成为一个就最为迫切的问题展开思想碰撞并探索前瞻性、创新性解决方案的高端平台。

2. 构建多样化国际交流平台

除了高端品牌论坛，研讨会、圆桌会、午餐会、发布会和建言献策交流会也是CCG经常举办的重要活动。这些活动为国内外优秀学者、企业家和业界精英提供了一个常态化的定期与国内外政要、知名学者与先进同行等进行思想碰撞的官产学交流平台和思想高地，是中国目前最前沿的以探讨"中国与全球化"为主题的高端社交、知识分享和建言献策平台。此外，CCG在海内外举办的"WTO改革""多边治理""一带一路"等专题研讨会，将"一带一路"这一主题首次带到国际安全与治理领域的世界高规格会议——慕尼黑安全会议。

（三）关注全球公共议题热点，有效引导国际舆论

CCG持续关注全球公共议题热点，在相关领域开展领先研究，每年举办多场极具国际视野、影响力和建设性的论坛活动。这些论坛活动以中国视角及知识理论体系对全球性议题进行分析与阐释，通过对相关议题的设置，有效引导国际舆论。

图1-20 第八届中国与全球化论坛

资料来源：CCG官方公众号

以第八届中国与全球化论坛（见图1-20）为例，在新冠疫情叠加俄乌危机使国际格局加速演变、国际体系面临重置的世界背景下，CCG开展了以"把握世界发展变局，应对全球危机"为主题的论坛活动，该论坛设置了八场分论坛。其中，三场高峰对话探讨了"全球动荡中的中美关系与可持续发展""历史视角下的大国竞争"等主题；三场圆桌会议分别探讨了"疫情时期的全球复苏：趋势、挑战与对策""以全球可持续理念推动中欧经贸合作""中美经贸关系再链接：通胀、关税和前景展望"等议题；同时，CCG还闭门召开了CCG主席顾问会议及CCG理事专家午餐会，分别研判中国与全球化新格局及地缘政治与疫情风险对中外企业与国际供应链的影响。此外，闭幕论坛还专门为中国全球化问题举办了三十人圆桌会议，邀请了全球化研究领域的权威专家共同讨论21世纪的中国与全球化问题。

活动中相关议题的设置与讨论，不仅有助于我们更好地把握中国与全球化发展的宏观趋势，在增进中外国际交流中凝聚多方力量以推动国际形势向好发展；而且为我国在双循环格局下深化对外开放及我国企业加速全球化发展提供了切实可行的意见和建议。

CCG主动出击，着眼世界发展趋势设置国际议题，引起国际社会的广泛关注，它为智库组织如何从被动的回应者转变为议题设置者起到了示范作用。

（四）扩大国际社会朋友圈，充分发挥智库的"二轨外交"作用

"二轨外交"这个概念是美苏冷战时期被提出的，指的是与主权国家政府主导的"第一轨道"外交活动相对应的一种民间交流活动。"二轨外交"的参与主体主要是高等院校专家学者、政府智囊团高级研究人员、智库从业者、以私人身份参与的在职官员和一些已退休的政府高官，有时也包括一些记者。[①]

CCG持续关注国际关系议题，推动全球化发展。CCG定期开展常态化访问与调研系列交流活动，派代表团前往不同国家参加高端论坛、研讨会议，同智库、高校、国际组织等不同性质的对象进行会面沟通，并与政要、国际组织和智库负责人等进行深入对话，广泛听取国际声音，回应各方关切，增进互信合作，向世界传递中国声音与主张，成为民间"二轨外交"的典范。

同时，CCG还在巴黎和平论坛、达沃斯世界经济论坛、慕尼黑安全会议等重要国际政策与意见交流平台上组织分论坛、边会、圆桌会议、晚宴等活动，促进国际政商学界对话，凝聚共识。例如，CCG提出的两项倡议入选首届巴黎和平论坛，为中国智库更充分地参与全球治理与国际合作开拓了崭新模式。此外，CCG与世界贸易组织（WTO）、联合国（UN）、经济合作与发展组织（OECD）、世界银行（WB）、国际货币基金组织（IMF）等众多国际组织、国际智库及国际非政府组织建立了良好且持久的合作机制，有效地搭建起中国与世界沟通的桥梁，充分发挥了智库的"二轨外交"作用。

CCG作为民间外交的重要平台，通过与各国政界、智库界、工商界积极开展"二轨外交"活动，促进了中外交流与互动，打通了与多国政策圈层的沟通渠道。

（五）聚焦人才研究，促进全球教育交流与国际化人才培养

CCG作为中央人才工作协调小组全国人才理论研究基地与人社部中国人才研究会国际人才专业委员会，多年来培养了大量的研究人员和国际交流人才，助力开展国际传播活动。

CCG通过深入研究全球国际学生流动趋势、出国留学、来华留学、国际学校、国际理解教育、中外合作办学、国际教育理念与政策等领域，参与重塑全球化时代国际

---

① 郭宇娟. 第二轨道外交在解决南海问题上的作用分析——以南海周边国家为例［D］. 北京：外交学院，2018.

教育环境，推动中国教育的对外开放和全球教育的交流与合作。例如，CCG与国内外知名高校以及教育类行政部门、国际组织、民间组织和企业等均保持长期稳定的合作关系。自2012年起，CCG连续出版国际人才蓝皮书系列丛书，包括《中国留学发展报告》《中国海归发展报告》以及《中国国际移民报告》等；自2016年起，CCG每年撰写并发布《国际学校蓝皮书》，该书得到了社会的广泛关注和认可。

CCG发布了《国际理解教育在中国：现状与未来》，适时向相关教育主管部门建言献策，应对教育对外开放中面临的挑战。CCG通过经常举办线上或线下的国际教育主题研讨会，为国内外教育专家搭建交流平台，为民众打开了解国际教育最新进展的窗口，为国际人才的培养奠定了重要基础。

CCG出版了《中国海外华人专业人士报告》《中国区域人才竞争力报告》，其中《中国海外华人专业人士报告》是第一部关于中国海外华人专业人士的研究报告。CCG倡导我国政府在国际化大环境下与海外各类人才加强联系与合作，并提出许多具有可行性的建议。

（六）加强与媒体沟通合作，提高自身知名度与影响力

CCG十分重视利用各种媒体传播自身观点，打造自身形象。它内设"媒体与公共关系部"，专人专责维护媒体关系，并依照年度工作计划和活动方案提前与各大媒体沟通，重视发挥媒体力量。[①]

CCG借助在海外网站发表研究报告、接受海外媒体采访、召开研究成果新闻发布会以及邀请媒体参与论坛活动等多种手段，向国际社会发出中国声音。例如，在中非合作论坛召开之际，CCG在《环球时报》发表《创新合作模式，构建中非命运共同体》一文，强调中非合作符合中国与非洲国家的利益。2022年，CCG专家学者团环球"破冰"出访期间，包括理事长王辉耀在内的多位代表团成员接受了BBC、Forbes、韩国《中央日报》、新加坡《联合早报》等国际媒体的专访，他们围绕人文交流、中美贸易关系、经济全球化、跨国企业投资发展等话题分享观点和见解，在国际舆论场中传播中国声音。

针对国内媒体，CCG持续在《人民日报》《参考消息》等权威媒体发表文章；与《人民日报》旗下的环球网合作，推出系列高端访谈节目"撸起袖子加油干"，采访政协委员以及专家学者，对两会话题进行讨论，并在环球网首页要闻区及"两会"专题特别推荐中公开发表讨论结果，社会反响良好，CCG借此赢得了口碑。

CCG丰富的成果产出，以及在建言资政、国际交往与国际传播中发挥的作用，使其政府认可度、社会认知度大幅提高，这为全面发挥智库功能奠定了坚实的基础。

---

① 陈茁.社会智库对政府决策的影响力研究——以全球化智库（CCG）为例[D].上海：东华大学，2021.

四、总结

近年来，我国的智库发展取得了长足进步，以CCG为代表的知名智库在提供公共思想产品、建言资政、国际传播等方面发挥了积极作用，取得了一定的成绩，树立了良好典范。目前，我国能够应对国际形势，满足中国深化改革需要以及领导人期望的高质量智库仍然稀缺，中国特色新型智库体系布局还须健全，智库舆论引导能力有待提高。未来，我们还须在提高智库内部管理能力与运行效率，培育智库建设人才队伍与管理团队，推动智库与学术研究相互支撑融合发展等方面下大功夫，要进一步借鉴国外智库的先进经验，建设一批积极传播中国声音、讲述中国故事的高水平智库，以更好地参与国际事务和全球治理，从而不断提升中国在国际事务中的话语权和影响力。

思考题

1. 为什么党的十八大以来国家高度重视智库建设？"中国特色新型智库"建设现状如何？
2. 试析全球化智库（CCG）发挥国际传播功能的成功经验。
3. 为了更好地发挥智库在国际传播中的作用，我国的智库还需要在哪些方面作出努力？

参考文献

[1] 王眉.智库国际传播与对外话语体系构建［J］.新疆师范大学学报（哲学社会科学版），2015（6）：94-100，2.
[2] 米倩倩.我国智库参与意识形态治理的现实困境与对策研究［D］.重庆：西南大学，2021.
[3] 沈国麟.为智库对外发声创造良好的国内环境［J］.对外传播，2015（7）：17-18.
[4] 中国与全球化智库（CCG）课题组."一带一路"国际合作共赢的实施方案及实现路径［J］.宁波经济（三江论坛），2017（6）：7-11，41.
[5] 陈茜.社会智库对政府决策的影响力研究——以全球化智库（CCG）为例［D］.上海：东华大学，2021.
[6] 吕梦荻，查建国.提升中国特色新型智库影响力［N］.中国社会科学报，2016-11-14（1）.
[7] 王世钰.机遇与挑战并存，"一带一路"何以实现国际共赢？［J］.中国对外贸易，2017（6）：35-36.
[8] 郭宇娟.第二轨道外交在解决南海问题上的作用分析——以南海周边国家为例［D］.北京：外交学院，2018.

【作者：张淑燕 林心悦 梅璐】

全日本华侨华人社团联合会：架起中日交流桥梁，促进中国话语的接受与传播

导语

规模庞大的华侨华人是中华文化"走出去"的接受者与传播者，是连接中华文明与国际社会的群体，华侨华人社团在支持海外华人融入适应环境、促进祖籍国和驻在国的交流中充当了重要媒介。本案例以全日本华侨华人社团联合会为例，在概括其发展脉络以及新侨情的基础上，全面剖析其在中日国际传播、促进中日文化交流中扮演的重要角色，以期为华侨华人社团更好地发挥国际传播作用提供借鉴。

一、案例背景

中国是一个侨民大国，根据2014年国务院侨务办公室公布的调查数据，我国目前已有6,000余万名海外华人，分布在世界近200个国家和地区。海外华侨华人既熟悉驻在国情况、规则与文化，又具有鲜明的中华文化烙印。遍布全球、规模庞大的华侨华人对中华文明的海外传播具有"经验、学理、实践"层面的传播动机与传播活跃度，是具备直接移情和认同可能性的最可靠群体，是中华文化的天然传播者。[①]

进入新时期，党中央高度重视华侨华人在国际传播中的作用。2017年，习近平总书记对侨务工作作出重要指示："实现中华民族伟大复兴，需要海内外中华儿女共同努力。把广大海外侨胞和归侨侨眷紧密团结起来，发挥他们在中华民族伟大复兴中的积极作用，是党和国家的一项重要工作。"习近平总书记指出："我们的同胞无论生活在哪里，身上都有鲜明的中华文化烙印。中华文化是中华儿女共同的精神基因，希望大家继续弘扬中华文化，不仅自己要从中汲取精神力量，而且要积极推进中外文明交流互鉴，讲述好中国故事、传播好中国声音，促进中外民众相互了解和理解，为实现中国梦营造良好环境。"

然而，近几十年来，国际环境、国情侨情发生了诸多深刻变化，中国海外华人群体的内部异质性愈发明显，年轻代华裔群体对于中华文化的认知程度偏低。有调查发现，通过观看中国电影，英国约19%的华裔青少年认可中国是一个文明国家，但认为

---

① 崔孝彬. 华侨华人参与传播中华文化的认知逻辑 [J]. 华侨华人历史研究，2022（4）：30-36.

中国是一个现代社会国家的比例只占7%。①华侨华人群体在融通中外文化、讲述中国故事、阐释中国话语的现实语境中面临新情况、新问题和新挑战。

华人社团、华文教育和华文报章被誉为华侨华人社会的三大支柱，其中华团起关键作用。②华文教育和华文报章大多在社团资助和支持下兴建，华人社团则是华侨华人在海外的重要社会参与形式。目前，世界范围内华人社团的数量已超过2.6万个。2019年，美国和日本的新建海外华人社团数量较多，分别是52家和39家。③据统计，2022年在日华侨华人共计100余万，在日华人社团近千个。华侨华人社团在融通驻在国与我国两种文化、两个国家和两种制度上发挥了不可替代的中介作用，是向不同国家的不同行业领域讲述中国故事、建设性解读中国政策的关键力量。

二、案例描述

（一）全日本华侨华人社团联合会的基本情况

全日本华侨华人联合会（以下简称"全华联"）于2003年9月21日在日本东京正式成立，是目前最大且最具影响力的在日华侨华人联合团体。全华联创立之初，会员仅以8个青年群体为主，此后社团规模不断扩大，囊括了日本各地的新老华侨华人，涵盖了华商、医药、法律、饮食、教育等不同领域的108个社团机构。全华联是一个以促进在日华侨华人团体合作与交流为目的的非营利性团体，旨在增进在日华侨华人社团的交流和联系，维护在日华侨华人的合法权益及声誉，促进中日两国在经济、文化和科技等各个领域的合作与发展。

根据全华联事务局提供的信息，截至2023年12月，全华联涵盖地方团体、同乡会、商会、专业团体、学术科学、大学校友会6大类，共计106个华侨华人社团（见图1-21）。其中，专业团体类34家，如牡丹艺术团、日本汉服会等；同乡会22家，如在日吉林同乡会等；商会26家，如日本山西总商会、日本海南总商会等；地方团体类11家，如北海道华侨华人联合会等；学术科学类9家，如日本中国传统医药学会、在日中国律师联合会等；大学校友会4家，如日本吉林大学校友会等。

---

① 马琳，刘琛.从对中国电影的态度看中华文化在海外华人中的传播——对英国华裔青少年的调查分析[J].华侨华人历史研究，2017（3）：44-54.
② 张颖.华社三大支柱对海外华侨华人的影响性研究[J].江苏省社会主义学院学报，2022（2）：28-32.
③ 王华.海外华人文化社团发展现状与双向推动建设路径[J].八桂侨刊，2023（2）：1-9，92.

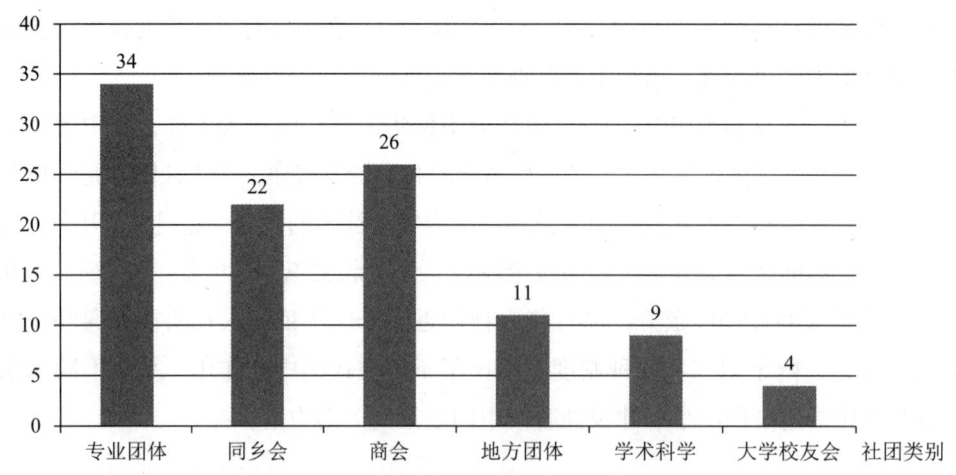

图 1-21　全华联团体成员类别分布图
数据来源：全华联事务局

（二）全华联的在日传播实践

自成立以来，全华联在遵守中日两国法律的前提下，通过积极举办各类文体活动、兴办公益事业、促进华文教育等方式，自觉主动地参与中日跨文化交流。全华联是连接中国与日本交流沟通的重要桥梁和纽带。

首先，全华联采用多样化方式维护在日华侨华人的合法权益，促进华侨华人群体对我国侨策、国策的准确解读。在日华侨华人作为外来人群，有融入社区、参与公共生活的需求。全华联高度重视保护海外侨胞的合法权益，例如，成员社团"在日中国律师联合会"定期举办免费法律咨询会，为在日中国公民提供有关日本签证、入籍、民事、商事、刑事等方面的咨询服务，增强了在日华人的民族归属感和凝聚力。在各类社团活动中，在日华人群体可以通过人际传播的方式关注、正确解读和传播中国声音和中国的政策方针，纠正部分华人群体对中国话语的认知偏差。

其次，全华联依托良好的政商关系和丰富的商业网络，为在日华侨华人社团和个人提供经济与社会关系支持，助力开展公益事业，促进中日两国民心相通。如全华联成立"华助中心"，在地震、暴雨灾害、流行性疾病暴发等突发事件中，向灾区华人提供援助物资，也代表华人群体向驻在国公众和政府部门捐赠物资，这一系列公益色彩浓厚的举措有助于促进中日民意友好。

再次，全华联以中华传统节日、中日国际关系重要节点或各类赛事为契机，举办演艺晚会、体育赛事、研讨会等交流活动，搭建在日华侨华人、社团之间以及两国之间的文化交流和互鉴平台。例如，全华联向世界100多个国家近1,500万华侨华人观众现场直播全华联举办的"2023春节暨中日和平友好条约缔结45周年晚会"，反响热烈。

最后，全华联能促进华侨华人社团在经济、文化、教育、科技、体育等垂直细分领域的深入交流和对话。为改变华文学校增长速度无法满足华文教育发展需求的现状，全华联设立华文教育基金会；为了让日本友人感受中国书法的魅力，作为全华联会员的全日本华人书法家协会连续多年开办书法培训班，向对中华书法文化感兴趣的日本公众讲述中国书法历史，教授汉字书法，发挥"文化中间人"的功能。

三、案例分析

（一）以常态化的群体传播活动，激活共同体网络活力

以华侨华人聚会、活动为代表的线下群体传播是最常见的海外中华文化传播方式。[①] 华侨华人群体在居住国的生活时常会陷入从"落叶归根"到"落地生根"的矛盾与苦闷，这些痛苦来自他们与当地主流文化融合时，自身华人文化与民族属性受到冲击所带来的"身份迷失"。[②] 华侨华人社团通过各种纽带将华侨华人联结起来，形成一种韧性的、综合的连接网络，构建关系亲密、守望相助、富有人情味的生活共同体。全华联及其会员社团通过举办种类多样、领域交叉的活动，帮助在日华人融入日本社会，维系其对中华文化的身份归属感。例如，全华联连续多年举办中国新年春晚、中秋—国庆晚会等品牌晚会活动，延续中国传统节日在华侨华人以及日本社会中的影响力；通过举办中华文化节、国风音乐节、汉语教育赛事等常态化的文化传播活动，构筑在日华侨华人的共同网络，强化华侨华人的民族归属感和身份认同；通过组织援疆、援藏等公益活动，向国内和国际社会传递同根之义，延续中华儿女共同的精神文化传统。

（二）超越对立与隔阂，遵循共同价值，以公益援助推动中日民间友谊

全人类共同价值超越政治对立、意识形态纷争与宗教、种族差异，形成全球合作发展的共同价值基础。全华联热衷于公益事业，曾组织日本侨界数十个团体向四川"5.12"汶川特大地震、凉山森林火灾遇难官兵、"8.8"九寨沟地震小学校重建展开援助。全华联也多次代表在日华人和国内各界向遭遇暴雨、地震等灾害的日本灾区居民提供物资援助，这正是全华联超越民族矛盾、秉承人类命运共同体理念的体现，也向日本和世界各国传递了亲和、友爱、大度的中国形象。

习近平总书记曾强调："病毒没有国界，疫情不分种族，人类是休戚与共的命运共同体，在应对这场全球公共卫生危机的过程中，唯有团结协作、携手应对，国际社会才能战胜疫情。"中日守望相助、共同抗疫的历程正是这段话的生动写照。疫情初期，中日两国各地医疗物资告急，两国官方、民间机构、企业、个人等纷纷贡献力量，在最困难的时候伸出援助之手。这一过程中，以全华联为代表的众多在日华侨华人社团

---

① 李沁，王雨馨.华人华侨身份认同程度与中华文化传播行为研究[J].当代传播，2019（2）：55-60，64.
② 许肇琳.从"落叶归根"到"落地生根"看海外华侨华人社会的演变和发展[J].八桂侨史，1993（2）：9-13.

发挥了连接器的作用，它们超越对立与隔阂，积极推进对日对华援助，遵循共同价值，推动了中日民间友好。

（三）避免传播折扣，对中华文化符号进行再编码，引发日本公众对华文化共鸣

全华联在传播中华文化的实践中，充分运用日本公众认可的中华文化符号来编码、建构意义，有效跨越了文化和历史障碍，增进了不同族群、社群对中华文化的认识，强化了日本公众对中华文化的情感认同。北京大学"增强中国对外传播文化软实力深度研究"课题组 2016 年在调查研究中发现，日本民众认知度最高的 5 个中国文化符号分别是大熊猫、中国烹饪、长城、中华医药和茶。① 华侨华人社团作为"文化中间人"，凭借对日本当地文化背景的充分了解以及强大的社会关系网络，通过对中华文化符号的编码和语意转换，向日本公众和媒体传播中华文化之美。

以大熊猫符号的在日传播为例，2022 年 10 月底，为纪念中日邦交正常化和大熊猫来日 50 周年，全华联举办了主题活动"2023 上野熊猫春节祭"。本次活动中，包括日本文化创意产业人士、公益组织、文娱团体在内的多元主体，开发了动漫 IP、文创周边产品、熊猫主题路演等文化产品，对大熊猫符号进行了多样化、深层次的表意转换。此外，本次品牌活动还设计了中华饮食街、中华茶艺体验等环节，嫁接了中国烹饪、茶文化等日本公众喜闻乐见的中华文化符号，并针对日本文化背景进行编码，强化了海外民众对中华传统文化的认同感，引发了共情效应。本次活动吸引了 20 万人次参观，得到日本各大主流媒体和华文媒体的报道。此外，2023 年 9 月 19 日，全华联主办的纪念中日和平友好条约缔结 45 周年庆典晚会特设"熊猫外交"主题章节，通过对大熊猫这一文化符号的善用、阐释，消解了政治经济交流的严肃感与中日分歧，获得了良好的共情效应。

（四）推广华裔青少年华文教育，以语言传承促文化传承

季羡林认为，语言是思维的工具，拓展华文教育是扩大中华文化对外影响力的基础性工作。全华联以在日华裔青少年作为主要对象，通过打造多样化的赛事活动，搭建国内与日本的华文教育交流平台，推进了华文教育的海外品牌建设，实现了华文教育在日本落地生根、枝繁叶茂。

1. 打造品牌华文教育赛事，培育华裔新生代的文化归属感

"大使杯"中文朗诵大会（以下简称"大使杯"）是全华联与日本华文教育协会举办的重要活动之一，2014 年至今已成功举办九届，是日本最具影响力的华文品牌赛事。2023 年第九届"大使杯"整合动员了日本数十个都道府县、三十余所华文教育学校的数

---

① 王秀丽，梁云祥. 日本民众最爱中餐、茶和大熊猫——中华文化国际影响力问卷调查之四［J］. 对外传播，2018（5）：43-46.

千名选手参赛，达成了华文教育空间横序上的广泛联结。该比赛通过设计中日友好主题演讲、"历史回音壁"中华诗朗诵、畅话中日文化习俗异同等内容环节，让华裔青少年在准备比赛、参与比赛的过程中，强化对中华民族身份、中华传统文化的归属和认同。

2. 立足新生代华裔汉语教育关键问题，促进华文教育本土化

日本华文教育已有百年历史，但目前日本华裔新生代的华文教育面临一些新的问题和挑战。首先，在日华文教育的本土化不足，目前日本的华文学校都面临教材内容本土化程度不高、教法针对性不强的问题。其次，在日华裔新生代对华认识不足，许多在日本出生的华裔新生代对中国的了解较少，对课本中涉及的中国古迹很陌生。[①]

全华联协同其社团成员整合中国国内教育机构、日本华文教育机构、企业力量等不同资源，促进华文教育模式改进，突破语言的工具属性，增强华裔青少年群体的对华文化熟悉感和认同感。2022年，全华联成立华文教育基金会，以在日青少年作为主要受众群体，大力普及少儿中文，建立华裔二代、三代群体的华文认同；联合华文书院举办"读行会"，带领华裔新生代参观日本国内与中国历史事件、中国历史名人相关的名胜古迹，让青少年在沉浸体验中日两国文化渊源的过程中建立居住国（日本）与祖籍国（中国）的文化联系，如鲁迅与内山书院、万福寺与明朝文化，在熟悉文化的基础上激发学生兴趣，强化对华认知，探索适合日本侨情的华文教育路径。

（五）配合中日国际交往重大议题，与国内舆论场同频共振

华人华侨及华侨社团可充分发挥"双文化人"的中介优势，依托自身的影响力，在中日国际关系的重要议题中，通过与驻在国媒体、政府、公众的活动交往，准确阐释中国观点和中国声音，与国内舆论场形成合力，扮演不可替代的角色。例如《中日和平友好条约》的缔结是中日两国友好关系发展的里程碑，在条约缔结45周年的重要时间节点，全华联主办中日和平友好条约缔结45周年庆典晚会。晚会主要展示在日华人以及日本民众为中日两国民间友好所作的贡献。2022年，为纪念中日邦交正常化50周年，全华联举办庆典晚会，展现日本青少年对中国文化的热爱与关心，以民间交流积极呼应国内官方话语。由此可见，全华联作为国际传播的多元主体之一，在两国重要的公共议题上积极发声，其所推进的民间交流与政府间的官方交往相互配合，形成了良性互补局面，构建起立体多元的中日交流矩阵。

四、总结

习近平总书记强调："团结统一的中华民族是海内外中华儿女共同的根，博大精深

[①] 刘洋. 探索海外华文教育路径：实用性与素养培养相融合［EB/OL］.（2023-11-27）［2025-01-06］. https://www.chinanews.com/hr/2023/11-27/10118440.shtml.

的中华文化是海内外中华儿女共同的魂,实现中华民族伟大复兴是海内外中华儿女共同的梦。"[①] 以全华联为代表的华侨华人社团,维护华侨华人的合法权益,是在国际社会中传播中华文化、推动海外世界认识和理解中国的重要力量,并获得了良好的传播实效。然而,中华文化海外传播仍然处于政府主导的局面,民间组织和多元主体的力量还有待进一步挖掘。未来,我们须进一步将华侨华人社团在华人群体内部及驻在国的强大影响力与号召力,转化为传播中国故事、阐释中国话语的支撑力,促进中国优秀传统文化和当代价值观念的海外落地,促进海外世界通过政治、经济、文化的切身交往理解真实、立体的中国。

思考题

1. 国家为什么重视海外华侨华人社团的建设发展?全日本华侨华人社团联合会的发展现状如何?

2. 试析全日本华侨华人社团联合会有效助力国际传播的成功经验。

3. 选择一个具有代表性的华侨华人社团,与全日本华侨华人社团联合会进行对比分析,思考华侨华人社团在践行国际传播的过程中还有哪些着力点?

参考文献

[1] 崔孝彬.华侨华人参与传播中华文化的认知逻辑[J].华侨华人历史研究,2022(4):30-36.

[2] 马琳,刘琛.从对中国电影的态度看中华文化在海外华人中的传播——对英国华裔青少年的调查分析[J].华侨华人历史研究,2017(3):44-54.

[3] 张颖.华社三大支柱对海外华侨华人的影响性研究[J].江苏省社会主义学院学报,2022(2):28-32.

[4] 王华.海外华人文化社团发展现状与双向推动建设路径[J].八桂侨刊,2023(2):1-9,92.

[5] 李沁,王雨馨.华人华侨身份认同程度与中华文化传播行为研究[J].当代传播,2019(2):55-60+64.

[6] 许肇琳.从"落叶归根"到"落地生根"看海外华侨华人社会的演变和发展[J].八桂侨史,1993(2):9-13.

[7] 朱芮.二十世纪以来泰国华侨华人社团对泰中关系的影响研究[D].广州:暨南大学,2020.

[8] 鞠玉华.中日关系与在日华侨华人(2012-2014)[J].八桂侨刊,2015(1):3-9.

【作者:刘小晔 张怡婷 吴童】

---

① 中华人民共和国中央政府网.决胜全面建成小康社会 夺取新时代中国特色社会主义伟大胜利——在中国共产党第十九次全国代表大会上的报告[EB/OL].(2017-10-27)[2025-01-06].https://www.gov.cn/xinwen/2017-10/27/content_5234876.htm.

第二章 国际传播控制及舆论引导篇

本章概述

主权国家是国际传播控制的重要主体。它对越境信息的控制包括出境信息控制和入境信息控制两个方面，主要通过行政、法律、经济、信息与技术等手段实施控制。对内基于维护国家安全和利益、增强意识形态和统治合法性的考虑，对外出于为自身发展和国家良好形象的树立创造有利外部舆论环境的目的，世界各国都高度重视对跨国信息传播进行控制。

随着中国的崛起，以美国为首的西方国家一方面在国际社会制造负面舆论诋毁中国形象，另一方面通过各种渠道和手段对我国实施意识形态渗透及数据窃取、网络攻击。本章选取了近年来我国在出入境信息控制及国际舆论引导方面取得成效的典型案例，通过对案例的分析来揭示我国在国家形象塑造、信息及意识形态安全方面面临的风险挑战，以及国家对国际传播实施控制的手段方式。

教学目标

使学生认识加强国际传播控制的现实意义；熟悉监控危害我国信息安全及国家利益的国际传播活动的手段、方式、方法，掌握实施国际传播控制的各种可援引的法律条例及国际舆论引导的技巧，提高防范国际传播风险的意识及舆论引导能力。

学习建议

1. 通读相关国际传播教材的"国际传播控制"章节内容，回顾相关知识要点。

2. 扩展阅读国内外有关国际传播控制的法律法规，为依法实施国际传播控制奠定基础。

3. 查找典型的国际传播控制及国际舆论引导案例，结合所学专业知识进行分析解读。

《全球数据安全倡议》：构建新国际规则框架，守护全球数据安全

导语

随着越来越多国家转向数据化发展，数据安全成为国际焦点。中国政府发起的《全球数据安全倡议》旨在通过制定全球数据安全标准，解决网络空间的安全问题和信任危机，引领各国就网络空间规则达成共识，促进全球数据交流与合作，更好地维护全球数据安全及网络空间的公平正义，推动构建网络空间命运共同体，以此贡献中国智慧。同时，中国通过宣传《全球数据安全倡议》，展现了负责任的大国形象。

一、案例背景

随着全球新一轮技术革命和产业变革的深入推进，数据成为一种新的生产要素。以互联网、大数据、人工智能和5G等信息技术为基础的数字经济时代已经到来，数字经济成为全球经济增长的新引擎。2015年，国务院发布《促进大数据发展行动纲要》，作出"数据已成为国家基础性战略资源"的重要判断。大数据作为国家实力的重要组成部分，关系国家经济运行、社会治理、生活服务、国防安全等多个方面，成为实现创新发展、重塑人们生活的重要力量。

与此同时，数据全球化引发了一系列安全问题，供应链攻击、勒索软件攻击、业务欺诈、关键基础设施攻击、大规模数据泄露、地缘政治相关黑客攻击等网络犯罪的威胁持续上升。越来越多的国家将数据安全视为国家安全的重要组成部分，甚至将其作为战略布局的重点。2019年，美国发布《联邦数据战略和2020年行动计划》，强调"将数据作为战略资源开发"，并采取严格措施保护国防等重要领域的数据安全，构筑国家安全屏障。2020年2月19日，欧盟委员会发布《欧盟数据战略》，在此背景下，2022年4月6日，欧洲议会批准通过了《数据治理法案》，确保对欧盟内部数据的控制。[①]

海量数据不但成为经济社会发展的新动力，而且重新划分了大国博弈空间。西方发达国家不断强化数字霸权，以确保自身的优势地位。例如，美国自称倡导网络透明

[①] 赛博研究院.欧洲议会通过《数据治理法案》，促进欧盟数据共享新规则［EB/OL］.（2022-04-07）［2023-08-08］.https://mp.weixin.qq.com/s/DhE8ltXGgalhIqTd9KVbpA.

和信息自由流通，却积极开发和使用监控网络通信的技术。① 一方面，美国情报机构实施网络攻击，开展网络监控等案例屡见不鲜；另一方面，美国在技术民粹主义路线的引领下，利用自身在互联网和大数据领域的市场地位和行业优势，实施双重标准，打压其他跨国公司，以维护自身在网络空间的主导地位。② 美国在毫无实质证据的情况下以"国家安全"为由，试图拒中国企业于 5G 网络建设的门外，并于 2019 年 5 月实施"5G 清洁网络"计划，要求禁止使用不受信任的中国 IT 供应商提供的与传输、控制、计算或存储设备相关的任何服务。2020 年 8 月 5 日，美国扩大"5G 清洁网络"计划，提出"清洁网络计划"，目标直指中国。

全球重大信息安全事件频发，使数据安全逐渐成为全球治理的重要议题，世界主要国家日渐将关注重点放在构建国际数据安全规则和治理体系方面。面对美国等西方国家将数据安全泛化为国家安全概念，滥用国家力量无理打击他国企业的做法，中国适时提出了《全球数据安全倡议》，旨在通过制定全球数据安全标准来解决网络空间的安全困境和信任危机，引领各国就网络空间规则达成共识，促进全球数据交流与合作，更好地维护全球数据安全及网络空间的公平正义。

二、案例描述

2020 年 9 月 8 日，在"抓住数字机遇，共谋合作发展"国际研讨会高级别会议上，国务委员兼外交部长王毅提出《全球数据安全倡议》（下文简称《倡议》），就加强数据安全保护、推进全球数据安全治理提出中国主张和中国方案。《倡议》内容涉及供应链安全、关键基础设施数据保护、个人信息安全、企业海外数据存储、数据跨境调取、跨境执法、用户数据获取等多个方面，共八点主张。③

《倡议》并不是与美国进行零和博弈的针对性方案，也不是面向世界的一道单选题，而是真诚应对数据安全威胁的人类共同行动倡议。与美国明确排除中国的"清洁网络计划"的地缘政治思维和做法相比，《倡议》直指各国共同面临的安全威胁，旨在推动建立一套所有国家和企业都必须平等遵守的数据安全规则，体现了更广阔的视野与更大的格局。

《倡议》申明了中国严格践行数据安全保护原则的立场和主张，是为防止国际社会陷入"文明冲突论"和冷战思维陷阱所开展的一场必要且及时的纠偏行动。

---

① 大众日报.瞰天下！Tik Tok 在美一州遭禁，彰显美式"数字霸权"［EB/OL］.（2023-05-26）［2023-08-08］. https://new.qq.com/rain/a/20230526A04KTD00?no-redirect=1.
② 阚道远.美国"网络自由"战略评析［J］.现代国际关系，2011（8）：18-23.
③ 政府网.全球数据安全倡议（全文）［EB/OL］.（2020-09-08）［2023-10-15］.https://www.gov.cn/xinwen/2020-09/08/content_5541579.htm.

三、案例分析

（一）《倡议》的提出为制定数据安全国际规则提供了蓝本

区别于"清洁网络计划"以打压中国移动网络技术企业、维护自身利益为目的狭隘之举，我国提出的《倡议》秉持开放务实的态度，聚焦当前重大数据安全问题，对各国政府和企业在数据安全领域的行为作出了明确规范，提出了一系列的建设性解决思路与方案，为制定全球规则提供了蓝本。① 俄罗斯外长拉夫罗夫评价《倡议》有利于推进制定数据安全领域的国际准则，深化俄中在国际信息安全领域的合作。②

《倡议》第一条主张各国摘掉意识形态眼镜，以一种全面客观的态度看待数据安全问题。基于人类命运共同体的视角，强调以客观事实为基础，解决数据安全问题，有助于增进各国间的沟通与合作，推动世界各国共同面对数据安全挑战。此外，《倡议》关注全球供应链的安全问题。在各国分工合作日益密切的大背景下，构建具有竞争力的开放型全球供应链体系成为企业国际化发展战略的重要组成部分。③ 同时，各国企业也面临恶意软件攻击、盗版或恶意注入后门等网络安全风险和诸多的不确定性。④《倡议》强调信息技术产品和服务的供应链安全和稳定，这对发展数字经济和维护数据安全至关重要。⑤

《倡议》第二条针对各国基础设施和重要数据安全。在基础设施不断数据化的当下，关键信息基础设施数据一旦泄露或遭到破坏，很可能威胁国家主权与安全。2010年，美国被发现利用"震网"病毒攻击伊朗核设施，最终导致位于纳坦兹近五分之一的浓缩铀离心机突然停止运转，伊朗的核弹发展受到影响，这是历史上首次由一国政府对另一个国家的关键基础设施发动攻击的案例，也是首个对现实世界中的关键工业基础设施造成了与传统物理毁伤等效的网络攻击行动。当前，加强对国家基础设施数据安全的保护已经被提上议事日程。

《倡议》第三条针对个人信息安全，指出不得滥用信息技术对他国进行大规模监控，不得非法收集他国公民的个人信息。个人隐私是每个人的基本权利，需要得到尊

---

① 外交部.《全球数据安全倡议》为全球治理注入新动力［EB/OL］.（2020-11-24）［2023-08-08］. http://fmprc.gov.cn/wjb_673085/zzjg_673183/jks_674633/jksxwlb_674635/202011/t20201124_7667460.shtml.
② 人民网.《全球数据安全倡议》彰显坦荡自信之中国［EB/OL］.（2020-09-29）［2023-08-08］. https://baijiahao.baidu.com/s?id=1679126346612833820&wfr=spider&for=pc.
③ 世界供应链.企业如何构建全球供应链体系？这几点是关键！［EB/OL］.（2022-10-31）［2023-07-26］. https://baijiahao.baidu.com/s?id=1748172281628960651&wfr=spider&for=pc.
④ 供应链管理资迅.关于供应链安全的9条最佳实践——供应链管理师［EB/OL］.（2023-04-23）［2023-07-26］. https://baijiahao.baidu.com/s?id=1763961620152862771&wfr=spider&for=pc.
⑤ 政府网.全球数据安全倡议（全文）［EB/OL］.（2020-09-08）［2023-08-08］. https://www.gov.cn/xinwen/2020-09/08/content_5541579.htm.

重和保护。随着数字化时代的到来，大量的个人数据被收集、存储和处理，包括个人身份信息、财务信息和健康记录等。数据泄露可能会使个人隐私权遭受侵犯，甚至导致身份盗窃、金融欺诈和其他恶性后果。保护个人隐私不仅是对个人权利的尊重，而且是建立可信赖的数字环境的基础。①

《倡议》第四条对跨国企业的经营行为作出了规范。一些企业尤其是互联网平台企业在运营过程中掌握了所在国用户、组织机构乃至国家基础设施的海量数据，这对所在国的国家安全构成了威胁。《倡议》要求企业遵守当地法律，不得强制要求本国企业将境外产生、获取的数据存储在本国境内，这是尊重所在国信息主权的题中应有之义。

《倡议》第五条旨在维护国家信息主权。国家信息主权涵盖国家对数据资源的所有、使用及发展等多种权利，包括对数据资源的控制、管辖、支配以及收益等权利；对数据资源的访问、应用以及解释等权利；自由和有意义地参与数据经济发展并公平享有发展所带来的利益，不受数据强国限制与主导的权利。②《倡议》提出"尊重他国主权、司法管辖权和对数据的管理权，不得直接向企业或个人调取位于他国的数据"，旨在反对数据霸权主义，维护网络空间的公平和秩序。

《倡议》第六条指明了跨境执法的渠道问题。威胁全球数据安全的违法行为往往具有跨国、跨境的属性，一个有效的司法协助渠道能够为惩治威胁全球数据安全的违法犯罪活动提供切实可行的执法手段，成为各国共同打击犯罪、维护数据安全的桥梁纽带。③《倡议》所提出的解决跨境执法需求的渠道建设，一方面意在谋求对跨国犯罪的执法合作，完善对跨境数据获取的制裁方案；另一方面，旨在应对美国域外执法权扩张的问题。

《倡议》第七条、第八条分别对信息技术产品和服务供应商的生产行为和经营行为作出了规定。由于作为数据源的个人数据权与作为数据控制者的企业数据权之间的界限模糊，企业侵犯用户数据权的现象层出不穷。④《倡议》通过规范企业在产品生产层面的行为，确保公众使用产品过程中的数据安全。这一点也契合了我国《信息安全技术　网络产品和服务安全通用要求：GB/T 39276-2020》中"减少设计、开发等过程中恶意程序植入的风险""通过用户协议、产品使用说明书或网站通报等途径，声明所提供的网络产品和服务中没有故意留有或设置漏洞、后门、木马等程序和功能"等要

---

① 少航观察者.探讨当前网络安全：挑战数据泄露网络攻击和个人隐私保护的重要性［EB/OL］.（2023-05-17）［2023-08-08］.https://baijiahao.baidu.com/s?id=1766150301078391684&wfr=spider&for=pc.
② 郑琳，李妍，王延飞.新时代国家数据主权战略研究［J］.情报理论与实践，2022（6）：55-60.
③ 何治乐，安会杰.网络主权视野下的美国域外执法权改革及中国应对［J］.信息安全与通信保密，2019（12）：37-47.
④ 蔡翠红，王远志.全球数据治理：挑战与应对［J］.国际问题研究，2020（6）：38-56.

求。① 我国提出"不得设置后门"承诺，是希望各国专注提升信息技术的功能，减少有缺陷和漏洞的代码，通过在国家层面建立开放合作的互信机制，减少数据资源的不必要损失，以应对后门安全威胁。这些要求有助于确保信息技术企业的行为合乎道德和法律规范，为全球数据安全提供根本性的指导。

（二）《倡议》的提出揭露了美国网络霸权主义的真实面目

作为互联网大国，美国在网络资源和软硬件资源配置上占据主导地位，但美国却利用这一优势实施网络霸权战略，以网络透明和信息自由交流为名，损害其他国家的信息安全，逐渐成为国际社会的网络毒瘤，威胁全球数据安全。

2010年，美国被发现使用"震网"病毒攻击伊朗的核设施，打开了国家间网络战的"潘多拉盒子"。2013年，"棱镜门"事件曝光了美国对包括中国在内的多国实施网络窃密的丑行，美国甚至要求包括微软、谷歌、苹果等在内的9家国际网络巨头配合政府秘密监听，并入侵德国、韩国等多个国家的网络设施。2015年，媒体曝光了美国政府实施的"拱形计划"，该计划旨在入侵、分化、打压各国的网络安全厂商，使其屈服于美国。2017年发生的全球传播范围最广、损失影响最大的勒索软件WannaCry也是来源于美国国家安全局泄露的网络武器。②

除了利用隐蔽的技术手段威胁、破坏他国数据安全，美国还以法律为遮羞布，将其侵犯他国信息主权、强行占有他国重要数据的霸权行为合法化。2018年3月，美国出台的《合法使用境外数据明确法》规定，为保护公共安全和打击恐怖主义等犯罪行为，美国政府有权调取存储于他国境内的数据；但其他国家调取存储在美国的数据则须通过美国的"适格外国政府"审查。大量美国机构利用该法案肆意调取来自全球的各类数据，赤裸裸地冒犯他国司法主权和数据安全，试图实施长臂管辖。③ 此外，美国SEC通过的《外国公司问责法案》最终修正案要求审查上市公司的审计数据，不仅局限于美国境内，而是涉及其在全球范围内的数据，将公司上市与接受数据审查强行绑定。例如，2021年6月30日，"滴滴出行"在美国上市，美方依据该法案，要求滴滴呈交包括审计底稿、用户数据和城市地图等在内的部分企业数据，给我国数据安全带来潜在风险。美国这种强制要求他国科技公司将其所拥有的数据存储在美国并接受审查的行为，无疑对上市企业所在国的数据安全构成了严重威胁。④

---

① 国家市场监督管理总局，中国国家标准化管理委员会.信息安全技术　网络产品和服务安全通用要求：GB／T 39276—2020［SOL］.（2020-12-15）［2023-07-26］.https://mp.weixin.qq.com/s/9UvP2DtkCoHQeVwlSlDu5Q.
② 汪文斌.美国是全球最大的网络窃密者［EB/OL］.（2023-04-12）［2023-07-27］.https://mp.weixin.qq.com/s/vYP-Wkb2daWnrIgycc6-9A.
③ 杜霖亚.论网络空间主权理论和实践的新发展及中国的应对［D］.开封：河南大学，2020.
④ 韩洪灵，陈帅弟，刘杰，等.数据伦理、国家安全与海外上市：基于滴滴的案例研究［J］.财会月刊，2021（15）：13-23.

上述事实表明，美国是网络战的始作俑者，是先进网络武器的最大扩散方，是世界上最大的网络窃密者。《倡议》提出的八条行为准则不但有利于制约美国的网络窃密行为，而且揭露了美国所谓维护数据安全的虚伪嘴脸，符合国际社会的共同利益。

（三）《倡议》的提出彰显了我国在网络安全方面的负责任大国形象

维护网络安全是全球性挑战，需要国际社会合作应对。我国一直是全球网络安全的倡导者与践行者。《倡议》是数据安全领域的首份国际倡议，集中体现了中国的大国责任与担当。国际问题观察员司马明在评论文章《〈全球数据安全倡议〉彰显坦荡自信之中国》中提出："《全球数据安全倡议》以开放包容的姿态推进数据安全全球治理，充分彰显了中国的坦荡自信、担当有为，是中国对世界的庄严承诺。"①

《倡议》是我国以共同构建网络空间命运共同体为目标，统筹国内和国际两个大局、发展和安全两件大事，维护全球共同利益的倡议，反映了各国的共同关切，得到了中亚国家的广泛支持和东盟国家的高度关注。2021年3月发布的《中阿数据安全合作倡议》和2022年6月发布的《"中国+中亚五国"数据安全合作倡议》进一步体现了我国推进全球数据安全治理的务实态度、坚定决心与强大的行动力。2022年4月，习近平总书记在博鳌亚洲论坛上又提出了《全球安全倡议》，再次展现了我国对全球数字治理的积极态度，强化了我国在构建和谐、稳定、繁荣的全球数据安全格局中的重要地位。中国在加强全球数据治理方面发挥的表率作用，彰显了负责任的大国形象。

（四）《倡议》的提出提升了我国在国际规则制定中的话语权

在百年未有之大变局中，全球深层次矛盾凸显，数据安全在全球治理中的地位与重要性愈加突出。推动全球数据治理体系变革，制定新的全球数据安全规则，成为大势所趋。美国、欧洲和中国三大阵营争夺数据安全原则主导权的竞争日益激烈。②

2019年，我国数字经济市场规模为358,402亿元，占国家GDP的36.2%，对我国经济增长的贡献率为67.7%。我国尽管在数据规模及数字经济发展方面处于领先水平，但在数据安全规则制定权及话语权上与欧美国家相比明显处于弱势地位。因此，我国亟须抓住数据安全国际规则形成的关键期这一机遇，在重要规则制定方面发挥前瞻性作用，形成与本国数字经济规模相匹配的国际影响力。

面对大国争夺数据治理规则主导权的博弈，以及美国对我国数据安全理念持续抹黑与对5G供应商的无端排斥和无理打压的局面，中国以"抓住数字机遇，共谋合作发展"国际研讨会高级别会议为契机，主动设置议题，发表《倡议》。这是中国向世界提供的一个全新、优质的公共产品，它为维护全球数据安全提供了中国的解决方案，为

---

① 人民网.《全球数据安全倡议》彰显坦荡自信之中国［EB/OL］.（2020-09-29）［2023-08-08］. https://baijiahao.baidu.com/s?id=1679126346612833820&wfr=spider&for=pc.
② 张琳琳，彭志艺. 我国亟需提升数据安全国际规则影响力［J］. 信息安全与通信保密，2022（3）：27-32.

全球治理提供了正能量，增加了确定性，注入了新动力。①因此，《倡议》一经提出就得到了多方点赞。据英国广播公司（BBC）2020年9月8日的报道，英国法律专家赞扬了中国制定全球数据安全标准的倡议。德国之声也在同日发表文章，称赞中国《倡议》倡导尊重他国主权及不侵害个人信息的数据安全原则。

《倡议》的提出是我国努力改变在数据安全规则制定权及话语权处于弱势地位的一次大胆尝试和成功实践，对提升我国在国际规则制定中的话语权具有示范意义。

四、总结

中国不仅是网络空间命运共同体的首倡者，也是积极践行者。2020年9月，中国发布《倡议》，在此基础上又发出了《中阿数据安全合作倡议》《"中国+中亚五国"数据安全合作倡议》《全球安全倡议》等倡议文件。②多年来，中国始终坚持深化数字经济领域的国际合作，积极参与全球治理，致力于与国际社会携手共建全球网络空间命运共同体，共同维护网络空间安全。

在全球数据安全领域竞合态势明显、规则尚未完善的背景下，我国应利用关键窗口期来构建跨境数据流动圈、扩大规则共识范围、积极参与新技术领域的规则制定，与世界各国增进互信，提升我国在国际规则制定中的话语权。中国要通过双边及二轨对话、自主进程运作、举办国际会议等方式，进一步加强与各方在数据保护与治理方面的合作和政策协调，开展交流共享活动，加大《倡议》等中国方案的宣介力度，争取更多强国的支持，增加倡议签署方或支持方数量，有力推进全球数字治理及网络空间命运共同体的建设进程。③

思考题

1. 结合《全球数据安全倡议》提出的背景，谈谈你对国家数据安全重要性的理解。
2. 谈谈你对美国在全球范围内实施的"网络霸权"战略的认识。
3. 如何理解《全球数据安全倡议》的内容及其对我国和国际社会的重要意义？
4. 结合《全球数据安全倡议》等倡议文件内容以及近年来我国在加强数据跨境安全保护方面出台的其他法律法规，谈谈主权国家应该如何加强在国际传播中的信息控制。

---

① 外交部.《全球数据安全倡议》为全球治理注入新动力［EB/OL］.（2020-11-24）［2023-08-08］. http://switzerlandemb.fmprc.gov.cn/wjb_673085/zzjg_673183/jks_674633/jksxwlb_674635/202011/t20201124_7667460.shtml.
② 中国社会科学网.携手构建网络空间命运共同体［EB/OL］.（2023-04-15）［2023-08-08］. https://www.cssn.cn/gjaqx/202304/t20230415_5620211.shtml.
③ 张琳琳，彭志艺.我国亟需提升数据安全国际规则影响力［J］.信息安全与通信保密，2022（3）：27-32.

参考文献

[1] 蔡翠红, 王远志. 全球数据治理: 挑战与应对 [J]. 国际问题研究, 2020 (6): 38-56.
[2] 阚道远. 美国"网络自由"战略评析 [J]. 现代国际关系, 2011 (8): 18-23.
[3] 林娴岚. 技术民族主义与美国对苏联、日本的高技术遏制 [J]. 世界经济与政治, 2021 (12): 130-154, 159-160.
[4] 郑琳, 李妍, 王延飞. 新时代国家数据主权战略研究 [J]. 情报理论与实践, 2022 (6): 55-60.
[5] 何治乐, 安会杰. 网络主权视野下的美国域外执法权改革及中国应对 [J]. 信息安全与通信保密, 2019 (12): 37-47.
[6] 杜霖亚. 论网络空间主权理论和实践的新发展及中国的应对 [D]. 开封: 河南大学, 2020.
[7] 韩洪灵, 陈帅弟, 刘杰, 等. 数据伦理、国家安全与海外上市: 基于滴滴的案例研究 [J]. 财会月刊, 2021 (15): 13-23.
[8] 张琳琳, 彭志艺. 我国亟需提升数据安全国际规则影响力 [J]. 信息安全与通信保密, 2022 (3): 27-32.

【作者: 张淑燕　张颖　王鹤达】

坚决向 BBC 说"不": 各方携手回击西方媒体的不实报道和蓄意抹黑

导语

长期以来, 英国广播公司（BBC）在涉华报道中存在强烈意识形态偏见, 在涉疆、涉疫情的新闻报道中屡屡歪曲事实, 炮制虚假新闻, 试图通过操纵国际舆论抹黑中国国家形象, 破坏中国的民族团结与社会安定。本案例以我国应对 BBC 涉华虚假报道为例, 深入分析了在面对外媒虚假报道时, 我国主流媒体、行政主管部门、外交部、民间网络"大 V"等多元主体如何积极采取行动, 以多重手段实施反击, 有效保护国家利益, 维护国家形象, 为我国加强国际传播控制、更好应对西方媒体的诋毁提供参考。

一、案例背景

长期以来, 以 BBC 为代表的西方大型传媒集团在国际传播领域占据着主导地位, 把持着国际传播的话语权, 他们以"自由报道、不受限制"自居, 暗地里却与所在国的政治、经济资本有着千丝万缕的联系，成为西方国家操纵国际舆论的政治工具，其新闻报道背后隐含着西方国家的政治倾向和意识形态。BBC作为西方老牌媒体，一贯自我标榜秉持公正、客观、平衡原则，实际上，在面对发展中国家，尤其是正在崛起的中国时，它往往采取双重标准，甚至不惜制造涉华虚假新闻，辅以多种抹黑手段以操纵国际舆论来达到遏制、打压中国的目的。BBC的行径不仅影响国际社会对我国政治、经济、社会面貌的认知，损害我国的国家形象，而且涉疆、涉疫情等虚假报道甚至会对我国民族团结、社会稳定造成严重的负面影响。

当今世界的国际传播格局依然是"西强我弱"，"我们在国际上有时还处于有理说不出、说了传不开的境地，存在着信息流进流出的'逆差'、中国真实形象和西方主观印象的'反差'、软实力和硬实力的'落差'"。① 正因如此，党的十八大以来，以习近平总书记为核心的党中央高度重视我国国际传播能力建设，在各种讲话中反复强调。在党的二十大报告中，习近平总书记进一步指出，要"讲好中国故事、传播好中国声音，展现可信、可爱、可敬的中国形象。加强国际传播能力建设，全面提升国际传播效能，形成同我国综合国力和国际地位相匹配的国际话语权"。② 所以，面对国际社会抹黑中国国家形象的新闻报道，我们要态度鲜明，立场坚定，主动出击，坚决说"不"，采取有力措施，坚决加以制止。

二、案例描述

（一）无端捏造虚假信息

2014年7月2日，BBC发布新闻 *China bans Xinjiang officials from observing Ramadan fast*（《中国禁止新疆官员封斋》）指出，新疆多个政府部门禁止工作人员在斋月期间封斋或参加宗教活动（见图2-1）。③

2019年6月20日，BBC在报道 *Searching for truth in China's Uighur 're-education' camps*（《探寻中国维吾

图2-1 BBC报道页面截图
资料来源：BBC官方网站

---

① 李惠男，董晓彤.跟习近平学习"讲好中国故事"[J].思想政治工作研究，2016（11）：73-75，33-41.
② 习近平.高举中国特色社会主义伟大旗帜 为全面建设社会主义现代化国家团结奋斗[N].人民日报，2022-10-26（1）.
③ BBC. China bans Xinjiang officials from observing Ramadan fast [EB/OL]. （2014-07-02）[2023-07-18]. https://www.bbc.com/news/world-asia-china-28123267.

尔族"再教育营"的真相》）中称，在新疆，有上万人未经审讯就被关押，将新疆的寄宿制学校描述为改造极端分子的"再教育营"。①

2019年11月13日，BBC发表标题为 *Xinjiang cotton sparks concern over 'forced labour' claims*（《新疆棉花引发"强迫劳动"担忧》）的报道，称中国作为全球最大的棉花生产地，大部分棉花产自新疆，新疆的许多少数民族被迫从事摘棉工作（见图2-2）。②

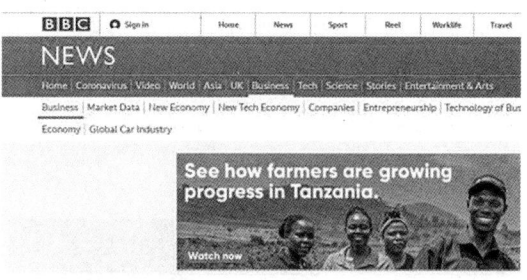

图2-2　BBC报道页面截图

资料来源：BBC官方网站

2020年6月29日，BBC发表题为 *China forcing birth control on Uighurs to suppress population, report says*（《报告指出，中国为抑制人口增长对维吾尔族进行强制节育》）的报道，援引德国反华学者郑国恩③的"强制节育"研究报告④，声称中国对新疆妇女实施强制绝育和避孕措施，以控制维吾尔族人口。

2021年2月3日，BBC的报道 *'Their goal is to destroy everyone' : Uighur camp detainees allege systematic rape*（《"他们的目的是摧毁每个人"：维吾尔族被拘押人员称受到系统性性侵》）称，新疆存在所谓"再教育营"，被关在新疆"再教育营"的女性遭受系统性性侵、虐待（见图2-3）。⑤

图2-3　BBC报道截图

资料来源：BBC官方网站

新冠疫情期间，BBC在报道中国疫情的新闻中故意将疫情与政治关联，污名化中国的防疫措施。2021年1月，在《重返湖北》系列纪录片中，BBC驻中国记者

---

① BBC.Searching for truth in China's Uighur 're-education' camps［EB/OL］.（2019-06-21）［2023-07-18］.https://www.bbc.com/news/blogs-china-blog-48700786.
② BBC. Xinjiang cotton sparks concern over 'forced labour' claims［EB/OL］.（2019-11-13）［2023-07-18］.https://www.bbc.com/news/business-50312010.
③ 郑国恩，原名阿德里安·曾兹，德国反华学者，是美国政府成立的极右翼组织"共产主义受害者纪念基金会"成员，也是美国情报机构操纵设立的反华研究机构骨干。
④ "强制节育"研究报告全称：《绝育、强迫堕胎和强制性节育——中共镇压新疆维吾尔族出生的运动》。
⑤ BBC. 'Their goal is to destroy everyone': Uighur camp detainees allege systematic rape［EB/OL］.（2021-02-02）［2023-07-18］.https://www.bbc.com/news/world-asia-china-55794071.

沙磊不仅先入为主地暗示武汉是新冠疫情的"原点"（见图 2-4），而且一再渲染"中国掩盖疫情"的场景。随后，BBC 利用剪辑技术，将一段反恐演练视频剪辑成我国警方"用网蒙头拘捕民众"的证据（见图 2-5），蓄意塑造中国防疫部门"暴力执法、践踏人权"的负面形象。①

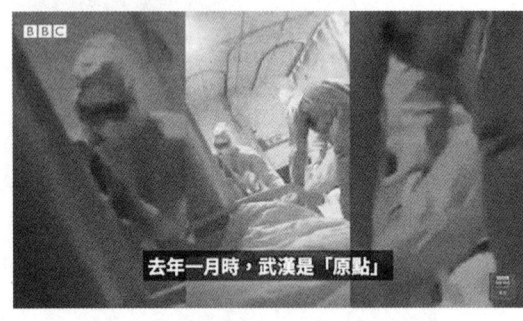

图 2-4 《重返湖北》纪录片截图
资料来源：上观新闻

图 2-5 《重返湖北》纪录片截图
资料来源：上观新闻

2021 年 3 月，BBC 播出广播节目 The disinformation dragon（《假信息之龙》），围绕网络信息、抗疫、外交等主题对中国进行无端指责，声称中国政府通过在社交媒体散布虚假消息的手段来建构正面形象。②

（二）蓄意采取双重标准

BBC 对中国的报道不仅涉及捏造虚假信息、歪曲客观事实的行为，而且存在着严重的"双标"行为。

2019 年 11 月，郑国恩炮制所谓的"墨玉名单"③研究报告，BBC 作为享誉国际的知名媒体却偏听偏信，不经调查核实就跟风引用所谓的"研究结论"，而对我国媒体澄清事实的新闻报道置之不理。④

2020 年 12 月，BBC 中文版发布了中英文版的纪录片《新冠疫情如何改变了武汉》，虽然两版视频的内容和监制、摄影、剪辑人员一样，但在中文版纪录片中，拍摄武汉天空的镜头色彩明亮（见图 2-6）；而在英文版中，纪录片的整体色调却明显灰暗泛黄、苍白暗淡（见图 2-7）。BBC 的纪录片因此被网友嘲讽为"阴间滤镜"。⑤

---

① 上观．"偏见广播公司"？BBC 报道疫情假新闻死不承认，再次翻车［EB/OL］．(2021-02-06)［2023-07-18］．https://www.thepaper.cn/newsDetail_forward_11262850.
② BBC. The disinformation dragon［EB/OL］．(2021-03-11)［2023-07-18］．https://www.bbc.co.uk/programmes/p099b1xd.
③ "墨玉名单"：关于中国在新疆拘留运动的剖析。
④ 中华人民共和国驻布里斯班总领事馆．西方媒体如何为涉疆谎言起哄、帮腔、炒作？［EB/OL］．(2021-05-08)［2023-07-18］．http://brisbane.china-consulate.
⑤ 观察者网．BBC"阴间滤镜"实锤了［EB/OL］．(2021-02-16)［2023-07-18］．https://www.thepaper.cn/newsDetail_forward_11353665?ivk_sa=102397a.

图 2-6　BBC 纪录片中文版　　　　　　图 2-7　BBC 纪录片英文版
资料来源：观察者网　　　　　　　　　资料来源：观察者网

2021 年 7 月，德国和我国河南的严重洪灾引起了全球媒体的关注。BBC 在报道这两场洪灾时采取"双标"策略。在报道德国洪灾时，称德国洪灾十年难遇，强调洪灾的严重性；但在面对降水量是德国洪灾数倍的河南洪灾时，BBC 却着重指责郑州的城市防旱排涝系统建设，称其为"神话破灭"。①

面对 BBC 的屡屡挑衅，我国从主流媒体到政府相关部门，再到来自民间的力量都积极行动起来，采取有力措施，携手演绎了一曲回击 BBC 的协奏曲，为惯于抹黑中国的西方媒体敲响了警钟，赢得了国际舆论的理解和支持，维护了国家利益和形象。

三、案例分析

（一）主流媒体采取多种形式揭露 BBC 炮制的谎言

主流媒体承担着我国国际传播的重要任务，凭借自身的权威性与公信力，传播中国社会主流意识形态与价值观念，是沟通中外的桥梁，也是我国对外的传声筒。面对 BBC 的污蔑抹黑，《中国日报》与中国国际电视台（CGTN）挺身而出，以事实真相揭露 BBC 炮制虚假新闻、抹黑中国的真实嘴脸。

1.《中国日报》立足事实，援引权威依据，还原事件真相

2019 年 7 月 4 日，BBC 发布题为 *China Muslims: Xinjiang schools used to separate children from families*（《中国穆斯林：新疆利用学校将儿童与父母分离》）的报道，称中国政府"强行"让少数民族儿童与父母分离，将他们送入新疆的寄宿制学校。

面对此种蓄意污蔑，《中国日报》援引《中华人民共和国义务教育法》阐明了事实真相。该法第十七条明文规定："县级人民政府根据需要设置寄宿制学校，保障居住分

---

① BBC.河南水灾：特大暴雨致数十人死亡 最初 24 小时发生了什么［EB/OL］.（2021-02-06）［2023-07-18］.https://www.bbc.com/zhongwen/simp/chinese-news-57912990.

散的适龄儿童、少年入学接受义务教育。"①新疆地域辽阔，村镇之间距离遥远，家长接送学生上下学的负担较重。为解决这一问题，早在20世纪80年代，新疆就建设了400所寄宿制中小学，这些寄宿制学校是严格按照国家和自治区相关标准规划建设的，学习生活设施齐全，为新疆中小学生的学习与生活带来了极大的便利。②

2020年6月29日，BBC以郑国恩炮制的"强制节育"研究报告为依据，发布新闻报道 China forcing birth control on Uighurs to suppress population, report says（《报告指出，中国为抑制人口增长对维吾尔族进行强制节育》），声称中国对新疆妇女实施强制绝育和避孕措施，以控制维吾尔族人口。该报告企图以"中国80%的宫内节育器新增例数都在新疆"以及"2018年新疆和田和喀什地区人口自然增长率仅为2.58%"等不实数据为证，指责中国政府。对此，《中国日报》直接引用国家卫健委和新疆维吾尔自治区统计局发布的官方数据澄清事实。根据国家卫健委出版的《中国卫生健康统计年鉴2019》数据，2018年新疆新增放置节育器例数为328,475例，全国新增例数为3,774,318例，新疆新增例数仅占全国新增例数的8.7%。新疆维吾尔自治区统计局发布的《2019新疆统计年鉴》显示，2018年喀什地区人口自然增长率为6.93%，和田地区为2.96%。③《中国日报》以官方发布的权威精准数据有力驳斥了BBC的虚假报道，揭穿了其不辨真伪、抹黑中国的谎言。

2. CGTN连拍4部纪录片向世界讲述新疆反恐真相

2019年11月，郑国恩炮制所谓的"墨玉名单"研究报告，称这是一份新疆墨玉县300多名维吾尔族居民和他们亲属的名单及资料，该文件详细记录了这300多人被"关押"进教培中心的原因和他们在教培中心的表现。④该报告并没有任何官方的落款与公章，然而BBC不经调查核实就一味引用所谓的"研究结论"，对新疆反恐、去极端化措施信口开河，造谣中伤。为了反击这些涉疆不实报道，我国官方媒体CGTN先后制作播出了4部以新疆反恐为主题的纪录片《中国新疆，反恐前沿》《幕后黑手——"东伊运"与新疆反恐》《巍巍天山——中国新疆反恐记忆》《暗流涌动——中国新疆反恐挑战》。在这4部纪录片中，CGTN采用国际化视角，将中国新疆反恐置于全球一体化、全球反恐大背景下，完整展现新疆反恐全貌。纪录片采用反恐工作者、暴恐幸存者、参

---

① 国家法律数据库.中华人民共和国义务教育法［EB/OL］.（2018-12-29）［2023-07-18］.https://www.gov.cn/guoqing/2021-10/19/content-5647617.htm.

② 中国日报.BBC关于新疆的不实报道，我们来告诉你真相［EB/OL］.（2021-02-07）［2023-07-18］.https://baijiahao.baidu.com/s?id=1691025043144358667&wfr=spider&for=pc.

③ 中国日报.BBC关于新疆的不实报道，我们来告诉你真相［EB/OL］.（2021-02-07）［2023-07-18］.https://baijiahao.baidu.com/s?id=1691025043144358667&wfr=spider&for=pc.

④ 环球时报.评：西媒围绕新疆的作秀还要演多久［EB/OL］.（2020-02-19）［2023-07-18］.https://m.chinanews.com/wap/detail/zw/gj/2020/02-19/9097415.shtml.

与者等亲历者的讲述，用事实说话，真实性与客观性相结合，使海外观众认识到所谓的"墨玉名单"研究报告实际上是西方国家炮制的用来污蔑造谣的虚假资料这一事实。①

（二）国家新闻出版广电总局依规对 BBC 实施合理制裁

在全球信息化背景下，各国国内信息系统与全球信息系统连成一体，来自外部的信息由于国体、政体不同，其中的相当一部分与我国国家利益相抵牾，它们一旦进入我国境内，很可能引起混乱、恐慌，对社会稳定造成干扰。②诺顿斯登和席勒在《国家主权和国际传播》中提出，信息主权包括国家对本国信息的输出和外国信息的输入进行管理和监控的权利。③因此，作为主权国家，我国有权对外来入境信息进行管控。

长期以来，BBC 违反新闻应当真实、客观的基本原则，以偏狭的视角报道有关中国的新闻，不仅抹黑了中国的国家形象，而且对我国民族团结与社会稳定造成了不良影响。针对 BBC 的恶劣行径，国家新闻出版广电总局依据《境外卫星电视频道落地管理办法》第四条"申请落地的境外卫星电视频道所播放的内容不违反中国法律、法规、规章"，第十二条"经批准落地的境外卫星电视频道，禁止播放载有下列内容的节目：1. 危害中国国家统一、主权和领土完整；2. 煽动中国民族分裂、民族仇恨、民族歧视，破坏中国民族团结，侵害中国民族风俗习惯"的规定，对 BBC 实施制裁，不允许 BBC 世界新闻台继续在中国境内落地，对其新一年度落地申请不予受理。④此举不仅维护了我国的合法权益，而且向外界释放"中国不接受假新闻"的信号，如果以"莫须有"的罪名来污蔑中国、抹黑中国的国家形象，中国政府将会依法依规对其严惩不贷。

（三）外交部采取多种外交手段向英方表明严正立场与态度

我国历来奉行独立自主的外交政策，倡导以和平共处五项原则为核心的国际关系的基本准则。同时，我国始终坚持国家主权、安全、领土完整不可侵犯，要坚决维护国家利益、人民利益、发展利益。⑤外交部作为主权国家执行外交政策、主管外交事务的专门性机构，在进行外交工作的过程中贯彻执行国家总体外交方针和国家外交政策，始终维护国家的最高利益。

BBC 在报道中国疫情的新闻中，蓄意将疫情与政治关联，污名化中国的防疫措施，并且在关于湖北疫情的纪录片中，将一段反恐演练视频剪辑成我国警方"用网蒙头拘捕

---

① 刘静. 融媒体时代纪录片对外传播浅析——以 CGTN 新疆反恐纪录片为例［J］. 国际传播，2021（1）：82-87.
② 程曼丽. 国际传播学教程［M］. 北京：北京大学出版社，2006.
③ 郭庆光. 传播学教程［M］. 北京：中国人民大学出版社，1999.
④ 国家广播电视总局. 简讯［EB/OL］.（2021-02-12）［2023-07-18］. http://www.nrta.gov.cn/art/2021/2/12/art_113_55123.html.
⑤ 杨金卫. 中国特色大国外交的理论创新和实践进路［J］. 东岳论丛，2023（3）：5-12，191.

民众"的证据,蓄意塑造中国防疫部门"暴力执法、践踏人权"的负面形象。① 对此,我国外交部门采取交涉、致函等措施,申明我方的严正立场与态度。2021年2月5日,外交部新闻司有关负责人就BBC于2021年1月29日播出的涉新冠疫情的假新闻向该媒体北京分社负责人提出严正交涉,要求BBC及其北京分社认真对待中方严正立场,切实采取措施消除假新闻产生的负面影响,同时向中方公开道歉,摒弃意识形态偏见,停止蓄意诋毁攻击中国的行为,遵守职业道德,客观、平衡、公正地报道中国。② 2021年3月11日,中国驻英使馆针对BBC广播四台播出的《假消息之龙》中就网络信息、抗疫、外交等对中国进行无端指责的相关内容致函批驳,敦促其摒弃偏见,改正错误,客观、公正、全面地报道中国,同时对节目中涉及"病毒溯源""网络安全""战狼外交"等存在争议性的问题阐明中方立场,反驳不实信息。③

(四)民间网络"大 V"采取多种形式巧妙揭露 BBC 丑恶嘴脸

图 2-8 《血棉行动》
资料来源:新浪微博

随着新媒体的蓬勃发展,作为意见领袖的网络"大 V"拥有庞大的粉丝群体,他们对公共议题的看法与观点具有一定的号召力和影响力。在"新疆棉"事件中,人气漫画家乌合麒麟围绕 BBC 涉疆虚假报道,推出具有鲜明讽刺意味的政治漫画《血棉行动》(见图 2-8)。画面的主体包括三名新闻工作者和一个被缚在十字架上的稻草人。其中一名佩戴"CBB"工作证,手拿与 BBC 标识和配色基本一致的话筒的记者正在对稻草人进行采访,他以 BBC 经典的"诱导式发问"对稻草人说:"能告诉我们你遭受了哪些不公平的对待吗,稻草人小姐?"另一名摄像记者用专业设备记录着正在发生(实为摆拍)的一切,第三人则蹲在绑缚稻草人的十字架下,卖力地扶着十字架,防止稻草人(即谎言)瘫倒。漫画中被绑在十字架上的稻草人身穿维吾尔族服装,左衣袖中伸出一只血淋淋的真人手臂,这只手臂来自画面最右侧的一位正在采摘棉花的黑人女性,在稻草人身旁插着"我遭受过性侵犯与虐待"的牌子。这幅漫画一针见血地揭露了 BBC 记者惯用的造假

---

① 上观."偏见广播公司"? BBC 报道疫情假新闻死不承认,再次翻车[EB/OL].(2021-02-06)[2023-07-18]. https://www.thepaper.cn/newsDetail_forward_11262850.
② 央广网.外交部对 BBC 涉疫情假新闻提出严正交涉:停止蓄意抹黑中国[EB/OL].(2021-02-05)[2023-07-18]. http://news.cnr.cn/native/gd/20210205/t20210205_525408614.shtml.
③ 中国驻英国大使馆.中国驻英国使馆发言人致函 BBC 广播四台对其有关不实报道进行批驳[EB/OL].(2021-03-11)[2023-07-18]. http://gb.china-embassy.gov.cn/lcbt/sgryr/202103/t20210311_10192425.htm.

伎俩，即通过对子虚乌有的信息进行拼凑、移花接木的嫁接手段，炮制罔顾事实的虚假新闻。同时，三位新闻记者背对真正存在强迫劳动的"黑奴时代"的场景，生动揭露了 BBC 自我标榜公平客观实则双标的真实嘴脸。《血棉行动》漫画发表后，获得了大量网友的支持，新浪微博上与之相关的话题"乌合麒麟新作细节"登上热搜，该话题讨论量达到了 6.4 万，总阅读量更是高达 1 亿。

除了乌合麒麟以政治漫画的形式对 BBC 假新闻进行讽刺揭露，哔哩哔哩（以下简称"B 站"）UP 主"大漠叔叔"巧妙模仿 BBC "制造"新闻的手法剪辑视频《丢人！百万 UP 主应聘 BBC 记者》，同样受到众多海内外网友的关注与支持。"大漠叔叔"在视频中先表达了自己想要"应聘" BBC 记者的"意愿"，并通过对 BBC 备受争议的新闻制作手法的模仿来反讽 BBC 断章取义、捏造事实的行为。比如，拍摄时，机位要倾斜，画面要抖动，从而营造一种危险的压抑的氛围；采访时，无论采访对象讲了什么，都会在后期配上提前杜撰好的字幕；视频后期剪辑时，为视频加上"阴间滤镜"，使画面的颓废感更加明显。该视频一经发出，就在 B 站收获了 1,261.6 万观看量和 125.6 万点赞量，随后，"大漠叔叔"以 *Real shot! The Pandemic accelerated the collapse of China*（《实拍！疫情导致中国加速崩溃》）作为标题将视频上传至 YouTube 平台，向海外网友揭露 BBC 的真实面目，也收获了海外网友的众多好评与支持（见图 2-9）。

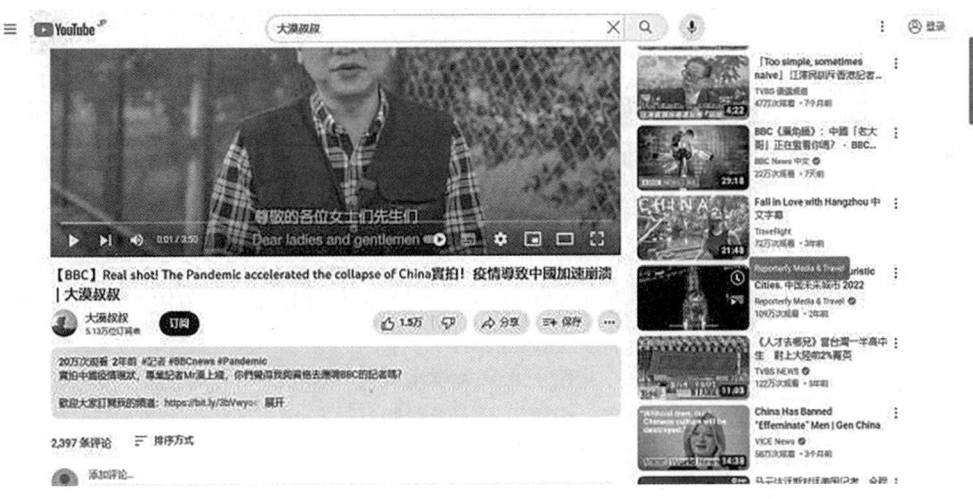

图 2-9 "大漠叔叔"视频页面截图

资料来源：YouTube

四、总结

针对 BBC 长期以来炮制大量虚假新闻、操纵国际舆论试图抹黑中国形象的种种行径，我国相关各方各司其职、各尽所能地积极行动起来，采取多种正当措施有理有据地对 BBC 进行有力的制裁与反击，坚决保护国家利益，维护国家形象。当今世界，舆论场依然是"西强我弱"的格局，我国在争取国际话语权时屡屡遭受西方国家的限制和打压，如 2020 年 10 月，美国曾毫无理由地将 6 家中国媒体在美国的分支机构列为"外国使团"，以此来限制中国记者在美国报道新闻的权利，这种行为不仅是对相关国际法的无视，也是对国际新闻自由与客观等原则的破坏。面对这种不利局面，一方面，我们要善于拿起法律武器保护自身权利，对以英美为代表的西方国家用"莫须有"的罪名打压中国、对中国进行不合理制裁以及对中国进行污名化的行为进行坚决反击；另一方面，作为联合国的常任理事国，我国要积极响应联合国的号召，推动其他国家尤其是第三世界国家共同制定反对虚假新闻的全球治理规则，努力建立国际传播新秩序，提升我国以及第三世界国家的国际传播话语权。①

思考题

1. 以 BBC 为代表的西方媒体为什么要对我国进行不实报道？这些不实报道对我国产生了怎样的影响？

2. 国家新闻出版广电总局为什么要制裁 BBC？谈谈其制裁的合理性。

3. 我国采取了哪些措施反击 BBC 的不实报道？谈谈你对这些措施的看法。

4. 作为爱国青年，我们在网上应如何理性发声，以反击西方媒体针对我国的不实报道？

5. 构想一下，未来我国将如何推动其他国家，尤其是第三世界国家共同制定反对虚假新闻的全球治理规则，努力建立国际传播新秩序？

参考文献

［1］刘静. 融媒体时代纪录片对外传播浅析——以 CGTN 新疆反恐纪录片为例［J］. 国际传播，2021（1）：82-87.

［2］程曼丽. 国际传播学教程［M］. 北京：北京大学出版社，2006.

［3］郭庆光. 传播学教程［M］. 北京：中国人民大学出版社，1999.

［4］杨金卫. 中国特色大国外交的理论创新和实践进路［J］. 东岳论丛，2023（3）：5-12，191.

［5］罗昕，赵小飞. 西方涉疆虚假新闻的议题框架与舆论操纵——以 BBC 报道为例［J］. 新闻战线，2021（11）：116-118.

［6］李智. 国际传播（第 3 版）［M］. 北京：中国人民大学出版社，2023.

［7］程曼丽. 西方国家对中国形象认知变化的辩证分析［J］. 对外传播，2021（3）：4-7.

【作者：张淑燕　张涵襄】

---

① 罗昕，赵小飞. 西方涉疆虚假新闻的议题框架与舆论操纵——以 BBC 报道为例［J］. 新闻战线，2021（11）：116-118.

让"宝格丽"们放下傲慢：多方联动，有力回击辱华品牌宣传

导语

改革开放以来，国外一些知名品牌进入中国市场，获得了可观的经济效益。但少数知名品牌不但没有积极回馈中国市场，而且在其品牌宣传中发出辱华声音，这损害了中国的国家利益，也伤害了中国消费者的民族情感。本案例结合宝格丽、杜嘉班纳、范思哲等国际品牌辱华事件，揭示其辱华的原因及危害，从舆论回应、利益关联者行动等层面分析相关主体的反击措施，并就加强对国际品牌信息传播行为的监管提出建议。

一、案例背景

在经济全球化背景下，国际贸易往来日趋频繁，企业通过跨国生产、跨国经营走向国际化，众多国际品牌涌现。在这一过程中，广告、公关活动等成为众多品牌开拓国际市场的有效营销手段。改革开放以来，我国经济快速发展，人民生活水平稳步提高，人均可支配收入不断增长，这吸引了越来越多的国际品牌前来开拓中国市场。然而，一些国际品牌在面向中国市场进行宣传推广时，发生多起"恶意抹黑"乃至"侵犯中国主权利益"的辱华事件。从"立邦漆"的盘龙滑落，到石狮子向"丰田霸道"敬礼，再到宝格丽官网错误标识中国台湾归属信息等，这些事件引起舆论的高度关注和中国人民的极大愤慨。这些品牌辱华事件的反复上演，有的源于部分品牌官方秉持所属国家的立场，蓄意传播西方霸权主义思想，故意丑化我国国家形象，甚至试图挑战我国主权底线；有的源于品牌方管理者或员工内心存有的自我优越感和傲慢心理，进而对发展中国家抱以轻蔑的态度；还有的源于部分品牌缺少跨文化交流的知识和敏感，"误用"本土文化符号而引发争议。无论是何种原因，其做法对中国形象造成的损害不容质疑。

国际品牌辱华言论和行为被曝光后，引起国内媒体和网民的集体关注，并形成舆论热点。其辱华言论不仅侵害了中国的核心利益，伤害了中国人民的感情，而且会产生反噬效应，导致自身品牌形象受损，甚至遭到中国本土消费者的抵制而遭受巨大经济损失。因此，加强对跨国广告信息的监管，规避此类事件的发生，是国际传播信息控制的重要内容。

二、案例描述

（一）宝格丽官网错误标识中国台湾归属及错误使用中国台湾称谓事件

2023年7月11日，有微博网友指出，在奢侈珠宝品牌宝格丽官网店铺分布信息栏中，香港、澳门前加了"中国"二字，但台湾前并未加"中国"二字，网友由此质疑宝格丽单独将"台湾"列为国家（见图2-10）。众多网友在相关热搜话题下喊话宝格丽出来给说法，此消息被中国网民迅速推上热搜。

7月11日19:40，宝格丽中国通过微博发布致歉声明（见图2-11），称因管理疏忽，导致店铺地址和地图标识误注，并表达宝格丽公司尊重中国主权和领土完整的立场，一如既往，坚定不移。声明还称，品牌在海外官网上因管理疏忽发生的店铺地址和地图标识误注，今日发现后已立即纠正，对错误深表歉意！"我们诚挚感谢网民监督，并正在联动第三方国际服务商确保正确标识海外官网上的相关国家和地区。"[①]

《人民日报》立即转发此致歉声明，并就中国主权问题发声：这是常识，更是底线。[②]但有网友发现，此道歉的落款为宝格丽（上海）有限公司，且海外网站一切如旧，《人民日报》就此发表题为《宝格丽道歉别弄成专供中国大陆》的评论，指出，"宝格丽道歉了，寥寥几句，满满求生欲。所谓的'管理疏忽''标识误注'，难以服众。这个道歉是否'专供'中国大陆？如何从根子上整改？红线不能碰，底线不能踩，原则问题不容打马虎眼，中国一点都不能少！"（见图2-12）

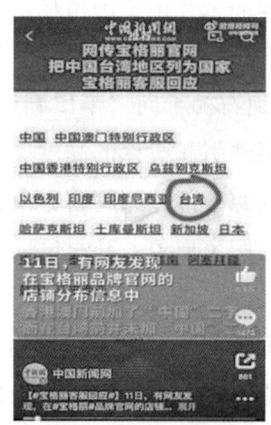 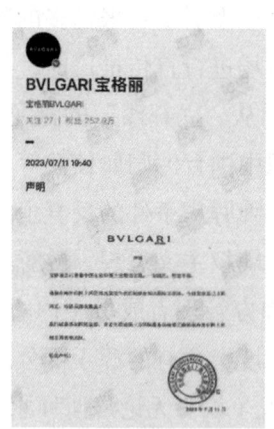 

图2-10 中国新闻网转发　　图2-11 宝格丽通过微博　　图2-12 《人民日报》评论
宝格丽官网错误标识　　　　发表致歉声明　　　　　　宝格丽致歉声明

资料来源：中国新闻网官方微博账号，人民日报官方微博账号

---

① 新浪微博.人民微评：中国一点都不能少［EB/OL］.（2023-07-11）［2023-10-15］. https://weibo.com/2803301701/4922402327496502.

② 新浪微博.人民微评：中国一点都不能少［EB/OL］.（2023-07-11）［2023-10-15］. https://weibo.com/2803301701/4922402327496502.

与此同时,中国新闻网、《环球时报》等官方媒体也纷纷转发此微博。

7月11日21:27,中国新闻网发文称,任何企业都必须遵守一个中国原则。7月11日22:30,《环球时报》发文称,记者查询发现,宝格丽已经更新了其美国的英文官网和新加坡的中文官网内容,将中国和台湾并列的页面已经消失(见图2-13,图2-14)。

图2-13 《环球时报》称宝格丽已更新外网

图2-14 宝格丽修改后的网站页面

资料来源:《环球时报》官方微博账号

(二)2018年杜嘉班纳广告事件

2018年11月21日,品牌杜嘉班纳Dolce & Gabbana(以下简称"D&G")在微博和Instagram上发布了一系列名为《起筷吃饭》的宣传视频(见图2-15),视频中身穿D&G的东方女模特示范如何用她所称的"小棍子"(筷子)吃番茄酱意面、意式香炸甜卷以及"伟大"的玛格丽特披萨饼等西方美食。①模特举止做作浮夸,唐人街画风搭配中国小曲儿,以及阴阳怪气的中文配音,引发了网友的不满和批评。有网友在Instagram上留言质问D&G,却遭到了该品牌的创始人之一Stefano Gabbana的恶语相向。被曝光的聊天记录中充满了对中国人的谩骂和诋毁,由此更大的舆论风波被引起。中国国际电视台(CGTN)、《人民日报》、《环球时报》等多家官方媒体报道批评此事件当事者(见图2-16),多位中国明星和模特也纷纷宣布退出或抵制D&G大秀,最终导致大秀被取消。随后,D&G发表了道歉声明,称其账号被黑客入侵,该广告并不代表品牌的立场。但这一道歉并没有平息公众的愤怒,很多人认为这是一种敷衍和推卸责任的做法,D&G没有真诚地反省和改正自己的错误。11月23日,D&G的两位创始

---

① 澎湃新闻.杜嘉班纳"起筷吃饭事件":西方奢侈品牌的傲慢与偏见[EB/OL].(2018-11-23)[2023-10-15]. https://www.thepaper.cn/newsDetail_forward_2662588.

人拍摄了一段视频，用中文说了"对不起"。但这一道歉并未得到大多数人的认可和原谅，D&G在中国市场遭到了严重的抵制。

图2-15　杜嘉班纳《起筷吃饭》广告片截图

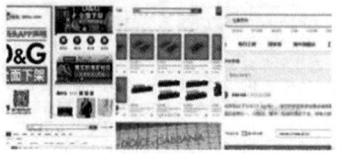

图2-16　CGTN报道D&G辱华事件

资料来源：CGTN官方微博账号

（三）2019年范思哲等奢侈品牌挑战中国主权的T恤事件

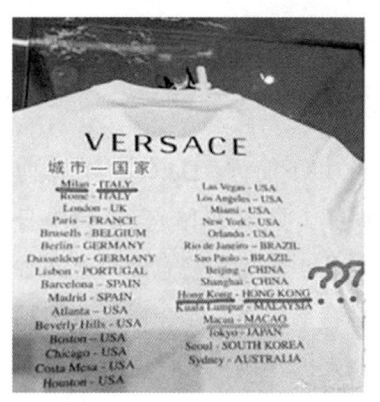

图2-17　范思哲辱华T恤

资料来源：凤凰网娱乐官方微博账号

意大利奢侈品牌范思哲、美国奢侈品牌蔻驰、法国奢侈品牌纪梵希都曾推出各自设计的T恤，上面印有不同城市和国家的名字，其将香港、澳门、台湾和中国大陆一同并列为国家（见图2-17）的行为，引发了中国网友的不满和抗议。

除此之外，爱彼、亚瑟士、巴黎世家、H&M、NIKE等在中国市场占有重要地位的国际品牌都曾被曝发表辱华言论：它们将台湾列为独立国家，挑战一个中国原则；在社交媒体或商业活动中表现对中国文化和消费者的轻蔑和歧视；与西方扼华势力沆瀣一气，抵制中国新疆棉花等。这些品牌在辱华行为发生后，均遭到我国官方和民间的一致谴责，大部分品牌迫于舆论压力而发表道歉声明。

三、案例分析

（一）针对国际品牌辱华行为及时采取舆论反击措施

1. 官民联动，及时回应涉事品牌辱华言论

（1）网民率先质疑，引发舆论关注

互联网技术的发展为人们提供了更为便利、自由、开放的沟通平台，带来了信息

传播方式的飞跃。通过互联网，人们可以随时随地获取各种信息，也可以更加方便地发表自己的意见和观点，拥有了平等的信息获取权和表达权。国际品牌在互联网中发布的商业推广信息首先触达的是广大网民，率先发现其涉嫌辱华信息并引爆舆论的通常也是网民。例如，宝格丽事件就是由网友在该品牌国外官网及时发现错误信息并在微博上质疑，进而引发更多网友关注和讨论最终推上热搜的。众多网友在宝格丽官方微博发布的相关广告内容下纷纷留言，呼吁修改外网对台湾的错误标识，明确台湾与中国的隶属关系，使辱华事件迅速发酵成舆论焦点，并引起官方主流媒体和国家相关部门的重视。再如，2018年11月，D&G通过新浪微博及海外账号发布《起筷吃饭》的宣传视频后，也是由微博网友率先发现其中的模特形象、解说措辞、叙事方式等存在涉嫌贬低中国传统文化的意图和行为，并就此展开激烈讨论，从而引发多方关注。此外，范思哲、纪梵希、蔻驰等品牌设计生产的"辱华"T恤皆是由网友发现问题并拍照上传至微博，引发公众热议。

（2）主流媒体迅速发声，引导舆论走向

在"西强我弱"的舆论格局下，主流媒体成为参与国际舆论博弈的主导力量。相较传统大众媒体信息传播的客观与理性，社会化媒体上的网民信息更趋主观化。国际品牌出现辱华行为，必然导致中国网民的负面情绪积聚，而负面情绪是舆情发展的重要驱动因素。[①]在负面情绪左右下，网民发表的过激言论反而不利于解决问题。因此，当出现国际品牌辱华事件后，主流媒体第一时间作出回应，一方面，这有利于消除信息的不确定性，稳定民心，避免网民负面情绪的进一步发酵，营造良好的舆论环境。例如，针对D&G的《起筷吃饭》广告片贬低中国文化事件，央视新闻官方微博在事发当天就发布了一个题为《你真的懂中国的筷子吗？》的短片进行回击。短片通过展现中国各个地方使用筷子的情形来诠释筷子对中国人的真正意义——筷子不仅是中国人吃饭的工具，而且体现了中国文化倡导的"天人合一"理念，承载着中国人数千年的文化情感，旗帜鲜明地批评了D&G对中国文化的肤浅理解，该短片在以正视听的同时，增进了国内外公众对中国文化的认知。另一方面，官方主流媒体及时表达严正立场，促使这些傲慢的大品牌迫于舆论压力作出反应，防止事态进一步恶化。例如，宝格丽事件被曝光后，《人民日报》第一时间转发宝格丽致歉声明，并发表评论明确该事件侵害中国主权的恶劣性质，使品牌方意识到事件的严重性，并及时作出整改。

2. 品牌利益关联方迅速采取行动，表明态度

Freeman在其经典著作《战略管理：利益相关者方法》中提出，"利益相关者是能

---

① 赖胜强，张旭辉. 网络舆情危机事件对网民情绪传播的影响机理——基于D&G辱华事件的扎根理论研究［J］. 现代情报，2019（9）：115-122.

够影响组织目标实现或受组织目标实现过程影响的个体或团体。"①从国际品牌视角来看，其利益相关方主要包括明星代言人、上下游厂商及各类媒体平台。

首先，明星的光环效应使之成为消费者的榜样，对消费者的消费行为具有引导性，因此明星代言成为品牌常用的宣传方式。许多国际品牌都会采用本土明星代言方式打开中国市场，因此，代言明星与品牌成为利益关联方。明星"塌房"会对品牌造成负面影响，品牌陷入公关危机也会使明星受牵连。因此，当国际品牌出现涉嫌辱华行为时，明星代言人的立场和言行既关乎自身的命运，又牵涉品牌的利益。D&G辱华事件发生后，亚太区品牌大使迪丽热巴和王俊凯在当天就向品牌方发出解约声明，包括章子怡、黄晓明、李冰冰在内的许多中国明星也都表态，拒绝出席该品牌的年度大秀。2021年年初发生的"新疆棉事件"，H&M、NIKE、Adidas等品牌表示停用新疆棉花后，41位明星先后宣布和各品牌解约，他们的爱国行为得到了公众的支持和赞誉。宝格丽辱华事件发生后，网友列举该品牌的9位代言人，并纷纷喊话与宝格丽解约，这意味着品牌将陷入重大危机，迫于压力，宝格丽在一天之内迅速道歉并改正错误。

其次，其他利益相关方作为当事者的利益共同体，在关乎原则的大是大非面前，不当的态度及行为很有可能使自己身陷危机。因此，利益关联者需要及时采取行动，作出明智选择，以免卷入其中而受损。游戏品牌王者荣耀作为宝格丽的跨界营销合作方，在宝格丽辱华事件曝光后，当天便关闭了与宝格丽合作的数字珠宝"芈月皮肤"活动页面。"新疆棉事件"中，H&M品牌第一个跟风发表声明"禁止与新疆地区服装厂合作，并取消相关采购"，针对H&M品牌的错误言行，京东、淘宝、天猫、唯品会等主流电商平台下架了该品牌的所有商品。

（二）对涉嫌辱华行为严重、态度恶劣的品牌通过相关法律加以处置

法律法规是最具威慑力的控制国际信息传播的手段。我国现有的相关法律法规的条款包括《中华人民共和国广告法》第九条，广告不得有损害国家的尊严或者利益，泄露国家秘密和含有民族、种族、宗教、性别歧视的内容。《广播电视广告播出管理办法》第八条，广播电视广告禁止含有危害国家统一、主权和领土完整，危害国家安全，或者损害国家荣誉和利益的以及煽动民族仇恨、民族歧视，侵害民族风俗习惯，伤害民族感情，破坏民族团结，违反宗教政策的内容。违反上述规定者将被处以罚款或吊销相关证件等。对国际品牌在境内传播信息出现严重辱华行为且态度恶劣者，建议参照上述规定予以处罚。对在国外媒体发布侵害我国权益的信息且情节严重的国际品牌，应援引国际通行的相关法律法规加以追责。我们要坚定地通过法律手段对传播辱华信息的国际品牌进行必要的警示与规范。

---

① FREEMAN R E.Strategic management：a stakeholder approach［M］.Boston：Pitman Publishing，1984.

（三）调动民间力量参与互联网跨国商业信息传播的监督治理

1. 算法技术赋能，提升平台把关能力

面对互联网的信息洪流，以往的跨国信息监控和管理手段因滞后性逐渐失去效力，政府相关部门难以做到全方位实时管控。人工智能技术的迅速发展，为信息的高效审查提供了技术支撑，算法成为新崛起的"把关人"。在传播平台利用算法对国际品牌信息进行检查，对带有涉嫌抹黑中国的词汇，涉及中国主权的敏感字眼，例如"台湾""香港""澳门"等进行重点筛查，及时发现可能危害国家利益和形象的有害信息。

2. 鼓励公众理性参与品牌辱华信息的监督治理

一方面，公众既是网络舆情的参与者，又是网络舆情的协同治理者。在品牌危机事件发生之后，网民恰当使用社交媒体表达对品牌辱华事件的看法与态度，爱国热情被凝聚，积极的民族情感得以生发，更多消费者被带动进而共同抵制辱华品牌。[①]互联网传播的全球性，使中国网民的声浪可以直接抵达国外媒体平台，民间声音能直接表明中国态度，促使国际品牌自觉规范自身的信息传播行为。

另一方面，中国公众既是网络舆情治理的主体之一，又是国际品牌消费的主力军、制约国际品牌发展的主体力量。因此，防止国际品牌发生辱华行为，使其放下傲慢与偏见，既要依靠民众的力量发现和揭露涉嫌抹黑中国的品牌，又要引导公众树立正确的消费观念，自觉抵制辱华品牌，让更多的国际品牌充分认识到，只有秉持公正平等的原则，尊重中国消费者、中国文化、中国主权，才能赢得中国消费者对品牌的认可。

四、总结

源自西方国家的国际品牌利用商业手段传播对华有害信息，贬低中国文化和中国形象，甚至侵犯我国主权，这种错误行径既不明智又不得人心。对于日益强大的中国，对于日渐成熟的中国市场和中国消费者而言，自觉抵制损害中国利益和民族情感的国际品牌成为一种必然。近年来，辱华国际品牌的结局给其他品牌敲响了警钟。我国主流媒体应该总结经验，在及时反击施压的同时，借助相关事件巧妙设置议题，引发国际舆论场的话题讨论，让更多的发展中国家民众认识到发达国家商业利益集团的真实嘴脸，联合起来声讨、抵制其霸权主义行径，借此在国际舆论场赢得更多的影响力和话语权。相关管理部门也应积极主动作为，依法依规做好监管工作，规范国际品牌的传播行为，最大限度地避免品牌辱华信息的发布及扩散。国际品牌的利益相关方、互联网平台和网民也成为不可忽视的监督制约力量，充分调动其参与监管的积极性，进

---

① 张明杰. 品牌辱华危机事件中网络民族主义呈现解读——以"亚瑟士新疆棉事件"为例[D]. 上海：上海外国语大学，2022.

而形成一张无形之网，才能让国际品牌的辱华信息无处遁形，最终销声匿迹。

思考题

1. 结合实例谈谈国际品牌发布辱华信息的原因及表现。
2. 结合实例谈谈国际品牌辱华行为会造成怎样的后果。
3. 试析在应对国际品牌辱华事件中，多方主体是如何协同发挥作用的。
4. 谈谈我国在应对国际品牌辱华言论时有哪些不足之处，应该如何改进。

参考文献

[1] 新浪微博. 人民微评：中国一点都不能少 [EB/OL]. (2023-07-11) [2023-10-15]. https://weibo.com/2803301701/4922402327496502.

[2] 新浪微博. 人民微评：宝格丽道歉别弄成专供中国大陆 [EB/OL]. (2023-07-11) [2023-10-15]. https://weibo.com/2803301701/4922420337316077.

[3] 澎湃新闻. 杜嘉班纳"起筷吃饭事件"：西方奢侈品牌的傲慢与偏见 [EB/OL]. (2018-11-23) [2023-10-15]. https://www.thepaper.cn/newsDetail_forward_2662588.

[4] 赖胜强，张旭辉. 网络舆情危机事件对网民情绪传播的影响机理——基于D&G辱华事件的扎根理论研究 [J]. 现代情报，2019（9）：115-122.

[5] FREEMAN R E.Strategic management：a stakeholder approach [M].Boston：Pitman Publishing，1984.

[6] 中国人大网. 中华人民共和国广告法 [EB/OL]. (2021-10-29) [2023-10-15]. https://www.gov.cn/guoqing/2021-10/29/content_5647620.htm.

[7] 张明杰. 品牌辱华危机事件中网络民族主义呈现解读——以"亚瑟士新疆棉事件"为例 [D]. 上海：上海外国语大学，2022.

【作者：张淑燕　袁书剑】

"新疆棉事件"：国际传播中的话语博弈

导语

在国际竞争日益激烈的今天，话语权成为国家软实力竞争的重要组成部分。2021年3月，"新疆棉事件"引发国际舆论，进而导致中西方在国际舆论场中激烈的话语博弈。我国政府、媒体以及民间力量形成了协同一致的话语反击，取得了鼓舞人心的效果，这是打破我国在国际传播中话语权长期处于被动地位的一次重要实践。本案例运用话语分析方法，从参与该事件话语博弈的多元主体切入，对比分析了他们在"新疆棉事件"上的话语文本特点和话语博弈实践，为我国在重要国际传播议题中打破话语权失衡局面、提升在各类重大事件中的发声能力、营造良好的国际舆论环境提供参考。

一、案例背景

2018年以来，西方媒体有组织、有计划地污蔑和抹黑我国治疆政策，先后形成多次集体抹黑高潮。他们在新疆问题上炮制许多谣言，制造和传播虚假政治新闻，例如"非法侵占""侵害少数民族群众""强迫劳动""破坏当地宗教文化发展"等，给中国扣上了一个个不实罪名，以臆造的系列"新疆问题"来操纵国际舆论，进一步对我国政治、经济、文化等形成打压之势。随着我国综合国力的增强，以美国为首的西方国家大肆鼓吹中国威胁论，不断推行遏华、反华措施，舆论操控成为其打压中国的重要工具，污名化中国成为其惯用的反华伎俩。国际话语权是国家软实力的重要组成部分，是国家间政治战略、实力与地位角逐的重要体现。因此，掌握国际传播话语权，构建与国家实力、国际地位相匹配的国际传播能力是当务之急。

二、案例描述

2021年3月24日，#H&M声明抵制新疆产品#登上微博热搜。瑞典时装H&M公司基于西方媒体关于新疆"强迫劳动"的相关报道和指控，以及BCI组织暂停在新疆地区发放棉花许可证等原因发表声明，称不与位于新疆的任何服装制造工厂合作，也不从该地区采购产品或原材料。多家国外服装企业也因相似原因发表声明，称不使用来自新疆的原料或产品。该事件引起了中国政府、媒体、企业、公众的广泛关注，各方采取行动力挺新疆棉，抵制弃用新疆棉花的国外企业。事件因涉及国家间的政治、经济、人权与种族等敏感社会议题，引发了国际舆论以及中西方话语的激烈博弈。

三、案例分析

本案例运用话语分析方法，基于文本向度和话语实践向度，从参与该事件话语博弈的多元主体，即中西方政府相关部门、主流媒体、涉事企业、明星、公众以及BCI[①]等国际组织的角度进行分析。

（一）"新疆棉事件"报道的文本分析

中西方媒体是"新疆棉事件"话语交锋的主战场。针对相同的话题，由于媒体站位不同，中西方媒体报道的内容偏向、报道手法、文本结构都会呈现不同程度的差异。

---

① BCI英文全称为Better Cotton Initiative，即瑞士良好棉花发展协会。

1. 西方媒体"新疆棉事件"报道的文本特点

在报道内容上,西方媒体多从自身立场出发,常用以小见大、以偏概全的方式选择报道对象和主要事件,采用具有煽情性和隐喻性话语引导受众产生对"新疆棉事件"的误读,代入媒体的预设立场。英美媒体的报道篇幅较中国媒体更长,其中BBC平均每篇报道的词汇数量在900左右,而CNN的报道则多达2,000词,这些长篇报道不仅引用了一些流亡于海外的"疆独"分子的话语,也在文本中选择了有利于西方媒体立场的资料,对我国新疆棉的采摘和生产过程进行污蔑,以求在西方社会达到丑化中国的传播效果。

在画面处理上,西方媒体因缺乏"强迫劳动"的直接支撑材料,他们因此选取了部分来自网络的照片或视频,通过对视频的截取和篡改,强行建立文本之间的联系。他们甚至采用"阴间滤镜"等画面处理手法,用偏黄、灰暗的色彩渲染社会环境的沉闷、压抑。BBC记者故意将摄像机放置在包里,利用抓拍和偷拍镜头塑造中国"威权国家"的形象,污蔑中国限制采访自由。

2. 中国媒体报道的文本特点

在报道内容上,一方面,中国媒体偏重宏观报道,采用国家政策和官方统计数据报道新疆各方面建设成就和人民生活水平的提高,形成对新疆形象的正向传播;另一方面,中国媒体对西方媒体的不实报道提出强烈谴责,这些不实报道大量使用racism(种族歧视)、hypocritical(虚伪)、anti-china(反华)、double standard(双重标准)、conspiracy(阴谋)等字眼。[①] 中国媒体以事实为依据,利用客观报道有力回击西方媒体。新华社针对国外服装品牌对新疆棉的污蔑阐明中方立场,在报道中强调新疆不存在"强迫劳动",指出外媒的报道存在政治动机,并用大量实例展现我国产业势头向好的发展趋势。

在报道手法上,中方媒体力求用最简洁有力的语言和最精炼的结构迅速进行报道。报道篇幅相对于西方媒体普遍较短,报道的平均词汇数量在100个左右,长则200至300个词,最短如《中国日报》只有约50个词。虽然篇幅短小,但话语力度不减,如新华社的报道对事件背后西方政治动机的揭露,可谓层层递进,说服力强,对外媒之污蔑进行了有效反击。

在报道资料引用方面,中国媒体主要引用国家商务部、外交部发言人等官方论据强化报道效果。中国商务部新闻发言人高峰在回应"H&M抵制新疆棉"及西方媒体污蔑中国新疆地区存在"强迫劳动"的不实报道时指出,这些说法完全是子虚乌有,他

---

① 余岩.中国媒体国际话语权建构探析——以"西方反华媒体炒作新疆棉事件"为例[J].新闻前哨,2022(5):55-56.

强调要坚决反对任何外部势力干涉新疆事务和中国内政。中国外交部发言人华春莹在记者会上对比展示了历史上美国黑奴被迫采摘棉花的照片与新疆地区采摘棉花的照片，称西方媒体炮制新疆棉谎言是以己度人，这有力驳斥了所谓"强迫劳动"的不实报道。这些官方话语被中国媒体引用，增强了报道的真实性、客观性和权威性。

3. 民间话语场的有力回击

在民间话语场，中国公民自发在社交媒体发声，支持中国政府，反对西方媒体的不实报道。针对国际企业H&M集团以及NIKE、Adidas、New Balance、UNQLO等外国企业发布抵制新疆棉的声明，我国企业和民众自发地展开了回击。我国明星陆续在微博平台发表声明，与抵制新疆棉的国际服装企业解除合约，并在微博上发布相关话题支持新疆棉；国内品牌李宁将新疆棉写在标签上，安踏、鸿星尔克、森马、匹克等国货品牌共同发声支持新疆棉；新疆当地棉商怒斥BCI罔顾事实、胡说八道；国内民众通过社交媒体，如微信朋友圈、微博平台等发表言论，"我支持新疆棉花""我爱我的家乡""新疆棉中国自己还不够用"等饱含激情的话语体现了中国民众及企业的爱国情怀。

西方媒体的污蔑和不实报道成为推动商业问题政治化的帮凶，中国媒体以及民间自媒体通过大量报道和文章迅速回应，全面回击西方媒体的污蔑和西方企业的抵制，向国际社会表明中国立场，为中国争得话语权、发挥国际传播主体作用贡献了媒体力量。

（二）"新疆棉事件"的话语博弈实践

1. 中西方政府层面的话语博弈

在国际传播的舆论场，政府通过新闻发布会、记者见面会等进行媒体公关活动与外交活动，并且通过控制消息源、对媒体选择性回应等方式形成一定的信息控制。

2020年7月，美国配合西方媒体的舆论造势，进一步对中国企业施压，借口"强迫劳动"制裁新疆棉制品，对部分涉事新疆企业采取了贸易打压限制措施。在H&M"新疆棉事件"前夕，欧洲联盟、英国、美国及加拿大宣布就新疆人权问题对中国有关个人和实体实施单边制裁。西方媒体有关"侵犯人权"的不实报道被与西方政治联系起来。2021年3月22日，外交部针对欧盟的做法进行有力回应，称欧方的制裁是颠倒事实、违反国际法和国际关系基本准则的举动，中方对此表示坚决反对和强烈谴责，决定对欧方严重损害中方主权和利益、恶意传播谎言和虚假信息的人员及实体实施制裁，其中就包括BCI组织基于新疆问题的谎言炮制者——德国学者郑国恩。①

在"新疆棉事件"中，我国政府及相关组织舆论声讨激烈，针对白宫谴责中国政府主导媒体攻击相关企业的污蔑性言论，《环球时报》评论称，这是美国政府的进一步

---

① 外交部. 外交部发言人：中方对欧盟有关机构和人员实施制裁［EB/OL］.（2021-03-22）［2022-11-06］. http://www.gov.cn/xinwen/2021-03/22/content_5595000.htm.

舆论操控和煽动，中国社交媒体对抵制新疆棉花的相关企业的声讨完全是自发的。我国商务部回应，这是中国消费者以实际行动抵制相关外企的自觉行为。外交部发言人华春莹在例行记者会上回应，新疆地区的棉花是世界上最好的棉花之一，个别反华势力炮制的"强迫劳动"谎言，是抹黑中国形象、破坏新疆安全稳定的举动，中国人民的民意不可欺、不可违。针对欧盟以"新疆人权"问题为借口，对中国新疆有关个人和实体实施单边制裁，我国政府就此召开新闻发布会，严厉谴责和反驳，称其制裁就是废纸一张。另外，在联合国人权理事会第46届会议上，80多个国家以共同或单独发言形式声援和支持中国在新疆问题上的正当立场，这足以说明新疆人权事业发展进步的事实。[①]我国政府的媒体公关体现出有效的信息控制，官方发言以及相关制裁措施有力回击了外媒及西方政府在新疆问题上的不实报道及恶意诋毁，有效引导了国际舆论。

2. 中西方主流媒体的议程设置与话语交锋

媒体往往通过控制消息来源、营造信息传播环境、设置报道议程、引导社会舆论以及纠正偏见等手段进行话语博弈。

近年来，BBC等西方媒体在经济、文化、社会和政治四个议题框架下伪造新疆"现实"，建构新疆存在"人权问题"的负面形象，[②]长期蓄意进行不实新闻报道，以此建构充满偏见和敌意的"拟态环境"，操纵国际舆论，导致西方民众对中国产生认知偏差。经济议题上，西方媒体大量报道国际品牌抵制新疆棉的新闻，并掺杂着或明或暗的反华谬论；文化与社会议题上，他们常拿新疆问题做文章，以"强迫劳动"形容采棉工人的工作，将职业培训说成是"再教育营"，相关报道强行与宗教、人权、种族歧视等敏感问题挂钩；政治议题上，他们通过制造抹黑中国的虚假新闻，企图实现打压中国、干涉中国内政、遏制中国发展的目的，显而易见，虚假新闻成为西方反华的政治工具和手段。

我国主流媒体在国内外媒体平台对系列抹黑新疆的报道进行了有力回击，在国际舆论场与外媒进行正面话语交锋，力图纠正西方的偏见。如CGTN就BBC的污名报道，实地走访了BBC报道中涉及的地方，CGTN记者刘欣的"欣疆之行"系列报道展现了真实的新疆景象。在国内，主流媒体及时进行舆论引导，激发国内民众的爱国热情。央视新闻发起"我为新疆棉花代言"的带货直播活动，许多商品一上架就被抢购一空，真实的场景和数据让谣言不攻自破。在微博，《人民日报》、共青团中央、CGTN记者团等的官方账号分别发起话题"一张支持新疆棉的大长图""支持新疆棉 力挺中国造""我为新疆棉代言"等，引发国内网民热议。我国主流媒体的策划报道有效地引导

---

① 中国新闻网. 新疆严厉批驳欧盟涉疆制裁［EB/OL］.（2021-03-24）［2022-11-06］. https://www.chinanews.com.cn/gn/2021/03-24/9439338.shtml.
② 罗昕, 赵小飞. 西方涉疆虚假新闻的议题框架与舆论操纵——以BBC报道为例［J］. 新闻战线, 2021（11）: 116-118.

了国内和国际舆论，在一定程度上纠正了西方对新疆问题的错误认识。

3. 中西方民间的话语博弈及实践

BCI 暂停在新疆地区发放棉花许可证后，国际品牌 H&M、NIKE 等发布停用新疆棉花的声明。在以美国为首的西方政府施压下，明星停止为中方企业代言，限制相关产品的进出口，中外合作贸易减少。H&M 抵制新疆棉花的消息在微博爆出后，当晚，淘宝、京东、唯品会等电商平台陆续下架 H&M 的相关商品，撤销品牌广告，国内地图类 App 如高德、百度等也不再提供搜索相关涉事店铺地理位置的服务，在各大城市，该品牌的线下门店购买者明显减少。安踏及斐乐中国等企业发表声明，将一直使用中国生产的棉花，以实际行动反击反华势力。话语蕴涵着言说者的思想，影响行动者的实践。众多国内企业发表声明后调整产品生产与销售策略，国内明星与所代言的涉事品牌解约，民众主动进行消费抵制，各方都用实际行动对抗西方的不实报道，官方和主流媒体得到有力支持。

4. BCI 从诋毁干预到妥协

BCI——该事件中的主要国际组织，针对新疆棉花的发言前后说辞不一致，并采取经济手段横加干预，引发中国媒体深入调查和有力回击，中国企业迅速调整产品生产和销售策略，在话语博弈和行动层面凸显中国力量。

BCI 自称是世界上最大的棉花可持续发展非营利组织，致力于改善全球棉花的生产，促进该产业的未来发展。为此，它制定了相关标准，各国纺织品企业要想进入欧美市场，必须加入 BCI 并参考其标准。2020 年 10 月，BCI 作出新疆地区存在"强迫劳动""侵犯人权"等不实指控，并决定"立即停止在该地区的所有活动"，新疆棉花就此失去了 BCI 组织的认可。其成员企业迫于压力，不再采用新疆棉原料。2021 年 3 月，BCI 中国团队遵照 BCI 的审核原则调查后发文称"从未发现一例有关'强迫劳动'的事件"，但 BCI 总部对此不以为然。在 H&M 事件后，2021 年 4 月，BCI 官网撤销了抵制新疆棉花的决定，改变了抵制态度，选择继续合作以谋求共同利益。

BCI 相关抵制言论及干预行为发生后，我国商务部在新闻发布会上回应，对于该组织的不实报道及强行干预措施导致的国外部分企业发表错误言论、抵制新疆棉的做法，中国消费者用实际行动作出了回应，商务部号召外国企业到新疆实地考察以推进企业生产的透明度与相互信任。曾经加入 BCI 的国内服饰企业，以安踏为代表，在官方微博发表声明称，因 BCI 发表诋毁中国的言论，安踏将退出该组织，并表示将一直采购和使用新疆棉。以安踏为代表的民族品牌的言行迎合了民众的爱国热情，提升了品牌形象，拉动了民族品牌的消费，给国外品牌以有力回击。

那么，BCI 作为一个非营利性国际经济组织为何污蔑新疆棉？2021 年 3 月 29 日，新华社瑞士总部记者深入 BCI 总部探访后发表了《不专业、不透明、不独立，揭开

BCI真面目》一文,"不专业"指其标准低,甚至有些标准已被中国淘汰;"不透明"指其虽标榜不盈利,但BCI的入会及标识使用都与经济利益挂钩;"不独立"则指其高层人员及主要资助机构隶属美国,可以说是美国海外霸权的附属组织。① 因此,BCI在新疆棉事件中跳出来充当西方国家遏华、反华的马前卒就不足为奇了。根据《南方周末》的报道《新疆棉花遭遇"明枪"与"暗战"》,在BCI建设的棉纺生态中,中国企业和欧美企业的话语权并不平等,且BCI的一些标准并不适用于中国。② 这也将促使我国组织专业人士制定中国棉花生产的行业规范与标准,争取自己的行业话语权,进而促进棉纺织业的发展。

四、总结

在国际竞争日益激烈的今天,国际舆论场中的中西方话语博弈频发,话语权的争夺成为国家软实力的重要部分。在"新疆棉事件"中,我国政府相关部门、主流媒体、相关企业以及广大民众协同一致,通过主动参与话语博弈,积极采取反击行动,有力回应了外国政府、外媒、外企对中国的无端指责和蓄意挑衅,揭露了反华势力的阴谋,并促使BCI改变态度、作出妥协。这意味着我国在重大事件的国际舆论交锋及话语博弈中占据了主动权,赢得了话语权,是长期以来我国为打破国际话语权失衡局面所作努力的收效。未来,我国在各类重大事件中的发声能力需要继续提升,同我国综合国力和国际地位相匹配的国际话语权亟须获得,这是提高我国的国际地位与影响力、营造良好的国际舆论环境的举措。

思考题

1. 结合案例,思考国际传播控制的主体及其实现方式有哪些。
2. 在"新疆棉事件"中,我国如何实现国际话语权的提升?
3. 主流媒体在国际传播中如何利用新闻报道掌握话语权?

参考文献

[1] 李冰,王刚.博弈与想象:新闻反转中的国际话语权研究——基于"英国货车案"的分析与思考[J].现代传播(中国传媒大学学报),2022(6):57-66.
[2] 罗昕,赵小飞.西方涉疆虚假新闻的议题框架与舆论操纵——以BBC报道为例[J].新闻战线,2021(11):116-118.

---

① 新华社.新华国际时评:不专业,不透明,不独立,揭开BCI真面目[EB/OL].(2021-03-29)[2022-11-06]. http://www.xinhuanet.com/2021-03/29/c_1127270105.htm.
② 南方周末.新疆棉花遭遇"明枪"与"暗战"[EB/OL].(2022-11-01)[2022-11-06]. http://www.xinhuanet.com/zgjx/2022-11/01/c_1310667331_2.htm.

[3] 余岩.中国媒体国际话语权建构探析——以"西方反华媒体炒作新疆棉事件"为例[J].新闻前哨,2022(5):55-56.
[4] 姬德强,张毓强.真相之辩:国际舆论的生成与构造——以"新疆棉花"事件为例[J].对外传播,2021(5):65-69.

【作者:刘婷 刘洁皎】

CGTN智库民意调查:掌握议程设置主动权,有效引导国际舆论

导语

民意调查是智库收集和分析民众意见、开展政策研究的重要手段,也是智库进行舆论引导的重要依据和方式。CGTN智库作为我国国家软实力的重要载体,围绕"新冠病毒溯源""美军撤离阿富汗""新时代的中国"等主题发起三次全球民意调查,在议程设置的时机把握、议题的内容设计、议题的舆情监测跟进等方面进行创新,对媒体型智库舆论引导功能的发挥起到了示范作用。本案例基于这三次具有代表性的民意调查,探讨CGTN智库如何通过民意调查掌握国际议程设置主动权,构建国际民众的认知新框架,达到有效引导国际舆论的目的。

一、案例背景

当前,世界面临"百年未有之大变局",以中国为代表的发展中国家的国际传播话语能力有所增强,但西方发达国家主导国际舆论的现状仍未得到根本改变。智库自身的性质、特点和功能决定了其在传递中国声音、争取国际话语权、消除国际社会对中国的误解与偏见方面具有独特优势。以美国为首的西方国家智库借助成熟的媒体宣传体系和智库研究体系在国际传播中发挥着重要作用,与之相比,中国智库的功能发挥亟待改进和完善。

党的十八大以来,中国智库建设和研究进入以中国特色新型智库为目标导向的主题研究和实践检验阶段。①2015年1月20日,中共中央办公厅、国务院办公厅印发的史上首个智库建设的顶层设计文件《关于加强中国特色新型智库建设的意见》指出,要"重点建设一批具有较大影响力和国际知名度的高端智库",须"加强中国特色新型智库对外传播能力和话语体系建设,提升我国智库的国际竞争力和国际影响力"。在此

---

① 黄日涵,张丹玮.美国智库的舆论生产与国际传播对中国的启示[J].智库理论与实践,2022(4):93-99.

背景下，我国的各类智库如雨后春笋般涌现，媒体型智库呈现激增趋势。

2019年12月4日，以"媒体与科技"为主题的CGTN第三届全球媒体峰会暨第九届全球视频媒体论坛在北京举行，CGTN智库同时成立。在27家国际著名智库及其负责人的共同见证下，慎海雄与中国国家创新与发展战略研究会会长郑必坚、比利时前首相伊夫·莱特姆等共同启动了CGTN智库。截至2019年12月5日，CGTN智库已经与世界上50家著名智库和机构建立了合作关系。立足于全球信息采集和传播的独特优势，CGTN智库积极探索发挥自身舆论引导功能的有效路径，而围绕热点议题展开全球民意调查就是CGTN智库开启舆论引导之路的成功尝试。在促进国际交流与对话、加强国际舆论引导、争取国际话语权等方面，CGTN智库为国内其他媒体型智库功能的发挥起了示范作用。

二、案例描述

CGTN智库抓住时机，围绕"新冠病毒溯源""美军撤离阿富汗""新时代的中国"等主题，于2021年至2022年先后发起三次全球民意调查，引起各国民众的广泛关注，有效引导了舆论。

（一）2021年7月—8月"新冠病毒溯源"全球民意调查

北京时间2021年7月24日凌晨，CGTN智库使用联合国的官方语言中文、英语、俄语、法语、西班牙语和阿拉伯语，围绕"新冠病毒溯源"主题进行全球民意调查。并于北京时间2021年7月30日晚、北京时间2021年8月10日18时两个时间点再度发起调查。调查样本覆盖中、美、英、西、法、俄等国的81,600位网民。

调查结果显示，在Twitter①平台，86.4%的俄语网民要求调查美国；在YouTube平台，88%的法语网民支持对美国进行病毒溯源调查；在微博平台，96.5%的中国网民要求对美国进行新冠病毒溯源调查。据CGTN智库分析，全球网民发表的评论中，较高频次出现的关键词是"政治压力""美国制裁""媒体控制""经济补偿""阻止中国发展"（见图2-18）。

图2-18 "新冠病毒溯源"全球民意调查高频词词云
资料来源：央视新闻客户端

---

① Twitter于2023年7月被马斯克收购后更名为"X"，由于本案例撰写开展于2023年7月前，因此下文仍称之Twitter。

(二) 2021年8月"美军撤离阿富汗"全球民意调查

从北京时间2021年8月20日23时开始，CGTN智库联合中国人民大学国家治理与舆论生态研究院围绕"美军撤离阿富汗"主题，面向包括阿富汗在内的全球24个国家，用中、英、西、法、阿、俄6种语言，在Twitter、Facebook、YouTube、微博、微信等知名社交媒体发起网络投票。截至2021年8月27日，此次网络民调中全球网民表达态度、转发帖文、发表评论的参与数共计14万。

调查结果显示，78.2%的阿富汗受访者认为"美国以反恐为名推翻主权国家政府的做法是完全错误的"，全球范围内62.4%的受访者持相同观点。此外，79.6%的阿富汗受访者认为"美国并没有实现出兵阿富汗的目标，是彻底的失败"，全球范围内持相同观点的受访者占比高达67.0%。

美国曾声称"建立一个稳定、强大和繁荣的阿富汗"，然而高达79.0%的阿富汗受访者认为美国并未兑现承诺，全球范围持相同观点者达70.7%。可见，阿富汗战争令美国失信于国际社会（见图2-19）。

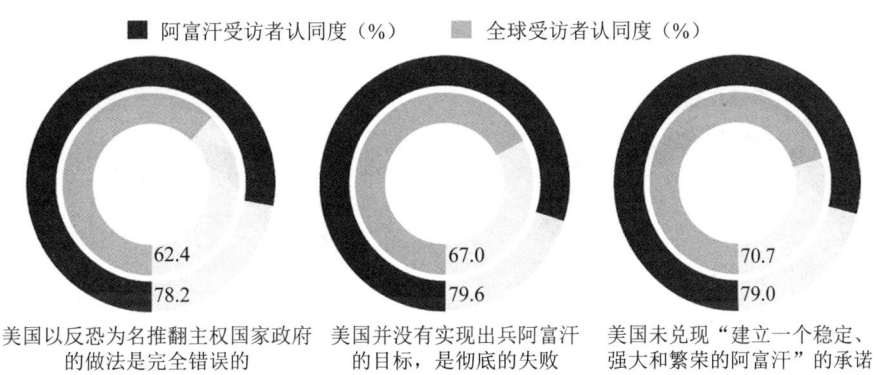

图2-19 受访者认同度分布

资料来源：CGTN智库①

(三) 2022年8月"新时代的中国"全球民意调查

2022年8月，CGTN智库联合中国人民大学国家治理与舆论生态研究院共同发起了一项名为"新时代的中国"全球民意调查，调查范围覆盖五大洲的22个国家，调查对象既包括美国、英国、法国等发达国家的居民，也包括巴西、阿根廷、墨西哥、泰国等发展中国家的居民，全球受访者平均年龄38.64岁，54.71%的受访者为大学本科及以上学历，其中硕士、博士共计占比15.22%。

调查结果显示，78.34%的全球受访者认为"中国经济已经成为世界经济的引擎"，

---

① CGTN. 十年成就世界瞩目 78.34%全球受访者：中国经济已成为世界引擎［EB/OL］.（2022-08-29）［2024-06-07］. https://content-static.cctvnews.cctv.com/snow-book/index.html.

中国经济能给全球经济注入信心和活力。对中国经济成就高度认同的受访者比例，非洲高达91.46%；欧洲紧随其后为81.60%；北美洲位列第三，达到78.09%（见图2-20）。

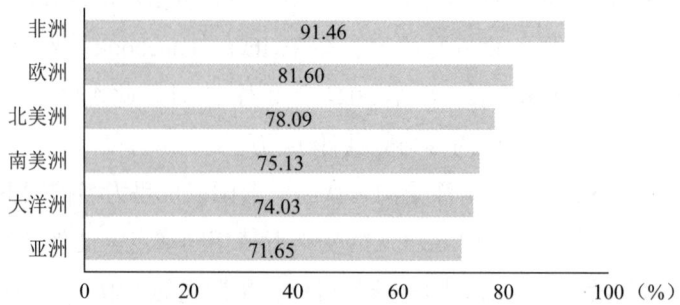

图2-20 受访者对"中国经济已经成为世界经济的引擎"的认同度

资料来源：CGTN智库①

在本次全球民调中，绝大多数受访者对中国人的印象较为正面，其中70.96%的"一带一路"沿线国家和74.26%的发展中国家受访者认为中国人"勤劳刻苦，有上进心"（见图2-21）。

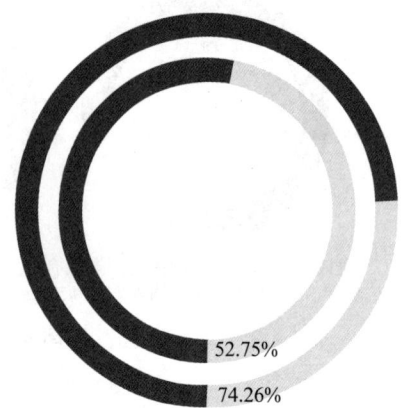

图2-21 受访者对中国人的印象

资料来源：CGTN智库②

---

① CGTN. 十年成就世界瞩目 78.34% 全球受访者：中国经济已成世界引擎［EB/OL］. http://m.gmw.cn/baijia/2022-08/10/35945640.html.

② CGTN. 十年成就世界瞩目 78.34% 全球受访者：中国经济已成世界引擎［EB/OL］. http://m.gmw.cn/baijia/2022-08/10/35945640.html.

CGTN 智库进行的这三次全球民意调查，均聚焦国际社会高度关注的重要议题，调查结果一经发布就引发热议。仅"新冠疫情溯源"的民意调查结果，就被美联社、雅虎财经、俄罗斯塔斯社、俄新社、德国《欧洲时报》、西班牙欧罗巴新闻社、《韩国先驱报》、新加坡"亚洲第一站"官网、澳大利亚澳联社等 541 家国际媒体转引、转载 614 次，相关报道覆盖 59 个国家和地区的 14 个语种。此外，国际视频通讯社编发的民调相关新闻素材被英国天空新闻台、美国有线电视新闻网土耳其频道、土耳其广播电视公司、阿拉伯卫星电视台、韩国广播公司、阿联酋迪拜电视台等 59 家电视台及网络新媒体平台选用播出 163 次。

三、案例分析

（一）"接入—引爆—延伸"环环相扣，把握国际议程设置主动权

国际议程设置是相关行为主体将其关注的议题列入国际议程，获取国际社会优先或重点关注的过程。[①] 智库对国际议程的设置包括对国际组织决策、全球和区域治理议题以及国际社会动员的影响，主权国家因国内政治与国际政治分离导致的全球治理鲜有成效，为智库在国际议程设置领域创造了广阔的活动空间。[②] CGTN 智库以民意调查的方式，通过议题形成、议题传播与议题制度化三个环节进行国际议程设置。[③]

首先，在议题形成阶段，议题的提出与重点议题的界定十分重要。CGTN 智库三次全球民意调查的议题均具有全球性、持续性特点。以 "covid 19" [④] 为关键词在谷歌趋势进行搜索可以发现，过去五年，全球不同国家与地区的民众都对新冠相关关键词进行了不同程度的检索与关注。以 "China in the new era"（新时代的中国）和 "Withdrawal of United States troops from Afghanistan"（美军撤离阿富汗）为关键词的谷歌搜索趋势图显示，从 2018 年 7 月 1 日至 2023 年 4 月 9 日，相关内容多次出现小型波峰，且持续时间较长，表明此类议题是全球民众持续关注的热点话题（见图 2-22，图 2-23）。CGTN 智库通过选择全球民众持续关注的议题作为切入点，开启接入国际议程的第一步。

---

① 韦宗友. 国际议程设置：一种初步分析框架 [J]. 世界经济与政治，2011（10）：38-52，156.
② 张骥，方炯升. 中国外交安全智库国际话语权分析 [J]. 国际展望，2018（5）：75-94，160.
③ ZHANG F L. Agenda-settingin global financial governance and China's international discursive power [J]. World Economics and Politics，2020（6）：106-131，159.
④ "covid 19" 为 "2019 冠状病毒病"的缩写，标准写法为 COVID-19，国外民众一般使用 "Covid 19" 为关键词进行相关内容搜索。

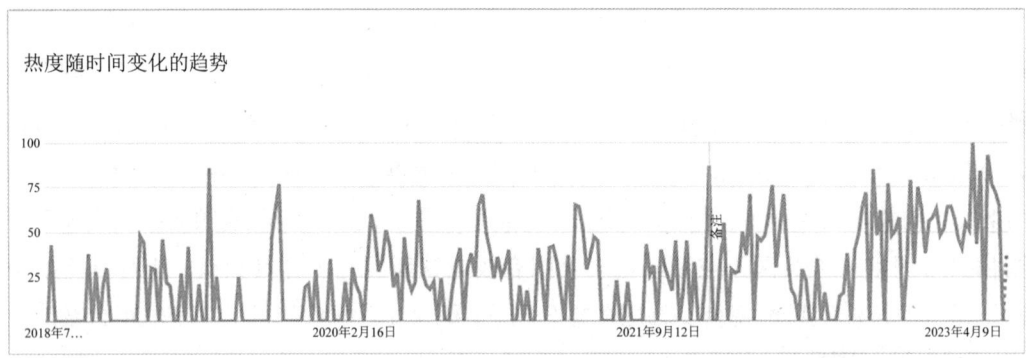

图 2-22 "China in the new era"相关关键词近五年在谷歌平台的搜索趋势

资料来源：Google Trends[①]

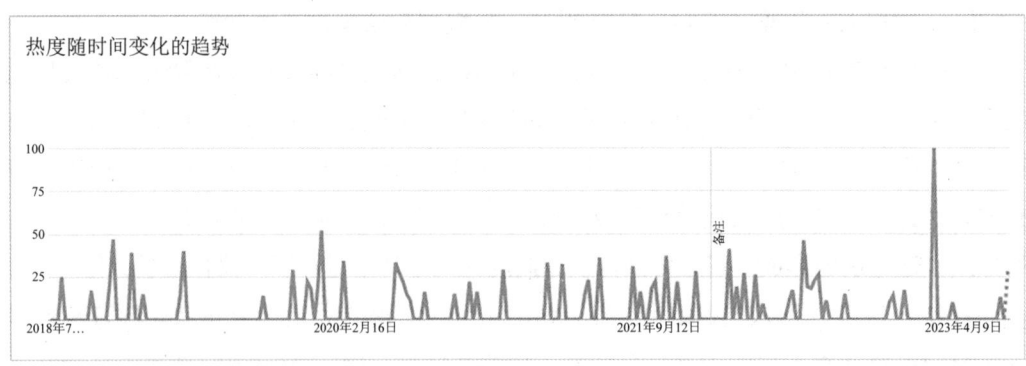

图 2-23 "Withdrawal of United States troops from Afghanistan"相关关键词近五年在谷歌平台的搜索趋势

资料来源：Google Trends[②]

其次，形成议题后，传播主体要用有利于凝聚共识的表达方式对议题进行传播。国际议程设置是诸多行为主体共同参与的过程，国际社会对某项议题的关注度越高，共同利益的交集就越大，参与者围绕该议题达成集体行动的可能性就越大。CGTN智库每次民调均采用联合国六种官方语言，使自身所设置的相关内容能够打破语言壁垒，尽可能地覆盖全球多个国家的受众，并选择Twitter、Facebook、YouTube、微博、微信等国内外热门的社交媒体平台进行调查。从数据上看，单次民意调查受访人数超8万人次，单次民意调查全球网民互动参与数达14万次，范围覆盖全球20多个国家，带来了持续且广泛的影响。CGTN智库通过多渠道广泛宣传其倡导的议题，获得了国际

---

① Google Trends.China in the new era［EB/OL］.（2023-04-09）［2023-04-10］. https://trends.google.com/trends/eTwitterplore?date=today%205-y&q=China%20in%20the%20new%20era&hl=zh-CN.

② Google Trends.Withdrawal of United States troops from Afghanistan［EB/OL］.（2023-04-09）［2023-04-10］. https://trends.google.com/trends/eTwitterplore?date=today%205-y&q=Withdrawal%20of%20United%20States%20troops%20from%20Afghanistan&hl=zh-CN.

社会的关注,加速了议题进入国际公众视野的进程。

最后,CGTN智库将议题制度化,即通过多种形式不断深化议题,最终通过国际议程设置推动国际制度的演进与完善。议题的构建和扩散是对议题能够进入议程进行铺垫的过程,成功设置国际议程并推动议题制度化,还需要为其找到适当的议程设置平台或场所。除了热门的新媒体平台,CGTN智库还依托自身拥有的资源和关系网络,在全球知识生产场所、跨国网络及传播平台、关键的国际组织以及国际会议或联盟等场所进一步传播其设置的议题。三次民意调查结果的持续广泛影响在一定程度上显现了制度化的效果。

(二)"时机+内容+形式"多点发力,构建国际受众对相关议题的认知框架

国际话语权是一种以话语为基础,以制度、政策和规则为支撑,以构建良好国家形象和促进国际交流合作为目标的综合权力。它既是一种政治力量,又是一种文化力量。在全球化、信息化的时代背景下,传播形式不断丰富,舆论引导方式日趋多样。民意调查作为智库进行舆论引导的重要手段,只有准确选取调查对象,精准把握调查问题发布的时机,精心设计调查内容,才能提高被调查对象的参与度。

首先,CGTN智库在这三次全球民意调查中精准把握了调查问卷的发布时机。2021年5月,美国总统拜登下令美国情报机构调查新冠病毒起源,并在90天内发布结果,试图坐实"中国病毒""武汉病毒"。为了驳斥美国肆意诋毁中国的言论,CGTN智库抓住超700万网民联名要求彻查美国德特里克堡生物实验室这一契机,于2021年7月以"新冠病毒溯源"为主题发布全球民意调查,让世界人民看清美国抹黑中国的不良企图及恶劣行径。

其次,在认知框架的构建上,CGTN智库通过民意调查问卷的内容设计,借由题干的描述和选项的列举,建立受众认知的基本框架,使受访者在回答问题的过程中形成对中国较为全面的认知。例如,CGTN智库关于"新时代的中国"全球民意调查通过设置"中国第五代移动通信技术的发展""中国经济成为世界经济的引擎""中国的人均GDP在过去10年间由6,100美元增长至12,000美元以上的成就很了不起"等问题,让受访者对中国经济发展、技术进步、人民生活水平提高有了较为具体的感知。

最后,相较于新闻报道等直接的意识形态传播,CGTN智库采用的调查方式弱化了宣传口气,使国际受众在接受调查的过程中对我国产生更为客观的评价。而且,CGTN智库根据民意调查结果与网民进行持续互动,一定程度上可以强化国际受众对此类内容的认知,拓展认知维度,进而收到事半功倍的效果。

(三)"前测+跟进+助推"多措并举,完善舆情动态监测与舆论引导机制

在当今复杂多变的国际形势下,开展公共政策研究、进行舆论引导成为智库的重要工作内容。民意调查既是智库获取政策研究原始资料的重要途径,又是智库进行舆

论引导的重要手段。

民意调查的顺利开展离不开对相关议题的前期舆情监测。具体而言，前期监测包括考察民意调查相关议题在网络上的热度、关注度、传播力，相关议题在报刊、电视等主流媒体上的舆论热度和关注度，以及与民意调查主题相关的网络舆情。智库在做前期舆情监测时，既可以使用专业的舆情监测软件，又可以与专业的舆情监测机构合作。专业的舆情监测机构能够为智库提供实时、动态、全面和客观的数据，有助于智库形成科学合理、切实可行的政策建议，提高政策制定和决策的科学性。

智库在进行民意调查时，通过持续跟进舆情监测并将舆情监测结果反馈给民意调查团队，将有助于提高民意调查的质量。CGTN智库在进行国际传播舆论引导的过程中，不仅在民意调查发布初期与国外网友进行了广泛的互动，而且在民意调查过程中也积极收集国际受众的反馈意见，在Twitter、YouTube等社交媒体平台积极与国际受众展开对话，并根据国际受众的反馈不断扩大调查范围，及时跟进民意。CGTN智库通过舆情监测及时发现民意调查过程中可能存在的问题，并采取措施予以解决。同时，它也为民意调查团队提供了真实有效的民意调查数据，助力其完成高质量的民调报告。

对民调结果的处理是完善智库舆论引导机制的重要一环，通过对民调结果的恰当处理，CGTN智库可以进一步引导国际社会围绕相关议题展开讨论，让国际受众听到更多客观的中国声音。如"新冠疫情溯源"民调报告发布后，CGTN智库通过参与外媒节目辩论、在外媒刊发署名评论、专访全球权威专家等多种方式，多角度驳斥西方不实言论。CGTN广播评论员许钦铎2021年7月24日在接受印度收视率最高的英语频道印度共和国电视台（Republic TV）连线采访时指出："'实验室泄漏'阴谋论来自特朗普政府，世卫组织的调查已经得出该结论，表明实验室泄漏'极不可能'，要尊重科学调查，不要试图干涉科学工作进展。"针对《华盛顿邮报》评论文章的不实指责，主持人刘欣于2021年7月29日在《南华早报》刊发署名评论员文章《中国以新冠疫苗谋利？这只是美国的荒谬论断》，批评美国媒体的恶意攻击。我国智库从主动设置议题到灵活传播议题，再到围绕同一议题拓展思考维度，让多角度、多方面且客观的中国声音进入国际舞台。

四、总结

智库开展民意调查是了解民意、反映民情、汇聚民智、凝聚民心、引导舆论的重要手段。在实际操作过程中，如何通过民意调查进行舆论引导，智库需要根据具体情境作出应对。比如，针对外媒的负面报道、攻击污蔑，媒体型智库既要针锋相对、据理力争，又要讲求策略、有礼有节，有些议题可不予理睬，做到不被外媒牵着鼻子走；

再比如，在进行成就宣传时，媒体型智库要注重场合和分寸感，不说过头话，既讲我们取得的发展成就，又讲我们需要解决的问题，引导国际社会全面客观认识中国所处的发展阶段。①

对于媒体型智库而言，首先，应提高对民意调查重要性的认识，视之为智库工作的重要组成部分，并将民意调查作为提升智库影响力、发挥舆论引导作用的新途径而加以深入探索和实践。其次，应加强对调查对象、调查内容、调查方法和调查结果运用等环节的科学设计，优化民意调查工作流程，确保民意调查结果的质量和公信力，进而提高舆论引导的质量及有效性。最后，在具体的舆论引导过程中，要讲求"时度效"原则，把握好"时"，就是要掌握好发声的有利时机，第一时间发布权威信息，主动、精心设置观点鲜明、指向性强、易于传播的议题，真正做到先入为主、先声夺人；把握好"度"，就是要把握分寸、掌握火候，做到具体问题具体分析，掌控发声的密度和强度；把握好"效"，就是要以效果为导向，既遵循传播规律，又讲求传播艺术，既讲原则性，又讲灵活性，把我们想说的与国外受众想听的有机结合，真正让国外受众听得懂、听得进，切实提升国际传播的吸引力、感染力和影响力。②

思考题

1. 结合《关于加强中国特色新型智库建设的意见》，谈谈你对中国特色新型智库内涵及功能的理解。

2. 结合 CGTN 智库开展民意调查的实践，谈谈如何通过全球民意调查有效引导国际舆论。

3. 结合其他国家智库发挥国际传播功能的案例，分析其经验或教训以及带给我们的启示。

参考文献

[1] 刘子平，杭孝平，卢俊彦.解构与建构视阈下我国国际传播与舆论引导探究[C].第五届意识形态与舆论研究高峰论坛论文集，2023：119-124.
[2] 黄日涵，张丹玮.美国智库的舆论生产与国际传播对中国的启示[J].智库理论与实践，2022（4）：93-99.
[3] 肖茜，钟周，许馨匀.新时代高校智库提升国际传播能力的创新探索——清华大学案例研究[J].中国高教研究，2022（7）：8-14.
[4] 许志敏.中国学术媒体国际传播内容创新与控制[J].编辑之友，2022（2）：32-36.
[5] 全会，沙晓羽.国际传播话语体系中智库的功能[J].青年记者，2021（22）：52-53.

---

① 方江山.着力提高学习实效　全面提升国际传播效能[J].新闻战线，2023（15）：4-9.
② 方江山.着力提高学习实效　全面提升国际传播效能[J].新闻战线，2023（15）：4-9.

[6] 王文.如何打造具有国际影响力的智库报告?——《"美国第一"?!美国抗疫真相》报告的案例分析与经验总结[J].智库理论与实践,2021(5):1-7.

[7] 马缘园.国际传播视域下外宣主流媒体提升国际舆论引导力路径与策略研究[J].新闻爱好者,2021(10):26-29.

[8] 黄娴,丁柏铨.论国际传播"五力"——对加强国际传播能力建设的几点思考[J].新闻爱好者,2021(8):18-23.

[9] 习近平在中共中央政治局第三十次集体学习时强调 加强和改进国际传播工作 展示真实立体全面的中国[J].中国广播电视学刊,2021(7):1-2.

[10] 庄雪娇.论中国智库的国际传播新媒体矩阵:现状与未来[J].智库理论与实践,2021(2):24-32.

[11] 来向武,赵战花.国际社交媒体传播:基于使用率的信息控制与舆论影响[J].国际新闻界,2019(12):154-172.

[12] 张骥,方炯升.中国外交安全智库国际话语权分析[J].国际展望,2018(5):75-94,160.

[13] 陈旻.媒体格局变化条件下思想舆论引导研究[D].北京:中国矿业大学(北京),2016.

[14] 张开.新媒体时代国际舆论引导与国家安全[J].南京社会科学,2015(11):105-112.

[15] 王眉.智库国际传播与对外话语体系构建[J].新疆师范大学学报(哲学社会科学版),2015(6):94-100,2.

[16] 吴瑛,张结海.中国智库传播中国声音——基于国际媒体引用视角的评估[J].国际观察,2015(3):70-82.

[17] 吴立斌.中国媒体的国际传播及影响力研究[D].北京:中共中央党校,2011.

[18] 朱晶.人民日报国际舆论引导研究——兼论汶川地震舆论引导新突破[D].长春:东北师范大学,2009.

[19] 林燕.国际互联网:信息控制与舆论引导[J].现代传播(北京广播学院学报),1998(3):15-17.

[20] 黄日涵,张丹玮.美国智库的舆论生产与国际传播对中国的启示[J].智库理论与实践,2022(04):93-99.

[21] 方江山.着力提高学习实效 全面提升国际传播效能[J].新闻战线,2023(15):4-9.

[22] James G. McGann. 2020 Global Go To Think Tank IndeTwitter Report[R]. University of Pennsylvania, 2021.

[23] ZHANG F L. Agenda-setting in global financial governance and China's international discursive power[J]. World Economics and Politics, 2020(6):106-131,159.

【作者:张淑燕 段丽华】

云南象群迁徙事件报道：掌握舆论引导主动权，巧妙展现中国生态建设成果

导语

2020年3月，云南亚洲象群从中国云南的西双版纳一路向北迁徙，这一事件在国际范围内引发广泛关注。我国媒体通过视觉影像引导、传播渠道布局、传播节奏把握，借助云南亚洲象这一生动可爱的"萌"元素，及时把握舆论引导的时机，凝聚国际社会对中国生态文明建设取得的优秀成果的共识，牢牢把握了国际舆论引导的主动权。

一、案例背景

党的十八大以来，我国高度重视国际传播工作。习近平总书记在多个场合就我国国际传播能力建设发表重要讲话，为国际传播效能的提升提供了全方位指导。近年来，我国主流媒体积极探索国际传播的新路径、新渠道、新方法、新概念、新范畴、新表达，以打破西方国家在国际舆论场中的话语垄断和舆论主导的局面，努力改变我国在国际舆论场中"有理说不出，说了传不开"的现状，消解信息流进流出的"逆差"、中国真实形象和西方媒体他塑形象的"反差"、软实力和硬实力之间的"落差"，努力构建与我国国际地位相匹配的国际话语权和影响力。

经过多年的努力，我国已经走出一条具有中国特色的生态文明建设之路，生态文明建设成效显著，生态环境质量明显改善，美丽中国建设迈出坚实步伐。但在西方话语主导的国际传播领域，富有中国特色的生态环境思想与中国生态环境治理的亮眼成就却依然遭遇"传不开""传不远""被误解"的多重困境。[①] 中国生态文明建设的实践与成就未能得到国际社会的充分认可，甚至招致西方质疑。究其原因，是当前部分西方主流媒体把握着强大的国际话语权，使得我国生态议题的报道常常陷入被动回应局面，这一现状亟待改变。

2021年5月，云南野生象群向北迁徙成为国内外共同关注的热点事件，如何把动物迁徙的自然事件与生态建设联系起来，转换为对外传播我国生态文明建设成果的生态议题，是我国主流媒体面临的挑战。

---

① 李玉洁. 中国生态环境议题国际传播的挑战、转向与创新［J］. 对外传播，2021（8）：9-13.

二、案例描述

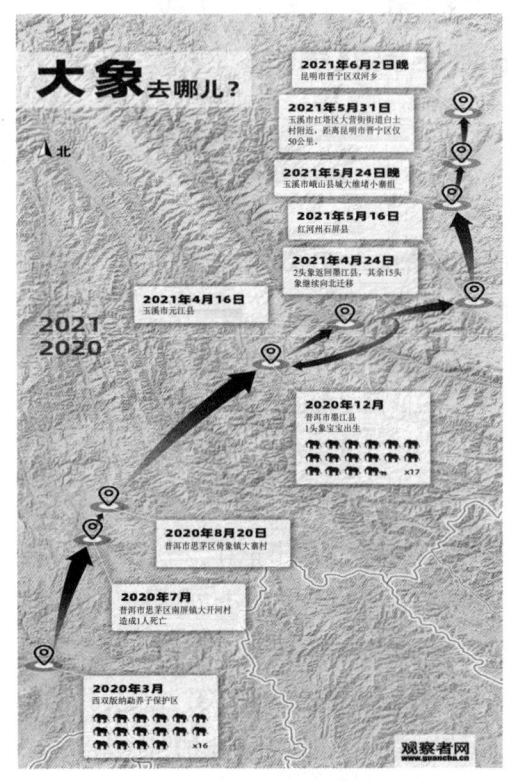

图 2-24 大象迁徙行程图
资料来源：观察者网

2020年3月，西双版纳国家级自然保护区的野生亚洲象群逐渐北移至普洱市思茅区、宁洱县等区域。起初，象群北迁现象并未引起广泛关注，2021年4月16日，有居民发现玉溪市元江县与普洱市墨江县交界处的一座山头上出现17头亚洲象，随后，象群一路北上。4月24日，其中2头大象返回自然保护区，剩下的15头大象则继续向北迁徙。截至2021年8月10日，云南北迁亚洲象群共迁徙110多天，迁回行进1,300多公里，途经玉溪、红河、昆明3个州（市）8个县（市、区）（见图2-24）。

实际上，大象迁徙事件并不鲜见，种群扩散成为当前亚洲象动态分布的总趋势。但象群如此长时间、大范围地迁徙显然并不常见，迁徙范围也突破了中国亚洲象有记载以来的栖息范围。在迁徙途中，象群中的成员一路玩耍的有趣图景通过媒体全方位、多视角的记录与传播，进入不同肤色、不同国度受众的视野，演变成一个牵动无数人神经的全球生态热点事件。

（一）国内媒体跟进报道，凸显中国生态文明建设成效

早在2021年5月底，中央广播电视总台记者便敏锐地捕捉到一群亚洲象在云南省玉溪地区活动的消息，他们第一时间赶往云南，通过影像再现顽皮大象"肇事现场"的同时，对象群背景实施"紧急调查"。央视频筹划推出了《大象到哪了》慢直播节目，吸引百万网友围观。他们继而展开《"象"往的生活——云南野象群迁徙特别直播》报道，以AR技术在云端带领受众走进七彩云南，身临其境地观察大象的生活状态，并乘势推出特别节目《今天，我们采访了一位国际巨"象"》，以拟人化的手法对话这群"徒步专家"。

（二）境外主流媒体密切关注，海外网友"云围观"

大象北迁关涉生态议题，因此受到国际媒体的广泛关注。英国广播公司、《卫报》、《纽约时报》、《华盛顿邮报》、《朝日新闻》等国际主流媒体纷纷把目光投向中国西南。

美国《华盛顿邮报》称"象群在中国一路漫步三百英里,向城市进发",美联社的一篇报道把这群大象比作"国际明星",日本 TBS 电视台在大型直播节目《午间趣谈》中为象群制作了一期 30 分钟的专辑。《卫报》2021 年 8 月 9 日的一篇名为 China's herd of wandering elephants finally heads for home 的报道中提到在本次大象迁徙中,中国政府为保护象群与居民所耗费的人力物力情况,"(中国官方)部署了超过 410 名急救人员、374 辆车和 14 架无人机,并携带了超过两吨的大象食物。"报道以列举数据的形式客观呈现了中国政府付出的努力。

象群北迁的视频在海外社交媒体平台得到广泛传播。《南华早报》[①]2021 年 6 月 9 日在 YouTube 上发布的视频 China's wandering elephants need a nap amid 500km trek,截至 2023 年 7 月 25 日,观看次数达 4,166,856,一条"我很高兴当局没有扰乱它们的旅程,而是提供帮助,以任何可能的方式保护它们。伟大的工作是由中国完成的。致敬!"的评论获得了高达 2,060 次点赞。

三、案例分析

(一)视觉符号牵引:巧借"萌象"形象引发公众持续关注

象征符号是国家形象塑造的重要元素,相较于直接输出意识形态的"硬宣传",借助或打造有记忆点和亲和力的象征符号,可以让国家形象越过政治藩篱而更具亲民性。例如,大熊猫是中国的国宝,也是国际上最受欢迎的动物之一。无论是外交领域,还是体育盛会,都有熊猫可爱的身影,它是和平的使者、友谊的象征。在海内外民众心目中,熊猫拥有着幸福、快乐、吉祥的美好寓意,是人见人爱的全民"宝宝"。凡是与熊猫相关的国内外新闻报道基本都是正面的,而且具有超强的吸睛能力,它们无形中成为可爱中国的形象担当。在广告传播中,有一条被实践反复验证的"3B 原则"——Beauty(美女)、Beast(野兽)、Baby(婴儿),即以此为表现元素的广告最容易赢得消费者的关注和喜爱。随着视觉时代的到来,受众越来越习惯读图,媒体把抽象观念具象化、可视化,以富有亲和力的形象符号、鲜活场景为载体讲述中国故事,更能引发受众的兴趣。

可爱的大象形象使得云南象群迁徙的相关视频在微博、抖音等新媒体平台发布后引起广泛关注。截至 2021 年 7 月 27 日,"#离群大象从白天玩到晚上#""#小象耍赖不走,被大象一鼻子推起#""#云南大象会不会吃到毒蘑菇#"等 30 余个微博微话题阅读量累计超 35 亿次。官方主流媒体敏感地捕捉到这一新闻线索,及时派出专业团队

---

① 《南华早报》(South China Morning Post,SCMP)和星期日出版的《星期日南华早报》(Sunday Morning Post)是香港销量最高的英语报纸。

图 2-25　云南亚洲象群旅途中的嬉戏与休息
资料来源：新华网

跟踪报道象群迁徙。在报道过程中，记者采用无人机等先进设备，对象群迁徙进行全程追踪拍摄，全景展示了象群的日常生活图景（见图 2-25），从大象的饮食起居，到一路的嬉戏玩耍，全套的"个性写真"吸引全球用户围观。在 Twitter 和 YouTube 平台，无数外国受众被象群的滑稽动作圈粉，两只幼象滑进了灌溉水渠获同伴救助，小象躺在象群中间睡觉等视频点击量超 2 亿次。

在追踪象群迁徙的过程中，云南的绿水青山、秀美风光悄然进入围观者视野，相关视频自然而然地展现了我国生态建设的整体面貌。"萌象"这一符号突破了以往国际受众对中国代表性符号的固有认知，以其特有的"萌"与"暖"俘获了用户的心。在 YouTube 的一则大象睡觉视频的评论区，截至 2021 年 6 月 25 日，共有 1,082 条评论，"觉得大象好可爱"的相关评论数量名列前茅（见图 2-26）。积极的情感体验有利于化解部分海外受众对我国生态建设的误会，增进对我国生态建设理念及现实的了解，其中评论区表达"感谢中国政府的保护"的相关留言达 689 条。

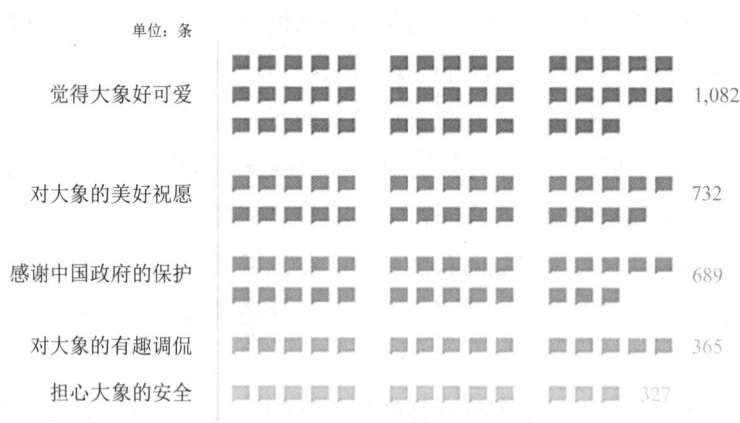

图 2-26　外国网友对大象睡觉视频的评论
资料来源：上观新闻

（二）传播渠道布局：海内外新媒体联动，以多样态内容持续引流

21 世纪是媒体和传播生态发生剧烈变革的时代。在国际传播场域中，新媒体以其高效性、即时性、跨地域性等突出优势，成为国际传播不可忽视的渠道。在国际传播中，媒体机构把传播战略重心向新媒体平台转移，利用新媒体矩阵的优势进行传播，有助于提高国际传播效能。在此次云南亚洲象迁徙事件的报道中，我国主流媒体采用微博、微信、抖音、Twitter、YouTube、快手、哔哩哔哩、头条号、百家号、大鱼号、企鹅号等多家新媒体官方账号联动发稿的形式，综合运用多种新媒介技术开展立体传播。以央视频为例，其以 H5 技术绘制象群迁徙地图，直观展示亚洲象的迁徙路线，并辅以科普讲解；利用 AR 技术，虚实结合、实时交互；借助迁徙途经地的视频监控设备，24 小时不间断直播，全程实录迁徙情况。主流媒体通过融合多种媒介技术，实时、全面、生动地展现了大象妙趣横生的生活场景，不断吸引网友加入围观行列。《云南日报》以多语种在境外社交平台发布的《象群"旅行日记"》使得超 50 万国外受众成为"追象族"。这些无剪辑的实录画面富有说服力，被西方媒体广泛采用。

同时，我国媒体以全球化思路把传播的触角伸向海外，适时在海外社交平台 YouTube、Twitter、Facebook 上持续发布信息，吸引用户关注"云南象群迁徙"事件，实时更新进展，以"话题设置＋直播＋二创短视频＋原创图文"等多样化形式，多层次展现各地民众在象群迁徙过程中为保障人象安全所付出的种种努力。通过全面布局新媒体传播平台，本次事件获得了巨大的传播声量。除了上文提到的《南华早报》发布的象群睡觉视频播放量破 400 万次，中国国际电视台（CGTN）2021 年 7 月 31 日在 YouTube 发布的视频 Elephants on a mission: Unique insight into adventurous herd in SW China 观看量达 56.3 万次。

（三）传播节奏把握：适时回应各方关切，营造良好舆论氛围

此次云南亚洲象迁徙传播的成功出圈，一方面得益于我国媒体及时捕捉有价值、有趣味的新闻选题进行议程设置，另一方面在于我国媒体准确把握受众心态，适时调整报道议题，及时回应各方关切。自象群开始迁徙以来，国内与国际报道主要经历了以下四个阶段：国内主流媒体密集发稿主动进行舆论引导，国内主流媒体监测国内外舆情并及时回应舆论关切，国际国内媒体议题互构联动报道，国内媒体定期反馈保持议题热度。

1. 围绕生态议题，密集发稿引导舆论走向

在本次云南象群北迁事件中，我国主流媒体集中力量，相互协同，以密集的报道凝聚国际目光，成功突出信息重围。2021 年 5 月 28 日，央视记者李健飞在央广网官方账号上发布了题为《云南 15 头亚洲象持续北迁进入玉溪峨山县境内 当地持续加强观测预警》的报道，将云南亚洲象群北上迁徙事件呈现在我国主流媒体平台。次日，新华社紧跟云南象群迁徙议题，刊发新闻报道《野象"迷途"可知返？——云南 15 头野生亚洲象北迁追踪》。据统计，2021 年 5 月 1 日至 7 月 1 日，央视网、新华社、人民网、中青在线、《中国日报》共计发稿 21 篇，通过对报道进行高频词词云统计与语义关系分析可以看出，我国主流媒体的报道基本围绕亚洲象、自然保护区、野生动物、森林、栖息地等生态关键词展开，并延伸至与之相关联的村民、国家、地方政府等主体（见

图 2-27，图 2-28）。报道锁定生态议题，引导受众据此展开对中国象群及相关生态建设的讨论。

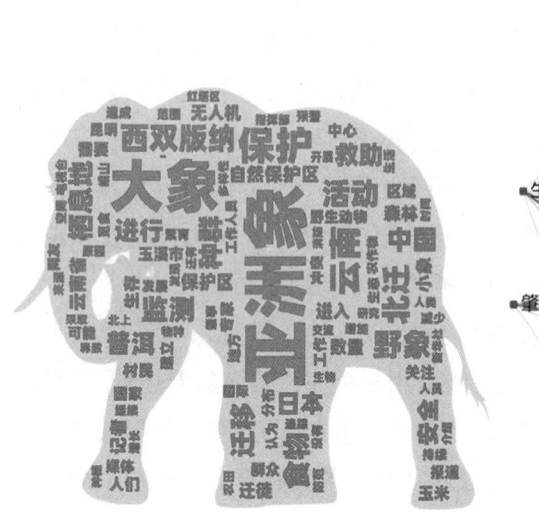

图 2-27　2021 年 5 月 1 日至 7 月 1 日主流媒体 21 篇相关报道前 100 高频词词云统计图

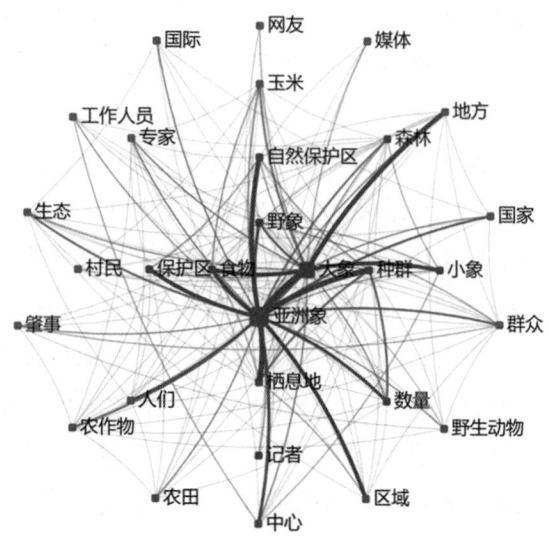

图 2-28　2021 年 5 月 1 日至 7 月 1 日主流媒体 21 篇相关报道高频词语义关系图

2. 监测国内外舆情，及时回应舆论关切

如何正确处理象群迁徙与保护人民生命财产安全之间的矛盾，是亟待政府解决的问题；如何将政府的应对举措恰当及时地传达给国际受众，是我国媒体面临的挑战。西方主流媒体不仅在国际上享有话语主导权，而且部分西方媒体习惯于戴着有色眼镜刻意挖掘甚至夸大、虚构有关我国的负面新闻。云南象群迁徙事件引起了各国媒体的关注，2021 年 6 月 4 日，半岛电视台英文官方账号在 YouTube 平台发布视频《中国因栖息地丧失而被迫迁徙的大象》，许多国际网民在评论区表达了对象群生活环境与迁徙安全的担忧。2021 年 6 月 11 日，自由亚洲电台（RFA）播发新闻《中国野象"北漂"很萌？背后原因可悲》，报道称大象迁徙的原因可能是栖息地遭到破坏，并援引专家意见，强调"全世界都希望这些大象有一个好的结局"。同日，美国有线电视新闻网（CNN）在其官方网站播发题为《大象迁徙可能揭示中国面临的严重问题》的新闻报道。这些报道均从负面视角切入，矛头直指中国的生态问题，使各国网民对我国的生态环境状况产生错误认知。

在西方媒体的强势话语主导下，我国的国际传播形势严峻。面对西方主流媒体的歪曲，在自由亚洲电台发布《象群迁徙可能是因栖息地遭到破坏》的报道后，我国主流媒体及时回应，2021 年 6 月 13 日，《经济日报》发表《专家谈"大象出走"：并非因栖息地遭破坏》的报道，同日，央视频转载该报道。报道对亚洲象为何"北迁"、"北迁"

有哪些影响、如何看待大象"北迁"等焦点问题——作出回应，说明象群北迁并非因栖息地遭破坏，这使我国的生态环境保护成果免遭污名化。为了规避语言壁垒造成的传播障碍，部分主流媒体还在其海外英文客户端以及社交媒体官方账号发布相关报道。新华社于2021年8月13日在其海外英文官网发布英文报道《中国进一步推进亚洲象保护》，报道讲述了云南省林业局和草原局如何积极参与亚洲象迁徙过程中的安全防范和助迁工作，通过向村民提供野生动物相关损害赔偿、建立预警系统等方式缓和人象冲突，展现了我国地方政府部门积极作为、关心民生福祉、富有人情味的良好形象。

针对网民对象群接连"走村窜寨"引发的安全话题与经济损失的讨论，云南银保监局回应表示，云南省已启动野生动物肇事公众责任保险定损赔付工作，保费由省级财政全额支付。主流媒体积极报道本次事件中我国政府采取的相关举措，新华社、《人民日报》等主流媒体在报道中详细讲述当前我国政府部门为避免"人象冲突"而在象群迁徙监测、降低经济损失等方面作出的努力，及时回应舆论关切。

3. 舆论引导成效初现，国外媒体报道趋向客观

通过前期主动设置议题，到洞察国际舆论走向，采取措施及时回应，我国媒体的舆论引导初见成效。尽管部分西方媒体并未完全放下意识形态偏见，但报道的基调开始趋向客观，正面报道中国生态保护成果的作品见诸西方媒体。英国广播公司（BBC）2021年6月23日的报道承认，"由于广泛的保护工作，中国是世界上少数几个大象数量不断增长的地方之一"，肯定了中国的动物保护工作。

针对国际媒体的态度转变，央视频等官方主流媒体海外账号实时关注，主动转发，统筹国内国外两个舆论场，通过议题互构，扩大了正面舆论的声量。2021年6月10日，《人民日报》发表文章《日媒关注云南北迁亚洲象群 网友加油直呼"请继续温暖守护"》，报道讲述了日本电视台、日本TBS电视台、富士电视台、《朝日新闻》、《读卖新闻》、时事通讯社等多家日本媒体如何关注云南亚洲象群北迁事件，还列出了多位日本受众为云南象群加油打气的留言，联通了关注生态保护的中日网民的心。

此外，路透社、美联社、法新社、《朝日新闻》等多家国外媒体主动转发中央广播电视总台国际视频通讯社"一起畅聊'象'往的生活"的慢直播信号，将象群直播传达至世界各国受众，直播引起海外网友的积极互动。通过此次慢直播，中国媒体向全球民众呈现了一个真实的人象和谐生态美的中国景象。

总之，中国官方媒体、行业媒体、地方媒体和自媒体与国际主流媒体、国际自媒体等多方相互配合，形成了强大的传播合力，使象群北迁议题成为国内与国际两个舆论场共同关注的焦点。

4. 延续议题热度，强化国外受众对中国生态建设的正面认知

在云南象群迁徙到达栖息地后，新华社于2022年6月6日发文《野象归家，不是

终点——中国多举措推动亚洲象保护》，报道称"亚洲象群北移南归，中国政府与民众携手护象的故事，已成为中国促进人与自然和谐共生的生动范例，也为全球野生动物保护工作展示了美丽而温暖的'中国样本'。"2023年6月1日，人民日报海外客户端发布英文报道《中国谱写人与自然和谐新故事》，再次通过2021年的云南亚洲象迁徙事件呈现中国在生态文明建设和生物多样性保护方面取得的成就。我国主流媒体在事件热度过去如此长的时间后，仍对迁徙象群的生息繁衍与国家采取的保护措施加以持续报道，一方面向关心象群的国内外受众有个交代，另一方面有助于强化受众在此次事件中对中国形象的正面感知。

四、总结

习近平总书记2016年2月19日在党的新闻舆论工作座谈会上的讲话指出："讲故事，是国际传播的最佳方式。要组织各种精彩、精炼的故事载体，把中国道路、中国理论、中国制度、中国精神、中国力量寓于其中，使人想听爱听，听有所思，听有所得。"[1] 此次云南亚洲象迁徙事件的报道和国际传播，体现了主流媒体以海内外受众习惯的视频影像为载体，通过讲故事的方式主动设置议程，把握网民心态和国际舆论走向，适时调整议题，讲述生态保护故事，展现生态建设成果，生动诠释了我国生态保护的理念。通过及时调整舆论引导的着力点，把握议程设置节奏，中国媒体牢牢把握了国际舆论引导的主动权。

思考题

1. 结合云南象群北上迁徙事件，谈谈我国主流媒体的生态报道在国际传播中的优点与不足。

2. 结合云南象群北上迁徙事件，谈谈如何通过生态议题有效引导国际舆论。

3. 结合中国政府与民众携手护象的故事，谈谈我国主流媒体如何通过报道凝聚国际社会对中国良好生态建设成就的共识。

参考文献

[1] 苏晓龙，韩海阔.议题·属性·网络：云南大象北上南归的议程设置[J].新闻论坛，2022（5）：67-70.

[2] 郑亮，夏晴.媒体国际传播能力建设中"国际—国内"议题互构研究[J].现代传播（中国传媒大学学报），2022（9）：83-88.

---

[1] 孟威.习近平的新闻舆论观——深入学习习近平总书记在党的新闻舆论工作座谈会上的讲话[J].当代传播，2016（3）：4-11.

[3] 何婷.主流媒体微博中"云南亚洲象群北迁"事件的情感传播研究[D].扬州:扬州大学,2022.

[4] 郭迪帆,潘政治.我国主流媒体国际传播的实践经验及可行路径——以云南大象迁徙视频海外传播为例[J].当代电视,2022(5):53-56,7.

[5] 王玲宁,李靓."云南大象迁徙"事件对加强我国国际传播能力建设的启示[J].传媒,2021(22):32-34.

[6] 赵云泽,项甜甜.从野生亚洲象迁徙看如何讲好中国故事[J].新闻论坛,2021(5):101-102.

[7] 陈欣怡,黄日涵.云南大象北迁:温情生态保护故事助力国家形象构建[J].世界知识,2021(19):70-71.

[8] 钟新,蒋贤成,崔灿.构建可信、可爱、可敬中国形象的媒体传播策略——CGTN云南野生象群迁移热点事件报道分析[J].电视研究,2021(9):20-23.

[9] 郑丽萍.互构关系中社区矫正对象与性质定位研究[J].中国法学,2020(1):149-165.

[10] 吴靖.批判的国际传播研究:传播媒介在全球政治、经济与文化秩序中的角色[J].全球传媒学刊,2016(2):43-63.

[11] 谢立中.超越个人与社会之间的二元对立——"社会互构论"理论意义浅析[J].社会学研究,2015(5):13-23,242.

[12] 蒙象飞.中国国家形象建构中文化符号的运用与传播[D].上海:上海外国语大学,2014.

[13] 郑杭生,杨敏.社会与国家关系在当代中国的互构——社会建设的一种新视野[J].南京社会科学,2010(1):62-67,96.

[14] 任陇婵.统筹内宣外宣大局 突破二元宣传结构[J].声屏世界,2009(1):17-18.

[15] 郑杭生,杨敏.社会互构论的提出——对社会学学术传统的审视和快速转型期经验现实的反思[J].中国人民大学学报,2003(4):21-32.

[16] 习近平在中共中央政治局第三十次集体学习时强调 加强和改进国际传播工作 展示真实立体全面的中国[J].中国广播电视学刊,2021(7):1-2.

[17] 钱放,方平.新媒体时代安徽形象国际传播的困境与对策研究——以YouTube为例[J].皖西学院学报,2023(1):110-116.

[18] 孟威.习近平的新闻舆论观——深入学习习近平总书记在党的新闻舆论工作座谈会上的讲话[J].当代传播,2016(3):4-11.

[19] 李玉洁.中国生态环境议题国际传播的挑战、转向与创新[J].对外传播,2021(8):9-13.

[20] 方江山.着力提高学习实效 全面提升国际传播效能[J].新闻战线,2023(15):4-9.

[21] Thussu D K. International communication: Continuity and change[M]. London: Bloomsbury publishing, 2018.

[22] Meng X. The International Communication of Cultural Symbols in the Construction of China's National Image[J]. National Image: China's Communication of Cultural Symbols, 2020: 131-178.

【作者:张淑燕 段丽华】

第三章　国际传播内容篇

本章概述

国际传播内容是指国际传播信道里流动的信息。随着时代的发展和技术的进步，国际传播的主体、渠道和媒介日益丰富，国际传播的信息也愈加多样，其内容涵盖政治、经济、文化、科技、军事和日常信息等人类社会生产生活的方方面面，并呈现多元信息并存的复杂态势。同时，信息内容的传播方式及表现手法亦花样翻新，国际传播的话语博弈愈演愈烈。

本着创新性及代表性原则，本章选取了不同传播主体、不同内容题材、不同呈现方式的国际传播案例，着眼于叙事主体、叙事主题、叙事结构、叙事策略、叙事视角、叙事符号、叙事修辞等维度，深入分析这些案例如何通过"贴近中国发展的实际、贴近国外受众对于中国信息的需求、贴近国外受众的思维习惯"等精准内容传播策略来获得良好的国际传播效果。

教学目标

使学生了解不同国际传播主体如何围绕不同诉求，选取不同题材信息，采用不同叙事手法和策略讲好中国故事，把握国际传播内容及传播方式的演进趋势，提升策划国际传播选题的能力。

学习建议

1. 通读相关国际传播教材的"国际传播内容"章节，回顾相关知识要点。
2. 扩展学习叙事学、修辞学、符号学、公共外交、公共关系等与本章案例解析密切相关的专业知识及理论，加深对案例的理解。
3. 查找一个典型的国际传播内容创新的案例，结合所学专业知识加以分析。
4. 结合国际传播相关课程，以小组为单位，为所在城市策划一个国际传播方案，力求学以致用。

习近平总书记海外署名文章：人类命运共同体理念的认知与认同建构

导语

人类命运共同体理念提出的近十年，其内涵得到不断完善，并逐渐发展成为习近平外交思想中带有统摄性的核心概念。然而，当下国际局势风云诡谲，"西强我弱"的国际传播格局依然未变，人类命运共同体理念的传播与认同面临重重挑战。习近平总书记2014年首开中国元首公共外交署名文章先河，至2022年10月共计发表59篇海外署名文章。他借助这种富有创新性的公共外交方式，生动、立体地向世界阐述了人类命运共同体理念的丰富内涵。署名文章通过"关系叙事"提升受众对人类命运共同体理念的认知度，通过概念隐喻增强人类命运共同体理念的可感性，通过共情叙事增进人类命运共同体理念的情感认同，通过同一修辞增进人类命运共同体理念的主体身份认同，通过愿景叙事激发受众对人类命运共同体的向往。总体而言，署名文章在增进各国人民对人类命运共同体理念的认知与认同的过程中发挥了积极作用。

一、案例背景

党的十八大首次提出人类命运共同体理念（a community with a shared future for mankind），强调"要倡导人类命运共同体意识，在追求本国利益时兼顾他国合理关切"。2013年3月23日，习近平总书记在莫斯科国际关系学院发表名为《顺应时代前进潮流 促进世界和平发展》的演讲，"向世界讲述了对人类文明走向的中国判断"[①]，这也是习近平总书记第一次在外交场合提到以"合作共赢"为核心价值观的人类命运共同体理念[②]，该理念旨在探索一种不同于资本主义现代性全球扩张的人类交往新模式。[③] 从提出到系统完善，人类命运共同体理念作为一种超越民族国家和意识形态的全球治理观，是习近平总书记面对"世界怎么了？我们怎么办？"的时代之问，着眼于世界和平发展、合作共赢的大局，顺应人类社会相互联系、相互依存程度空前加深的历史潮流而提出的一个破解全球化迷思、思考人类未来的"中国方案"。[④]

---

① 郭惠民．国际传播能力建设与构建人类命运共同体［J］．传媒评论，2021（7）：9-11．
② 朱玲玲，蒋正翔．人类命运共同体的理论阐释与国际传播［J］．党政研究，2019（1）：11-19．
③ 陈东英，刘忠权．人类命运共同体的哲学基础［J］．社会主义核心价值观研究，2021（3）：94-100．
④ 贾付强．"人类命运共同体"理念国际传播研究的回顾与展望［J］．西华师范大学学报（哲学社会科学版），2023（2）：1-10．

当下，国际局势风云诡谲，"西强我弱"的国际传播总体格局依然存在。与此同时，有学者指出，人类命运共同体理念仅提出了"空洞（抽象）原则"①，其意义并不明确，其具体内涵的阐释、认知与认同也面临挑战。因此，我们在不断深化人类命运共同体理念时代内涵的同时，通过创新传播路径与方式以增进世界各国人民对这一理念的认知，突破不同国家、不同民族的"认同障碍"，是国际传播亟待探索和解决的重要问题。

二、案例描述

（一）习近平总书记海外署名文章的整体情况

据《人民日报》公开报道，自2014年在荷兰《新鹿特丹商业报》发表名为《打开欧洲之门　携手共创繁荣》署名文章以来，截至2022年10月，配合习近平总书记出访发表的海外署名文章已达59篇（见图3-1）。作为国际传播议程设置的创新之举，习近平总书记首开中国元首公共外交署名文章之先河，而且撰写数量之多、频率之高，在世界各国元首中绝无仅有。

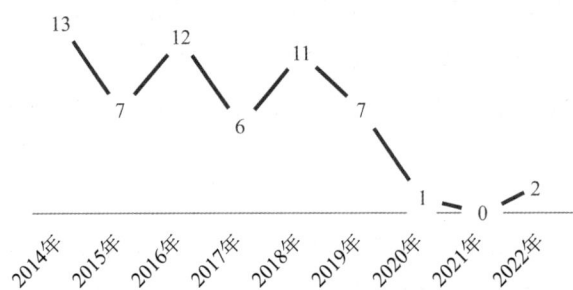

图3-1　2014—2022年各年度习近平总书记海外署名文章发表篇数

总体而言，署名文章具有发表时间相对集中、发表国家相对集中、文章结构相对固定、文章重点相对突出、语言风格鲜明的特点。② 文章主要运用"讲故事""列数据""析形势"和"巧象征"的修辞手段触发受众的情感共鸣。③

（二）习近平总书记海外署名文章的布局结构

现有的59篇习近平总书记海外署名文章布局结构清晰，基本按照回顾历史、呈现当下、展望未来这一时间线展开，具体内容构成通常包括以下几个方面：回顾中国与到访国之间的故事，中国与到访国在经贸、人文等领域交流与交往的历史，讲述近年

---

① 金天栋，任晓."人类命运共同体"国际传播的"共通的意义空间"研究［J］.社会科学，2021（2）：32-46.
② 江涛，陈剑煜.公共外交视角下领导人文章探悉——以习近平主席海外署名文章为例［J］.对外传播，2016（2）：18-20.
③ 陈昌凤，吴珅.以同一求认同：中国领导人对外传播的修辞策略研究——习近平海外媒体署名文章的分析［J］.兰州大学学报（社会科学版），2017（4）：125-133.

来中国与到访国在各领域的合作成果，阐述双方对于共同关心的国际和地区问题的理念分享、观点互通和共识构建等，表达习近平总书记对于此行的期待，立足双方经贸合作、文明互鉴、人文互助等提出建议。

署名文章层层递进，既讲述中国故事又传播中国智慧，既凝聚共识又尊重个性，以求同存异、共情共鸣的叙事方式，不断向读者传递积极情感，拉近作者与读者之间的距离，帮助读者从多方面感知中国形象，了解中国主张。

（三）习近平总书记海外署名文章的深刻意义

国家元首外访作为公共外交的核心事件，必定引发外媒的种种分析与猜测。由于历史和现实的原因，国际舆论场中还存在不少对中国的偏见和误解。元首署名文章能主动阐明中国在经济、政治上的发展阶段和发展目标，以及中外合作的基本原则和未来发展方向，有助于消除猜忌和误解，展示可信、可爱、可敬的中国形象。领导人署名文章作为中国对外传播的重要窗口，一国一策地具体阐释人类命运共同体理念的丰富内涵，创新了国际传播的话语表达方式。

三、案例分析

（一）通过"关系叙事"提升人类命运共同体理念的认知度

习近平总书记海外署名文章作为公共外交的创新形式，其本质是"关系叙事"。由于双方拥有不同的文化、历史背景，传播者只有巧妙地将双方共同关注的信息进行加工和组合，才有可能引发共鸣。人类命运共同体既是中国对全球化问题给出的治理方案，又是中国外交的基本原则。习近平总书记署名文章通过"回顾两国友好交往历史—记述当下两国关系现状—展望未来合作愿景"的主线结构，秉持共商、共建、共享的"关系叙事"原则，高度契合人类命运共同体理念的五大内涵。

笔者依据人类命运共同体理念的五大内涵，对59篇署名文章进行分类和词频统计，发现反映"共商、共建、共享"基本原则的"关系叙事"词在人类命运共同体的五个方面均有提及且频次较高，由高到低分别是经济、政治、文化、安全、生态（见表3-1）。

表3-1 习近平总书记海外署名文章高频词

五大内涵	高频词	次数	高频词	次数
政治共同体	战略	171	友好	170
	友谊	161	伙伴	95
	朋友	72	建交	68
安全共同体	和平	114	稳定	76
	安全	51	对话	41
	风云变幻	15	威胁	4

续表

五大内涵	高频词	次数	高频词	次数
经济共同体	发展	738	合作	724
	经济	204	互利	87
	投资	77	繁荣	53
文化共同体	交流	172	文化	112
	历史	104	人文	75
	文明	72	开放	30
生态共同体	能源	38	美丽的	29
	气候变化	13	环境	12
	绿色	9	清洁	3

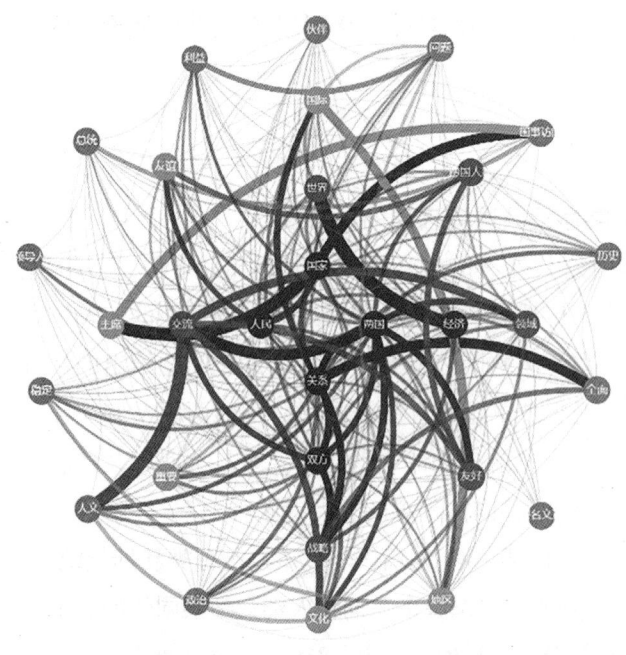

图3-2 习近平总书记海外署名文章高频词共现图

经济发展是国家进步的重要基石，也是公共外交中最为人们关注的话题之一。习近平总书记海外署名文章中，"发展"成为仅次于"中国"的第二位高频词，被提及738次，"合作"作为第三位高频词被提及724次。此外，"经济"与"世界"成为共现次数最多的一组词（见图3-2）。文章通过这些词语将中国经济发展与世界其他国家相联系，反复强化关系叙事，从而表达中国"坚持合作共赢，建设一个共同繁荣的世界"的强烈愿望。

习近平总书记指出，国家和，则世界安；国家斗，则世界乱。建设一个持久和平的世界，要义在于国家之间构建平等相待、互谅互让的伙伴关系。因此，"政治共同体"成为署名文章关系叙事的一大重点内容。其中，"战略"（171次）、"友好"（170次）、"友谊"（161次）均在高频词的前30位，"伙伴"（95次）、"朋友"（72次）、"建交"（68次）均在高频词的前100位。这些文章通过不断强调双方的友好关系，潜移默化地传递构建"坚持对话协商、持久和平的世界"的理念。

人类文明多样性是世界的基本特征，也是人类进步的源泉。文明交流互鉴是推动人类文明进步和世界和平发展的重要动力，也是构建新型国际关系、构建人类命运共同体的题中之义。在署名文章中，"交流"与"人文"被共同提及71次，成为共现次数第三高频的一组词。此外，"交流"一词单独出现172次，位于高频词的第15位，这体现了"文化共同体"中推动不同文明、不同发展模式相互对话的核心内涵。

（二）通过概念隐喻增强人类命运共同体理念的可感性

政治事件本身并不能被直接感知，它需要借助隐喻来界定相关问题。Thompson指出，没有隐喻的政治就像没有水的鱼，隐喻可以帮助政治家重组现实，创造一个隐喻的世界。① 在某种程度上，隐喻能够为政治难题提供解决方案。人类命运共同体作为政治外交理念，内涵极其丰富，因此，在认同构建尤其是海外传播的过程中，传播者亟须用受众更易于理解的方式进行转译。习近平总书记在海外署名文章的表达中善用体现文明共性的概念隐喻，化抽象为具象，化陌生为熟悉，在国情、文化、历史不同的客观条件下有效增强了人类命运共同体理念的可感性。

通过语料分析并参考已有的概念隐喻分类②，习近平总书记海外署名文章中与人类命运共同体理念相关的概念隐喻可以被分为抽象隐喻和实体隐喻两类。其中，抽象隐喻包括"家庭"和"空间"隐喻，实体隐喻包括"人体"和"建筑"隐喻（见表3-2）。各国人民对于家庭、人体等的感知是基本相同的，因此，通过概念隐喻，人们更容易理解人类命运共同体的内涵并产生共鸣。

表3-2 习近平总书记海外署名文章中的隐喻类别及其实现方式

抽象隐喻		实体隐喻	
"家庭"和"空间"	伙伴（95）、朋友（72）、邻居（16）等	"人体"和"建筑"	携手（94）、团结（19）、并肩（18）等
	共同体（51）、包容（25）、前景（13）等		蓝图（16）、纽带（20）、桥梁（11）等

（三）通过共情叙事增进人类命运共同体理念的情感认同

国家外文局发布的第七次"中国国家形象全球调查"显示，中国视听内容存在"中国媒体的报道可信度不高""话语表达方式不地道，看不明白""不善于讲故事，内容不吸引人"等众多问题。③受访者的态度从侧面反映出，面临多元复杂的海外受众群体，增进人类命运共同体理念的认同须更多依靠"讲故事"激发情感共鸣而非单纯说理灌输。从共情叙事角度看，习近平总书记的署名文章站在海外受众的角度换位思考，

---

① THOMPSON, S. Politics without Metaphors is Like a Fish without Water.［C］//Hampe B. Metaphor：Embodied Cognition and Discourse. Cambridge：Cambridge University Press，2017b：279-296.
② 岳好平，徐明辉.习近平海外署名文章中概念隐喻的应用［J］.长沙大学学报，2021（3）：1-6.
③ 朱新梅.统筹国内国际两个市场 加快国际传播能力建设［J］.中国广播电视学刊，2021（9）：16-21.

以情感的沟通、价值的共鸣跨越沟通藩篱，让传播双方见之动心，触之生情。①

首先，署名文章善用双方交往故事建立情感连接。习近平总书记在乌兹别克斯坦《人民言论报》等媒体发表题为《携手开创中乌关系更加美好的明天》的署名文章，开篇就提及祖籍布哈拉的政治家赛典赤·赡思丁的国际交往故事，通过追溯两国友好交往的历史强化两国的情感连接。

祖籍布哈拉的政治家赛典赤·赡思丁曾担任中国元代云南行省平章政事，出生于撒马尔罕的天文历法学家伍儒曾在14世纪中期在中国南京参与修建天文台。他们是中乌友好的开拓者和先行者，他们的故事至今在两国民间传颂。②

其次，署名文章善用对方国家谚语与历史典故唤起情感共鸣。在《愿中吉友谊之树枝繁叶茂、四季常青》的署名文章中，习近平总书记将吉尔吉斯斯坦的谚语"兄弟情谊胜过一切财富"与中国俗语"兄弟同心，其利断金"相联系，通过暗示中外文化的互通性来拉近双方的距离，增进双方对人类命运共同体的理解与认同。

吉尔吉斯斯坦有句谚语，"兄弟情谊胜过一切财富"。中国人也常说，"兄弟同心，其利断金"。当今世界正面临百年未有之大变局，中吉携手合作，共迎挑战，确保两国关系持续稳定健康发展，是历史赋予我们的责任。我期待通过这次访问，同热恩别科夫总统一道，擘画中吉全面战略伙伴关系未来发展的宏伟蓝图，引领两国关系和各领域合作再上新台阶。③

再次，署名文章善于讲述习近平总书记个人经历，以增强亲切感。习近平总书记在波兰发表的署名文章《推动中波友谊航船全速前进》中，回忆自己在20世纪90年代到访波兰的事件，将个人经历融入"中国故事"，既见"事"又见"人"，在增强故事真实性的同时，体现讲述者的真情实感，进而赢得对方的好感。

上世纪90年代，我到过波兰，那次访问给我留下了深刻印象。波兰人民勤劳勇敢智慧，历史文化底蕴深厚。……同世界上所有音乐爱好者一样，中国人民喜爱音乐大师肖邦的作品，特别是肖邦钢琴曲的优美旋律始终回荡我们心间。④

（四）通过同一修辞增进人类命运共同体理念的主体身份认同

肯尼斯·伯克的修辞观以"同一"理念为核心，他认为人类生活中普遍存在的分歧是修辞的基础，人类总是自觉或不自觉地处于一种寻求同一的过程中，因为同一能

---

① 张雅洁. 以"共情叙事"讲好中国故事——城市广电探索国际传播新路径［J］. 中国广播电视学刊，2022（9）：99-101.
② 习近平. 携手开创中乌关系更加美好的明天［N］. 人民日报，2022-09-14（1）.
③ 习近平. 愿中吉友谊之树枝繁叶茂、四季常青［N］. 人民日报，2019-06-12（1）.
④ 习近平. 推动中波友谊航船全速前进［N］. 人民日报，2016-06-18（1）.

够补偿分歧、消除隔阂。① 中国推动构建人类命运共同体须遵循"共商、共建、共享"的基本原则，其实质在于强化"共同体"的主体身份认同。发表署名文章正是通过展现国家领导人个人风采、阐释共同信仰和理念、消弭差异、达成共识、促进合作的过程。伯克提出了三种实现同一的策略，即同情同一、对立同一、无意识同一，这些策略在署名文章中均得以体现。

首先，在历史回溯中找寻同情同一。习近平总书记在题为《续写千年胞波情谊的崭新篇章》的署名文章标题中暗示了两国友好关系的源远流长，并在正文中具体追溯历史上的中缅友好往来。文章对于两国历史的描述既将个体故事上升至两国交往，增加人类命运共同体认同的集体厚度；又跨越历史长河，增加了人类命运共同体认同的时间长度。

早在公元前4世纪，我们的祖先就打通了贯穿川滇缅印的"金银大道"往来通商。中国盛唐时期，缅甸骠国王子率领舞乐队不远千里访问长安，著名诗人白居易挥毫写下千古绝唱《骠国乐》。缅甸是不同社会制度的国家中第一个承认新中国的。两国老一辈领导人身体力行，为中缅关系发展倾注了大量心血。周恩来总理9次访问缅甸，他身穿缅甸民族服装同缅甸民众一道庆祝泼水节的情景，传为佳话。②

其次，立足当下全球问题构建对立同一。为实现"消弭差异、达成同一"的修辞目的，除了正面引导，借助情感共鸣实现同情认同，修辞者还可以通过树立共同的敌人达到凝聚共识的目的，从反面证明两国合作共赢的重要性，即"对立同一"。③ 习近平总书记在2022年乌兹别克斯坦媒体发表署名文章时，明确指出了当下两国面临的共同问题，凸显了携手努力应对共同"敌人"、推动构建人类命运共同体的必要性，并以两国抗疫合作取得明显成效的事实证明了构建人类命运共同体的必要性和价值。

中乌两国唇齿相依、安危与共。双方在双边和上海合作组织等区域和多边层面密切协作，共同反对外部干涉，打击"三股势力"和跨国有组织犯罪、贩毒，加强情报交流，扩大人员培训，共筑安全屏障。新冠疫情发生以来，两国守望相助，风雨同行，积极开展抗疫合作。中国疫苗成为乌兹别克斯坦抗疫主力军并实现联合生产，抗新冠药物获批在乌兹别克斯坦临床使用，有效守护了两国人民生命安全。④

最后，利用语言符号暗示无意识同一。作为修辞环境中最深层的部分，修辞者通过使用包括受众在内的语言符号，使受众在潜意识中认为自己与修辞者"同一"。通过

---

① 陈昌凤，吴珅.以同一求认同：中国领导人对外传播的修辞策略研究——习近平海外媒体署名文章的分析［J］.兰州大学学报（社会科学版），2017（4）：125-133.
② 习近平.续写千年胞波情谊的崭新篇章［N］.人民日报，2020-01-17（1）.
③ 陈昌凤，吴珅.以同一求认同：中国领导人对外传播的修辞策略研究——习近平海外媒体署名文章的分析［J］.兰州大学学报（社会科学版），2017（4）：125-133.
④ 习近平.携手开创中乌关系更加美好的明天［N］.人民日报，2022-09-13（1）.

文本分析，59篇署名文章的前100位高频词中表达无意识同一的词语有"两国"（384次）、"双方"（264次）、"共同"（237次）、"两国人民"（165次）、"携手"（94次）和"共同体"（51次）（见表3-3）。其中，"两国""双方""两国人民""共同体"通过强化动作发出主体，使受众在潜意识中与传者站在同一立场；而"共同""携手"则通过强化动作，使双方的目标与努力方向汇聚同一，从而实现将各国、各民族的前途命运紧密联系在一起的风雨同舟、荣辱与共的人类命运共同体理念的建构。

表3-3 前100位高频词中表达无意识同一的词语

高频词	次数	高频词	次数
两国	348	双方	264
共同	237	两国人民	165
携手	94	共同体	51

（五）通过愿景叙事激发受众对人类命运共同体的向往

通过归纳分析署名文章的布局结构可知，59篇文章均大致遵循"回顾历史、呈现当下、展望未来"这一基本叙事结构，其中"展望未来"作为文章的结尾，也是亮点部分，不仅勾画出双方共同期待的美好愿景，而且不流于道德叙事与话语形式，根据不同国家的发展战略和规划，贡献言之有物的中国智慧与中国方案。其内容涉及人类命运共同体理念的多个方面，为促进国家关系和国际合作提供清晰的指向和有效的策略。

对美好生活的向往是各国人民的共同祈盼。由上文对59篇文章的词频分析可知，习近平总书记海外署名文章着重论述的是"经济共同体"的相关内容，这与文章多发表于"一带一路"的重要枢纽或沿线国家有密不可分的关系。"一带一路"既是国家的重大战略，也是推进人类命运共同体落实的重要途径和有效载体。这一突出特征也在署名文章的发表国家分布中得到印证（见表3-4）。近十年，习近平总书记在亚洲发表署名文章27篇，在欧洲发表署名文章17篇，加起来超过总体文章数量的70%。与之对应的是，文章中的愿景勾画部分主要着眼于双边或多边经济合作及共同发展，具体表现为，在59篇文章中"一带一路"共被提及73次，"战略伙伴"被提及56次，"丝绸之路"被提及51次，"深化改革"被提及17次，"区域合作"被提及8次等。这种立足双边或多边利益，共谋发展之路的中国方案，让受众在字里行间感受到中国对合作的规划和诚意，从而增强受众内心对于人类命运共同体的认同感。

表3-4 习近平总书记海外署名文章发表的国家分布

年份	亚洲	欧洲	非洲	美洲	大洋洲	合计
2014	塔吉克斯坦、韩国、斯里兰卡、马尔代夫、印度、蒙古	比利时、德国、法国、荷兰			斐济、澳大利亚、新西兰	13

续表

年份	亚洲	欧洲	非洲	美洲	大洋洲	合计
2015	新加坡、越南、巴基斯坦	白俄罗斯、俄罗斯	津巴布韦、南非			7
2016	沙特阿拉伯、伊朗、乌兹别克斯坦、孟加拉国、柬埔寨	波兰、塞尔维亚、捷克	埃及	智利、厄瓜多尔、秘鲁		12
2017	越南、老挝、哈萨克斯坦	瑞士、德国、芬兰				6
2018	菲律宾、文莱、阿联酋	西班牙、葡萄牙	塞内加尔、卢旺达、南非	巴拿马、阿根廷	巴布亚新几内亚	11
2019	吉尔吉斯斯坦、塔吉克斯坦、朝鲜、尼泊尔	法国、意大利、希腊				7
2020	缅甸					1
2021						
2022	哈萨克斯坦、乌兹别克斯坦					2
合计	27	17	6	5	4	59

四、总结

本案例对习近平总书记2014年至2022年发表的59篇海外署名文章进行了文本分析，发现习近平总书记的署名文章通过"关系叙事"提升人类命运共同体理念的认知度，通过概念隐喻增强人类命运共同体理念的可感性，通过共情叙事增进人类命运共同体理念的情感认同，通过同一修辞增进人类命运共同体理念的主体身份认同，通过愿景叙事激发受众对人类命运共同体的向往。习近平总书记海外署名文章实现了人类命运共同体理念传播与外交实践的有效结合，不但构建了人类命运共同体理念的全球认同，也为提升国际话语权，"讲好中国故事，传播好中国声音，展示真实、立体、全面的中国形象"提供了新思路。

思考题

1. 从国际传播角度分析国家元首发表海外署名文章的意义和优势。
2. 试析习近平总书记出访前发表的署名文章是如何讲述人类命运共同体理念的。
3. 谈谈如何创新人类命运共同体理念的传播路径和认同方式。

参考文献

[1] 郭惠民. 国际传播能力建设与构建人类命运共同体 [J]. 传媒评论, 2021（7）: 9-11.
[2] 朱玲玲, 蒋正翔. 人类命运共同体的理论阐释与国际传播 [J]. 党政研究, 2019（1）:

11-19.

［3］陈东英，刘忠权.人类命运共同体的哲学基础［J］.社会主义核心价值观研究，2021（3）：94-100.

［4］曲星.人类命运共同体的价值观基础［J］.求是，2013（04）：53-55.

［5］贾付强."人类命运共同体"理念国际传播研究的回顾与展望［J］.西华师范大学学报（哲学社会科学版），2023（2）：1-10.

［6］金天栋，任晓."人类命运共同体"国际传播的"共通的意义空间"研究［J］.社会科学，2021（2）：32-46.

［7］江涛，陈剑煜.公共外交视角下领导人文章探悉——以习近平主席海外署名文章为例［J］.对外传播，2016（2）：18-20.

［8］陈昌凤，吴珅.以同一求认同：中国领导人对外传播的修辞策略研究——习近平海外媒体署名文章的分析［J］.兰州大学学报（社会科学版），2017（4）：125-133.

［9］崔艳红.习近平海外署名文章与中国国家形象的国际表达［J］.区域与全球发展，2020（1）：63-76，156.

［10］岳好平，徐明辉.习近平海外署名文章中概念隐喻的应用［J］.长沙大学学报，2021（3）：1-6.

［11］朱新梅.统筹国内国际两个市场 加快国际传播能力建设［J］.中国广播电视学刊，2021（9）：16-21.

［12］张雅洁.以"共情叙事"讲好中国故事——城市广电探索国际传播新路径［J］.中国广播电视学刊，2022（9）：99-101.

【作者：张淑燕　骆艺文】

"40 years on"：借海外名人之口讲述中国改革开放40年成就

导语

自1978年实行改革开放以来，我国在政治、经济、文化等各方面取得了举世瞩目的成就。为了向世界展示快速发展的中国，塑造积极正面的大国形象，《中国日报》精心策划推出了"40 years on"（40年40人）系列报道，对国际社会中举足轻重的政治人物和知名人士进行访谈，借他们之口讲述中国改革开放40年的变化和成就，以及对世界发展起到的建设性作用。本案例立足"40 years on"系列报道的文本，从新闻选题、报道结构和新闻叙事三方面探讨该系列报道如何向世界展现中国改革开放40年的成就，以及产生的国际传播效果。

一、案例背景

2018年是中国改革开放40周年。40年来，我国在政治、经济、文化、社会、生态等各方面都取得了巨大的成就。经济方面，我国经济的前行既快、又稳、更好——国内生产总值年均增长9.5%，经济总量占世界份额从1.8%增至15.2%，全国居民人均可支配收入实际增长22.8倍，成为全球第二大经济体、第一制造大国、第一大货物贸易国、第一大外汇储备国。[①]政治方面，中国共产党领导人民不断探索中国特色社会主义发展道路，坚持党的领导、人民当家作主、依法治国的有机统一，加强社会主义民主政治制度建设，通过坚持不懈地自我净化、自我完善、自我革新、自我提高，着力破除阻碍发展的体制机制弊端，为实现最广泛的人民民主确立了正确方向。文化方面，中国共产党始终坚持中国特色社会主义文化发展道路，激发全民族文化创新创造活力，发展面向现代化、面向世界、面向未来的，民族的、科学的、大众的社会主义文化，努力建设社会主义文化强国。社会方面，我国从城市到乡村，从东部到西部都发生了巨大的变化，群众的满意度、获得感大幅度提升，基本矛盾中所提出的"人民对美好生活的向往"正在有条不紊地实现。

我国综合国力的提升是讲好中国故事，传递中国声音，构建国际传播主阵地的根本性力量源泉。随着我国国家实力和国际地位的上升，西方媒体通过"妖魔化"中国、构建"中国威胁论"等手段在国际舆论场压制、诋毁我国的现象愈演愈烈。当前，我国主流媒体在国际传播中占有一定的地位，但还存在创新意识不强、宣传色彩较浓、资源整合不足、策略方法不当等问题，需要在选题视角、报道方式、传播渠道和话语建构等方面进行创新，有效地引导和影响国际舆论。

二、案例描述

改革开放给我国带来了日新月异的变化，也加快了我国与全球各国的联系。作为对外传播的旗舰媒体的《中国日报》策划推出"40 years on"系列报道，该系列报道荣获第二十九届中国新闻奖一等奖。该系列报道选取联合国前秘书长潘基文、美国前驻华大使骆家辉、"金砖之父"吉姆·奥尼尔等40位世界知名人士作为采访对象，通过人物专访呈现他们对中国改革开放及中国对世界的影响和意义的看法。

接受采访的40位世界知名人士大都亲眼目睹和经历了中国改革开放40年的发展历程，不同行业的专家分别从政治、经济、文化等方面肯定我国的发展，并强调我国的发展在推动世界和平与发展中的重要作用。该系列报道对于构建中国形象，讲好中

[①] 马修文，沈阳．伟大的变革——中国改革开放40周年伟大成就盘点［J］．党课参考，2018（24）：3-28．

国故事具有建设性意义。

由于选题设计新颖、采访对象影响力显著,相关报道一经推出就受到各界的普遍关注与肯定,在海内外引起较大反响。例如,对靳羽西的专访报道被《悉尼先驱晨报》《华盛顿邮报》、阿根廷 UNO(西班牙语)等媒体纷纷转载刊发;对菲律宾前总统的访谈被菲律宾本国报纸全文转载;澳大利亚驻华大使费思芬接受采访时表示,中国 40 年的变化"令人难以置信",这篇报道被澳大利亚本国报纸全文转载。

三、案例分析

(一)聚焦改革开放成就重大主题,做好国际舆论引导

1. 围绕我国改革开放成就主动出击,设置国际舆论议程

2019 年 12 月,美国皮尤研究中心发布的面向 34 国民众的调查结果显示,美国民众对于中国国家形象抱有负面态度的占 60%,欧洲较多国家的民众对于中国也持消极态度。[1] 长期以来,受西方政府、媒体、教会、学校等机构片面宣传的影响,西方民众对中国大多有刻板印象,他们普遍认为"在许多方面,这个国家仍然相对封闭",中国无论怎样发展,赶上西方最起码需要上百年时间,他们还可以利用中国广阔的市场倾销商品,以此获取最大的利益。他们甚至把"盗窃知识产权""经济侵略"的标签强加到中国身上,用双重标准评判中国与西方国家,无视中国改革开放取得的辉煌成就与进步。[2] 为减少乃至消除这种消极印象,《中国日报》主动设置议程,在纪念改革开放 40 年之际,策划推出了"40 years on"系列报道,紧紧围绕"改革开放"这个核心概念,设置国际舆论议题。这些国际名人的访谈对于呈现真实的中国形象十分具有说服力,针对海内外受众存在认识偏差的议题,借助受访名人讲述亲身经历的故事,弥合国际社会对中国的认知缝隙,扭转海外受众对中国的负面印象。例如,联合国前秘书长潘基文称,中国过去 40 年取得经济成就堪称"奇迹"——1978 年很多中国人生活在贫困线下,而 40 年后 7 亿多极端贫困人口实现脱贫。报道通过国际知名人物之口有力证实了中国选择改革开放道路的正确性和深远意义。恰当的议题选择和对重要人物的采访,有助于国际社会全方位、多角度了解中国。

2. 准确把握重大主题报道精神实质,以亲历者视角呈现改革开放成就

改革开放是具有长远性、结构性、系统性的国家战略,对于改革开放建设成就这一重大主题,无论对内报道还是对外宣传均要准确把握重大主题的精神实质,用恰当的形式和真诚的话语打动人心,才能取得良好传播效果。

---

[1] 程曼丽. 西方国家对中国形象认知变化的辩证分析 [J]. 对外传播, 2021 (3): 4-7.
[2] 吴红仙. 当前西方社会对中国改革开放的报道和评论——基于英美主流媒体报道的视角 [J], 攀登, 2019 (4): 62-71.

中国文明网的对内报道,采取"40人对话40年"的网络访谈形式,选取40年来坚守在改革开放一线、为国家发展作出重大贡献的先锋模范人物,讲述他们参与改革的感人故事,呈现锐意进取、不畏艰难的改革精神。《中国日报》的对外宣传则策划了"40 years on"系列报道,侧重对访谈对象的深入挖掘和引导,阐述其对中国改革开放的认识和理解。例如,美国摄像师芭芭拉·克兰慨叹,作为中国开放后第一个被允许自由行并且自由摄影的美国人,有幸拍到了一些罕见的真实的照片,这些影像记录着中国质朴的乡土生活,同时也展现了这片土地上的人们所具有的坚韧不屈的精神。"修昔底德陷阱"的提出者格雷厄姆·艾利森,盛赞中国发展速度惊人,但他认为中国应重新调整新型大国关系,避免冲突与对抗。这些报道不仅体现了改革开放取得的巨大成就,而且借助改革开放亲历者的讲述,详细还原了历史真相,将中国人民40年的奋斗历程展现在世人面前,让报道内容更生动具体,让鲜活的人物跃然纸上。

(二)多措并举打组合拳,形成累积传播效应

1. 精准把握报道时间和周期,形成传播的规模效应

在《中国日报》的"40 years on"系列报道中,编辑部注重发布顺序,有条不紊地按照舆论热度推送文章,将报道工作分为前期、中期、后期三部分,有效延续了改革开放40年议题的讨论热度。"40 years on"系列报道前期(2018年3月—10月)月报道量在3篇—5篇,报道中期(2018年11月—12月)月报道量在10篇上下,将舆论热度推至高潮,报道后期(2019年1月)月报道量为7篇,在一定程度上维持了议题的舆论热度。[①] 与单篇报道相比,系列报道更容易形成集约化和规模化优势,鲜明地传递媒体态度和报道立场,让受众循序渐进地阅读相关报道,读懂改革开放的故事,感受40年的沧桑巨变。

2. 内外蓄力、多管齐下,强化主题报道的影响力

2018年7月至2019年1月,以中国改革开放为时间线索,以讲述中国故事为报道内容,40篇人物报道描绘了一幅中国改革开放巨大成就的新图景,阐明了中国改革开放对世界发展的意义和影响。同时,《中国日报》还创办了影像40年、图说40年、企业家致敬40年、海外观察等栏目,让世界人民全方位、多角度地感知中国的发展进步。该系列报道多次被外媒引用,例如,日本《每日新闻》引用并以中文全文发布松下幸之助的专访报道;《华尔街日报》收录了骆家辉"以和为贵""在竞争中谋求发展"的专访报道;阿罗约、吴作栋的专访报道被《雅加达邮报》、泰国《民族报》等引用,获得了二次传播的扩散效果,系列报道的优势得以体现。

---

① 孙尚武,沈斌,刘亚奇.用人物报道讲好中国改革开放故事——中国日报"改革开放40年40人"系列报道的实践思考[J].新闻战线,2019(21):16-18.

(三)"他者"视角展开新闻叙事,将宏观成就和微观感受有机结合

1. 遴选各领域海外名人,以微观视角阐释宏观主题

人物是新闻报道的核心,也是讲好中国故事的有效载体。人物的亲身经历和真情实感,更容易引起受众的共鸣与反思。在改革开放对外报道议题的宏观框架下,《中国日报》的系列报道从小切口的微观叙事入手,赋予这些在世界上具有显著影响力的知名人士和代表人物以"时代见证者"的身份,通过一个个鲜活的人物和亲历故事绘成中国改革开放的历史画卷。

"40 years on"系列报道重视选择采访对象,在关注一些重点国家和行业的同时,也均衡选择其他国家和行业的重要人士。统计显示,超过 50% 的采访对象来自英美两国,其余则分别来自澳大利亚、法国、日本、新加坡、阿富汗等国家和地区。从行业上看,采访对象主要来自政界(42%)、商界(20%)和国际组织(17%),也有学界、文化界等领域的人士,采访对象的多样化有助于媒体从经济、外交、文化等方面讲述中国改革开放 40 年来取得的伟大成就。①

亚投行行长金立群作为中国改革开放的受益者,在政府和多边关系组织中参与了改革开放的整个过程,他看到了中国人民的奉献精神。查琳·巴尔舍夫斯基,曾作为美国前贸易谈判代表就中国加入世贸组织问题与我国谈判,她在访谈中谈到中国人民将个人发展与中国振兴紧密联系在一起的集体力量,并表示至今从未后悔支持中国加入 WTO,这一举措既发展了中国,又造福了全世界。20 世纪 80 年代,获得"长城友谊奖"的巴塔查雅作为访问中国的英国高科技人才代表团成员,被中国制造业以及中国人民的热情深深吸引,他邀请我国航天科学家到英国学习,并与他们建立了深厚的友谊和紧密的合作关系。如今,中国科学家在英国非常受欢迎,英国科学家在中国也是如此。吉利汽车造型设计师白高颐曾在世界顶级汽车企业工作,来到中国后他起初并不相信一家民营企业拥有国际影响力,工作 6 年后他坚信吉利汽车以及中国汽车产业在世界上都颇具竞争力,这都应归功于改革开放带来的发展机遇。

这些采访对象从政治、经济、文化等各方面讲述与中国结缘的故事,同时纷纷肯定中国改革开放以来取得的成就,系列报道在宏大主题和整体框架下侧重于呈现个体的微观感受,全面书写了改革开放 40 年中国的变化。

2. 增强新闻报道的客观性,凸显全球格局下中国的发展变化

对于新闻报道来说,客观性是最重要的考量标准。"40 years on"系列报道借助海内外代表人物之口,也借助他们在世界范围内的影响力,打破我国媒体在国际传播中

---

① 孙尚武,沈斌,刘亚奇.用人物报道讲好中国改革开放故事——中国日报"改革开放 40 年 40 人"系列报道的实践思考[J].新闻战线,2019(21):16-18.

传者本位的局限,增强了报道的客观性。《中国日报》具有丰富的国际传播经验和资源,长期深耕国际社会的重大主题报道。在"40 years on"系列报道主题确定之后,报社充分调动采编团队、国内以及海外分社的力量,通过智库、舆情部门和海外数据库锁定具有国际影响力的代表人士,充分保证了采访对象的全面和信源的客观,同时力争采访对象对中国40年的发展能够提供全方位、历时性的资料和依据。例如,英国前驻华大使高德年认为,改革开放成果归功于中国人民与生俱来的创业精神;新西兰前总理珍妮·希普利盛赞中国这些年在教育上的投入,这使得民众文化水平和国民素养得到大幅度提升。面对外界高度关注的中国议题,《中国日报》通过借"嘴"说话的策略,有力提升了报道的可读性、公信力及专业性。

《中国日报》在议题设置和报道立场上,不仅关注改革开放40年给中国带来的变化,而且专注于向世界阐释改革开放以来中国在全球一体化格局下,通过自我革新的努力和创新性发展为世界注入活力,推动各国共同发展的努力和成效。金砖之父吉姆·奥尼尔讲述了在中国的真实经历,强调中国不仅帮助许多人脱贫,还在很多方面推动着世界的变革;美中合作委员会主席在中国考察时表示,中国的故事应该在西方得到更多掌声和重视;美国前驻华大使骆家辉坦言,美国人需要多到中国去,增进对中国的了解,而各行各业的中国人也需要去了解美国,欣赏其所拥有的多样性。这些内容借用国外人物的视角,客观呈现了改革开放40年来中国的发展变化,借他人之口向海外传播中国思想、中国价值、中国观点,新闻报道的客观性得以凸显,主流媒体的国际传播能力得以提高。

四、总结

坚持改革开放是我国毫不动摇的一项基本国策。如今,中国正以开放的心态拥抱世界。然而,在开放的过程中,机遇和挑战同在。面对西方国家的污名化与蓄意抹黑,我国主流媒体要迎难而上,积极创新新闻报道和传播的方式、路径,不断提升自身的国际传播能力。《中国日报》推出的"40 years on"系列报道聚焦改革开放这一重大主题,注重国际舆论引导,利用系列报道与人物访谈等方式的组合形成集群优势,通过"他者"视角开展新闻叙事,将改革开放的宏观成就以及中国对世界的贡献融于个体的微观感受,有助于国际受众消除对中国的偏见,增进理解与认同,搭建国际话语交流的平台。同时,系列报道以全新的时代站位、高远的国际视野和极具亲和力的表达方式,有条不紊地讲述了中国作为负责任的大国以开放姿态积极拥抱世界,主动参与全球治理和共同发展的努力与意义,体现了主流媒体的使命和担当。

思考题

1. 《中国日报》在国际传播报道中运用了哪些技巧和手段？
2. "40 years on"系列报道有哪些突出特点？与中国文明网发表的"40人对话40年"有哪些异曲同工之妙？
3. 如何评价"40 years on"利用新闻人物专访进行国际传播的效果？
4. 谈谈"40 years on"系列报道利用人物专访讲好中国故事的叙事逻辑和实践路径。

参考文献

[1] 马修文,沈阳.伟大的变革——中国改革开放40周年伟大成就盘点[J].党课参考,2018（24）：3-28.

[2] 程曼丽.西方国家对中国形象认知变化的辩证分析[J].对外传播,2021（3）：4-7.

[3] 孙尚武,沈斌,刘亚奇.用人物报道讲好中国改革开放故事——中国日报"改革开放40年40人"系列报道的实践思考[J].新闻战线,2019（21）：16-18.

[4] 程曼丽.论国际传播的底气与自信[J].新闻与写作,2020（6）：61-66.

[5] 蔺叶坤."讲好中国故事"的叙事逻辑及实践路径[J].传媒,2022（7）：59-61.

[6] 赵子豪.媒介融合趋势下"讲好中国故事"的媒介创新思考[J].中国传媒科技,2022（3）：80-82.

[7] 姜红,印心悦.从"用事实说话"到"讲好中国故事"——实践视野中新闻宣传观的升维[J].当代传播,2021（5）：4-8.

[8] 王晓霞.新时代新闻媒体如何做好典型人物报道[J].新闻传播,2022（17）：80-81.

[9] 杜友君.媒介叙事：国际人物报道研究新思路——评《媒介叙事：〈环球人物〉和〈时代〉周刊新闻话语研究》[J].出版广角,2016（19）：88-89.

[10] 陈汝东.论我国国家传播范式的战略转型——从宣传走向传播,从传播走向修辞[J].今传媒,2014（3）：8-12.

【作者：刘婷　李明洛】

《中国日报国际版周刊》头版插画：以画为媒，增强主流媒体国际传播的吸引力和传播力

导语

《中国日报国际版周刊》是我国进行国际传播的重要窗口，自创办以来，一直秉持"让世界了解中国，让中国走向世界"的宗旨，不断创新表达方式。2017年，《中国日

报国际版周刊》头版插画国潮风的兴起以及中西结合的符号运用，颠覆了大众对于传统纸媒的刻板印象，给海内外读者带来耳目一新的视觉体验。头版插画的创新尝试在吸引读者注意、辅助新闻信息传播以及中华文化传播方面取得了显著成效。

一、案例背景

《中国日报国际版周刊》是中国日报社推出的一份面向全球读者的英文周刊，向受众提供中国及全球的重大新闻事件报道，针对"一带一路"倡议、气候变化、科技创新等热点话题进行深度探讨，同时向世界展现中国在人工智能、5G、航天技术等科技领域的突破，以文化软实力展示中国的多样性和独特性。该报创刊于2019年1月2日，是贯彻习近平总书记讲话精神，加强国际传播能力，讲好中国故事的创新之举。该刊依托《中国日报》的全球传播网络，覆盖国际政商界人士、学者、媒体从业者、海外华人和留学生等广泛的国际读者群体，旨在向国际社会传递中国的声音，展示中国在文化、经济、社会发展和国际事务中的立场与观点。长期以来，以美国为代表的西方国家一直对我国存有偏见和敌意，这些国家的部分受众呈现明显的"逆意受众"特征，对我国主流媒体传播的内容常常持怀疑和批评态度。因此，创新国际传播方式，提高国际传播效能是摆在我国海外官方主流媒体面前的重要任务。

近年来，《中国日报国际版周刊》在以潜移默化的方式影响受众的"软传播"上持续发力，通过加强生活化和情景化的表达，平衡理性与感性诉求，重视传播内容的亲和力与鲜活性等举措，努力提升传播效果。习近平总书记在十九届中央政治局第十二次集体学习中发表讲话时指出："我们要把握国际传播领域移动化、社交化、可视化的趋势，在构建对外传播话语体系上下功夫，在乐于接受和易于理解上下功夫，让更多国外受众听得懂、听得进、听得明白，不断提升对外传播效果。"[①]《中国日报国际版周刊》头版插画的改版就是通过在可视化表达方式上下功夫来提高我国官方主流媒体国际传播能力的创新尝试。

二、案例描述

《中国日报国际版周刊》头版插画作为特色品牌，在传递中国信息、传播中华文化方面扮演着重要角色。

20世纪90年代以来，为了吸引更多的全球读者，《中国日报》开始在头版位置刊登图片，用增强视觉冲击力的方式展示中国的现代化形象。从最初的照片、图表到后

---

① 新华社. 习近平：推动媒体融合向纵深发展 巩固全党全国人民共同思想基础［EB/OL］.（2019-01-25）［2023-10-24］. http://www.xinhuanet.com/politics/leaders/2019-01/25/c_1124044208.htm.

来的插画,头版图片的形式不断创新。2000年以后,《中国日报》开始将重点转向头版插画的设计和内容编辑,尝试通过二者的完美结合提高报纸的吸引力。当时的头版插画在版面上虽然占据较大空间,但是并没有固定的位置和构图;而且,插画尚未形成自身的风格特色,只是借鉴西方的传统报刊插图,以写实人物为主,对应较为具体的新闻内容。尽管如此,《中国日报》在头版插画上的探索还是收到了一定的成效,于2014年4月斩获报刊界的奥斯卡——英国报业年度奖的"国际最佳报纸奖"[①],获得了国际新闻界的认可,这是中国官方主流媒体在国际舞台上迈出的重要一步。

  2017年年初,中国日报社美术部高级编辑、国际插画师李旻被登上福布斯艺术榜单的华裔插画师倪传婧的中国风绘画作品深深吸引,她认识到中国元素还可以以这种独特的方式呈现。于是,她从工笔画和倪传婧的画风中汲取灵感,在插画绘制过程中注意勾线,用线条作为造型的表达方式。她和团队一起努力,不断探索改进插画的风格和表现手法,并确定了基本的插画版式,相对固定的位置、尺寸,让插画的构图更趋一致,整体感更强。极具冲击力又充满设计美感的头版插画陆续推出后,刷新了受众对于传统报纸的印象,让更多人看到了中华文化的独特魅力,受到国内外读者的广泛赞誉。外国网友为其高颜值深深折服,在网上发推文大加称赞——"这是我见过的最惊艳的报纸""这款报纸是最正宗的'中西结合'"。凭着特别的版面设计,头版插画成了《中国日报国际版周刊》的一大特色和品牌文化。它打破了大众对于传统纸媒的刻板印象,重塑了《中国日报国际版周刊》的视觉品味和文化形象。《中国日报国际版周刊》头版插画的插画师团队不断创新,通过头版插画向世界展示了真实可感的中国形象,在宣传中国的文化、旅游、经济、科技和创新成就等方面发挥了重要作用。

三、案例分析

  报纸插画作为一种视觉语言符号,是传递信息的重要媒介。它通过线条、光线、色彩等元素的组合增强新闻报道的视觉冲击,服务于新闻语言的呈现,为读者提供一个了解新闻信息的有趣视角。它是美感与主观情绪表达的载体,不拘泥于新闻文本,具有独特的审美价值和情感表达作用。《中国日报国际版周刊》创新性地将古今中外的元素巧妙地结合在头版插画中,改变了新闻严肃、理性、不苟言笑的形象,将真实的新闻信息与情感体验以更直观易懂、更具审美价值的"软性包装"呈现给读者,吸引了更多海外读者了解"中国故事"。

---

① 央视网.《中国日报》欧洲版获英国报业年度大奖[EB/OL].(2014-04-03)[2023-07-14]. http://m.news.cntv.cn/2014/04/03/ARTI1396495169496528.shtml?isappinstalled=0.

（一）头版插画以视觉符号助力新闻信息的传达

从读文时代、读图时代到视频时代，国际传播的载体在经济与科技的助力下不断升级迭代，但在内容呈现上仍属于新闻类的"硬传播"。从传播心理学角度看，信息的接收者对一些目的性强的宣传内容并不感兴趣，甚至会产生抵触心理；而简单直观、审美价值突出的头版插画则在视觉形式上具有较大优势。苏珊·朗格从符号学美学角度指出，艺术是表象式符号系统，其所形成的艺术符号具有意向性、不可言说性、情感性和非推理性的特征，而承载了一定意义的视觉符号从形象的直观性上来说和艺术符号类似，因此视觉符号的运用不仅可以帮助报纸传达特定观念，而且可以传达情感和情绪，引发读者共鸣。

2019年4月25日，第二届"一带一路"国际合作论坛（BRI）在北京举行，世界各地领导人齐聚北京讨论"全球发展"议题。4月26日至5月2日，《中国日报国际版周刊》头版插画题为《丝路新语》，它以飞天形象传达了中国倡导的"一带一路"共商共建、和谐发展的理念（见图3-3）。飞天女神是多元文化融合而成的形象，是美与神圣的象征，她能够带给人们安宁、和谐、美好。画面中的飞天女神身着华服，身体线条流畅柔和，发饰熠熠发光；她怀抱琵琶，脚踩祥云，舞姿飘逸，神态端庄，加之祥云、牡丹花、和平鸽等符号的衬托，富有生机的祥和氛围被营造出来。隐含在画面中的轮船、高铁、阿拉伯建筑等符号巧妙地呈现"一带一路"合作正在推进的新闻背景。这幅充满中国视觉审美格调的新闻插画，既紧密贴合"一带一路"倡议下世界和谐发展的人类命运共同体主题，又展现了中华文化的独特魅力。

众所周知，曾经的撒哈拉以南的非洲地区电力短缺，居民生产生活用电难以保障。"一带一路"背景下，越来越多的中国民间组织、企业、个人和非洲人民一起建设美丽家园，为非洲人民带去希望。深圳市诚信诺科技有限公司（Shenzhen Power-Solution Ind Co., Ltd）是众多在非洲地区开展离网太阳能业务的民营企业之一。它们因地制宜，建造起一座座离网光伏电站，为当地贫困人口带去了光明，社会反响良好。2022年3月18日至24日的《中国日报国际版周刊》头版插画《光之梦》反映的就是这一主题（见图3-4）。插画中的斑马、大象、猎豹、犀牛、长颈鹿、羚羊、鬣狗等动物被一束温暖的光所笼罩，神情温顺而惬意；非洲小朋友举起双手与光束和动物玩起了影子游戏；画面色调柔和，人和动物和谐共生的温馨场景，让新闻讲述的故事更加生动感人。随着"一带一路"战略的推进，中非经贸合作逐步迈向高质量发展阶段。我国积极帮助非洲国家开发太阳能，不但改善了当地的能源供应，还创造了就业机会，促进了当地经济发展，"光之梦"不仅点燃了生活的希望之梦，而且照亮了中非友谊之路。

图3-3 《中国日报》2019年4月26日至5月2日的头版插画
图片来源：微博 李旻插画

图3-4 《中国日报》2022年3月18日至24日的头版插画
图片来源：微博 李旻插画

《中国日报国际版周刊》头版插画以特色鲜明的视觉风格增强了报纸对读者的吸引力，以鲜活生动的视觉叙事增强了新闻事件的感染力和可读性。

（二）头版插画以国潮风视觉语言彰显民族文化的独特韵味

中国拥有五千年文明历史，文化底蕴深厚，随着经济的发展和国力的增强，国人的文化认同和文化自信逐渐增强，这促进了国潮的悄然兴起。国潮既是对传统的致敬，又是对现代的探索。它以当今流行文化方式展现民族文化元素、内涵和精神，打造具有时代感和个性化的风格。它不仅让人们更加深入地了解和感受传统文化的时代价值和时尚魅力，而且满足了年轻人对时尚、个性、创新的追求，为文化注入了生机和时代气息。国潮为《中国日报国际版周刊》头版插画的转型提供了灵感。张歌明教授曾指出："《中国日报国际版周刊》勇敢地提供了大幅插画，为艺术家开辟展示才华和挥洒能量的场地，一幅幅优美、清新、生动、时尚的插画也使得报纸充满了活力。"[1]

近年来，中国糕点师富有创意地将中国传统文化和糕点相结合，吸引了越来越多的年轻人关注，2023年2月10日至16日的《中国日报国际版周刊》就这一现象进行报道，插画师以"浓情蜜意，一脉相承"为主题，让现代都市丽人和古代女子超越时空相遇，身着简约风格服饰的当代都市女性，面带惊喜的神情望着古代美人和各式各

---

[1] 搜狐网.《中国日报 CHINA DAILY》海外版插画：美得独具一格，值得收藏［EB/OL］.（2020-05-20）［2023-07-14］. https://www.sohu.com/a/396445046_120673105.

第三章　国际传播内容篇

图 3-5 《中国日报国际版周刊》2023 年
2 月 10 日至 16 日的头版插画
图片来源：微博　李旻插画

样的精美糕点；古代美女则发髻高高盘起，簪着素花，身着华服，姿态优雅，犹如云中仙子（见图 3-5）。画中的中国传统糕点醒狮酥、荷花酥和桃花酥等造型各异，精美小巧，散发着满满的传统风味，令人口齿生津；盛装糕点的青花瓷碗和雕花食盒古朴典雅，凝聚着手艺人的匠心和巧思。在色彩上，月白和朱膘这些中国色大面积渲染，视觉层次分明，纯而不艳，柔和温暖。整幅插画尽显中国饮食文化追求色香味形俱全的品质特征。插画中的当代女性和古代女子通过一盘盘糕点感官相通，以小见大，体现了中华文化的绵延传承。

2022 年 9 月 16 日至 22 日《中国日报国际版周刊》的头版插画《侠气江湖》是新闻报道《中国武侠文化"展翅高飞"》的配图。主人公女侠客长剑在手，面容俏丽，剑眉入鬓，双目炯炯有神，嘴角微微上扬，透露坚毅和果敢（见图 3-6）。画面颜色以艾绿和朱膘为主，主人公仿佛置身侠者修炼武功的山林之间；画面中的神兽——神雕、九尾狐和红睛冰蟾，为侠客的世界平添了几分浪漫与神秘色彩。这幅头版插画充满了中国仙侠故事的文化符号，内蕴豪放与隐逸的情感，能使人身临其境般感受武侠世界的风云变幻和侠骨柔情。

随着报道主题的变化，国潮风插画对中华文化元素的运用各有侧重。例如，《走进戏曲》和《雪花圆舞曲》这两版插画根据新闻各自的情境，前者以中国戏曲经典角色、中国传统服饰为主（见图 3-7）；后者以中国古

图 3-6 《中国日报国际版周刊》2022 年
9 月 16 日至 22 日的头版插画
图片来源：微博　李旻插画

代传统兽鸟纹为主，并与当代符号和风格巧妙结合，形成独特而富有感染力的视觉形象（见图 3-8）。

— 123 —

图 3-7 《中国日报国际版周刊》2019 年
11 月 15 日至 21 日的头版插画
图片来源：微博　李旻插画

图 3-8 《中国日报国际版周刊》2022 年
2 月 11 日至 17 日的头版插画
图片来源：微博　李旻插画

《中国日报国际版周刊》是官方主流媒体，肩负着传播中国声音、宣传中华文化的责任。它在头版插画中融入民族符号，以东方韵味进行现代化叙事，不断强化海外受众对中华文化的印象与认知。中国美学的现代化运用，不失本色的同时又顺应现代审美趋势，在潜移默化中实现了文化输出。

（三）头版插画融合中外象征符号，增进海外受众的理解和共情

视觉符号是传递信息的媒介，由多种要素符号组合而成，如线条、光线、色彩、表现、平衡、形式等，它具有"广泛性与普遍性、直接性与真实性、开放性与多义性、可译通性与跨文化性"[①]的特质，视觉符号的正确应用可以达到"一符胜千言"的效果。虽然视觉符号直观、鲜明、有冲击性，但是如果没有合理的搭配与运用，它反而会产生相反的效果。因此，在国际传播中如何把握本土化与国际化的平衡是一大挑战。头版插画是中国文化的载体，以传播中国声音和故事为目的，但是也不能使国外受众完全看不懂，既要做到符合西方审美趣味，又要保留本心和独立性，这就需要我们充分尊重不同国家和地区的文化多样性，使用当地共通的符号、故事等，打破跨文化交流的隔阂，加深彼此的理解，增强情感连接。

2020 年 9 月 11 日至 17 日，《中国日报国际版周刊》头版插画《连心桥》是为新闻《中欧铁路联运促进经济全面复苏》设计的配图。一条铁路，一趟列车，连接了中欧共

---

① 史婧炜. 视觉符号跨文化传播研究［D］. 广州：华南理工大学，2010.

第三章 国际传播内容篇

图 3-9 《中国日报国际版周刊》2020 年
9 月 11 日至 17 日的头版插画
图片来源：微博 李旻插画

同的守望，画面一端为中国，一端为欧洲；一端为中国人，一端为欧洲人。以著名的中国建筑天安门、黄鹤楼、苏州园林和具有异域风情同时又被各国所熟悉的罗马式建筑、哥特式建筑符号，为我们描绘了一幅互联互通的画卷（见图3-9）。千年前，漠上悠扬的驼铃，摇出东西方交流的序曲，支撑起丝绸之路的繁华。千年后，驰骋穿梭的"钢铁血脉"，用激情和速度实现跨越亚欧大陆的合作，打造新时代高水平对外开放的新引擎。在新冠疫情蔓延的寒潮里，中欧班列冲破疫魔阴霾，开辟"生命之路"，载着抗疫物资紧急驰援沿线国家。中国与世界守望相助，让沿线国家人民感受到了休戚与共的温暖，架起互联互通的"连心桥"。只要大家齐心协

力，守望相助，即使相隔万水千山，也一定能走出一条互利共赢的康庄大道。

2021 年 12 月 10 日至 16 日，《中国日报国际版周刊》头版插画《繁荣的发动机》是新闻报道《中国"入世"20 年，惠及世界》的配图。画面中既有腾龙、长城、东方明珠等典型的中国元素，也有飞机、列车、邮轮、地球、集装箱等国际化的现代元素（见图3-10）。传统与现代、中国元素与国际元素的组合，不仅展现了中国对全球经济作出的卓越贡献，也传达了中国倡导合作、共谋发展的理念主张。

《中国日报国际版周刊》头版插画不仅体现了"让世界了解中国，让中国走向世界"的办报主旨，而且通过文化符号的融合使用，让中华文化、中国主张、中华精神通过视觉符号走入海内外读者心里，从民心相通走向文化认同。

图 3-10 《中国日报国际版周刊》
2021 年 12 月 10 日至 16 日的头版插画
图片来源：微博 吴和平 Luo

四、总结

习近平总书记 2014 年 10 月 15 日在文艺工作座谈会上讲话指出："一部小说，一篇

散文，一首诗，一幅画，一张照片，一部电影，一部电视剧，一曲音乐，都能给外国人了解中国提供一个独特的视角，都能以各自的魅力去吸引人、感染人、打动人。京剧、民乐、书法、国画等都是我国的文化瑰宝，都是外国人了解中国的重要途径。"[①] 在对外传播中，文化是交流、交融、交锋的主战场，而报刊视觉符号作为承载民族文化历史和价值取向的一种独特手段，对推动文化传播具有重要作用。《中国日报国际版周刊》头版插画在全球范围内获得成功，拓宽了纸媒在新媒体时代的创新思路。民族的就是世界的，将中华文化充分融入对外传播，在展现中国之美、增强新时代中华文化国际传播感染力的同时，让中国声音传播得更远、更久、更有力。

今后，《中国日报国际版周刊》头版插画的设计传播，应注重插画艺术性和实用性的结合，在视觉美的基础上深化主题，挖掘更多新鲜且带有中华文化内涵的意象，以及代表中华优秀文化的视觉符号，将中华文化以多样化的方式传递给受众，以提升国家形象的辨识度和饱满性。

思考题

1. 《中国日报国际版周刊》头版插画作为一种跨文化传播手段，是如何利用视觉符号减少"文化折扣"的？

2. 在媒体深度融合背景下，传统媒体面临许多挑战，但也获得新的机遇，结合本文案例谈谈传统媒体在国际传播中如何做好视觉传播的创新。

3. 《中国日报国际版周刊》头版插画不摹古却饱浸东方韵味，不拟洋又焕发时代精神，谈谈其在国际传播方面带给我们的启示。

参考文献

[1] 温竹馨，李旻.《中国日报》头版插画国际传播策略研究[J].国际传播，2021（3）：21-29.

[2] 代逸群，胡芳.多模态隐喻视角下的中国国家形象"自塑"——以《中国日报》海外版头版插画为例[J].湖北工业大学学报，2020（6）：64-70.

[3] 浮蓉.报刊插画在现代新闻国际传播中的价值意义[J].新闻前哨，2022（14）：58-60.

[4] 英明，罗忆.视觉符号语境下的跨文化传播[J].当代传播，2007（6）：22-24.

[5] 史婧炜.视觉符号跨文化传播研究[D].广州：华南理工大学，2010.

[6] 代逸群，胡芳.《中国日报》海外版头版插画的视觉符号研究[J].今传媒，2021（8）：74-77.

[7] 赵毅衡.符号学原理与推演[M].南京：南京大学出版社，2011.

---

① 习近平.在文艺工作座谈会上的讲话[EB/OL].(2015-10-14)[2023-10-24].https://news.12371.cn/2015/10/14/ARTI1444837266615525.shtml?from=singlemessage.

[8] 张苏, 张悦. 传统符号的视觉化表征与文化认同建构——以《中国日报》国际周刊头版插画为例 [J]. 设计艺术研究, 2021（1）: 135-140.
[9] 赵毅平. 新闻插图的风格转向与时代价值:《中国日报》（海外版）插图的探索 [J]. 装饰, 2018（7）: 62-67.

【作者：张淑燕　赵悦艺】

从"盼盼""晶晶"到"冰墩墩"：跨文化传播视角下我国吉祥物符号设计及沟通策略的转向

导语

大型体育赛事的吉祥物已经成为展现国家形象、联通民心的重要媒介。1990年北京亚运会吉祥物"盼盼"、2008年北京奥运会吉祥物之一"晶晶"和2022年北京冬奥会吉祥物"冰墩墩"，都是以国宝熊猫为原型设计的，它们旨在向世界传递"和平、美好、友善"的中国形象。本案例依据编码解码理论及肯尼斯·伯克的新修辞学，对三届体育赛事的熊猫吉祥物符号设计及沟通策略的演化进行了考察分析，发现在跨文化传播语境下，熊猫吉祥物符号的生产及传播经历了从立足编码者到着眼解码者的思维转换，从重视自我展示到唤起共情的视角转换，吉祥物及其承载的情感和文化的传播效果得以提升。

一、案例背景

国家形象作为国家软实力的重要组成部分，体现一个国家的综合实力和国际影响力，也彰显一个国家在国际舞台上的魅力和精神气质。因此，国家形象的塑造与传播是国际竞争的重要博弈策略。近年来，对外交流活动通过打造独具特色的吉祥物符号来建立认知、沟通情感、树立形象，这已经成为国际社会通行的做法。

大型国际体育赛事是各国展现和传播国家形象的重要舞台。1972年，德国慕尼黑奥运会首次以猎犬"瓦尔迪"（Waldi）作为吉祥物，用以表现运动员坚韧、坚持和敏捷的品格，赢得了公众的喜爱。自此，吉祥物逐渐成为最受民众关注和欢迎的奥运元素之一。1976年，加拿大蒙特利尔奥运会以一只海狸作为吉祥物，取名"阿米克"（Amik），它代表着友谊、勤奋和宽容；1982年，印度新德里第九届亚运会吉祥物"阿波"是一只亚洲象，它象征着智慧、力量和忠诚；1984年，美国洛杉矶奥运会的吉祥物"Sam"鹰，是自由和力量的象征……可见，吉祥物作为体育赛事中最具承载力、影响力与传播力的符号，已经成为展现主办国历史文化内涵和精神理念以及对外传播国家形象的重要媒介。

随着国力的提升，我国开启了申办国际赛事的进程。经过不懈努力，我国先后成功获得了1990年亚运会、2008年夏季奥运会和2022年冬季奥运会的主办权。设计一个具有承载力、吸引力和传播力的赛事吉祥物牵动着全国人民的心。在众多方案中，带有熊猫形象的方案脱颖而出。究其原因，熊猫的国宝身份，自身憨态可掬的形象早已深入人心，加上我国"熊猫外交"的历史积淀，熊猫早已广受各国人民喜爱。随着熊猫在国际传播活动中广泛、高频亮相，"熊猫—中国"的关联性认知得以反复强化，熊猫逐渐被赋予了"和平、美好、友善"的象征意义，成为兼具知名度、沟通力与亲和力的"中国名片"。因此，熊猫成为我国主办的体育赛事的吉祥物原型就在情理之中了。

二、案例描述

图3-11　1990年北京亚运会吉祥物"盼盼"

1990年北京亚运会的吉祥物"盼盼"是由来自长春电影制片厂的国家一级美术师刘忠仁以福州熊猫馆的熊猫"巴斯"为原型设计的（见图3-11）。"盼盼"是一只奔跑着的笑意盈盈的熊猫，它左手举着带有天安门标志的奖章，奖章的绶带在身后飘扬，右手竖起大拇指为获得佳绩的运动健儿点赞，整体给人以朝气蓬勃、充满善意的感觉。"盼盼"在大大小小的媒体平台上频频亮相，以其充满活力的可爱形象风靡亚洲，成为20世纪90年代的经典符号。

图3-12　2008年北京奥运会吉祥物之一"晶晶"

2008年北京奥运会的吉祥物"福娃"是由清华大学美术学院的韩美林教授设计的，包括鲤鱼"贝贝"、熊猫"晶晶"、圣火"欢欢"、藏羚羊"迎迎"、京燕"妮妮"五个拟人化的娃娃，首开吉祥物设计将动物和人相结合的先河，凸显人文奥运的理念。五种颜色象征着奥运五环，数字"5"代表五大洲，五"福娃"名字的谐音是"北京欢迎你"的欢迎语。"福娃"带着北京的盛情，将祝福送往世界，邀请各国人民共聚北京，欢庆2008奥运盛典。其中，福娃"晶晶"以熊猫为原型，呈现乖萌姿态，惹人喜爱（见图3-12）。

2022年北京冬奥会吉祥物"冰墩墩"的创意来自广州美术学院视觉艺术设计学院的曹雪团队。①"冰墩墩"是一只裹在冰晶外壳中面带笑容打招呼的熊猫精灵,造型酷似航天员,又像来自太空的冰雪运动专家,寓意现代科技和冰雪运动的结合(见图3-13)。②"冰墩墩"造型中最亮眼的面部彩色光环既是北京冬奥会的国家速滑馆——"冰丝带"的幻化,③又代表可以赋能的能量环,五条丝带采用奥运五环的颜色,"冰墩墩"这一个符号融汇了奥运会、冰雪运动赛道和5G高科技的三重意蕴。"冰墩墩"的形象展现了创造非凡、探索未来、追求卓越、引领潮流以及面向未来的无限可能。晶莹剔透、憨态可掬的外形,使"冰墩墩"

图3-13　2022年北京冬奥会吉祥物"冰墩墩"

一经亮相就吸引了参观者和媒体的目光,它迅速登上众多社交平台的热搜榜并引发购买潮,一"墩"难求的局面出现了。

从1990年北京亚运会吉祥物"盼盼"到2008年北京奥运会吉祥物"福娃"之一"晶晶",再到2022年北京冬奥会吉祥物"冰墩墩",三者均以国宝熊猫为原型,旨在向世界展现"和平、美好、友善"的中国形象。然而,从结果看,"盼盼""晶晶"和"冰墩墩"三个吉祥物符号的传播效果差距明显。本文旨在深入挖掘差距背后的原因,以期为作好吉祥物的跨文化传播提供借鉴。

三、案例分析

(一)从编码到解码:熊猫吉祥物符号设计理念的演化

从符号学角度看,编码是基于某种规则将能指和所指结合起来,并在能指和所指的关系上体现符号的意指作用。④从"盼盼"到"晶晶"再到"冰墩墩",吉祥物能指符号的构成经历了从单一到复杂再到简约的过程,符号的选择及组合经历了从立足编码者到转向解码者的主体转换。

1."盼盼"和"晶晶":立足编码者的符号选择及所指意涵

从编码者角度看"盼盼"的符号构成,一方面,它依托熊猫符号长期沉淀凝结而

---

① 王君.吉祥物的消费运营模式探索——以"冰墩墩"为例[J].中国市场,2023(10):123-127.
② 万千个,林存真.多重语境下的符号构建——冬奥会吉祥物冰墩墩设计实践研究[J].艺术设计研究,2021(3):68-72.
③ 王君.吉祥物的消费运营模式探索——以"冰墩墩"为例[J].中国市场,2023(10):123-127.
④ 王静欣.制造欲望:广告符号的编码[J].新闻研究导刊,2017(6):252-253.

成的"和平、美好、友善"的象征意义，辅之以微笑的表情，意在展示友好开放的国家形象；另一方面，带有天安门标志的金牌像似符号与奔跑、点赞的拟人化指示符号的组合，用以传达对运动健儿力争上游的拼搏精神的赞许。还有一些小细节，"盼盼"鼻梁上五道细小的痕迹的雏形是一道红色的"英雄痣"，这来源于京剧武生的扮相，寓意以国粹文化符号致敬夺冠选手；吉祥物的名字"盼盼"也表达了国人对优异成绩的期盼。总之，"盼盼"形象设计中，多种民族文化符号的运用凸显了"塑形象、赞健儿、盼佳绩"的意义。将中国最具代表性的国宝熊猫作为首次亮相国际大型赛事的吉祥物，可谓一个大胆的尝试，事实证明这也是一次成功的尝试，"盼盼"凭借憨态可掬的形象赢得了国际友人的好感，吸引了全亚洲的目光。

2008年北京奥运会的吉祥物"福娃"由五个拟人化的娃娃——"晶晶""贝贝""欢欢""迎迎""妮妮"构成，是奥运会历史上数量最多的吉祥物组合，其承载的文化意义也更加丰富。首先，从动物原型的视觉符号来看，五个"福娃"都是极具中国传统文化特色和吉祥寓意的图像符号。"贝贝"的原型是鲤鱼，代表水元素，象征繁荣；"晶晶"的原型是大熊猫，代表森林，象征欢乐；"欢欢"是火之子，不仅象征着体育的热情，而且象征着奥林匹克圣火和精神；"迎迎"的原型是藏羚羊，代表大地，象征健康；"妮妮"的原型是京燕，代表天空，象征幸运。其次，从色彩的运用来看，五个"福娃"分别为蓝、黑、红、黄、绿，对应着奥林匹克五环的颜色，同时也与我国"金木水火土"的五行之说相契合，实现了中国传统文化意蕴与奥运精神的巧妙融合。再次，从数字符号来看，五个"福娃"暗合"奥运五环"，代表着五大洲的运动员团结在奥林匹克旗帜下。最后，从民俗符号来看，"福娃"的头饰造型分别来源于中国传统鱼纹样和水浪纹样、宋代瓷器莲花瓣造型、中国传统火纹图案和敦煌壁画中的火焰纹样、青藏高原和新疆等西部地区的装饰风格和北京传统沙燕风筝，展示了丰富多彩的中华民族文化。另外，从吉祥物名称的听觉符号来看，选用"北京欢迎你"的谐音像似符号——"贝贝""晶晶""欢欢""迎迎""妮妮"，与北京奥运会主题歌曲《北京欢迎你》相呼应，共同展现敞开怀抱欢迎四海宾朋的友好开放的国家形象。同时，在中国，叠音名字是表达喜爱的一种方式，有助于强化吉祥物的友善可爱形象。总体而言，设计者试图通过对复杂的能指符号的叠加，尽可能多地传播中华文化元素和内涵。毋庸置疑，编码者的初衷是好的，但从解码者角度看，由于五个"福娃"堆砌了过多陌生的中华文化元素，在跨文化传播中造成了较大的解码障碍。对国外受众而言，不但存在诸多符号无法识别进而无法理解其象征意义的问题，而且还有可能引发文化误读，其结果便是编码者所言甚多，而解码者所得甚少，吉祥物符号的传播效果大打折扣。

笔者对天涯社区2007年4月30日一篇名为《看来"福娃"真的很失败，老外们也不喜欢》的帖文下的前300楼跟帖进行词频统计，发现网友跟帖中除"丑、难看、土、傻"的整体形象评价外，曝光量最大的词条话题为"多"和"繁琐"（见图3-14），这表明福娃的设计存在中华文化符号元素堆砌现象，一定程度上使吉祥物的整体形象变得繁琐，不利于形成独特记忆，这给海外受众造成较大的解码困难。

2. "冰墩墩"：立足解码者的能指符号构成及所指意涵

"冰墩墩"的设计立足解码者，相比以往吉祥物传统纹样符号能指的堆砌，它强调简约和时尚，符号蕴含的所指意义更加鲜明可感。第一，相比

图3-14 天涯社区楼主 @orig 福娃吉祥物跟帖词云图

健壮的"盼盼"和方正的"晶晶"，"冰墩墩"的外部轮廓使用粗钝线条勾勒圆滚滚的身体，造型设计借用卡通动漫的绘画风格，头大身小的失调比例加上"矮矮胖胖"的身体显得更加可爱，更具亲和力和感染力。第二，"冰墩墩"酷似航天员造型的冰晶外壳创意源自冰糖葫芦这一中国特色小吃，同时，冰晶质感紧扣冬奥会的冰雪主题，实现了奥运会、中国特色民俗文化和科技感的巧妙融合。第三，"冰墩墩"脸部的彩色光环既是北京冬奥会的国家速滑馆——"冰丝带"的幻化，又代表可以赋能的能量环，同时象征奥运五环，一个"冰丝带"的像似符号设计巧妙地融合了国家形象符号、奥运五环公共价值符号、科技发展符号。[1]第四，"冰墩墩"一双炯炯有神的大眼睛和胖墩墩的身材呈现的幼态特征，面带笑容打招呼的姿势以及左手上的一颗红色小爱心，通过拟人化修辞向世界生动传递了我国友善和平的外交理念。综上，"冰墩墩"在视觉呈现上实现了历史与现代的交织、文化与科技的交融、中国与世界的交流，展现了现代科技和冰雪运动创新的完美结合，既戳中了大众的"萌点"，又诠释了科技奥运的理念。

从吉祥物名称的听觉语言符号传播看，"冰墩墩"形象最初的创意来源于冰糖葫芦，冰糖葫芦也可以叫糖墩儿，与冰一结合，就可以产生一个名字叫"冰墩儿"。设计者考虑到对中国的南方人和外国友人来说儿化音太难，就改成了"冰墩墩"，英文名字为"Bing Dwen Dwen"。"冰墩墩"名字中的"冰"，象征纯洁、坚强的冬奥会精神；

---

[1] 陈子瑜，曹雪. 冬奥会吉祥物的设计探讨：以北京冬奥会吉祥物冰墩墩为例 [J]. 美术学报，2020（3）：18-23.

"墩墩"意喻敦厚敦实、健康、活泼和可爱,契合熊猫的整体形象。① 与众不同的字词发音使"冰墩墩"极具辨识性,能够快速吸引海内外受众的注意力;"ABB"型叠词汉字符号具有很强的可读性和可记忆性,又自带当下互联网传播基因,方便不同文化背景的受众拼读与传播。

相较于前两次的吉祥物设计,"冰墩墩"最大的不同在于其文化符号的构建与传播观念实现了由"传者本位"到"受众本位"的根本转变。吉祥物"盼盼"的文化符号构成尽管不复杂,但缺少与亚运会以及人类共同价值及情感的关联;吉祥物"晶晶"存在中华文化符号的过载现象,编码者想传达的抽象观念和展示的中华文化元素很难被受众感知和识别;"冰墩墩"的文化符号有熊猫、奥运五环、冰丝带、北京糖葫芦、冰雪赛道和航空科技,这些能指符号不但贴合时代、贴近生活,而且与冬奥会的联系十分紧密,放眼世界、兼顾传统与时尚的编码风格使其所指意义也更具当代性、世界性和科技感,这有利于降低海外受众的跨文化认知门槛,符号叙述方式更加注重细节表达,以更温暖、更从容的吉祥物形象阐释"全世界在一起"的奥运理念。

从"盼盼"到"冰墩墩"的符号演化轨迹表明,吉祥物想要真正走进世界舞台,编码者需要站在解码者的角度进行符号选择,基于真正具有文化接近性的符号和题材进行内容生产,注重对共通价值的挖掘与展现,消除解码过程中因文化差异带来的认知和理解障碍。

(二)从自我展示到唤起共情:熊猫吉祥物符号沟通策略的转变

新修辞学创立者肯尼思·伯克主张修辞是用符号去诱发合作的行为。② 他指出,古典修辞学的核心术语是"劝说",而新修辞学的核心术语是"同一",即你要劝说某人,必须和他取得"同一","同一"是劝说的起点,也是目的。③ "同一"实质上就是一种共同行动,人们在共同行动中,情感、思想、观念、态度、形象等慢慢趋于同质,最终达到"同一"的终点。④

1. "盼盼"和"晶晶":立足自我诉求的单向表达

从时代背景来看,吉祥物"盼盼"诞生于20世纪90年代初的中国,作为我国首次举办的综合性国际体育大赛,1990年北京亚运会是一个展现国家形象的重要时机和场合,中国渴望通过本次赛事向世界展现十多年改革开放的成果。2008年举办北京奥运会时,正值改革开放30年,中国文化繁盛、自信蓬勃,国家迫切需要用一场盛大的

---

① 杨娜.UGC语境下粉丝经济的生成逻辑——以2022北京冬奥会吉祥物"冰墩墩"为例[J].玉溪师范学院学报,2022(1):126-132.
② 邓志勇.修辞理论与修辞哲学:关于修辞学泰斗肯尼思·伯克的研究[M].上海:学林出版社,2011.
③ 邓志勇.修辞理论与修辞哲学:关于修辞学泰斗肯尼思·伯克的研究[M].上海:学林出版社,2011.
④ 刘桂海."扎根中国":基于理论创新的中国体育话语研究[J].北京体育大学学报,2022(3):18-25.

奥运会来向全世界证明自己,向世界展示中国辉煌的成就和自信的姿态,于是吉祥物就带着这一神圣使命诞生了。

"盼盼"和"晶晶"这两个向世界展示自我的"中国式标签"由于缺乏国际语境下的文化交流与对话经验,使受众无法有效识别和接收符号承载的象征意义,造成解码困难。不管是"盼盼"额头上源于中国京剧的标志,还是"晶晶"头上复杂纹样的头饰,皆是我国典型的传统文化元素,具有浓郁的中国特色。然而,在跨文化传播语境中,异质文化缺少"共通的意义空间",不同文化背景的受众对符号的认知和解码存在较大差异。国外受众通过中华文化符号获得的信息较少,无法形成共识。另外,国内受众在解码时更倾向于把吉祥物设计中运用的民俗符号理解成一种单纯的民族特色和传递民族情感的工具,而不具有实际的意指功能。①因此,对于不熟悉中华文化的国外受众来说,民族符号的过载不但显得华而不实,而且有可能因无法识别而导致解码困难甚至误读,使得吉祥物难以发挥建立情感连接、塑造国家形象的作用。

囿于国家经济、政治、媒介技术等多种因素的限制,"盼盼"和"晶晶"的符号表达更专注于"自我",倾向于自我言说。从"盼盼"手中奖牌上的天安门标识到"福娃"的"北京欢迎你"的口号标语,再到大量民族文化元素的运用,设计者都是从传者立场出发,向世界展示中国的标志性符号,未能跳出自我叙事的框架去面向世界讲述更多与奥运相关的故事。

2. "冰墩墩":立足"同情同一"的情感共鸣

2022年北京冬奥会吉祥物"冰墩墩"的设计虽然延续使用大熊猫形象,但它的沟通策略发生了根本性转变。肯尼思·伯克指出,"同一修辞"有三种策略:同情同一、对立同一和无意识同一。②就"冰墩墩"的符号建构而言,它实际上契合了"同情同一"的修辞策略。"同情同一"是指在思想、情感、价值、观点等方面的相同或相似,强调人与人之间的共同情感。③"同情同一"是通过实现人与人之间基于共同特性或共同利益的认同方式来实现的。这意味着在跨文化传播中,传者只有立足人类共通的思想、情感、价值或观点,才有可能引发观念认同和情感共鸣。

牛津大学克林格巴赫研究团队发现,人类大脑在看到"萌物"后不到1/7秒就会作出反应。"可爱"是启动大脑快速注意力资源的第一把钥匙,在此之后,有关同情与共感能力的大脑网络才会发挥作用。从"冰墩墩"的叙事语言看,其晶莹明亮的色彩、呆萌可爱的表情、圆润短小的身体、乖巧萌化的造型,符合婴儿图式的规律,加之可

---

① 项国雄,张欣.从奥运吉祥物看中国传统文化的传播——"福娃"的符号学解读[J].新闻界,2007(3):13-15.
② 邓志勇.修辞理论与修辞哲学:关于修辞学泰斗肯尼思·伯克的研究[M].上海:学林出版社,2011.
③ 邓志勇.修辞理论与修辞哲学:关于修辞学泰斗肯尼思·伯克的研究[M].上海:学林出版社,2011.

读性、识记性强的"冰墩墩"名字，吉祥物显得天真可爱，符合各国受众，尤其是年轻世代的审美偏好，具备了吸引眼球的基础，满足了人们对萌物的情感需求，提高了符号的接受度和可理解性，在跨文化语境下可以迅速捕获人心。

从"冰墩墩"的符号构成看，它融入了冰雪运动、奥运五环、5G、航天科技等具有世界共通性意义的元素，反映了各国人民对冬奥会的期盼、对冰雪运动的热爱、对科技发展的向往，清晰传达了面向未来的价值理念。符号叙事的视角已经由"我"变成了"我们"，这有利于增进海外受众对吉祥物及其所承载的意义的理解和接受。冬奥会期间，围绕"冰墩墩"的相关热点新闻事件和话题层出不穷，网络点击量达到前所未有的高度。2022年2月7日天猫数据显示，北京冬奥会开幕三天以来，数百万海外消费者涌入淘宝搜索"冰墩墩""冬奥会"等热词，奥林匹克天猫官方旗舰店多款周边产品几乎"秒空"，其中许多销往日本、澳大利亚等海外市场。据统计，抖音海外版Tik Tok上"bingdwendwen"话题标签总播放量已达1.45亿（见图3-15）。在BBC发起的一项"你最喜欢哪组冬奥会吉祥物"的投票中，"冰墩墩"和"雪容融"以42%的票选荣获第一名，这均证明其采用"同一修辞"的沟通策略大获成功（见图3-16）。

图3-15 抖音海外版Tik Tok上"bingdwendwen"话题标签总播放量展示图

图片来源：知乎@跨境男神

图3-16 BBC相关投票结果展示图

图片来源：知乎@士儿

四、总结

从1990年北京亚运会的"盼盼"，到2008年北京奥运会"福娃"之一的"晶晶"，再到2022年北京冬奥会的"冰墩墩"，虽然同样以熊猫为原型，但其生成的符号意义和传播效果却不尽相同，这折射了国家发展、国力强盛带来的国人心态变化，每个吉祥物符号的诞生都是特定历史时期、特定时代背景的产物。吉祥物"盼盼""晶晶"到"冰墩墩"的演化进程，为我们在跨文化传播语境下如何与世界沟通、更有效地展示国家形象积累了经验，即在叙事的视角和框架上，从立足"自我"转向立足"我们"，依托人类共同价值与共同情感讲述中国故事；在符号互动中，从立足编码者转向立足解码者，选择既富有中国特色又能引起各国受众共鸣的文化符号的组合，以易于感知、便于理解的形式进行编码，巧妙地建立符号与中国乃至世界的关联认知，使中国的文化符号成为表征自我、塑造形象、沟通世界的亮丽名片。

思考题

1. 谈谈吉祥物在跨文化传播与交流中扮演的角色及其重要意义。
2. 熊猫作为中国独有的文化符号，其象征意义是如何被建构的？
3. 相较吉祥物"盼盼"和"晶晶"，谈谈"冰墩墩"的成功之道。
4. 选择一个吉祥物实例，结合编码解码等相关理论谈谈其符号意义建构的经验或教训。

参考文献

［1］胡正荣.当代性与世界性：国际传播效能提升的重要路径［J］.国际传播，2022（3）：1-7.

［2］孔祥莉，李晶.北京冬奥会开幕式直播的空间文本视觉修辞探析［J］.当代电视.2022（4）：9-13.

［3］史安斌，盛阳.从"跨"到"转"：北京冬奥会带来跨文化传播新模式［J］.青年记者，2022（6）：4-5.

［4］贾文山，冯凡.跨文化认同的流变与升华："人类命运共同体"的内涵再释［J］.扬州大学学报（人文社会科学版），2020（5）：34-45.

［5］赵宇佳.中国国家形象的跨文化传播研究——以新时代习近平海外署名文章为例［D］.泉州：华侨大学，2021.

［6］高涵.文化符号与国家形象：中国国家形象对外传播的困境与策略研究［J］.新闻春秋，2020（6）：33-38.

［7］张铮，刘钰潭.大熊猫是如何成为中国国家形象"代言"的——基于人民日报1949—2019年的报道分析［J］.新闻与写作，2021（2）：36-44.

［8］宋媛，颜静兰.从跨文化的视角谈"福娃"设计理念［J］.中国石油大学学报（社会科学版），2008（2）：83-86.

［9］赵鹏升，陈海波.试论跨文化传播中的民族性问题——以"奥运福娃"为例［J］.南平师专学报，2007（3）：65-67.

［10］周滋浦.北京冬奥会吉祥物"冰墩墩"的媒介形象及价值内涵解析——以央视新闻微信新媒体平台报道为例［J］.视听，2022（5）：7-10.

[11] 钟新,蒋贤成,王雅墨.国家形象的跨文化共情传播:北京冬奥会国际传播策略及效果分析[J].新闻与写作,2022(5):25-34.

[12] 刘平云,钱磊."冰墩墩"的国家形象表征[J].美术观察,2022(2):25-27.

[13] 陈子瑜,曹雪:冬奥会吉祥物的设计探讨:以北京冬奥会吉祥物"冰墩墩"为例[J].美术学报,2020(3):18-23.

[14] 张雅婷.基于婴儿图式的中国国家形象熊猫的分析研究[J].大众文艺,2022(4):41-43.

[15] 李昕悦.符号学视角下可爱中国形象的建构研究——以北京冬奥会吉祥物"冰墩墩"出圈为例[J].视听,2022(7):36-39.

[16] 张昆,蒲蕤.新时代中国国家形象战略与建构路径——刍议习近平的国家形象观[J].新闻与写作,2022(5):5-14.

[17] 申思奇.中国大熊猫在西方媒体中的形象呈现与演变(1978-2020)——以《纽约时报》和《经济学人》为例[D].成都:电子科技大学,2021.

[18] 马立明,黄泽敏.中国国家形象建构的逻辑演变及其深层原因——以2022年北京冬奥会开幕式为例[J].对外传播,2022(3):26-30.

[19] CHEN N.Branding national images:The 2008 Beijing Summer Olympics,2010 Shanghai World Expo,and 2010 Guangzhou Asian Games[J].Public Relations Review,38(5).

【作者:张淑燕 周芯阅】

《斗罗大陆》"出海":融通中外叙事,传播中华文化价值观

导语

中国玄幻剧内生于中国本土神话故事,在展现东方神话景观的同时,也蕴含并传递着中华文化价值观。本案例以《斗罗大陆》电视剧为研究对象,通过文本分析,揭示该作品如何通过融通中外叙事打破东西方文化壁垒,以符号构建东方神话景观,将中华文化价值观巧妙融入故事情节,进而有效实现中华文化的海外传播。它为我国影视剧在跨文化传播语境下更好地承载及传播中华文化作出了很好的示范。

一、案例背景

在2014年文艺工作座谈会的讲话中,习近平总书记指出:"国际社会对中国的关注度越来越高,他们想了解中国,想知道中国人的世界观、人生观、价值观,想知道中国人对自然、对世界、对历史、对未来的看法,想知道中国人的喜怒哀乐,想知道中国的历史传承、风俗习惯、民族特性等。这些光靠正规的新闻发布、官方介绍是远远

不够的,靠外国民众来中国亲自了解、亲身感受是很有限的。而文艺是最好的交流方式,在这方面可以发挥不可替代的作用,一部小说、一篇散文、一首诗、一幅画、一张照片、一部电影、一部电视剧、一曲音乐,都能给外国人了解中国提供一个独特的视角,都能以各自的魅力去吸引人、感染人、打动人。"①

影视剧是承载社会文化价值观念的重要载体,它凭借特有的艺术性、文化性和传播性,在满足受众审美和娱乐需求的同时,成为讲好中国故事的重要媒介、文化对外交往的桥梁纽带,在扩大国际影响力、增强国家文化软实力方面具有重要作用。然而,以美国为首的西方国家凭借其技术、资本和市场营销优势,在影视剧生产和传播方面长期占据主导地位。中国影视剧"出海"浪潮曾一度遭遇"墙内热剧墙外冷"的尴尬境地。近年来,随着中国经济文化的不断发展以及"一带一路"倡议的实施,国产剧"出海"捷报频传。其中,玄幻剧作为中国电视剧的典型代表,走出国门的速度更是不断加快。

玄幻剧是从玄幻小说衍生而来的中国电视剧新类型,其核心是基于中国传统文化要素建构起独具中国特色的虚构世界。②2005年《仙剑奇侠传》的热播推动了中国玄幻仙侠剧的发展。之后,多部融合了神话、爱情、侠义、成长等故事元素的玄幻剧作品在国内市场异军突起,并在海外市场广受关注和喜爱,成为讲述中国故事、传播中华文化的重要载体。2017年,在法国戛纳电视节相关论坛上,《三生三世十里桃花》入选全球电视节目趋势研究公司 WIT 发布的全球最受欢迎电视剧剧目之一;同年9月,《择天记》的制作团队跟随国家新闻出版广电总局代表团参加俄罗斯远东地区中国电视剧交流会,也受到了广泛关注。2021年,《斗罗大陆》电视剧版(以下简称《斗罗大陆》)先后出口至日本、泰国、韩国、美国、英国等国家,并广受好评。该剧不仅以大量的中国传统文化元素为世界展现了一幅瑰丽的东方神话景观,而且吸收了不少西方元素,打破了东西方文化沟通的壁垒,成功实现了跨文化传播。因此,以《斗罗大陆》为例,探讨如何借助东方神话影像呈现和传播中华文化具有一定的现实意义。

二、案例描述

(一)作品简介

《斗罗大陆》是由唐家三少同名小说改编而来,由腾讯科技(北京)有限公司、新丽电视文化投资有限公司、天津炫世唐门文化传媒有限公司、北京大神圈文化科技有

---

① 习近平.在文艺工作座谈会上的讲话[EB/OL].(2014-10-15)[2015-10-15].https://news.12371.cn/2015/10/14/ARTI1444837266615525.shtml.
② 曹书乐,王玥.从《山海经》到玄幻剧——中国传统文化传承与创新的案例研究[J].全球传媒学刊,2018(3):108-120.

限公司联合出品，王倦编剧，杨振宇执导，肖战、吴宣仪领衔主演的玄幻励志剧。该剧讲述了在奇幻的斗罗大陆，与父亲相依为命的唐三凭借自己的恒心和实力克服了重重困难，佑护亲人，匡扶正义，一路升级打怪，成为站在魂师巅峰的至勇至强者的故事。该剧一共40集，于2021年2月5日在中央广播电视总台电视剧频道12：00首播，央视频和腾讯视频全球同步播出，并译制了英语、西班牙语、日语、泰语、阿拉伯语、土耳其语等20多个版本，出口到多个国家和地区，登录腾讯视频海外版、Viki视频网站、Amazon Prime Vide 视频网站及日本、泰国、英国等国电视台，向世界展示了瑰丽的东方神话景观。

（二）传播效果

1. 国内传播效果

2021年2月6日，开播仅24小时，《斗罗大陆》在腾讯平台的播放量就高达8,300万；开播34天，播放量突破40亿大关。截至2022年8月17日，《斗罗大陆》总播放量超过57亿，每集平均播放量达1.3亿，最高单日播放量为2.11亿；《斗罗大陆》还是抖音剧集热度唯一破5,000万的电视剧，其在微信上的指数峰值也超2,000万；微博上《斗罗大陆》相关热搜超过60个，"斗罗大陆剧版"超话更是吸引了超60万粉丝入驻，是2021年国内当之无愧的爆款热剧。

2. 国外传播效果

2021年2月，《斗罗大陆》通过腾讯视频海外版在全球发布，此后正式出口到日本、泰国、韩国、马来西亚、英国、美国等多个国家和地区。2021年2月6日，人民日报海外网发表评论，称该片以主人公唐三的成长为切入点，传递一个热血追梦的奋斗故事，引领青少年不断拼搏，并凭借细腻的情感刻画引发观众的强烈共鸣，将中华文化和中国精神传向世界。2021年11月5日，在泰国"暹罗影视年度金誉大奖颁奖典礼"上，《斗罗大陆》获得"最受欢迎中国网剧奖"；2022年2月3日，获泰国 WeTV "最佳中文剧集奖"。

《斗罗大陆》在国外三大社交媒体平台（Facebook、Twitter、YouTube）上的观看和互动数据非常可观，在 YouTube 平台，一条《斗罗大陆》解说视频的播放量高达2,290万（见图3-17），足以见其火爆程度。出色的数据表明该剧成功俘获了众多海外网友的心，扩大了中国神话文化的传播范围，增进了各国网民对中华神话文化的了解。

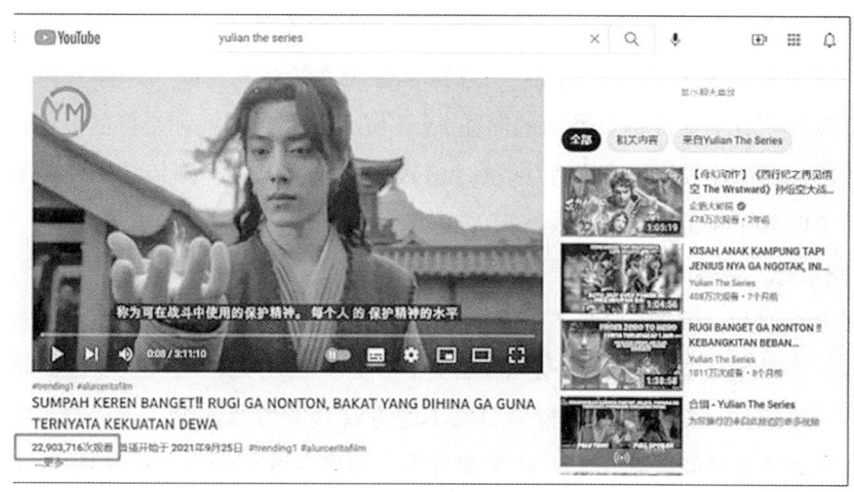

图 3-17　YouTube 平台《斗罗大陆》解说视频

三、案例分析

（一）以融通中外的叙事策略打破东西方文化壁垒

"讲好中国故事"是我国国际传播工作的时代命题。习近平总书记多次在讲话中强调，积极学习利用融合媒体平台是从不同角度讲好中国故事的关键。但是在跨文化传播过程中，不同民族的历史文化、思维方式差异会导致不同程度的文化折扣。因此，在跨文化传播过程中，相关作品既要彰显民族特色，又要关注文化差异，只有做到求同存异，才能提升传播效果。

1. 叙事主题：中西方共通的文学母题

在文学作品中，母题是最基本的结构因子，如复仇、死亡、战争、童年、成长、爱情等都属于母题。尽管各个民族具有丰富多样的历史文化和独特的民族性格，但究其源头也可以发现很多共性。古老却常新的神话故事往往是一个民族最初的文化传承载体，无论是东方还是西方，其神话故事都涵盖了复仇、成长和追寻三大母题，这对后世文学以及影视作品产生了深远影响。因此，创作者能在作品中融会贯通这三大母题，是跨文化传播的第一步，也是东西方受众理解的基础。

《斗罗大陆》故事的主要情节是男主人公唐三为了追寻母亲的下落，不断提升自己的修为和能力，从最低级的魂师修炼晋升为高阶魂师。在寻找母亲的路途中，唐三和朋友们经历了无数的坎坷磨难，打败了诸多欺辱压迫他们的敌人。追寻、成长和复仇的母题贯穿全剧，该剧由此赢得了东西方受众的理解并引发共情，这为《斗罗大陆》在海外的成功传播奠定了基础。

《斗罗大陆》以成长、追寻和复仇的人类共有母题作为贯穿全剧的主线，同时，在具体的故事情节中还融入爱情和报恩的主题。爱情是东西方影视作品中常见的母题，无论是中国流传千古的"梁祝化蝶"，还是享誉西方的"罗密欧与朱丽叶"的爱情悲剧，都体现人类对于美好坚贞爱情的向往。《斗罗大陆》为唐三和小舞的爱情注入了中国神话色彩，使故事情节更加跌宕起伏，引人入胜。报恩是中国传统文化的重要价值观，也是中国几千年的文学母题之一。古人常说"滴水之恩，当涌泉相报"，"仙鹤报恩""灵蛇报恩"等神话故事也屡见不鲜。西方社会虽然没有"一日为师，终身为父"的报恩观念，但受基督教影响，"感恩"这一价值观念深入人心。《斗罗大陆》中唐三因"大师"帮助他成功找到魂兽而完成晋升，所以每每听闻"大师"身处险境他都会拼死相救。唐三这种知恩图报的行为引发了西方观众的情感共鸣。这些能够唤起中外观众情感共鸣的母题隐含在精彩的故事情节中，包裹在浓郁的东方文化场景和符号中，有利于增强海外观众对作品的接受和对中华文化的理解。

2. 叙事结构：人类对于超能力的相同想象

无论是东方还是西方，人类对于超能力的想象古已有之。古代西方人对于生老病死和各种自然现象感到神秘难解，他们不断幻想、沉思，创造了一系列神秘力量对此进行解释，经由时间的淬炼，凝结成流传至今的古希腊神话。中国关于超能力的想象则源于上古神话。中国的玄幻志怪小说历史悠久，从《山海经》到唐传奇，都对玄幻文学的创作有着很大的影响。[1]而明清出现的神魔小说对现代玄幻小说创作的影响最大，《西游记》就是这个时期的优秀作品，该故事所描述的神魔、妖怪、超自然现象和能力都能在今天的玄幻剧中找到对应的元素。由此可见，无论是西方还是东方，对于超自然的神秘力量都存在着极大的探索热情，人们试图通过各类文学或影视作品对其加以表现，用以满足人们对超能力的浪漫想象。

《斗罗大陆》根植于中国神话故事，其特有的东方元素耦合了西方的超能力叙事结构。在故事背景上，"斗罗大陆"不属于任何一个时代，是一个完全区别于现实社会的"大陆"。在"世界构成"上，斗罗大陆由凡人、魂师、魂兽构成，魂师是斗罗大陆的守护者，负责保护凡人，他们会通过捕杀魂兽修炼升级，因此魂师和魂兽是对立的。《斗罗大陆》还拥有完善的"超能力体系"，剧中的魂师分为强攻系、敏攻系、控制系、辅助系、食物系、治疗系。[2]每个魂师都可以不断修炼升级，从低级魂师晋升为最高等级的"魂斗罗"，魂师的魂技也会随着等级的提升不断增强。在故事情节设定上，主角唐三从最低级的魂师一路晋升，惩恶扬善，最终打败黑暗势力取得胜利。《斗罗大陆》的整体叙事耦合了西方的"超能力"叙事结构，所以，尽管讲述的是中国的玄幻故事，

---

[1] 董子炜. 国产玄幻剧的类型化研究［D］. 兰州：西北师范大学，2020.
[2] 逯一胜. 网络动画《斗罗大陆》创意元素分析［J］. 新闻研究导刊，2021（10）：186-188.

采用的是中国语言，但熟悉的叙事结构框架有助于降低海外受众的解码难度。

（二）以中华文化符号构建神秘浪漫的东方神话景观

英国学者彼得·J·霍华德在其著作《景观概说》中给出了对景观的理解："景观含有大量的人文内容（大量的但不只是历史性的），'景观'这个词常会激发有历史意识的人的历史人文观念。"他还指出："人文景观表示人类学景观的含义，因此它包括通过人们的行为而显著改变的所有的地方。"① 通过中华文化符号建构独具特色的东方景观是发扬民族文化精神、实现跨文化传播的重要基石。《斗罗大陆》运用丰富的中国传统文化符号搭建独具中国特色的虚构世界，展示了独具韵味的东方文化魅力。

1. 角色造型：延伸西方对于中国古代仙侠形象的想象

《斗罗大陆》中人物造型最为明显的特征就是古风长袍、黄皮肤、黑眼珠以及飘逸的头发。在服饰上，以唐三为例，整部剧中他一共换了九套服装（见图3-18），分别是绀青粗布衫、暗纹精白长袍、黑色皮质束袖长袍、青色粗布无袖麻衫、黑色束袖蓝靛色劲装、沙漠斗篷披风战衣、藏青色宽袖长袍、靛青素色长袍和藏青无袖麻衫，长袍的流线型设计和多样的纹饰具有浓郁的民族风格和东方色彩。在发型上，唐三、戴沐白等男性以飘逸的长发为主，小舞、宁荣荣等女性以辫子、盘发为主，还辅以发簪等传统民族发饰。《斗罗大陆》中的角色造型在保持国风气息的同时，融入了现代的简洁风格，满足了西方人对于中国仙侠形象的想象。

图3-18 《斗罗大陆》唐三造型汇总

2. 视听呈现：展现东方审美的独特韵味

除了景观文化的概念，霍华德还提出了由视觉艺术和美学而引出的景观图画这一概念，他认为"景观是被构想和描绘的图画""景观是一种形式"。② 以现代科技成功进行景观再造和视觉呈现是《斗罗大陆》取得成功的重要因素。这部剧邀请了好莱坞顶级团队参与后期制作，特效的负责人是《流浪地球》《复仇者联盟》《星际迷航》的技术总监，整部剧搭建了近百个场景，仅大结局一集的特效花费就超过百万，全力为观众打造了神幻空灵的仙侠世界。

在《斗罗大陆》的场景呈现中，各种特效展现东方神话世界的震撼和庄严。如在

---

① 霍华德.景观概说[M].庄东帆,译.北京：中国建筑工业出版社,2017：14-18.
② 秦晓琳.东方意境与景观再造——华语电影中的唐朝景观[J].当代电影,2020(6)：137-140.

建筑的设计上,大多是中国传统的茅草房和庑殿式建筑,即屋顶有四面斜坡,又略微向内凹陷形成弧度(见图3-19,图3-20)。

图3-19　中国传统庑殿式建筑

图3-20　中国传统茅草房

在色彩选择上,为体现异于现实世界的仙幻世界,《斗罗大陆》的色调以淡雅的青、白、粉、蓝为主,烘托了玄幻世界的空灵虚幻,体现了主人公仙气飘飘的侠客气质。极富中国特色的色彩设计和如梦似幻的背景衬托增强了中国玄幻剧的艺术效果和表现力。

以《斗罗大陆》海报为例,画面以空灵的蓝色为主色调,"史兰客七怪"造型各异,身着各色服饰,手中还拿着带有灵气的仙花仙草,构建了世外桃源般的清新素雅场景(见图3-21)。令人震撼的视觉体验重构了西方受众对于中国玄幻世界的认知,能够唤起他们对于中国神话世界的遐想。

图3-21　电视剧《斗罗大陆》海报

在音乐制作上,《斗罗大陆》的三首插曲通过悠长的曲调和古韵十足的歌词表达中国玄幻剧典雅、奇幻、柔情的一贯特点。如肖战演唱的主题曲《策马正少年》,前奏十分空灵、悠远,顷刻间将观众带入神秘的"斗罗大陆",随后曲调转向深沉,以"抒情风"讲述少年的梦想;歌曲中添加了很多现代元素,使节奏充满热血和爆发力;贯通古今的歌词完美契合了电视剧"只争朝夕,不负韶华"的价值观内核,激荡着所有心怀梦想的少年纵横天下的壮志豪情。一位外国网友高度赞扬《斗罗大陆》的音乐创作:

"我喜欢在这个系列中融合世界器乐风格的音乐！终于听到了一些不同于中国玄幻剧中经常使用的'老'音乐，这让人耳目一新。"

（三）将中华文化核心价值观巧妙融入故事

中华文化源远流长，各种思想的不断激荡与融会锻造出独立于世的核心价值，形成了中华民族独有的文明体系和中华民族普遍认可的精神内涵。不同类型的影视剧体现的文化性和民族性是多样化的，但都蕴含着中华文化特有的价值观念。《斗罗大陆》通过对故事情节的设定以及人物形象的刻画，潜移默化地传达着中华文化的核心价值观。

《斗罗大陆》中的主角唐三一直以来都是和平的维护者，他不惧怕战斗，却拒绝恃强凌弱和毫无意义的争斗。从最开始拒绝小舞的"切磋"，到化解内心对于武魂殿弑母的仇恨，都体现了他维护和平的本心和决心。剧中的小舞由魂兽修炼成人，她一直以来的理想就是消灭魂师和魂兽的对立，找到魂师不用猎杀魂兽就能升级的办法。男女主角的身上体现了中华民族一直坚守且信仰的"以和为贵""天人合一"的价值观。

唐三不惜冒着生命危险，全身换血只为独孤雁解毒，因为他答应了独孤雁的爷爷一定会救活他的孙女。宁荣荣为了让伙伴接受她，收敛了大小姐脾气，学会与同伴互相信任、互动扶持。这些情节传达了中国人信守承诺，讲究"言必信，行必果"的价值主张。

《斗罗大陆》中以唐三为首的"史莱克七怪"各有所长，他们结成一个团体后，分工明确，各司其职，有的负责防守，有的负责攻击，有的负责战术安排，相互扶持，相互帮助，每个人在最擅长的位置上贡献自己的力量。在面对一次次挑战时，他们精诚合作，靠着团队的力量化险为夷，并取得最终的胜利，彰显了集体主义价值观的力量，也体现了合作共赢是人类战胜困难的通途的主旨。

当下，全球都呈现文化多样化的发展趋势，国与国之间软实力的较量显得尤为重要。西方国家凭借自己强大的文化输出能力，不断将自己的意识形态强加于人。在此背景下，我们更要坚守文化自信，同时不断推动中华文化"走出去"，通过各种方法、多种表现形式讲好中国故事，将以和为贵、天人合一、各美其美、美美与共等中华文化价值观传递出去，赢得更多海外民众对中华文化的好感与认同。

四、总结

以《斗罗大陆》为代表的玄幻剧，凭借融通中外的叙事主题和叙事结构打破了东西方的文化壁垒，以中华文化符号构建了神秘浪漫的东方神话景观，通过将中华文化核心价值观巧妙融入故事情节，有效实现了中华文化的海外输出，为我国影视剧更好地发挥传播中华文化的功能提供了示范。同时应该看到，部分作品由于主题内容、叙事方法、传播渠道等的局限，"出海"后并未引起注意，这造成了资源的浪费。因此，未来我们需要不断探索提升影视剧的创意制作水平，以更富有吸引力的内容、更接地气的叙事方式、更精良的制作水准赢得更多海外受众的关注和认可，助推中华文化更好地走向世界。

思考题

1. 试析目前中国影视作品跨文化传播面临哪些困境。
2. 谈谈《斗罗大陆》如何成功实现了中华文化的海外传播。
3. 结合具体的影视作品案例，谈谈其"出海"的经验或教训。

参考文献

［1］共产党员网．习近平：在文艺工作座谈会上的讲话［EB/OL］．（2014-10-15）（2015-10-15）．https://news.12371.cn/2015/10/14/ARTI1444837266615525.shtml.
［2］曹书乐，王玥．从《山海经》到玄幻剧——中国传统文化传承与创新的案例研究［J］．全球传媒学刊，2018（3）：108-120.
［3］董子炜．国产玄幻剧的类型化研究［D］．兰州：西北师范大学，2020.
［4］逯一胜．网络动画《斗罗大陆》创意元素分析［J］．新闻研究导刊，2021（10）：186-188.
［5］霍华德．景观概说［M］．庄东帆，译．北京：中国建筑工业出版社，2017.
［6］秦晓琳．东方意境与景观再造——华语电影中的唐朝景观［J］．当代电影，2020（6）：137-140.

【作者：张淑燕　刘鑫】

YouTube 平台 Thomas 阿福短视频走红："洋女婿"如何讲好中国故事

导语

近年来，在国际社交媒体平台上活跃着大批"洋网红"，他们通过短视频讲述中国故事，受到国外网友的关注，成为传播中国故事的新生力量。本文选取 YouTube 平台中代表性的"洋网红"Thomas 阿福账号发布的短视频文本作为研究对象，采用内容分析法，从叙事主题、叙事者、叙事视角和叙事符号四个维度对研究样本进行编码，总结 Thomas 阿福短视频的叙事特征，并依托计算机辅助技术对评论文本进行分析。研究发现，在叙事主题方面，其文本主要立足日常生活，呈现真实可感、立体多维的正面中国形象；在叙事者方面，"他者"身份下的故事主人公讲述中国故事，增强了外部可信度；在叙事视角方面，文本以第一人称传递中国声音，优化了受众体验；在叙事符号方面，文本采用共通意义符号，降低了跨文化传播的意义损耗。

一、案例背景

近几年的国际传播实践反复证明，"讲好中国故事"成为全面、客观、真实展现国家形象的重要方式，也是提升国际影响力和国家软实力的重要途径。2016年2月19日，在党的新闻舆论工作座谈会上，习近平总书记指出："要下大气力加强国际传播能力建设，加快提升中国话语的国际影响力，让全世界都能听到并听清中国声音……把'自己讲'和'别人讲'结合起来，使故事更多为国际社会和海外受众所认同。"[1]

改革开放以来，越来越多的外国人来华工作、学习、生活，他们以职场人、学生、"洋媳妇"、"洋女婿"等身份融入中国人的生活世界，并以"他者"的视角观察中国、解读中国、呈现中国。近年来，社交平台涌现一批像高佑思、郭杰瑞等活跃的"洋网红"，他们通过分享自身在中国的经历，展示中国独特的文化和民俗，搭架中外交流的桥梁，开启了破除偏见、增进了解的新视界，成为讲好中国故事的不可忽视的主体。

"洋女婿"Thomas阿福是一名来自德国科隆的中国女婿，他结合自身在中国的所见所闻，运用独具特色的叙事方式，在YouTube平台上用短视频形式向海外网友介绍中国，以"他者"视角讲述中国故事，成为海外受众了解中国的新窗口，对中国形象的塑造以及破除海外受众对中国的刻板印象发挥了积极作用。

二、案例描述

Thomas阿福是"洋网红"中的佼佼者，他于2007年首次来中国，在游览了北京、上海和南京后，就此爱上了中国文化。2012年，Thomas在同济大学上学时遇到现任妻子朱丽萍，并于2015年与其结为伉俪，成为一名"洋女婿"，岳父为其取名"阿福"。

Thomas阿福于2016年在YouTube平台发布了第一条视频，截至2023年10月，他共发布视频420条，粉丝数达到67.5万，总播放量达到13,162万次，获赞数超过1,189万。在短视频中，他分享自己的日常家庭生活与见闻，用镜头记录中西文化的差异，以切身经历从"他者"视角讲述充满生活气息的、真实的"中国故事"，增进了海外网友对中国的了解与好感，塑造了多维立体、鲜活亲切的中国形象。因此，研究者深入解析Thomas阿福短视频的叙事特征，洞悉其"出圈"的深层逻辑，对社交媒体时

---

[1] 人民网. 习近平在党的新闻舆论工作座谈会上强调：坚持正确方向创新方法手段 提高新闻舆论传播力引导力[EB/OL]. (2016-02-20) [2023-09-10]. http://cpc.people.com.cn/n1/2016/0220/c64094-28136289.html.

代传播主体如何通过个体的传播实践讲好中国故事具有借鉴意义。

三、案例分析

（一）Thomas 阿福短视频样本选取及类目设定

1. 研究样本选取

本案例选取 YouTube 平台中 Thomas 阿福账号发布的短视频文本作为研究对象，为了能够准确、相对稳定且更具代表性地反映 Thomas 阿福走红视频的内容特征，本研究参照学者刘滢、吴潇通过实证得出的评估"传播延展能力的具体指标"（见表 3-5），以短视频播放量为首要衡量标准，同时参考点赞量、转发量和评论量，选取 2017 年 3 月 22 日账号开通至 2023 年 8 月 2 日该账号发布的播放量超过 40 万、点赞量超过 1,000 次、转发和评论量相对较高的 100 条视频作为研究样本。

表 3-5 评估"传播延展能力的具体指标"

一级指标	二级指标	具体指标
传播延展能力	内容吸引力	粉丝量、播放量
	传播延展力	点赞量、弹幕量、转发量、评论量

资料来源：《延展性逻辑下网络视频的跨文化传播——基于"歪果仁研究协会"86 条视频的实证研究》

2. 视频内容分析的类目设定

视频内容分析的类目设定借鉴詹姆斯·费伦（James Phelan）在叙事定义中提出的叙事维度，并根据短视频文本的具体内容进行了灵活调整，形成了本研究的类目及编码表（见表 3-6）。两名编码员共同对 100 条短视频进行内容编码，多次讨论与编码后，删除并修正部分变量。本研究使用 Holsti 公式进行信度检测，最终所有变量信度测试值在 87.6%—100% 范围内浮动，为可接受范围。

表 3-6 类目编码表

一级类目	二级类目	编码说明
A 叙事主题	A1 时事热点主题	热点政治事件、科技发展、公共卫生等相关主题
	A2 日常生活主题	新奇体验、消费、学习、婚姻、工作、旅行等日常生活类主题
B 叙事者	B1 外国人	非中国国籍叙事者
	B2 中国人	中国国籍叙事者
	B3 中国人+外国人	中国国籍叙事者与非中国国籍叙事者的交叉叙事

续表

一级类目	二级类目	编码说明
C 叙事视角	C1 内焦点叙事	叙事者以第一人称视角进行主观叙事
	C2 外焦点叙事	叙述者不直接参与叙事，采用客观方式叙事
	C3 零度焦点叙事	全知视角，从任何角度进行预知叙事
D 叙事符号	D1 声音符号	主要指背景音乐
	D2 画面符号	中英文字幕

（二）数据统计结果与分析

1. 叙事主题

叙事主题是指文本叙事所侧重的内容偏向。在 100 条样本视频中，短视频文本具有较为鲜明的叙事主题。91 条视频为日常生活主题，占比高达 91%，其中，旅行类的视频占比 36%，新奇体验类的视频占比 25%，消费类的视频占比 21%，学习和工作类的视频占比 9%。而时事热点类的视频有 9 条，占比仅 9%（见图 3-22）。

2. 叙事者

叙事者是指短视频中讲故事的人。Thomas 阿福短视频的叙事者呈现"中国人说中国""外国人说中国"和"外国人与中国人交叉叙述"三种叙事方式并存的特点。在 100 条样本视频中，77 条短视频的叙事者为外国人，通常为 Thomas 阿福本人出镜，占样本总数的 77%；17 条短视频的叙事者既有外国人，又有中国人，占样本总数的 17%，其中出镜的中国人多为 Thomas 阿福的中国亲属与好友；仅有 6 条视频的叙事者是中国人，占样本总数的 6%，选取的一般为具有代表性身份或独特经历的中国人（见图 3-23）。

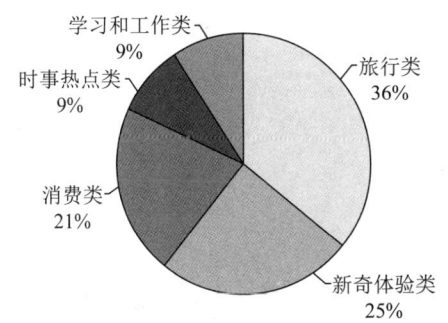

图 3-22　YouTube 平台中 Thomas 阿福账号样本短视频叙事主题占比

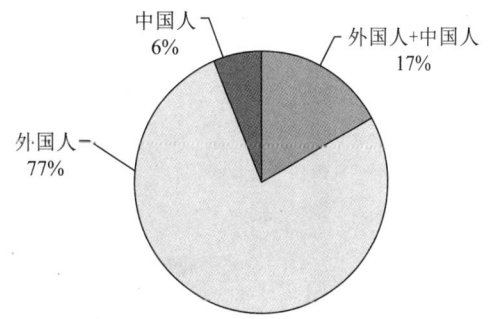

图 3-23　YouTube 平台中 Thomas 阿福账号样本短视频叙事者占比

3. 叙事视角

叙事视角是指短视频中主体感知焦点的位置。不同的视角在叙事过程中给受众带来不同的体验。在 100 条短视频样本中，82 条运用了内焦点叙事，占样本总数的 82%；11 条运用了零度焦点叙事，占比 11%；7 条运用了外焦点叙事，占比 7%。可见，Thomas 阿福短视频采用内焦点叙事居多，通常是 Thomas 阿福以第一人称视角讲述本人亲历的中国故事（见图 3-24）。

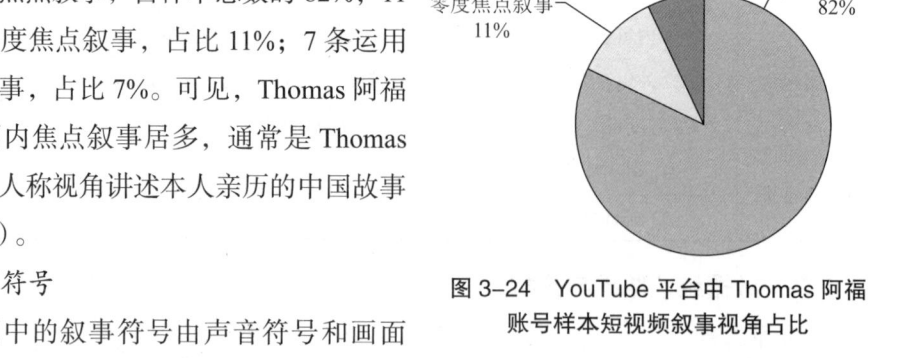

图 3-24 YouTube 平台中 Thomas 阿福账号样本短视频叙事视角占比

4. 叙事符号

短视频中的叙事符号由声音符号和画面符号共同构成。Thomas 阿福短视频中的声音符号主要体现为背景音乐的运用。在 100 条短视频样本中，94 条使用了背景音乐，根据 Thomas 阿福短视频片尾列举的音乐名，这 94 条短视频共计使用了 273 首背景音乐（见图 3-25），其中有 226 首为外国音乐，47 首为中国本土音乐。

Thomas 阿福短视频中画面符号主要体现为中英文字幕的使用，100 条短视频样本均添加了中文和英文字幕（见图 3-26），以方便使用不同语言的观看者更好地理解视频内容。

图 3-25 YouTube 平台中 Thomas 阿福短视频结尾背景音乐的应用举例

图 3-26 YouTube 平台中 Thomas 阿福短视频英文字幕的使用情况

(三) Thomas 阿福短视频讲述中国故事的叙事特征及其效果

1.叙事主题：立足日常生活，呈现真实可感、立体多维的正面中国形象

Thomas 阿福在 YouTube 上发布的视频之所以以日常生活主题为主，一方面，正如列斐伏尔指出的，"我们每个人的日常生活是与每个人的生存息息相关的，日常生活是我们参与社会活动的出发点和落脚点"[1]，也就是说，日常生活是普通人关注的重点；另一方面，对于外国粉丝而言，日常生活可以带来一种文化窥视感，让粉丝透过影像中的异域风情形成对"他者"文化的认知。因此，在 Thomas 阿福的短视频中，人物的新奇体验、消费活动、学习经历、家庭生活以及工作场景等日常生活成为其讲述的中国故事的主要内容，而这些视频因为真实呈现了中国人的生活状态与精神风貌而备受粉丝关注和喜爱。例如，《青岛最接地气的三家街头美食：不好吃你过来打我！》的点赞量高达 38 万，受众跟随 Thomas 阿福的脚步穿梭在青岛街头，体验当地有名的街头美食；《在中国浙江省自驾游三天，需要花多少钱？》的点赞量高达 30 万，短视频中 Thomas 阿福一家在浙江农村的自驾游中感受中国家庭的相处之道，展现中国农村的真实图景。

学者戴鑫、马勇超、金子越等在《国际社交媒体上的中国食物旅程叙事策略及效果研究——基于 YouTube 平台的大数据分析》一文中通过实证研究得出结论，国际受众对中国美食博主视频的食物关注度为 43.35%，人物关注度为 38.52%，国家关注度为 13.38%。[2] 此结论表明，国际受众观看日常生活主题短视频时会不同程度地关注主题以外的因素，形成对国家形象的多维感知。

本文采用计算机辅助技术爬取了 Youtube 平台博主 Thomas 阿福所有样本视频的网络链接，对收集到的 23,436 条评论进行了文本挖掘、关键词提取以及词频统计。从评论区高频词词云图中可以看到，粉丝着重关注中德两国的差异，分别从饮食、住房、物价、交通、亲友等多维度感知中国（见图 3-27）；从评论区高频形容词词云图可以看到，健康、幸福、便宜、快乐、成功、平安等是网友对"日常中国"的主要印象，

图 3-27 Thomas 阿福短视频评论区高频词词云图

---

[1] 李晨.列斐伏尔的日常生活批判理论及其当代价值 [J].深圳社会科学，2021（1）：96-104.
[2] 戴鑫，马永超，金子越，等.国际社交媒体上的中国食物旅程叙事策略及效果研究——基于 YouTube 平台的大数据分析 [J].新闻与传播研究，2023（2）：68-89，127-128.

图 3-28 Thomas 阿福短视频评论区高频形容词词云图

很棒、超级、厉害、不错等表明网友对中国形象抱有正面、积极的态度（见图 3-28）。

在 Thomas 阿福分享中国美食的短视频留言区，有外国粉丝表达了自己探访中国的愿望："Can you post the address for us? I want to visit this restaurant too!"（你能把地址给我吗？我也想去那家酒店！）在短视频《【穷游中国】带老婆去贵州贵阳，花 100 元能吃到多少美食？》的评论区，有粉丝评论说："The culinary culture of China deeply attracts me. This is a wonderful country with vast territory, abundant resources, and diverse cultures!"（中国的美食文化深深吸引着我，这是一个地大物博，有着多元文化的奇妙国度！）粉丝在表达对中国美食的喜爱之情的同时，也流露出对中国的好感。

2. 叙事者：主人公的"他者"身份能增强故事可信度

在 Thomas 阿福的绝大多数短视频中，叙事主体都是他本人。在华外国人的"他者"身份和身处中国的独特生活经历，使其在讲述中国故事方面独具优势。一方面，其短视频的题材内容具有异域风情，能给海外粉丝带来不一样的认知体验，这些视频因此备受青睐；另一方面，在看待中国文化、审视中国社会时，Thomas 阿福会不自觉地站在中德文化差异的角度上呈现其所思所想，这是一种典型的"他者"视角。因此，这类短视频更像是一种文化科普，从对比中更清晰、客观地展现中西文化异同，对海外粉丝而言更具说服力和可信度。

Thomas 阿福作为在华生活的外国人，以"我在中国现场"的独特身份构建了个体西方人视野中的中国镜像，以其亲眼所见、亲身所感的事实为西方粉丝展现"数字中国新形象"。社交媒体时代，"个体体验传播"是中坚力量，亲身体验是打破媒介刻板印象的有效途径。①Thomas 阿福用"他者"身份进行在场式体验、近距离观察、第一现场见证，既有利于增强视频内容的真实感，又提高了故事的客观性。在短视频《在中国高铁上居然还能点外卖！？【火车美食评测】》中，Thomas 阿福通过日常出行的视角，记录当下中国的便捷出行方式与高铁上提供的便利服务，消除西方受众对中国交通出行等社会发展现实存在的旧识与偏见。富有人情味的生活化和细节化的个体叙

---

① 马春燕. 中国故事的"他方"讲述与传播初探——以来华留学生为视角[J]. 理论导刊，2017（8）：93-96.

事增强了中国形象的真实性和可信度。

3. 叙事视角：第一人称讲述中国故事，优化受众体验

Thomas 阿福短视频作品多采用内焦点叙事视角，又称第一人称叙事视角。因叙事者与作品中的人物具有对等性，因此视频中人物自身的思维、心理和情感活动能够被最大程度地还原。相较于外焦点叙事理性的客观表达，内焦点叙事通过人物的主观角度呈现其内在的心理活动，有助于将屏幕前的观众带入"中国故事"的叙事场景，加深受众对人物真实想法和内心世界的了解，拉近叙事者与观者的距离，更加具有亲切感。[1] 对于互联网时代特别重视体验感与沉浸感的网络用户而言，第一人称叙事视角有利于增强其观看过程的新鲜感和融入感，建立情感连接并产生情感共鸣。

在 Thomas 阿福的短视频作品中，他用镜头记录下亲历的各种生活场景，以第一人称视角讲述发生在中国城市与乡村的故事，让无法身体在场的国内外粉丝可以身临其境感受中国的美食文化及风土人情。在观看短视频的过程中，观众的视角随着 Thomas 阿福的视角进行转换，仿佛自己成为"中国故事"的真实参与者，形成一种沉浸式体验。在短视频《江苏县城虽然买不起房，但是也是可以全吃一遍！》的留言区有粉丝评论："I can't believe it, I feel like I'm there!"（我不敢相信，我感觉好像就在那里！）。Thomas 阿福以第一人称叙事视角带领粉丝走进真实的江苏县城体会风土人情与美食文化，让粉丝不由得感慨自己即使相隔万里，也仿佛置身其中。可见，叙事者采用第一人称叙事视角来讲述中国故事更加贴近国际受众，增强了中国故事传播的延展力。

4. 叙事符号：借助共通意义符号，降低跨文化传播的意义损耗

习近平总书记讲到："以艺通心，更易沟通世界。"在视频影像中，声音符号主要包括背景音乐和环境音响。声音符号往往能传递视觉符号难以表达的人物情绪、故事氛围等，人类对于声音符号的共有感知使其成为跨文化传播的有效符号载体，往往可以增强故事传播与受众感知的效果。

背景音乐作为声音符号的有力表现形式，可以通过与画面的结合最大程度地还原故事现场，丰富观者对视频内容的想象，强化视频画面带给人的情感体验。在 Thomas 阿福的短视频中，背景音乐的运用与叙事情境结合紧密。例如，在《上海岳父挑战老外女婿去中国农村抓小龙虾、钓鱼！》短视频的结尾，Thomas 阿福和岳父坐在乡村的池塘边，背景音乐是歌手 Tommy Ljungberg 的乡村音乐 *Teach a Robot How to Dance*，画面叙事风格与音乐调性高度匹配，让受众瞬间对惬意舒适的田园生活产生向往之情。Thomas 阿福短视频中运用的背景音乐都是精心挑选的经典的乐曲，它们起到了深化主题、渲染氛围、增强受众与叙事者之间情感共鸣的作用。

---

[1] 唐诗婧. 生活体验类慢综艺《向往的生活》的叙事研究［D］. 武汉：华中科技大学，2021.

短视频中的字幕具有传递重要信息的功能，是短视频表达主题的重要元素。在跨文化传播过程中，语言差异是传受双方共同面临的首要障碍，而母语传播是当下消除这一障碍的主要方式。具体而言，传播者主动把自身的语言转换成目标国受众的语言，使传受双方置身同一语言环境下，跨越语言障碍，共享同一套意义生成的符号系统，从而使跨语言、跨文化的国际传播得以发生。①YouTube 作为全球规模最大的视频社交平台，覆盖了全球 91 个国家和地区的用户，97% 为除中国以外的互联网用户。因此，Thomas 阿福在短视频中同时添加了中英文字幕辅助叙事，使主题思想传达更为精准，避免中西方受众因文化背景、思维模式的差异而造成对短视频内容的理解偏差，最大程度降低"中国故事"在跨文化传播中可能产生的文化折扣。

四、总结

2019 年 1 月 25 日，习近平总书记在十九届中央政治局第十二次集体学习讲话时指出："我们要把握国际传播领域移动化、社交化、可视化的趋势，在构建对外传播话语体系上下功夫，在乐于接受和易于理解上下功夫，让更多国外受众听得懂、听得进、听得明白，不断提升对外传播效果。"②Thomas 阿福结合自身在中国的所见所闻，在国外主流社交平台 YouTube 上以短视频为载体，采用独具特色的叙事方式，以"他者"视角生动讲述充满生活气息和人间烟火的中国故事，一定程度上规避了宏大、陌生的叙事主题带给受众的疏离感，树立起鲜活可感的正面中国形象，为国内各类传播主体在海外新媒体平台更有效地讲述、传播中国故事提供了经验。现阶段，我国的国际传播实践应该重视官方与民间的合作，重视个体在国际传播中的作用；要善于挖掘 Thomas 阿福这类知华、友华又具有一定影响力的"洋网红"的力量，为其创造良好的条件，激发其讲述平凡却能触及心灵的中国故事。就传播主体而言，在进行内容创作时，应积极寻找文化间的共通性，立足人类共同价值，选取国际受众喜闻乐见的题材，增强中国故事的吸引力与传播力，不断优化中国故事的传播效果。

> **思考题**
>
> 1. 国际传播中为什么要"把'自己讲'和'别人讲'结合起来"？
> 2. 试析知华、友华"洋网红"讲述中国故事的优势。
> 3. 谈谈跨文化传播中如何立足日常生活叙事树立国家形象。
> 4. 结合实例谈谈跨文化传播中如何降低文化折扣。

---

① 李智. 国际传播（第二版）[M]. 北京：中国人民大学出版社，2020：174.
② 百家号. 加快推动媒体融合发展 构建全媒体传播格局[EB/OL].（2019-03-27）[2023-09-12]. https://baijiahao.baidu.com/s?id=1628212633843009688&wfr=spider&for=pc.

参考文献

[1] 习近平.胸怀大局把握大势着眼大事　努力把宣传思想工作做得更好[EB/OL].（2013-08-21）[2024-06-25]. http://cpc.people.com.cn/n/2013/0821/c64094-22636876.html.

[2] 人民网.习近平在党的新闻舆论工作座谈会上强调：坚持正确方向创新方法手段　提高新闻舆论传播力引导力[EB/OL].（2016-02-20）[2023-09-10]. http://cpc.people.com.cn/n1/2016/0220/c64094-28136289.html.

[3] 刘滢，吴潇.延展性逻辑下网络视频的跨文化传播——基于"歪果仁研究协会"86条视频的实证研究[J].新闻与写作，2019（1）：69-76.

[4] 李晨.列斐伏尔的日常生活批判理论及其当代价值[J].深圳社会科学，2021（1）：96-104.

[5] 戴鑫，马永超，金子越，等.国际社交媒体上的中国食物旅程叙事策略及效果研究——基于YouTube平台的大数据分析[J].新闻与传播研究，2023（2）：68-69，127-128.

[6] 马春燕.中国故事的"他方"讲述与传播初探——以来华留学生为视角[J].理论导刊，2017（8）：93-96.

[7] 唐诗婧.生活体验类慢综艺《向往的生活》的叙事研究[D].武汉：华中科技大学，2021.

[8] 李智.国际传播（第二版）[M].北京：中国人民大学出版社，2020.

[9] 百家号.加快推动媒体融合发展　构建全媒体传播格局[EB/OL].（2019-03-27）[2023-09-12]. https://baijiahao.baidu.com/s?id=1628212633843009688&wfr=spider&for=pc.

【作者：张淑燕　仇婉懿　王鹤达】

第四章 国际传播渠道篇

本章概述

  国际传播主体的多元化，使国际传播的渠道日益丰富。教育合作、展示展览活动、社交媒体平台、趣缘群体活动、中外媒体合作等成为对外传播的新路径，且呈现明显的平台化趋势；文学、影视剧、综艺节目、游戏等文化资源通过恰当的文化转换、对接，成为对外传播的媒介。全球平台化加速将国际传播主体多元化、文化杂糅、算法分发等语境显化，主权国家在拓展海外传播渠道的同时，积极打造自主可控的国际数字平台，国际传播渠道竞争进入平台竞争阶段。

  本章选取了近年来我国在国际传播渠道拓展及自主数字平台建设方面取得显著成效的代表性案例，分别从渠道搭建、语际转换、文化对接、内容生产、技术协同、渠道运营等角度切入，阐释了在新的国际传播语境中如何开辟、激活、维护中华文化对外传播的多样化渠道和载体，建成有活力、可持续的自主国际传播渠道矩阵。

教学目标

  本章将通过案例解析，使学习者认识多元主体在参与国际传播时要想取得良好效果，一方面，学习者应立足自身优势，结合国际受众需求，积极挖掘文化资源，将其转换成富有吸引力的文化媒介产品，据此搭建起立体多维的有效传播渠道；另一方面，学习者还要了解影响国际传播渠道建设的相关因素，掌握不同类型渠道运营、维护的可行策略，确保推进中华文化"走出去"的国际传播渠道得以畅通且持续运行。

学习建议

  1. 通读相关国际传播教材的"国际传播渠道"章节内容，回顾相关知识要点。

  2. 追踪教材中代表性媒介组织的国际传播布局举措，为学习者深入理解国际传播渠道建设实践奠定基础。

3. 查找国内外其他典型的国际渠道开拓和建设的案例，结合所学专业知识加以分析解读。

4. 结合国际传播相关课程，以小组为单位，策划一个国际传播渠道开拓的方案，学以致用。

"秦兵马俑史密森尼数字教育"项目：
开辟中华文化国际传播新渠道

导语

世界遗产作为人类宝贵的物质与精神文明财富，对于促进世界和平、保护文化多样性以及可持续发展具有重要意义。近年来，国际社会愈加重视加强对世界范围内人类文化遗产的保护与教育，世界遗产教育成为跨文化传播的新途径。中国作为世界遗产大国，既是世界遗产教育的倡导者，又是实践者。2017年，秦始皇帝陵博物院面向美国学生推出了"秦兵马俑史密森尼数字教育"项目，在海外好评不断，成为中华文化海外传播的典范。本案例立足跨文化传播渠道建设的创新视角，破解如何依托世界遗产，开辟、搭建、畅通、完善传播渠道，让世界遗产教育成为中华文化传播新路径的难题。

一、案例背景

世界遗产是人类自然演进和文明发展的重要成果，也是促进不同文明交流互鉴的重要载体。保护好、传承好、利用好这些宝贵财富，是人类文明赓续和世界可持续发展的必然要求。[1] 世界遗产教育是以世界遗产的相关知识为内容，以保护遗产、传承文化为目的，使青少年在形成保护世界遗产的意识和能力的同时，形成人类环境保护意识、和谐发展意识、尊重历史文化意识、不同文化相互尊重与相互学习的意识。日本早已将世界遗产内容巧妙融入对学生的授课内容，如奈良县樱井商业高中以选修地理的学生为对象开设"通过世界遗产学习地理"课程，还有不少大学开设"世界遗产概论"与"世界遗产基础演义"等课程供学生选择，发挥了国际文化遗产的教育价值。[2]

从跨文化视角看，以世界遗产为载体，世界遗产教育在不同文化间以理解为基石，

---

[1] 中华人民共和国中央政府网. 习近平向第44届世界遗产大会致贺信[EB/OL]. (2021-07-16)[2025-01-06]. https://www.gov.cn/xinwen/2021-07/16/content_5625555.htm?sid_for_share=99125_3.

[2] 马雨夜. 日本世界遗产青少年教育研究[D]. 苏州：苏州大学，2020.

搭建相互交流与合作的桥梁，旨在培养世界遗产未来的领导者、保护者和传承者，增强本民族文化自信，增进国际理解，对于世界遗产的保护、传承及文化的对外传播具有重要价值。①

我国作为世界文化和自然遗产大国，自 1994 年联合国教科文组织世界遗产中心正式发起旨在鼓励公众参与世界遗产保护和发展的"世界遗产教育计划"以来，便积极参与世界遗产宣教工作，取得了一定的成效。2021 年 7 月 16 日，习近平总书记在第 44 届世界遗产大会上指出，"中国愿同世界各国和联合国教科文组织一道，加强交流合作，推动文明对话，促进交流互鉴，支持世界遗产保护事业，共同守护好全人类的文化瑰宝和自然珍宝，推动构建人类命运共同体。"② 推动世界遗产保护与教育，促进海外青少年理解和认知我国的世界遗产资源，已经成为新时代中华文化国际传播的又一个重要课题。

二、案例描述

被誉为"世界第八大奇迹"的秦始皇陵兵马俑于 1987 年被联合国教科文组织批准列入《世界遗产名录》，是我国第一批全国重点文物保护单位，也是第一批中国世界遗产。作为"中外文明交流的使者"，秦兵马俑曾先后走出国门，出访五大洲的 49 个国家和地区，共计在 171 个城市举办了 260 余场展览，成为我国古代文明对外传播的一张金色名片。③ 近年来，秦始皇帝陵博物院依托秦兵马俑这一国际遗产积极开展国际交流，通过开展"秦兵马俑史密森尼数字教育"项目，旨在提高海外 K-12 教师和学生将博物馆数字资源作为课堂教学资源的利用率，由此推动文化遗产的国际传播。

"秦兵马俑史密森尼数字教育"项目由秦始皇帝陵博物院、西安电子科技大学、美国史密森尼学会、史密森尼亚洲国立艺术馆合作开展。合作各方以数字教育为平台，将中国的历史文化、深厚的博物馆资源和美国的教学标准相结合，参考美国 K-12 课堂教学特点，把我国优秀的博物馆资源转化为数字教育模块，使得中国历史和文化在美国 K-12 课堂学习中更具吸引力，并在学生成长中产生深远影响。项目组整理、撰写和制作了符合课堂需求的 7 个数字教育模块，并以数字教育的方式在史密森尼数字教育平台呈现（见图 4-1）。

遵循构建人类命运共同体的宗旨和文明互鉴的准则，"秦兵马俑史密森尼数字教

---

① 陈红.国际理解视域下的世界遗产教育［J］.北京教育学院学报，2012（4）：64-68.
② 政府网.综合消息：促进不同文明交流互鉴 守护世界文化自然瑰宝——多国人士高度评价习近平主席致第 44 届世界遗产大会贺信［EB/OL］.（2021-07-17）［2023-07-16］.https://www.gov.cn/xinwen/2021-07/17/content_5625707.htm.
③ 田静.兵马俑是魅力中国的金色名片［EB/OL］.（2021-11-26）［2023-07-07］.https://mp.weixin.qq.com/s/vG6OeN0CeK-arcYTF3amTw.

育"项目对外讲述中国兵马俑故事,取得了良好的传播效果。据不完全统计,该项目自 2017 年上线以来,网站访问量已达 12 万人次,其对外传播的意义与价值得到了国内外的广泛认可。该项目成果曾被国家文物局官网、人民日报媒体技术、弘博网、《陕西日报》、《西安晚报》等多家主流媒体报道,先后获得了 2020 年第二届"海帆奖"最佳案例奖、2021 年全球"世界遗产教育创新:十佳优秀推荐案例"、"2022 年度对外传播十大优秀案例"等多项荣誉,是依托世界遗产教育推动中华文化国际传播的成功尝试。

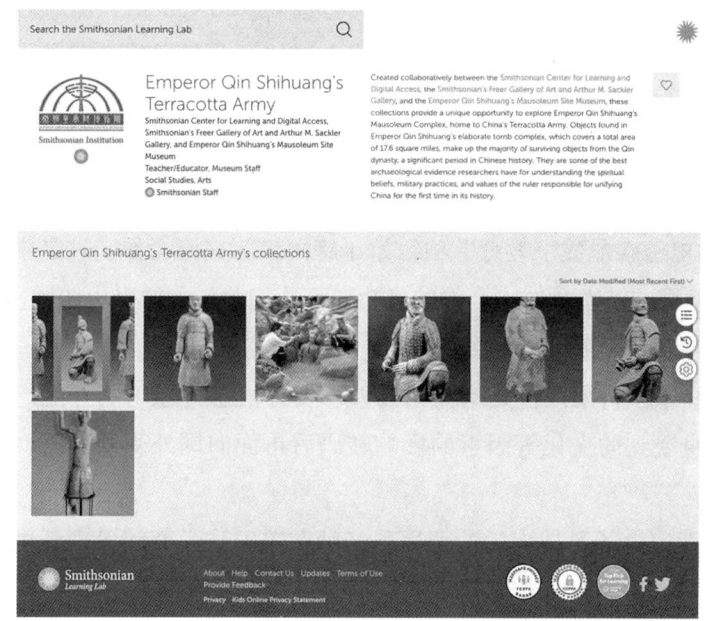

图 4-1　秦兵马俑史密森尼数字教育平台

资料来源:秦始皇帝陵博物院公众号

三、案例分析

(一)开辟渠道:立足文明共通性挖掘世界遗产教育的传播渠道价值

世界遗产是指"被联合国教科文组织和世界遗产委员会确认的人类罕见的、目前无法替代的财富,是全人类公认的具有突出意义和普遍价值的文物古迹及自然景观",其中"突出的普遍价值"作为世界遗产的重要评判标准,在 2005 年版的《实施〈保护世界文化与自然遗产公约〉的操作指南》中被具体阐述为:"文化和/或自然价值之罕见超越了国家界限,对全人类的现在和未来均具有普遍的重大意义。"① 由这一概念界定可知,世界遗产所彰显的具有人类普遍意义的、共性的核心价值观念是构成其在全球

---

① 胡海胜. 中国世界遗产地教育:功能、现状与对策?[J]. 吉林工商学院学报,2011(2):11-14.

范围内沟通交流的价值。

世界遗产作为一种"充满着历史和自然厚重感的存在形态",具有极大的审美与艺术价值,因此它也常常被作为美学与艺术的教育素材。而对于美的探索,则是全世界共同的追求。秦兵马俑与西方雕塑同为写实艺术,其外形符合西方人物雕塑重表情、重动作展现的特征,代表古代雕塑艺术整体审美倾向的同时,又因采用彩绘和绘塑结合的手法,表现出中华民族独有的审美取向与个性化特征,是中华民族宝贵的精神财富。

秦兵马俑作为"世界第八大奇迹",是具有普遍价值的人类工程建筑群,在数量、质量及考古发现上都是世间罕见,其本身具有极高的历史价值,蕴藏着人类共同的文化密码。其恢弘磅礴的气势背后凝聚着古代人民的勤劳与智慧,展现了人类开拓进取的精神风貌。作为世界遗产,秦兵马俑备受海内外民众的关注与喜爱,以之为媒,有利于增进其他国家人民对中华文化的了解。

(二)搭建渠道:跨国馆际交流合作,促成文明对话

"秦兵马俑史密森尼数字教育"项目始于跨国馆际交流合作,这是中美两国博物馆数字教育资源领域的首次合作,合作的成功离不开相关各方的努力协同。

1. 桥梁人群积极牵线

在国际传播中,桥梁人群是指沟通内外、发挥信息传递功能并能产生一定影响的人。他们将自身受到的文化等因素的影响转码后再面向国外受众传播,"把'信息流'转换成'影响流'"[①]。

2016年,西安电子科技大学的董勇英老师在美国访学期间发现,史密森尼数字教育平台作为全球最大的博物馆系统和研究联合体,面向世界提供各国优秀的历史、艺术和自然等学习资料,但是该网站没有关于中国博物馆的内容。于是,他向该组织提出利用数字资源来推广中国秦兵马俑、宣传中华优秀传统文化的想法,经过和史密森尼学会主任斯蒂芬妮·诺比的交流,董勇英老师发起并最终促成了秦始皇帝陵博物院与史密森尼学会的博物馆数字教育合作,发挥了在中华文化对外交流中的桥梁作用。

2. 文化组织携手促成

早在20世纪八九十年代,我国就成立了中国国际文化交流中心、外文局等文化对外交往组织。近年来,针对海外不断掀起的学习中华文化热潮,我国也积极回应,更加主动推动海外学习交往行为,孔子学院、海外中国文化中心等不断扩展完善,为全面介绍中华文化提供了强大支持。

"秦兵马俑史密森尼数字教育"项目作为由秦始皇帝陵博物院、西安电子科技大

---

① 李锦云.新时代民族文化对外传播的问题与策略[J].中南民族大学学报(人文社会科学版),2023(2):157-164,188.

学、美国史密森尼学会、史密森尼亚洲国立艺术馆合作打造的,充分体现了文化组织在文化交流中的纽带作用。秦始皇帝陵博物院长期致力于挖掘文物内涵、探索博物馆与学校教育的合作空间,此次通过探索秦兵马俑与青少年教育的契合点而设计这一项目,直接促成了中美双方的合作,之后又积极开发了"秦兵马俑远程教育课堂"项目,进一步助力美国中小学师生利用文物资源提升中文教学课程的效果。史密森尼作为美国最大的博物馆机构,在当地具有广泛影响力,学会在艺术、历史等学科会议上所进行的积极推广和宣传,有效推动了本项目的海外传播。项目完成后,应美国国际艺术教育协会邀请,项目组撰写的文章 Digital Exploration of the Terracotta Army: Resources and Pedagogy(《秦兵马俑数字探索:资源与教学法》),将编入 Teaching Chinese Arts and Culture: Context, Content, and Pedagogy(《教授中国艺术和文化:语境、内容以及教学法》)一书。可见,充分挖掘文化组织的传播价值,借助其影响力,从专业角度在国际舞台上客观发声,成为讲述中国故事、传播中华文化的新渠道。

(三)畅通渠道:转换语言媒介,实现文化对接

国际传播既是跨国界的传播,又是跨语言和跨文化的传播。语言媒介转换的本质是文化的对接。"秦兵马俑史密森尼数字教育"项目通过转换中美两国不同的语言符号媒介,以本土化策略构建共同的意义空间,努力实现跨文化语境下人们的相互理解。

1. 转换语言符号媒介,母语传播跨越语言障碍

在信息的跨国流动过程中,由于传受双方语言体系和生活经验的不同,语言语境和非语言语境不统一的问题一直存在,表现为词汇、习语和观念等多方面的不对等。[①]因此,对信息和意义的二次处理,即"二次编码"成为国际传播的必要环节和基本模式,这一定程度上决定着渠道的畅通性。"秦兵马俑史密森尼数字教育"项目设计伊始便致力于打造贴合美国学生学习习惯的线上课程体系,把复杂深奥的历史知识、艺术表征转换为美国学生更容易接受的内容形式,并用英文加以呈现,通过语言转换,最大限度地实现了语境的同一化,成功将秦兵马俑及其背后蕴含的中国历史文化准确地传达给美国学生,降低了因语言差异而带来的文化误读风险。

2. 实施传播本土化战略,构建共通的语义空间

象征性社会互动理论认为,传播得以实现的一个前提是传受双方必须要有共通的语义空间,即有着大体一致和接近的生活经验及文化背景或对传播中共同使用的语言、

---

① 英国翻译理论家彼得·纽马克(Peter Newmark)曾提出,语境是翻译中非常重要的一个因素,它比语言规则理论和语言本身的意义更重要。语境又可分为语言语境和非语言语境。语言语境是指交际过程中某一话语结构表达某种特定意义时所依赖的各种表现为言辞的上下文,包括书面语中的上下文,也包括口语中的前言后语,表现为语言系统内词与词之间、段落之间、篇章之间的相互关联。非语言语境是指语言系统外对文章内容表达有重要作用的因素,包括时间、地点、交际者的身份、心理背景、文化背景、风俗习惯等。

符号、含义有着相同的理解。国际传播对语言的跨越并不意味着对文化差异的彻底克服,语言的使用总是处于一定的文化背景之中。在国际传播实践中,传播者要注重本土表达,运用对方熟悉的话语方式和叙事策略,构建共通的语义空间,疏通文化隔阂,避免受众因创造性解读而造成理解偏差。

"秦兵马俑史密森尼数字教育"项目在课程设计上采用本土化策略,致力于探索可以融通中美课堂的新方法、新模式。为了满足美国 K-12 学生的学习需求,项目组参照美国的课程标准,引入哈佛大学教育学院思维训练课方法,通过设置看图回答问题(见图 4-2)、制作自己的兵马俑(见图 4-3)等互动形式,充分调动学生思考的兴趣,指导学生进行高效学习。项目组还设计制作了艺术学科、社会学科、历史文化信息资源等不同教育模块,以适应史密森尼学习与数字访问中心(SCLDA)的学习与访问模式。通过选用美国学生所熟悉的思维训练课方法及学习访问模式,项目组从思维和习惯上减少了受众对内容解读的障碍,这有助于降低跨文化传播的文化折扣。

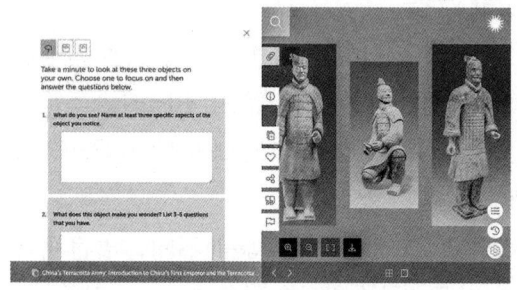 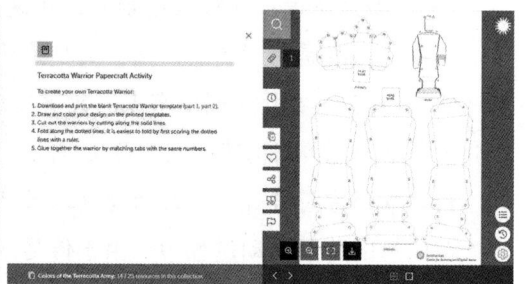

图 4-2　秦兵马俑史密森尼数字教育内容　　图 4-3　秦兵马俑史密森尼数字教育内容

资料来源:秦始皇帝陵博物院公众号

(四)完善渠道:强化平台资源及功能建设,打造沉浸式线上直播课堂

"秦兵马俑史密森尼数字教育"项目充分发挥新媒体技术及传播优势,不断充实教学资源、创新教学设计及授课方式,进一步优化渠道的教育功能及使用体验。

1. 丰富项目平台的教学资源

"秦兵马俑史密森尼数字教育"项目从艺术学、社会学等学科出发,围绕秦兵马俑,提供了多样化、立体式的教学资源。项目设立的 7 个模块(见图 4-4)中有 2 个涉及艺术学科的教育,除针对美国 K-12 学生外,还有专门为教育工作者准备的中国古代史和秦兵马俑资料的教学资源模块。模块内容基本上覆盖了秦兵马俑和秦始皇陵相关的各类主题,从秦始皇的个人功绩到一统中国的历史,从兵马俑的类型、俑坑布局到秦陵新发现,从考古发掘到文物修复及保护,[①] 丰富的教学资源有助于建立合理的课程

---

① 秦始皇帝陵博物院.秦兵马俑的线上海外之旅——秦兵马俑史密森尼数字教育[EB/OL].(2021-08-26)[2023-12-03].https://mp.weixin.qq.com/s/FyjMXk93T9CCbVaL8VW1dQ.

体系，进而帮助美国 K-12 学生分析和理解艺术现象背后蕴含的时代和文化，启发他们学习和了解中国古代艺术实践、哲学、政治和经济等内容，更广泛地参与全球的艺术学习实践。①

项目名称	所属学科	适用年龄层	用户群	史密森尼学习实验室链接
中国古代史年表（公元前5000年至公元220年）Timeline of Ancient China（5000 BCE-220CE）	社会学科；艺术学科	所有年龄层	学生；教师	https://learninglab.si.edu/collections/timeline-of-ancient-china-5000-bce-220-ce/iUyemx2gq7CyijvJ#r
中国秦始皇与兵马俑介绍 China's Terracotta Army: Introduction to China's First Emperor and the Terracotta Army	社会学科	小学高年级（9~12岁）；初中（12~15岁）	学生	https://learninglab.si.edu/collections/chinas-terracotta-army-introduction-to-chinas-first-emper-or-and-the-terracotta-army/qXEJo6nsRvp22T3F#r
秦兵马俑 China's Terracotta Army: The Terracotta Warriors	社会学科	小学高年级（9~12岁）；初中（12~15岁）	学生	https://learninglab.si.edu/collections/chinas-terracotta-army-the-terracotta-warriors/qNT1r5L6xUAHLt0#r
中国秦始皇帝墓葬群和价值的探索 Exploring the Tomb Complex and Values of China's First Emperor	社会学科	小学高年级（9~12岁）；初中（12~15岁）	学生	https://learninglab.si.edu/collections/chinas-terracotta-army-exploring-the-tomb-complex-and-values-of-chinas-first-emperor/pA9gHHEwGyGpE7hx#r
中国秦始皇兵马俑的艺术探索实践 China's Terracotta Army: Exploring Artistic Practices	社会学科；艺术学科	小学高年级（9~12岁）；初中（12~15岁）	学生	https://learninglab.si.edu/collections/chinas-terracotta-army-exploring-artistic-practices/foYs5diswgUuNz5V#r
中国秦始皇兵马俑的资料和教学资源 Information and Terching Resources	社会学科	小学高年级（9~12岁）；初中（12~15岁）；高中（15~18岁）	学生；教师	https://learninglab.si.edu/collections/chinas-terracotta-army-information-and-teaching-resources/woEc9TUyDsdJCicx#r
兵马俑：艺术品分析 Terracotta Warriors & Flgures: Object Analysis	社会学科	小学高年级（9~12岁）；初中（12~15岁）	学生	https://learninglab.si.edu/collections/terracotta-warriors-figures-obiect-analysis/Lda5Xha7UYafMMPK#r

图 4-4　史密森尼数字教育课程体系

资料来源：秦始皇帝陵博物院公众号

---

① 弘博网.新时代文化遗产展示与传播创新——以《秦兵马俑史密森尼数字教育》项目为例[EB/OL].（2021-08-07）[2023-12-02]. https://mp.weixin.qq.com/s/h2pkgSVj0rPuaQIoHoVkJw.

2. 优化项目平台的教学设计

"秦兵马俑史密森尼数字教育"项目从课程质量和学习者体验入手,不断推进技术升级和创新,优化数字课堂的功能设计。项目组整理、撰写和制作了符合课堂需求的 7 个数字教育模块,并以数字教育的方式首次呈现在史密森尼数字平台。在图文介绍的基础上,它还增加了互动性的多功能页面,以激发学习者的好奇心与能动性。同时,项目组采用追踪技术实现对学习者课程浏览路径的及时跟踪,据此进行起用户画像;采用算法推荐技术为不同年龄段学习者提供个性化的资源与服务。项目组依托先进技术进行的课程设计优化丰富了学习者的感受与体验,取得了良好的效果。项目组追踪反馈结果显示,自 2017 年上线以来,美国部分中小学教师和学生主动学习了相关课程,目前 7 个教育模块的访问量已达 12 万人次。

3. 探索沉浸式线上直播教学方式

在授课形式上,"秦兵马俑史密森尼数字教育"项目主要采用直播形式,创作团队基于该项目开发的"秦兵马俑远程教育课堂""相遇兵马俑,走进秦文化"等,均是采用线上直播形式授课。创作团队将课堂设在秦始皇帝陵博物院和陕西历史博物馆,把一件件具有中国特色的历史文物鲜活地展示给电脑另一端的海外学生。这种沉浸式线上直播课程受到了美国学生的欢迎,学生们纷纷通过视频短片、手绘图片等形式表达对授课老师的感谢以及对中华文化的喜爱之情。

四、总结

世界遗产作为人类共同的文明财富,拥有历史、地理、人文等教育价值,是促进不同文明交流互鉴的重要载体,因此,世界遗产教育正在成为国际传播的新渠道。秦始皇帝陵博物院挖掘秦兵马俑的文化传播价值,借由桥梁人群和文化组织牵线,搭建起面向美国学生的"秦兵马俑史密森尼数字教育"项目平台,通过母语教学和本土化传播,打破了文化传播中的障碍与隔阂,通过优化平台的教学资源、教学设计和教学方式,使平台的功能日趋完善,大大提升了平台的使用效果,促进了中华文化的海外传播与推广。我国拥有丰富的世界遗产,它们是承载中华优秀文化、增进国际社会理解的重要载体。我们要充分利用世界遗产这一具有全球共同价值的文化资源,将世界遗产教育打造成国际传播的新渠道,推进中华优秀传统文化的国际传播。

思考题

1. 如何理解世界遗产教育成为国际传播的新渠道?世界遗产教育能够促进跨文化传播的核心和关键是什么?

2. "秦兵马俑史密森尼数字教育"项目是如何进行国际传播渠道建设的?

3.结合本案例,从国际传播渠道角度谈谈未来我们应该如何加强中华文化的国际传播能力。

4.谈谈你所知道的其他世界遗产开展国际传播的案例。结合本案例,你认为应该如何发挥世界遗产在国际传播中的功能?

参考文献

[1] 薛帅.为世界文化遗产保护贡献中国智慧、中国方案、中国力量[N].中国文化报,2021-08-03(1).

[2] 马雨夜.日本世界遗产青少年教育研究[D].苏州:苏州大学,2020.

[3] 陈红.国际理解视域下的世界遗产教育[J].北京教育学院学报,2012(4):64-68.

[4] 胡海胜.中国世界遗产地教育:功能、现状与对策?[J].吉林工商学院学报,2011(2):11-14.

[5] 李锦云.新时代民族文化对外传播的问题与策略[J].中南民族大学学报(人文社会科学版),2023(2):157-164,188.

【作者:张淑燕　张颖　汪洋】

Tik Tok抖音国际版:占据社交媒体本土席位,构建多元文化平等交流平台

导语

Tik Tok是字节跳动旗下的抖音国际版短视频社交媒体平台。自2017年在海外上线以来,Tik Tok凭借其独特的用户体验和内容创造力在全球范围迅速崛起,打破了欧美国家对社交媒体平台的垄断,在全球化平台生态系统中占据了一席之地,为我国实施国际传播战略带来了新的契机。本案例对Tik Tok落地海外的成功之道进行了分析,揭示其如何通过实施"一地一策"的全球本土化战略占领海外市场高地,以视听叙事打破文化隔阂,通过赋权各国网民参与内容生产来丰富中国故事的讲述主体和内容,以算法驱动精准分发信息提高国际传播效果,以尊重多元文化为原则搭建平等交流平台,通过强化分享功能成为连通海外社交媒体的节点等,将自身打造成为具有竞争力的国际化数字媒体平台,以及传递中国声音、传播中华文化的重要国际渠道,为新媒体环境下中国数字媒体企业"出海"并发挥对外传播功能提供了经验借鉴。

一、案例背景

一直以来，西方国家凭借其强大的媒体机构，如BBC、CNN、美联社、路透社、《纽约时报》等，在国际舆论场中占据着主导地位，垄断着国际话语权。相较于西方国家，我国的大众传播起步较晚，近年来虽然有所升级，但在海外的媒体布局依然势单力薄，且缺乏外宣旗舰媒体。总体而言，当前的国际传播格局仍然呈现"西强我弱"态势。

随着社交媒体在全球范围内的迅猛发展，国际传播环境也正在发生深刻的变革，社交媒体平台日益成为各国争夺国际话语权的新阵地。诸多国际主流媒体如BBC、CNN等纷纷在各大国际社交媒体平台上开设账号，通过设置国际议题、引导国际舆论等方式抢占国际话语权高地，延续其在国际舆论场中的优势地位。面对严峻的国际传播形势，我国主流媒体也加快了"走出去"的步伐，在Facebook、Twitter、YouTube等国际知名社交媒体平台上开设官方账号，力图通过"借船出海"来讲好中国故事，传播好中国声音。我国主流媒体"借船出海"的国际传播实践虽然在一定程度上提升了国际传播效能和国际话语权，但是放眼全球市场，占据主导地位的社交媒体平台仍然主要来自西方发达国家，"西强东弱"的国际传播格局并未发生改变。同时，"借船出海"这种依赖他国传播平台的行为会使自身受制于人。由此可见，拥有自主可控的对外传播平台尤为重要。其实，早在2010年，中国就开始布局自有平台的"出海"，陆续推出了微博、微信等社交媒体的海外版本，但是这些平台在海外的用户群体仍然局限于华人，并没有发展成为具有广泛影响力的国际品牌。

2016年9月，字节跳动推出了短视频社交软件——抖音。彼时，字节跳动旗下的今日头条正处于爆发时期，日活用户达到3,000万。到了2017年春节，其日活用户更是一举突破了1亿，但在此之后就进入了增长见顶的疲乏阶段。[①]今日头条增长见顶的前车之鉴使得字节跳动创始人张一鸣成为抖音开拓海外市场的坚定支持者，他多次在公开场合强调抖音"出海"的重要性，"中国的互联网人口只占全球互联网人口的五分之一，如果不在全球配置资源，追求具有规模化效应的产品，五分之一的份额无法与五分之四竞争，所以'出海'是必然的。"[②]2017年8月，抖音国际版——Tik Tok正式上线。Tik Tok一经推出就受到海外用户的热烈追捧，迅速成为海外社交应用软件的"新贵"。

---

① 李婷，石丹. 如何让短视频在海外市场"落地生花"[EB/OL].（2023-02-17）[2024-01-12]. https://mp.weixin.qq.com/s/appXQ_6Uv467rEXmoQHqgQ.

② 李婷，石丹. 如何让短视频在海外市场"落地生花"[EB/OL].（2023-02-17）[2024-01-12]. https://mp.weixin.qq.com/s/appXQ_6Uv467rEXmoQHqgQ.

二、案例描述

2017年8月，Tik Tok正式在海外上线。面对竞争激烈和媒介产品几乎饱和的海外市场，字节跳动果断地投资了多个海外新闻应用软件与短视频平台，为Tik Tok在海外市场占据一席之地布局。[①]2017年11月，字节跳动收购了北美短视频社交软件Musical.ly，并在次年8月将其正式并入Tik Tok。此次收购不仅为Tik Tok进军北美市场扫除了一个强有力的竞争对手，而且为其带来了超过1亿的月活用户。[②]占领欧美市场后，Tik Tok又采用"邀请明星与网红入驻＋爆款内容本土化改造"的方式开拓日本市场，并在2018年登上了日本App Store总榜首位。2018年，Tik Tok分别于1月、2月在泰国App Store和越南Google Play视频排行榜登顶；随后，Tik Tok又迅速席卷东南亚，在菲律宾、马来西亚、印度尼西亚等多个国家应用商店的视频类产品中居榜首。[③]2020年8月，特朗普政府宣布制裁Tik Tok，试图将其从我国剥离并归为美国企业，甚至扬言要封禁Tik Tok，这给Tik Tok带来了一定程度的负面影响。但随着特朗普卸任，美国对Tik Tok的封禁并未成功实施，Tik Tok也逐渐恢复了在海外市场的正常运营。2021年9月，Tik Tok宣布其全球月活用户数量突破了10亿大关，成为全球范围内月活用户数达到10亿人用时最短的社交媒体平台（见图4-5）。

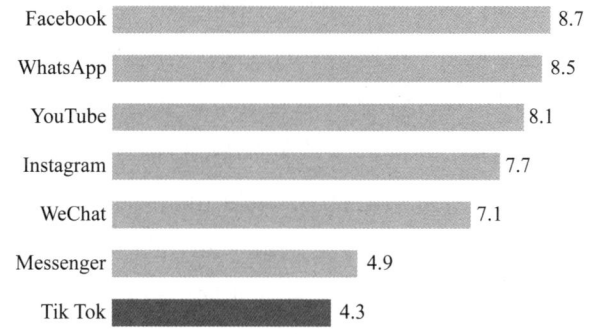

图4-5 全球头部社交媒体月活用户数达到10亿人所用时间（年）

资料来源：东方证券研究所

与其他社交媒体平台相比，Tik Tok通过短视频社交的创新站位、创作者生态系统的培育以及算法框架的有力支撑，成功打造了一个充满互动、愉悦和创意的短视频平

---

① 黄洁.中国媒介"走出去"的路径与策略研究——以抖音国际版Tik Tok为例［J］.声屏世界，2021（6）：64-65，92.
② 黄洁.中国媒介"走出去"的路径与策略研究——以抖音国际版Tik Tok为例［J］.声屏世界，2021（6）：64-65，92.
③ 吴映璇.新媒体时代下互联网企业如何进行国际战略传播——以Tik Tok海外推广为例［J］.新媒体研究，2018（8）：130-131.

台,其用户群体呈现高时长、高黏性、高参与度的特点。截至 2023 年 4 月,Tik Tok 用户每月使用时长已经达到 1,560 分钟。

同时,Tik Tok 作为我国本土移动短视频平台,肩负着讲好中国故事的重任。Tik Tok 在海外的成功落地,打破了西方社交媒体平台在国际传播格局中的垄断,为我国国际传播实现"弯道超车"、建设舆论阵地带来了机遇。在 Tik Tok 上,中国元素随处可见,"#China"话题的总曝光超过 485 亿次,内容涵盖中国传统节日、汉字教育、陶瓷文化、汉服文化、中国美食、中国科技、中国美景等不同维度,可以说是全方位呈现了中国当代文化与中华优秀传统文化。这类短视频让几十亿海外用户在弱政治化、平等分享的场域中编码、了解、参与和解码中国,为全球用户展现了一个真实、立体、全面的中国。此外,Tik Tok 也尊重多元文化,为海外用户提供了本土文化展演与生产的空间,并为不同国家和地区搭建了文化交流与互动的平台,携手他国积极构建共同发展的跨文化传播与交流格局。

三、案例分析

(一)"一地一策"开拓海外市场,打破西方社交媒体垄断

不同国家和地区在历史、文化等方面存在显著差异,这些差异深刻地影响着当地民众的价值观念、消费观念和行为模式。因此,中国的数字媒介企业在开拓不同国家和地区的市场时,不能简单地采取"一视同仁"的方式,而应该根据当地用户的需求和市场特性,进行本土化的内容生产和分众化的运营策略。习近平总书记也曾多次强调,"要采用贴近不同区域、不同国家、不同群体受众的精准传播方式,推进中国故事和中国声音的全球化表达、区域化表达、分众化表达,增强国际传播的亲和力和实效性。"[1] 受到海外用户热烈追捧的 Tik Tok 正是采取了"一地一策"的差异化方针,才成功在西方媒体垄断的海外市场占据了一席之地,成为第一个走向全球的中国数字媒介。

为了进军成熟的美国市场,字节跳动于 2017 年 11 月以 10 亿美金的高价收购了在北美备受欢迎的短视频社交软件 Musical.ly,并在 2018 年 8 月将其正式并入 Tik Tok。当时,Musical.ly 在美国的发展已经较为成熟,拥有超过 2 亿的用户。[2]Musical.ly 庞大的原始用户群为 Tik Tok 占据北美的流行音乐市场和年轻用户市场奠定了坚实的基础。[3] 很快,Tik Tok 就成功超越 Facebook、Twitter 等西方老牌社交媒体,多次登上美国应用

---

[1] 人民网国际.人民日报:打开北京"两区"建设与企业全球化论坛举办[EB/OL].(2022-09-02)[2023-11-04].http://www.ccg.org.cn/archives/71408.
[2] 李昕,李德升.短视频"Tik Tok"海外传播策略研究——以美国、日本、东南亚为例[J].北京印刷学院学报,2021(1):5-7.
[3] 李寒琪.Tik Tok 的全球本土化传播研究——以马来西亚版 Tik Tok 为例[D].武汉:中南财经政法大学,2021.

商店下载量排行榜首位。

日本的本土文化旗帜鲜明，本土企业保守且容易抱团，对海外企业尤其是中国企业持排斥态度。① 因此，Tik Tok 在进军日本市场时，运营团队积极邀请日本明星入驻，例如永野芽郁、木下优树菜、石原里美等，他们的入驻为 Tik Tok 带来了大量年轻的种子用户。同时，Tik Tok 运营团队还从各个渠道寻找日本当地网红，鼓励其参与内容生产，实现了快速引流，打开了日本市场的大门。此外，为了迎合日本用户的兴趣与偏好，运营团队采取了"全球爆款复制＋本土化改造"的运营模式，在复制各国的爆款内容过程中，运营团队会筛选合适的爆款内容，经过本土化改造后再投放到日本市场。这些接轨日本本土文化的运营策略受到了日本用户的热烈欢迎，使得 Tik Tok 在日本市场站稳了脚跟。

从全球人口年龄结构分布来看，东南亚地区的人口年龄结构呈现年轻化特点，这意味着其社交媒体用户多为年轻群体。基于此，Tik Tok 在印度尼西亚上线当天，就举办了一场线下聚会，为其年轻用户搭建了一个交流互动的平台。这一举措不仅提高了印度尼西亚用户对 Tik Tok 的归属感与忠诚度，也进一步巩固了 Tik Tok 在印度尼西亚市场的地位。在马来西亚，Tik Tok 针对性地定制了契合当地习惯的拍摄道具与话题，吸引了大量当地用户积极参与内容生产。

综上所述，Tik Tok 之所以能够成功开拓美国、日本、东南亚等海外市场，是因为其深入贯彻了"一地一策"的方针，根据不同国家和地区的文化习俗、价值观念、用户需求和市场特性等，以本土化的内容产品和分众化的运营策略满足海外用户的不同需求，从而增强其在全球范围内的用户黏性和影响力。因地制宜、因国施策使得 Tik Tok 在海外市场稳扎稳打、逐层扩散，市场占有率节节攀升。如今，Tik Tok 已经成功跻身全球数字平台头部行列，打破了以 Facebook、Twitter、YouTube 等为代表的西方社交媒体巨头在国际传播格局中的垄断。这不仅为传播中国声音提供了自主可控的平台，也为我国在国际舞台上争取更多的话语权、提升我国的国际影响力奠定了基础。

（二）以视听传播沟通世界，减少交流中的文化折扣

由于文化背景的差异和文化认知的不同，国际市场中的文化产品在进入他国市场时常常不被理解，从而产生文化折扣，导致价值损耗。② 以往，我国的对外传播多以文字为主导，文字具有社会性，受到不同文化和社会环境的制约，这使得其对外传播的效果常常大打折扣。面对不同国家和地区差异化的文化结构，传播要实现意义共享，

---

① 李昕，李德升．短视频"Tik Tok"海外传播策略研究——以美国、日本、东南亚为例［J］．北京印刷学院学报，2021（1）：5-7.
② 喻国明．跨文化交流中的三个关键性传播节点——关于减少和消除"文化折扣"的传播学视角［J］．新闻与写作，2020（3）：62-65.

就需要用融通中外、国际通用的语言形式对内容进行包装。Tik Tok 采用视听语言沟通世界,有效地打破了文字的交流障碍与地区间的传播隔阂。

首先,Tik Tok 采用国际通用的视觉语言进行叙事,以直观的形式呈现真实、立体、全面的中国。例如在 Tik Tok 上,话题词 #Chinabridge# 科普中国桥的短视频多以航拍画面展示某一中国桥梁的全貌,如湖南湘西矮寨大桥、湖北恩施狮子关水上浮桥、杭州湾跨海大桥等(见图4-6)。这些桥梁的航拍短视频带给海外受众强烈的视觉冲击,诸多海外网友直呼震撼,感叹中国基建的无所不能,甚至有网友直接表白:"中国真了不起,我爱中国。"[1]2020年10月,三星堆祭祀区6个祭祀坑的考古发掘工作全面展开,黄金面具、顶尊人像、青象方尊等文物相继出土。这些文物的相关短视频在 Tik Tok 上传播,外国网友纷纷上线观赏造型各异的出土文物,无不惊叹中国数千年历史的丰厚底蕴与独特魅力。相较于文字,视觉语言更具有说服力和冲击力,能够让受众更加直观地感受中华文化的魅力,减少跨文化传播中的误解。Tik Tok 作为短视频社交媒体,凭借自身在视觉传播方面的先天优势,为海外受众理解、认可、接纳中华文化提供了新的窗口,是新一代中华文化"出海"的重要载体。

图4-6 湖南湘西矮寨大桥、湖北恩施狮子关水上浮桥、杭州湾跨海大桥

资料来源:Tik Tok

其次,Tik Tok 将自己定位为音乐短视频平台,运用音符进行叙事。音乐作为一种特殊的文化载体,是人类情感的共同语,在中国文化的国际传播和交流中发挥着重要作用。[2] 音乐常常能够打破地域区隔,调动相似的情绪,从而引发受众的情感共鸣。

---

[1] 王伊依.我国数字媒介全球化的价值和路径探析——以抖音国际版 Tik Tok 为例[J].中国报业,2022(16):44-45.

[2] 陆正兰.交流学视野下的中国音乐国际传播[J].重庆广播电视大学学报,2020(3):16-20.

Tik Tok利用音符进行跨文化传播主要表现在两个方面：一是借助中国古典乐器演奏中国经典歌曲，例如用古筝演奏《浏阳河》、用琵琶演奏《一笑江湖》、用二胡演奏《明月夜》、用笛子演奏《梁祝》等；二是对中国经典歌曲的传唱，例如"牧云兄弟"通过演唱彝族民歌为海外网友展示四川大凉山的彝族文化，摩洛哥自媒体博主"迪娜"用中文演唱《西海情歌》《大海》《黄昏》等中国经典歌曲。中国音乐在Tik Tok上的传播，不仅让海外网友感受到中国文化的魅力和内涵，而且在一定程度上减少了文化折扣。

（三）海内外网民参与内容生产，共同讲述中国故事

传统的国际传播多以国家、政府为行为主体，他们在内宣思维下进行宏大叙事，这种宣传色彩浓厚、意识形态突出的对外传播，不仅无法引发海外受众的情感共鸣，甚至会使其产生排斥心理。在新媒体语境下，国际传播的主体已从国家、政府扩展至跨国企业、各级各类媒体、社会组织、个人等。得益于新媒体赋权，全民参与国际传播可谓大势所趋。Tik Tok作为中国第一个走向全球的短视频社交媒体，为各国网民讲述中国故事提供了平台。近年来，众多自媒体博主在Tik Tok上注册账号，以短视频的方式描绘真实、立体、全面的中国形象。

赴法留学的中国自媒体博主"碰碰彭碰彭"经常身着中国传统服饰，如汉服、马面裙等，在法国街头小巷用中国传统乐器古筝演奏中国经典曲目，如《十面埋伏》《浏阳河》《我爱你中国》等，吸引了众多海外友人驻足观看（见图4-7）。同时，她会将自己的街头表演视

图4-7 中国自媒体博主"碰碰彭碰彭"在法国街头演奏古筝
资料来源：Tik Tok

频发布在Tik Tok上，在街头驻足观看表演的海外友人也会录制视频并在Tik Tok上分享与传播。各国网友纷纷在评论区表示震撼，"Great Chinese style"（伟大的中国风）、"magnifique"（法语，极美的）、"bravissimio"（意大利语，棒极了）、"A beautiful lady is playing super music"（一位美丽的女士正在演奏特级音乐）……自媒体博主"碰碰彭碰彭"在Tik Tok平台上向海外受众展示了中华优秀传统文化的博大精深、中国古典民乐的底蕴和魅力以及华夏子民对民族文化的热爱与自信。截至2024年1月，Tik Tok话题词#碰碰彭碰彭#下相关视频的播放量已达7.85万次。

除了中国网友的自我言说，诸多海外友人也纷纷在Tik Tok上讲述中国故事。例如，大量海外旅游达人在中国旅行时拍摄带有中国特色文化元素的视频并上传至Tik

Tok，日本自媒体博主用毛笔书写《少林梦》的中日文歌词对照，①越南姑娘身着中国传统服饰演唱中文歌曲，巴基斯坦自媒体博主在 Tik Tok 上科普汉服（见图 4-8），越南小伙和印尼兄弟模仿容嬷嬷、孙悟空等中国影视剧经典形象，②悉尼美食博主制作中国传统小吃——冰糖葫芦（见图 4-9）。

图 4-8　巴基斯坦自媒体博主科普汉服　　　　图 4-9　悉尼美食博主制作冰糖葫芦
资料来源：Tik Tok　　　　　　　　　　　　　　资料来源：Tik Tok

相较于国家、政府主导的宏大叙事，Tik Tok 上来自不同国家的网民的个体叙事不仅可以丰富中国故事的内容和视角，而且一定程度上可以弱化对外传播中的宣传色彩，提高海外用户的接受度和信任感。而海外网友讲述的中国故事，更容易拉近与海外受众的心理距离，引发情感共鸣与认同。

（四）算法驱动信息精准分发，有效提升国际传播效能

人类的信息分发模式主要有三种类型：倚重人工编辑的媒体型分发、依托社交链传播的关系型分发、基于智能算法的算法型分发。③与国内的抖音一样，Tik Tok 主要采用算法型分发的信息分发模式。发展至今，算法推荐技术主要包括五类：基于内容的算法推荐技术、基于协同过滤的算法推荐技术、基于关联规则的算法推荐技术、基于热度的算法推荐技术和基于混合的算法推荐技术。④字节跳动是一家以数据挖掘和推荐算法见长的互联网企业，其旗下的 Tik Tok 依托先进的算法推荐技术，极大地提升了国际传播效能。

---

① 张志安，潘曼琪.抖音"出海"与中国互联网平台的逆向扩散［J］.现代出版，2020（3）：19-25.
② 周雪.抖音短视频海外传播与国家形象自塑研究［J］.视听，2019（9）：151-152.
③ 喻国明，韩婷.算法型信息分发：技术原理、机制创新与未来发展［J］.新闻爱好者，2018（4）：8-13.
④ 吕俊杰.网络思想政治教育运用算法推荐技术提升话语权研究［D］.北京：中国矿业大学，2023.

首先，Tik Tok 运用算法技术精准描绘海外用户画像，通过内容与用户的精准匹配，实现个性化、精准化传播。具体而言，基于内容的算法推荐技术可以根据用户的浏览数据、搜索数据等历史项目推测用户偏好；基于协同过滤的算法推荐技术通过深度挖掘用户的职业类别、地理位置、性别等信息，将用户划分为偏好相似度矩阵或不同的社群圈层，从而实现个性化的信息推荐；基于关联规则的算法推荐技术则根据用户历史数据挖掘背后的数据关联，从而分析用户的潜在需求，并向其推荐可能感兴趣的信息。① 在算法技术的赋权下，Tik Tok 能够更好地把握用户的需求与偏好，精准投放与中华文化相关的内容产品，并在此基础上为用户推送更多他们感兴趣的中华文化内容。个性化、精准化的内容推送不仅增强了用户的黏性，而且提高了国际传播效率。

其次，基于热度的算法推荐技术会根据信息的浏览量、关注度、点击率、评论量、转发量等对信息进行优先推荐。② 在国际传播中，优质的内容产品往往更容易得到受众的青睐。Tik Tok 基于热度的算法推荐机制不仅能够使中华文化相关的优质内容产品得到优先推荐并覆盖更广的范围，而且能够催生更多与中华文化相关的优质内容产品，有助于丰富海外用户感知中国形象的维度，打破他们对中国的刻板印象。

（五）坚持多元文化原则，搭建平等交流与互动的平台

不同于西方发达国家的文化霸权主义做法，中国倡导文明的包容共存、交流互鉴。Tik Tok 作为第一个走向全球的中国数字媒体平台，不仅重视中华文化的对外传播，而且支持其他国家的文化展示，坚持推动不同文明相互尊重、平等交流，致力于把自身打造成多元文化共荣共生的平台。

传统媒体时代，文化内容生产的技术门槛较高，新闻稿撰写、电视节目制作、舞台剧演出等都需要专业生产者。③ 而 Tik Tok 不仅拥有简单且丰富的内容处理功能，如特效、滤镜、美颜等，还提供了背景音乐。④ 这样一款低门槛、多功能、共享性和开放性并重的应用软件，使海内外用户可以以一种轻松、愉快的方式参与文化的交流与互动。在美国，Tik Tok 为本土用户提供了诸多美国经典电影的背景音乐，方便用户进行情境模仿；在印度，Tik Tok 将风靡印度的脸部绘画设计进音乐滤镜，受到能歌善舞的印度用户的青睐，提高了印度用户参与内容生产、展示本土文化的积极性。日本文化在 Tik Tok 上也得到了广泛的呈现与传播，曾有多名中国网友到日本人气漫画《灌篮高手》实景地——神奈川县镰仓市湘南海岸打卡，拍摄短视频并上传至 Tik Tok。⑤

---

① 吕俊杰.网络思想政治教育运用算法推荐技术提升话语权研究［D］.北京：中国矿业大学，2023.
② 吕俊杰.网络思想政治教育运用算法推荐技术提升话语权研究［D］.北京：中国矿业大学，2023.
③ 敖永春，周晓萍，马鑫.基于 Tik Tok 平台的中华文化国际传播创新路径［J］.传媒，2022（22）：72-75.
④ 敖永春，周晓萍，马鑫.基于 Tik Tok 平台的中华文化国际传播创新路径［J］.传媒，2022（22）：72-75.
⑤ 张志安，潘曼琪.抖音"出海"与中国互联网平台的逆向扩散［J］.现代出版，2020（3）：19-25.

如今，由 Tik Tok 构建的跨文化社交平台已经成为各国文化平等交流的新场域。Tik Tok 对多元文化的尊重，使越来越多的海外网友感受到中华文化的包容性。

（六）设置一键分享功能，成为连通海外社交媒体的重要节点

海外用户对 Tik Tok 的追捧，很大程度上是因为它提供的"傻瓜式"的视频拍摄方法——对嘴表演。这种拍摄模式不仅大大降低了普通用户参与短视频拍摄的门槛，也增添了内容的趣味性。其实，对嘴表演并非 Tik Tok 的原创。早在 2014 年，德国短视频产品——Dubsmash，就开创了对口型潮流且火爆全球。然而，Dubsmash 在 2016 年就销声匿迹，主要原因是其缺乏社区和公开分享功能。

社交媒体时代，用户不仅具有分享优质内容的欲望和需求，而且其网状化的关系网络也能够助推相关内容产品的裂变式传播。相较于 Dubsmash，Tik Tok 尤其注重与其他社交媒体平台的互动与联系。在 Tik Tok 平台上，不管是用户自己发布的视频还是他人公开发布的视频，都可以被一键分享到 WhatsApp、Facebook、Twitter、Instagram、Telegram 等社交媒体平台上（见图 4-10）。Tik Tok 为用户提供的跨平台分享路径，连通了所有海外用户常用的社交软件，使用户可以随手扩散喜欢的内容产品。[①]Tik Tok 与其他海外社交媒体平台的连通，不仅有助于自身更好地融入当地文化和市场，而且可以助推平台上与中华文化相关的内容产品的跨平台传播，扩大中华文化的传播范围和影响力。

图 4-10 Tik Tok 的多元跨平台分享方式

资料来源：Tik Tok

四、总结

在西方主导国际传播格局的背景下，Tik Tok 作为中国数字媒体企业，遵循"一地一策"方针及平等交流原则，通过采取灵活多样的措施，在竞争激烈的海外社交媒体中赢得一席之地实属不易。面对严峻的国际传播形势，Tik Tok 肩负起讲好中国故事、传播好中国声音的重任，在对外传播实践中取得了佳绩，成为传递中国声音、传播中华文化的重要渠道。值得注意的是，Tik Tok 作为字节跳动推出的一款盈利性的短视频社交应用，存在因迎合受众需求而过度娱乐化的现象。作为代表中国形象的媒体，Tik

---

[①] 吴映璇. 新媒体时代下互联网企业如何进行国际战略传播——以 Tik Tok 海外推广为例［J］. 新媒体研究，2018（8）：130-131.

Tok 在未来的发展中应该更多关注社会效益,充分发挥自身在国际传播中的重要作用,自觉肩负起提升我国在国际舆论场中的地位与话语权的使命。

思考题

1. 在西方媒体垄断国际传播格局的背景下,Tik Tok 主要采取了哪些措施使自己成功落地海外?
2. Tik Tok 的国际传播实践给我国其他国际传播主体提供了哪些经验?
3. Tik Tok 当前的发展存在哪些问题?应如何应对?
4. Tik Tok 在未来的国际传播中可能会遇到哪些阻碍?应该如何应对?

参考文献

[1] 黄洁.中国媒介"走出去"的路径与策略研究——以抖音国际版 Tik Tok 为例[J].声屏世界,2021(6):64-65,92.

[2] 吴映璇.新媒体时代下互联网企业如何进行国际战略传播——以 Tik Tok 海外推广为例[J].新媒体研究,2018(8):130-131.

[3] 李昕,李德升.短视频"Tik Tok"海外传播策略研究——以美国、日本、东南亚为例[J].北京印刷学院学报,2021(1):5-7.

[4] 李寒琪.Tik Tok 的全球本土化传播研究——以马来西亚版 Tik Tok 为例[D].武汉:中南财经政法大学,2021.

[5] 喻国明.跨文化交流中的三个关键性传播节点——关于减少和消除"文化折扣"的传播学视角[J].新闻与写作,2020(3):62-65.

[6] 王伊依.我国数字媒介全球化的价值和路径探析——以抖音国际版 Tik Tok 为例[J].中国报业,2022(16):44-45.

[7] 陆正兰.交流学视野下的中国音乐国际传播[J].重庆广播电视大学学报,2020(3):16-20.

[8] 张志安,潘曼琪.抖音"出海"与中国互联网平台的逆向扩散[J].现代出版,2020(3):19-25.

[9] 周雪.抖音短视频海外传播与国家形象自塑研究[J].视听,2019(9):151-152.

[10] 喻国明,韩婷.算法型信息分发:技术原理、机制创新与未来发展[J].新闻爱好者,2018(4):8-13.

[11] 吕俊杰.网络思想政治教育运用算法推荐技术提升话语权研究[D].北京:中国矿业大学,2023.

[12] 敖永春,周晓萍,马鑫.基于 Tik Tok 平台的中华文化国际传播创新路径[J].传媒,2022(22):72-75.

【作者:张淑燕 梅璐】

建好中非民心相通渠道：以顶层设计推动中非媒体合作走深走实

导语

中国和非洲的友好交往历史悠久。20世纪50年代起，中非双方开始展开经贸合作，随着中国改革开放的不断深入，中非合作样态趋于多元，领域不断拓宽。媒体是交流互鉴的渠道，中非之间的媒体交流合作不仅是非洲民众了解中国的窗口，而且有利于在世界范围内更好地传播中国形象，共建多中心化的国际话语权格局。

本案例聚焦国际传播渠道合作的中观与宏观层面，系统梳理了制度、产业、生产视角下的中非媒体合作现状，这些合作主要包括顶层制度、媒介人才培养与交流、内容交流以及传播基础平台建设等领域。通过提炼、反思以中非媒体合作为代表的国际传播合作策略，我们可以为构建非西方中心视角下的新国际传播格局积累经验。

一、案例背景

当今世界正处于百年未有之大变局的背景下，中非双方在国际力量"东升西降"的历史节点携手探索如何打破西方中心主义、维护多边主义。在合作共赢中推动双方共同发展及人类命运共同体建设，既是双方面临的共同任务，又是促进双方合作走深走实的强大动力。在2021年中非合作论坛会议第八届部长级会议上，习近平总书记首次概括了中非友好合作精神的"24字方针"："真诚友好、平等相待，互利共赢、共同发展，主持公道、捍卫正义，顺应时势、开放包容。"[①]这"24字方针"成为新时代中非合作的战略指南和动力源泉。

中非合作源远流长，自1956年起，我国对非洲国家的援助不断增加。21世纪以来，在中非战略合作精神和政策框架引领下，在"一带一路"倡议推动下，中非合作取得了丰硕成果。截至2023年，中国连续14年成为非洲第一大贸易伙伴，[②]中国已与50多个非洲国家以及非盟委员会签署共建"一带一路"合作文件，非洲成为参与"一带一路"倡议最重要地区之一。中国通过基础设施援建、经贸合作、金融合作、通信援建、

---

① 新华社.王毅国务委员兼外长介绍习近平主席出席中非合作论坛第八届部长级会议开幕式并发表主旨演讲[EB/OL].（2021-12-01）[2023-12-03]. https://www.gov.cn/guowuyuan/2021/12/01/content_5655147.htm.

② 驻贝宁共和国大使馆经济商务处.商务部研究院发布《中国与非洲经贸关系报告（2023）》[EB/OL].（2023-07-10）[2023-12-03]. https://bj.mofcom.gov.cn/sqfb/art/2023/art_0b42ba54ca2743d0bb3571e5607a0416.html.

模式输出等方式，为非洲经济持续增长提供了强劲动力。非洲知名民调机构"非洲晴雨表"（Afrobarometer）的报告显示，2019年—2022年，在35个非洲国家中，60%以上的非洲人认为中国对本国的经济与政治影响力是"积极的"或"十分积极"，由此可见中非合作具备坚实的民意基础。

中非经贸合作硕果累累，但在民意相通方面还有待加强和深化。究其原因，一方面，我国对非洲传播的媒体布局相对不足，以基于自有媒体的单向线性传播为主，缺乏针对精准区域的传播渠道合作共建，未从非洲当地的需求和文化背景出发，持续发力对非社会化网络传播；另一方面，基于意识形态偏见和本国利益考量，西方媒体和智库机构通过对"中非合作""一带一路"议题进行污名化建构，蓄意炮制中国"新殖民主义论""债务陷阱外交论"等观点，这些负面宣传不仅会误导国际社会对中国地缘政治目的的认知和想象，而且会强化非洲友好国家对"一带一路"倡议的警惕性和对抗性，影响中非合作的民意基础和舆论环境。因此，我国亟须拓展中非交流渠道，客观及时地传播中非合作的价值和成果，增进国际社会对中非合作的理解，提高非洲国家的对华认同，增强"一带一路"沿线国家对华合作的信心，进而为中非持续发展扫清认知和观念障碍。

二、案例描述

自2000年中非合作论坛举办以来，中国和非洲国家在传媒领域的交流合作稳步推进，在人员培训、内容交流、传播网络建设等领域的务实合作不断取得新进展。双方媒体合作交流日益密切，合作内容更加丰富，人文交流日益增长。[1]

在媒体合作方面，首先，双方加强媒体人员交流与培训。中非双方鼓励媒体人员交流与培训。双方积极开展人员交流项目，通过互派新闻人才以及专家等方式，加强媒体从业人员之间的交流与合作。中国引进非洲本土新闻人才，聘用了解非洲域情民情的新闻人才推动我国媒体的对非传播。例如，中国国际电视台非洲分台拥有约80%的肯尼亚本部外籍员工，共计有外籍员工100余名，遍布30多个工种，涉及节目采写分发等各个环节。再如，坦桑尼亚广播公司为中国国际广播电台斯瓦希里语频道配备经验丰富的广播节目主持人，促进了斯瓦希里语在中国和世界的推广。[2] 此外，中方每年邀请来自非洲地区的记者到中国参与为期10个月的深度培训计划，为非方培训1,000名新闻领域从业人员，培训内容包括广播电视技术、新闻采编、新媒体教育等，中非双方的媒体合作进程得到进一步深化。

---

[1] 翟慧霞，耿笛.关于新形势下中国—东盟媒体合作的思考与建议[J].国际传播，2022（1）：69-78.
[2] 于桂章，王珩.全球化语境下的中非合作话语体系建构探析[J].非洲研究，2019（1）：164-179，210.

其次，双方加强内容交流。中非双方通过文字、视听、网络等多模态文化内容的输入输出，促进了中非双方的文化互鉴与交流。例如，新华社等官方主流媒体通过稿件供给的方式践行媒体合作，向非洲用户提供的日均英文稿件达到300条，日均法文稿件100余条。再如，以2022年"首届非洲视听节目展播季"为渠道，20个非洲国家的大约30个优质视听节目在北京卫视、湖南卫视、浙江卫视以及优酷、芒果TV等国内平台集中播放，使中国观众领略非洲秀丽景色，了解非洲经济文化。2023年中非合作拍摄影视剧《欢迎来到麦乐村》获得海内外好评，中非导演合拍纪录片《吃苦》也于2023年11月亮相纽约市纪录片节，将中非基建故事带入北美观众视野。

最后，双方加强传播基础设施建设。中国政府和企业助力非洲国家建设高速、稳定的网络基础设施。在传统媒体方面，四达时代已将16个中国频道引入非洲，并自办斯瓦希里语频道、功夫频道、Sino Drama频道和Rembo TV频道。这些频道通过四达时代传输网络覆盖非洲30个国家。此外，自2017年起，"中国影视大篷车"首次登陆非洲，相继走过9个国家，足迹遍布60多个村落，平均每场观众人数在500至1,000人次，直接惠及非洲群众7.5万余人（见图4-11）。而今，四达时代已经成为非洲发展最快、范围最大的网络运营商集团。其直播卫星信号可覆盖撒哈拉以南非洲45个国家的约9.7亿人口；地面数字电视平台建有大功率数字电视发射台188座，覆盖城市人口近3.5亿；四达时代还与23家非洲电信运营商合作，系统对接非洲4.5亿手机用户。

图4-11 四达时代通过"大篷车"把"露天电影"带到非洲农村

资料来源：四达时代官网

三、案例分析

为了进一步推动中非媒体合作的纵深发展，中非双方致力于完善多层次的交流体系。通过加强合作机制建设，拓展内容、人才等交叉领域合作，构建多样化的合作交流平台，以实现更加全面和深入的合作，促进中非关系的提质升级。

（一）通过顶层设计为中非媒体合作保驾护航

中非政府间合作历史悠久，关系稳固。但西方政府及媒体的恶意干扰、蓄意挑拨使中非合作面临潜在风险。鉴于此，双方政府从顶层设计入手，制定签署了多项文件，确保双方各个层面合作的顺利开展。自2006年中国首次发布《中国对非洲政策文件》以来，中非媒体合作进入了一个新的发展阶段。政策文件中明确提出推动中非新闻媒体开展形式多样的交流与合作，增进相互了解，全面、客观报道对方情况。2015年《中非合作论坛约翰内斯堡峰会宣言》进一步强调了中非媒体合作的重要性，明确提出将新闻与媒体合作纳入中非合作。2018年在京举办的第四届中非媒体合作论坛上，中非双方通过《关于进一步加强中非媒体合作共同宣言》，进一步落实2015年中非合作论坛约翰内斯堡峰会成果，扩大中非媒体领域的交流与合作。2021年中非合作论坛第八届部长级会议通过《中非合作2035年愿景》，提出助力"智慧非洲"建设和媒体融合发展等理念，为中非媒体合作规划了新路径。中央广播电视总台与非洲广播联盟联合发起的《2023"非洲伙伴"媒体合作论坛共同宣言》则是中非媒体合作的里程碑，双方将进一步加大资源支持，促进创新合作项目的实施，推动双方深化媒体合作，讲好中非故事。

这些文件的签署直接或间接地为中非媒体间合作提供了政策保障，并将中非媒体合作从传统领域深化至数字经济、技术赋能、职业教育等新兴领域，中非之间的合作共赢也从离散式的资源互助，逐渐转换为深植中非民众日常生活的结构性联系，这意味着政策框架推动中非媒体合作由表及里、由浅入深。

（二）以高端论坛深化中非媒体合作关系

"国之交在于民相亲，民相亲在于心相同。"在构建中非命运共同体过程中，中非双方在人才培养、内容交流、产业合作等领域构建了媒体合作交流框架，持续为中非交往提供滋养，使得两地人民情感心系一处。

以媒为媒，国际论坛作为交流的聚集地，通常能吸引中外媒体的高度关注，进而产生较大影响力和传播力。中非媒体合作论坛作为媒体交流活动的典范，自2012年以来连续举办5次，为中非媒体创新合作不断提供平台与助力。2022年，第五届中非媒体合作论坛发布节目互播、纪录片创作、栏目创新、新媒体合作等4个方面共12项中非合作成果（见图4-12）。2023年中央广播电视总台和非洲广播联盟联合主办"非洲伙伴"媒体合作论坛，发布《2023"非洲伙伴"媒体合作论坛共同宣言》，倡导深化媒体合作，讲好中非故事。

中非始终积极把握时代发展的大方向，致力于开展多层次、多角度的交流活动。这些交流活动将中非媒体交流延伸至中非人文交流领域，深化了中非双方对于彼此文化内核的理解，中非合作藉此行稳致远。

图 4-12　第五届中非媒体合作论坛
资料来源：《新京报》

（三）以人才培养交流筑牢中非媒体合作根基

人才交流与培训是国际媒体合作的常态化手段，在国家战略的引领下，媒体人才交流也向纵深发展。中非之间的媒体人才交流合作主要从两方面展开：一方面，中国引进非洲本土新闻人才，聘用具有非洲特色的新闻人才推动我国媒体的对非传播；另一方面，中国媒体积极融入非洲，在非洲设立传媒机构，为在非中国企业提供援助。自 2012 年起，中国公共外交协会组织启动"中非新闻交流中心"对外交流项目。中非双方在媒体交流与培训方面取得了显著成果，通过互派人才、开展培训项目等方式，中非媒体的交流与合作得到了加强，这为中非民意相通和经贸合作注入了新的动力。

国际传播人才队伍建设是提升国际传播效能的关键，中非双方以具体的对外传播需求为导向开展一系列人才交流与合作项目，培养了一批既懂中非文化、又理解国际传播的复合型人才，为中非媒体深度合作及构建新型国际传播渠道提供了动力源泉。

（四）以内容交流促进中非媒体合作多样性

内容交流是中非媒体合作的关键机制，通过交换新闻产品、购买时段、签署合作协议等方式，中非媒体可以共享新闻报道、专访、节目等内容，促进双方媒体内容的丰富性和多样性，进而促进中非媒体合作的深入发展和互利共赢。

为了更好地推广中国节目在非洲的传播，新华社和中国国际广播电台等对非洲的传播机构和媒体展开积极互动。双方通过新闻交换和时段购买等方式展开合作，以确保中国新闻机构所生产的新闻产品能够更好地服务多样化的非洲新闻用户。这种合作模式不仅能够增加中国节目在非洲的曝光度，还能够满足非洲观众对多元化新闻内容的需求。自 2022 年以来，中非合作拍摄影视内容的成功发行，引领中非媒体内容合作层级深化，使其不再局限于对既有内容的输入与输出。2023 年 8 月 20 日，中央广播电视总台与南非广播公司等多个非洲国家主流媒体机构签署合作备忘录，交换相关合作协议。这种常态化合作对于中非媒体之间的新闻交换、节目交流、素材共享、品牌推广和媒体交流等方面的合作具有重要意义。中非媒体可以更好地互通有无，丰富报道内容，提高报道质量，推动中非媒体之间的交流与合作不断深化和拓展。

（五）以产业合作助力对非传播的媒体基础设施建设

产业合作是更深层次的合作，在中非双方政府的支持下，以四达时代为代表的中国企业，自2002年起积极与非洲展开数字合作，极大地推动了非洲广电数字产业发展进程，助推非洲媒体跨越式发展。

中国政府及企业积极推进非洲网络基础设施互联互通，助力非洲民众联通世界，携手构建中非网络空间命运共同体。2015年，中非合作论坛约翰内斯堡峰会开展"万村通"项目，旨在为非洲1万个村庄接入卫星数字电视信号。该项目由四达时代集团承接实施，通过数字电视技术的普及，促进非洲地区的信息传播和人文交流。此外，四达时代顺应时代潮流，在非洲建成了包括节目中继、直播卫星、地面电视和互联网视频的四大基础网络异构平台，四达时代一系列的基础设施建设促进了非洲信息资源的整体升级。为更好地适应新时代需求，四达时代通过媒体投建和运营的一体化运作，将在非洲建立的传输渠道与内容传播紧密相连，在讲好中国故事、扩大双方文化互通互鉴等方面发挥着重要作用。

四、总结

中非媒体合作是中非双方战略合作的重要组成部分，也为赢得中非合作的舆论主动、夯实中非民意基础发挥了不可替代的作用。2000年以来，通过加强制度机制引领、媒介人才交流合作、拓宽合作领域并加强媒介基础设施建设等多种方式，中非媒体合作从"大写意"迈入"工笔画"阶段，从谋篇布局深化到精耕细作，结构性的媒体合作增强了中非全方位合作的国际话语权，为中非经贸合作、文化合作、金融合作乃至国际关系协同构建了良好的意见环境。同时，中非通过援建合作、基础设施改建、中国模式输出等方式，切实提高了非洲地区人们的生活水平，真正实现了发展中国家的共同发展目标，以事实践行中非命运共同体理念。

思考题

1. 如何理解中非媒体合作成为国际传播渠道建设的新路径？

2. 从传播基础设施布局的角度，谈谈中非媒体合作项目是如何进行国际传播渠道建设的。

3. 结合本案例，从传播渠道角度谈谈未来应该如何强化对非地区的国际传播能力建设。

参考文献

[1] 丁工. 构建新时代高水平中非命运共同体[EB/OL]. (2024-10-18)[2024-12-22]. http://theory.people.com.cn/n1/2024/1018/c40531-40342409.html.

[2] 中华人民共和国外交部. 中非人才培养合作计划[EB/OL]. (2023-08-25)[2024-12-22]. https://www.fmprc.gov.cn/web/ziliao_674904/zt_674979/ywzt_675099/2023nzt/xjpcxjzgjldrdswchwbdnfjxgsfw/cgwj/202308/t20230825_11132531.shtml.

[3] 陈秀敏. 中非广电媒体合作的对策与战略思考[J]. 传媒, 2020(11): 38-41.

[4] 魏地春. 让世界倾听我们共同的声音——在第二届中非媒体合作论坛上的讲话[J]. 电视研究, 2014(8): 4-5.

[5] 孔蕾, 秦洪武. 媒介话语构建: 埃及媒体"中非关系"报道分析[J]. 现代传播(中国传媒大学学报), 2019(12): 78-83.

[6] 于桂章, 王珩. 全球化语境下的中非合作话语体系建构探析[J]. 非洲研究, 2019(1): 164-179, 210.

[7] 李新烽, 李玉洁. 超越西方"他者"视角: 中非媒体的"自我"建构[J]. 新闻爱好者, 2018(7): 23-26.

[8] 翟慧霞, 耿笛. 关于新形势下中国—东盟媒体合作的思考与建议[J]. 国际传播, 2022(1): 69-78.

[9] 冉继军. 中非媒介交往: 理念、范式与特征[J]. 西亚非洲, 2015(1): 143-160.

[10] 郝宇青, 陆迪民. 加强国际传播能力建设的路径与方向[J]. 人民论坛, 2022(10): 116-119.

[11] 王曦, 史安斌. 新形势下中国媒体中非关系传播的现状与策略[J]. 中国记者, 2013(10): 122-123.

【作者：刘小晔　石心悦】

"走进三星堆，读懂中华文明"：以文博主题活动向全球推广中华文化

导语

文博行业是展示一个国家文明历程的重要窗口，在对外交往和文明互鉴中发挥着重要作用。三星堆遗址是迄今为止在我国西南地区发现的范围最大、持续时间最长、文化内涵最丰富的古蜀文明遗址。以三星堆遗址为代表的四川地区考古发现是中国传统文化资源禀赋的集中体现，具有极高的对外传播价值。本案例以"'走进三星堆，读

懂中华文明'中华文化全球推广活动"为研究对象，深入解析主办方如何沿着"作为'知识'的三星堆、作为'形象'的三星堆、作为'题材'的三星堆、作为'事件'的三星堆"四条路径策划实施这场主题活动，依托考古遗址创造性地传播中华文明，为文博行业通过可拓展的传播活动来增强我国优秀传统文化的海外传播力、提升中华文化的国际影响力提供可资借鉴的经验。

一、案例背景

（一）文博行业在国际传播中的重要作用日益凸显

文博行业作为展示文明的重要窗口，在对外传播中担负着文化交流的重任。从 20 世纪 30 年代起，以故宫博物院、敦煌博物馆为代表的博物馆就已经走在探索如何进行文化交流的路上，并取得了显著成效。近 10 年来，故宫博物院共举办过 46 场海外和港澳台地区的文物展，并参与了海外合作单位和中国文物交流中心举办的 15 场文物展示活动。[1] 敦煌研究院尝试采用数字化手段创新展示与展览方式，将敦煌艺术带上国际舞台。敦煌研究院官方融媒体平台浏览量超 8 亿人次，访客覆盖 120 多个国家和地区。[2] 可见，文博行业已成为民间文化交往的大使。民心相通的基础在于文化的相知，加强文化交流是增进不同国家和民族之间了解和认同的必要方式，而文物作为人类文明记忆的载体，能够跨越时空架起文明交流互鉴的桥梁。2021 年 10 月 28 日，国务院办公厅印发的《"十四五"文物保护和科技创新规划》提出，健全文物国际交流与合作机制，创新文化成果转化途径与宣传推广手段，向全世界讲好中国故事，促进中外文明交流互鉴。因此，通过激发文博行业的生机与活力，让文物活起来，成为富有魅力的中华文化使者，是文博行业肩负传播中华文化的使命使然。

（二）三星堆遗址成为传播中华文化的重要载体

位于四川省广汉市的三星堆遗址起源于距今 3,000 多年前，是中国西南最大、年代最久远、文化内涵最丰富的古蜀文明遗址，被称为"世界第九大奇迹"。1929 年，三星堆遗址在广汉市被发现；1986 年，中国进行了首次大规模考古挖掘。因挖掘出世界上最早、树株最高的青铜神树，世界上最早的金杖，世界上最大、最完整的青铜大立人像，世界上最大的青铜纵目人像，三星堆遗址被誉为 20 世纪人类最重要的一次考古发现。[3]

---

[1] 中华人民共和国文化和旅游部.故宫博物院发布对外文化交流工作及成果［EB/OL］.（2023-03-27）[2023-12-03］. https://www.mct.gov.cn/whzx/zsdw/ggbwy/202303/t20230327_940930.html.

[2] 搜狐.【二十大时光】敦煌研究院：讲好敦煌故事 传播中国声音［EB/OL］.（2022-10-19）[2023-12-03］. https://www.sohu.com/a/593763382_121009823.

[3] 张志宏，刘恋.中国传统文化的国际化表达——《金色面具英雄》登上《动画杂志》封面的思考与启示［J］. 对外传播，2020（12）：60-62.

三星堆遗址之所以能够成为传播中华文化的重要载体，是因为其所蕴含的文化和历史独特性，为了解人类新石器时代和青铜时代的古代文明提供了宝贵线索。三星堆遗址具有多维价值，主要包括以下几个方面：一是学术价值，学术界对于三星堆遗址的研究涵盖了多个学科领域，如考古学、历史学、人类学等。通过对遗址中出土的文物、建筑和墓葬等进行研究，我们可以深入了解古蜀文明的发展历程、社会制度、宗教信仰和艺术特色等方面的内容，这些研究有助于推广和传承中华文化的深厚历史和卓越成就。二是艺术价值，三星堆遗址的文物展示了古蜀人卓越的艺术才华和创造力。青铜器、酒器、陶器等艺术品体现了古蜀文明独特的审美观念和艺术风格，传达了中华民族的文化底蕴和艺术魅力。三是精神价值，三星堆遗址所蕴含的哲学思想和精神追求具有广泛的人类共通性。古蜀人对于自然和世界的哲学思考，体现了人们对宇宙奥秘、生命意义和人类角色的思索。三星堆遗址的出土，揭示了异域文明开放交流和互通性的历史根源。四是科学价值，对于古蜀人在工艺和技术方面的成就进行研究，可以揭示他们在冶金、陶瓷、纺织等领域的创新能力和智慧，这些科技成就展示了中华文化的智慧和创造力。三星堆遗址因拥有丰富的学术价值、艺术价值、精神价值和科学价值而享誉世界，加强对三星堆遗址的挖掘与传播有利于促进中华文化的对外传播及文明的交流互鉴。

二、案例描述

2021年5月25日，国务院新闻办公室、国家文物局、四川省人民政府在三星堆博物馆共同主办了一场"走进三星堆，读懂中华文明"的中华文化全球推广活动。本次推广活动邀请了来自不同国家的政要、经贸促进机构代表、国际组织及媒体记者，通过游览考察博物院馆和古蜀文旅项目、展开学术对话、开辟专题展览等系列活动，让来自各方的参与者在沉浸式、多样化的情境下读懂中国故事，感知中华文化，以"请进来"的方式，向海外精英人士展示中华文化魅力和真实的中国形象。

此次主题活动包括以下环节：以国家非物质文化遗产自贡彩灯为载体，推出"古蜀之门"主题灯展，配合三星堆光绘艺术展，拉开主题活动的大幕；以大型交响诗篇《太阳·玄鸟》创造性地传达三星堆文化主题；政府部门、国际文博机构等从不同视角诠释三星堆文化内涵；发布9项三星堆文化全球推广战略合作项目（见表4-1）；发布三星堆遗址考古最新成果，以专业角度向世界展示三星堆文化发现；发布"走读中国"宣介项目，邀请全球游客体验三星堆魅力；举办"古蜀丝梦"国潮大秀，通过三星堆文化元素和中国丝绸的巧妙结合，完美呈现东方美学与现代艺术融合而成的视觉盛宴；实景演出"三星堆——博物馆奇妙夜"，将三星堆博物馆变成一个奇妙剧场，结合文物打造沉浸式体验，以先锋艺术演绎古蜀文明的别样魅力。

表 4-1　三星堆文化全球推广战略合作项目

序号	项目名称
1	"看中国·看三星堆"外国青年影像计划
2	三星堆系列图书国际出版项目
3	"发现三星堆"纪实节目合作项目
4	三星堆主题电影项目
5	三星堆主题原创音乐剧项目
6	数字三星堆国际展项目
7	"走读三星堆"文化体验产品设计与全球推广项目
8	三星堆主题全球灯展项目
9	三星堆腾讯新文创合作项目

资料来源：四川观察

主题活动举办当日，央视网、中央广播电视总台等多家媒体进行了 5 个小时的同步直播，点击量超过 5,000 万。海外媒体共发布 843 条新闻报道，受众达 2 亿人次。与之相关的话题 4 次登上微博热搜，并在微信、抖音、快手和 Facebook、Twitter 等社交平台引发热议。5 月 26 日至 31 日，有关"走进三星堆，读懂中华文明"主题活动的信息超过 27 万条，全世界的曝光量超过 24 亿次。基于"Z 世代"热衷探索、勇于创新的特质，主办方通过"走进三星堆，读懂中华文明"中华文化全球推广活动，将三星堆推上国际舞台，该项活动在网络上的点击量已经超过 5,000 万。[①] 此次主题推广活动是依托文博产业推进文化交流、呈现中华文化之美的成功尝试。

三、案例分析

四川大学学者骆世查指出，三星堆遗址的传播可以从作为"知识"的三星堆、作为"形象"的三星堆、作为"题材"的三星堆、作为"事件"的三星堆四条路径展开。"走进三星堆，读懂中华文明"中华文化全球推广活动就是循着这四条路径策划实施的，它通过丰富多彩的活动内容向公众展现古蜀文明魅力，展示三星堆遗址的独特之处，吸引海内外人士了解、传播古蜀文明。

（一）作为"知识"的三星堆：还原古蜀文明面貌，深化世界文明起源认知

美国博物馆协会关于公众对各种信息来源信任度的调查显示，博物馆是最值得信任的信息来源，排在书籍和电视新闻之前。[②] 博物馆一直是建立真实、生产和传播科

---

① 刘人宁，肖思和.数字化时代巴蜀地区文博产业海外传播研究——以三星堆博物馆为例［J］.科技传播，2022（6）：58-60，114.

② 谢颖.美国博物馆联盟发布"2018 博物馆事实"［EB/OL］.（2018-03-09）［2023-12-03］.https：//web.hnmuseum.com/zh-hans/aboutus.

学知识的关键角色。三星堆遗址作为中国古蜀文明的代表，承载着丰富的历史和文化知识。通过对三星堆的研究，人们可以了解蜀文化的起源、发展和演变过程，深化与其相关的历史脉络、社会制度和科学技术等方面的认知。中国社会科学院考古研究院研究员王仁湘在三星堆推介会采访中指出，三星堆文物中的一些象征物，如出土的青铜神树，体现了古蜀文明的制度结构和精神文明特质，即神权政体和太阳崇拜。这些文物对于我们理解古蜀文明的宗教信仰和社会结构具有重要意义。借助"走进三星堆，读懂中华文明"中华文化全球推广活动，主办方将三星堆遗址的珍贵发现传递给专业领域及全世界公众，不仅可以增加人们对蜀文化的认知，还能推动古蜀文明乃至人类早期文明的传承和发展。

（二）作为"形象"的三星堆：文创IP活化三星堆历史文化遗产

文物IP化是活化历史文化遗产的重要途径，"走进三星堆，读懂中华文明"中华文化全球推广活动借助多种形式的巧妙设计，将三星堆历史文化遗产与现代相结合，让文物活了起来。

一方面，它以VR、AR、全息投影、互动体验等技术为依托，提炼、锁定具有传播性的三星堆文物元素，对其进行创造性和创新性转化。首先，活动在入场处精心打造了"古蜀门，三星堆之夜"的沉浸式主题灯展，将文物青铜大立人像进行造型转译，将黄金面具和太阳玄鸟转化为奇妙的青铜之树，让文物以国家非物质文化遗产自贡彩灯为载体来呈现，使原本古朴肃穆的造型变得更具趣味性和亲和力，为受众提供了接触古文物的机会，使之在了解的基础上感受中华古文化的独特魅力。其次，活动特别推出了限量版的"金面具"文创产品，活动期间，来自海内外的嘉宾均可收到一个限量版的金面具，它由"走读中国"定制，带有唯一编号。此外，活动还特别设立了"三星堆文创展"，展示陶猪冰箱贴、铜鸟胸针、"叮当作响"钥匙扣等精品文创产品。

另一方面，此次活动充分挖掘文物背后的故事，将三星堆文物改编和创作成新的产品。如三星堆博物馆与腾讯联合推出三星堆新文创合作项目，从游戏、音乐、网文三个层面展开，以市场和产品的逻辑深化对三星堆文化元素的创新转化，实现三星堆文化元素的符号化、拟人化、形象化转化，进一步延展三星堆古蜀文明的传播力，提高公众的认知度。

（三）作为"题材"的三星堆：文物与艺术携手展现中华文化魅力

三星堆遗址的文物是研究蜀文化和展示中华文明的重要资源。"走进三星堆，读懂中华文明"中华文化全球推广活动采用跨界营销思维，将文物与多种艺术形式相结合，更加生动地传达中华文化的独特魅力，使得三星堆文物成为中华文化传承的重要窗口，进一步推动中华文化在世界范围的传播与交流。

三星堆文化为多模态、跨媒介叙事提供了丰富独特、源源不竭的题材，而这些内容产品又在建构、重构三星堆文化的实践中丰富了全世界对三星堆文化的理解。在此次推介活动中,"古蜀丝梦"国潮大秀将古蜀国的丝绸文化与三星堆文物的纹饰联系起来,缔造了一场富有独特文化底蕴的视觉盛宴,向世界展现了中华文化的独特魅力。在"聆听三星堆"环节,利用民族交响乐的形式演绎的《太阳·玄鸟》再现了古老的中华民族对于自然的敬畏和对美好生活的向往(见图4-13)。节目利用西方的管弦乐搭配中国传统民乐,用世界语言讲述中国故事,不仅促进了中华文化的传播,也展示着四川古蜀文明的开放性与包容性。三星堆文化全球传播重点项目推出"看中国·看三星堆"外国青年影像计划,通过外国青年的独特视角,拍摄中华文化记录短片,利用"他者"叙事彰显中国魅力,把真实的中国故事、中国声音传递给世界。

图 4-13 《太阳·玄鸟》现场

图片来源:新华社

(四)作为"事件"的三星堆:通过打造媒介事件,彰显三星堆文化的历史和文化价值

媒介事件的主要作用在于促进"社会整合"和"情感统一",从而使某种文化意义被社会成员所确认、共享和延续。[①] 传播主体和媒体通过打造媒介事件,传播蕴含既定文化意义的符号系统。作为本次主题活动的主办方,国务院新闻办、四川省政府、三星堆博物馆三方联手打造了一场轰动全球的直播秀。通过重现古蜀道、古乐诠释等仪式化的传播设计,本次主题活动在不到一周的时间收获了全球 24 亿次以上的媒体曝光量和互动量,将三星堆遗址从考古、文博领域的突破发现转化为全球公共领域的媒介事件。更重要的是,以此次推介活动为起点,三星堆博物馆构建了后续传播三星堆文化的项目矩阵,无论是向全球媒体、机构和个体所发出的"走读"邀约,还是融合了

---

① DAYAN D,KAT2 E.Media Event[M].Cambridge:Harvard University Press,1994:55.

图书、电影、纪录片等多模态的内容创作项目，都意在挖掘能够维系文化意义和历史价值的三星堆故事，通过交叉性的故事讲述和多层次的表意系统，让沉淀在人类早期文明长河中的事实与史料成为可以共情、互动、感知的"事件"，最终达成三星堆历史、当代和未来价值的可持续建构，真正展示中华文化的魅力。

四、总结

"走进三星堆，读懂中华文明"中华文化全球推广活动既是一场面向全球的主题推广活动，又是三星堆博物馆基于人类共通情感的艺术传播路径的探索。通过知识的传播，人们可以了解三星堆所代表的蜀文化的起源、发展和特点，进而走进博大精深的中华文明。通过形象的塑造，抽象的三星堆文化被转化为可感知、可共情、可参与的符号体系。通过题材的共享，三星堆的文物与多样化的艺术形式结合起来，中华文化的精神内涵和价值观念得以传递。通过事件的策划，三星堆文化作为中华文明组成部分的历史价值、当代价值和未来价值得到彰显，中华文明的独特魅力得到体现。本次立足古蜀、面向世界的文博主题活动，为我国文博行业更好地以主题活动为着力点，有效推动中华优秀传统文化创造性转化与发展积累了可供参考的经验和智慧。

思考题

1. "走进三星堆，读懂中华文明"中华文化全球推广活动采用了哪些途径和手段进行传统文化的创新性转化？

2. 结合本案例，从国际传播渠道角度谈谈未来应该如何加强中华文化的国际传播能力。

3. 选取其他文化遗产项目，如敦煌文化遗产等，与本案例进行对比分析，阐述数字技术如何赋能传统文化的国际传播。

参考文献

[1] 中华人民共和国文化和旅游部.故宫博物院发布对外文化交流工作及成果[EB/OL].（2023-03-27）[2023-12-03］. https://www.mct.gov.cn/whzx/zsdw/ggbwy/202303/t20230327_940930.html.

[2] 张志宏，刘恋.中国传统文化的国际化表达——《金色面具英雄》登上《动画杂志》封面的思考与启示[J].对外传播，2020（12）：60-62.

[3] 邹雅婷.让世界感受三星堆魅力[N].人民日报海外版，2021-12-07（7）.

[4] 袁梓潆.转文化传播视域下三星堆国际传播路径探析[J].传媒，2023（10）：54-56.

[5] 黄蕙.战略传播视域下的文博业国际传播叙事体系构建及路径研究——以故宫博物院为例[J].云南社会科学，2023（1）：164-169.

[6] 钟莉,张嘉伟.文明的语言：Z世代国际传播的符号之旅——以三星堆国际传播平台为例[J].新闻界,2022（12）：91-96.

[7] 姜飞,袁玥.传播与中华文明走向世界：三星堆的国际传播——对话四川日报报业集团党委副书记、总编辑,四川国际传播中心主任李鹏[J].新闻界,2022（11）：89-96.

[8] 张智华,殷绰.新型主流媒体三星堆考古报道的创新——以央视频《三星堆大发掘》融媒体项目为例[J].青年记者,2022（11）：35-37.

[9] 李竞.博物馆的跨媒介传播研究——以三星堆博物馆为例[J].出版广角,2022（2）：82-85.

[10] 王春美.融媒体时代文化遗产的传播创新——以故宫博物院为例[J].传媒,2020（8）：66-69.

【作者：刘小晔　石心悦】

芒果TV：锁定海外青年群体，打造国际传播自主渠道

导语

"文化出海"战略下，省级卫视在打通国际传播渠道、讲好城市故事和中国故事方面扮演着越来越重要的角色。湖南广电自2013年起，将海外青年作为主要目标群体，积极投身于从"借船出海"到"造船出海"的海外传播渠道开拓实践，成功打造了芒果TV国际版App这一独立自主的国际传播渠道，助力中国文化的全球传播。本案例以芒果TV国际版App为例，全面分析其锁定海外青年群体、打通国际传播渠道的实践举措——因地制宜布局"出海"之路、精准定位打造自有平台、开设国风频道文化专区、加强中外战略合作以及输出版权和发行模式等，为我国省级卫视探索通过建设自有平台打造国际传播自主渠道提供经验借鉴。

一、案例背景

全球化背景下，打造自主国际传播渠道已经成为各国展示自身形象、传播优秀文化、争取国际话语权的关键途径。面对长期以来"西强我弱"的国际传播格局，我国政府高度重视对外传播工作，通过一系列重大部署，积极推动讲好中国故事、传播好中国声音，展示真实全面立体的中国。政府部门和主流媒体作为国际传播的"国家队"，积极发挥引领作用，打造了一批具有较强国际影响力的外宣旗舰媒体，面向国际市场积极拓展传播渠道，有效开展了一系列文化传播和国际舆论引导活动，使中华文化感召力和我国国际话语权得到显著提升。近年来，随着互联网的飞速发展和全球

信息传播格局的演变，省级卫视作为国际传播的第二梯队也在积极探索从"借船出海"到"造船出海"的城市对外传播路径，通过传播城市故事和城市文化来塑造城市形象，反哺国家形象，使国家形象变得更加立体、动态并充满活力。

目前，我国一些省级卫视在国际传播渠道建设方面颇见成效。例如，上海广播电视台聚合旗下融媒体中心、第一财经、纪录片中心、东方卫视等优质资源，打造上海文广国际传播中心（SMG International），面向海外推出 ShanghaiEye 国际传播矩阵，打造"上海城市形象"旗舰视频产品，向全球展现中国式现代化的"上海样本"。[①]江苏省广播电视总台打造的我苏国际传播中心，以主品牌"Jiangsu+You"为支点，启动"全球视野看江苏"国际融媒行动，让众多海外人士感知江苏，向世界讲述江苏故事。湖北国际传播中心（HICC）推出的 Open Hubei 入驻 Twitter、Facebook 等七大海外平台，并因地制宜地制定了精准化传播策略，面向巴西、阿根廷地区重点推送足球等内容，面向东南亚、意大利地区重点推送美食和情感类节目。[②]在众多省级卫视中，湖南广播电视台始终走在拓展国际传播渠道的前沿。早在 2013 年，湖南广电便开始"借船出海"，在 YouTube 上开设了官方账号；2018 年，它率先尝试"造船出海"，推出芒果 TV 国际版 App（Mango TV），成功搭建自主国际传播平台，为塑造城市形象、传播中国优秀文化奠定了坚实的渠道基础。湖南卫视"出海"探索中形成的"芒果经验"，为其他省级卫视的国际传播实践提供了示范。

二、案例描述

湖南广电作为一家强势的省级卫视媒体品牌，致力于挖掘"青春中国"文化和中国优秀传统文化，2013 年便开通了"芒果 TV"YouTube 官方账号，通过"借船出海"铺设国际传播渠道。2014 年 4 月，湖南广电打造了以青春为底色的芒果 TV 平台，并于 2018 年 3 月 19 日在中国香港国际影视展正式上线了芒果 TV 国际版 App，锁定海外青年群体，开启了全方位构建自有、自主、自控国际传播渠道的"造船出海"模式。

芒果 TV 是以视听互动为核心，融网络特色与电视特色于一体，实现多屏合一的独播、跨屏、自制的新媒体视听综合传播服务平台，[③]它由湖南快乐阳光互动娱乐传媒有限公司负责具体运营，连续五年获评中国互联网企业百强，连续四年获"世界媒体五百强"。面对海外市场激烈的竞争环境，芒果 TV 锁定海外青年群体，不断加强顶

---

① SMG 发布. 打造国际传播超级视频 IP，ShanghaiEye 今日焕新上线 [EB/OL]. (2023-11-08) [2023-12-14]. https://mp.weixin.qq.com/s/4zQI7_AYVEmOI6DXz8z3QQ.
② 冯刚. 向世界讲好中国故事，多家电视台成立国际传播中心 [EB/OL]. (2023-12-11) [2023-12-14]. https://mp.weixin.qq.com/s/s_GNqCt3ZvfXTVSKbnhO_A.
③ 曾谊，段楚亚. 芒果 TV 国际 APP："芒果模式"在国际传播中的探索与实践 [J]. 声屏世界，2023（5）：5-7.

层设计和布局，因地制宜，应时而动，以港澳台为起点，布局东南亚，并通过多种方式拓宽海外传播渠道，力图实现"凡亲中国者，多晓芒果台；凡有华人处，必闻芒果声"，为提高我国对外传播影响力、中华文化感召力、中国形象亲和力、中国话语说服力贡献了强大的芒果力量。经过五年的发展，芒果TV平台现已搭建起产品国际化、内容国际化、合作国际化三大板块业务。目前，芒果TV国际版App的下载量已超1.4亿，覆盖全球195个国家和地区。该平台还不断强化与Youtube、Facebook等社交媒体平台的合作，并且与亚洲、欧洲、拉美等地的媒体集团、运营商等达成战略合作，以进一步扩充芒果内容版图，提升国际影响力。[①]芒果TV在构建立体的海外传播体系基础上，大胆实践，勇于探索，形成了国际传播的"芒果经验"，为省级卫视全方位打造自主国际传播渠道树立了典范。

三、案例分析

（一）因地制宜，应时而动，有序布局"出海"之路

用情用力讲好中国故事，向世界展现可信、可爱、可敬的中国形象，是主流媒体的职责所在。作为有较大影响力的省级卫视，湖南广电肩负起主流媒体的责任担当，因地制宜，应时而动，采取先"借船出海"再"造船出海"的策略，积极探索布局出海之路。通过多年努力，芒果TV已经成功将国际传播渠道布局到我国港澳台地区以及东南亚、欧美等众多国际市场，它通过电视、网络、移动终端等多种媒介形式构建了多元化的国际传播矩阵，吸引了无数海外青年受众，真正打造了独立自主的国际传播渠道，助力中国故事的全球传播。

芒果TV基于前期对内容市场的培育以及对当下国际市场趋势的判断，早年间便尝试"借船出海"策略，积极拓展国际传播渠道。芒果TV于2013年开通官方YouTube账号，通过整合湖南广电的优质节目内容资源，吸引了较为可观的海外受众群体。[②]目前，"湖南卫视芒果TV官方频道"在YouTube平台的订阅用户总数已超2,010万。此外，芒果TV还在Google、Facebook、Twitter等海外主流平台持续深耕内容运营，以提升粉丝的体验。YouTube平台芒果TV专区还积极开展小语种矩阵搭建与会员功能拓展，其中印尼频道的订阅数、观看量和收益同比增长200%。[③]芒果TV"借船出海"的实践探索虽然在海外市场获得了良好的口碑和用户基础，但始终受制于海外媒体平台对于内容要求、审查标准差异等规则限制。因此，建设自有平台，将主动权、控制权、主导权

---

① 肖旻.从芒果TV"文化出海"看视频平台海外融媒体实践[J].东南传播，2020（5）：116-118
② 曾谊，段楚亚.芒果TV国际APP："芒果模式"在国际传播中的探索与实践[J].声屏世界，2023（5）：5-7.
③ 芒果TV.共建新矩阵 同享新"生态"｜唐伟民分享芒果TV国际传播体系[EB/OL].（2023-10-23）[2023-12-23］.https://mp.weixin.qq.com/s/_PxaWK5x2jayJT9imr-kLw.

牢牢抓在自己手里，成为芒果TV全方位打造国际传播渠道的重中之重。

在"借船出海"经验积累的基础上，芒果TV于2018年3月搭建海外新媒体平台芒果TV国际版App，为优质华语内容"走出去"提供了自有、自主、自控的渠道。经过5年的精心布局，芒果TV国际版App根据不同地区的情况进行了因地制宜的策略调整，逐步覆盖我国港澳台地区、东南亚以及欧美市场等全球195个国家和地区的用户。首先，作为"出海"前哨站的中国港澳台地区一直是芒果TV国际版App打通传播渠道工作的重点。芒果TV根据我国港澳台地区的观众喜好和需求，创制了一系列优质作品。比如，芒果TV先后推出音乐竞演节目《声生不息·港乐季》《声生不息·宝岛季》，在芒果TV国际版App、台湾中天亚洲台以及香港TVB旗下马来西亚、美国、加拿大、北美等八大平台上线；①在综艺节目《披荆斩棘的哥哥》中，芒果TV以"大湾区"哥哥为亮点，成功助力节目突破港澳台地区青年文化圈层，并打通了港澳台传播渠道，目前该节目累计播放量超过60亿次。其次，由于东南亚泛华语地区更有地缘和文化亲近感，芒果TV国际版App通过多种方式将布局海外传播渠道的目光投向了东南亚市场。②比如，电视剧《我亲爱的"小洁癖"》首度尝试用越南语配音，在越南青年受众中引发热烈反响；《乘风2023》邀请越南籍青年艺人芝芙参与演出；特别节目《湘商闯老挝》《乘着高铁去老挝》聚焦中国人民与老挝等东南亚国家之间的交流与合作。通过这些举措，芒果TV国际版App成功打开了东南亚市场，获得了良好的口碑和用户认可。此外，芒果TV国际版App还致力于打开欧美等更多国际市场，比如综艺节目《中餐厅》走进法国、意大利等，成功将中国文化和美食推向了国际舞台，也为芒果TV国际版App在国际市场上树立了良好的品牌形象。

（二）精准定位，技术加持，着力打造聚拢青年群体的自有平台

在当今的媒体市场中，年轻用户是最具活力、热衷于互动并对他国文化接受度极高的群体，媒体在打造自主国际传播渠道的过程中，抓住青年群体就意味着抓住了传播中国文化的重要机遇。芒果TV国际版App精准定位，将青年群体作为主要目标受众，并将"青春"作为主推概念，通过深入了解青年群体的兴趣和需求，打造了符合他们口味的年轻态内容。同时，由于作为互联网生力军的青年群体多追求个性与多样化表达，注重沉浸式体验，芒果TV国际版App坚持技术创新，积极进行数字化转型，借助技术的力量着力打造聚拢青年群体的自有平台，赋予青年群体多样化、沉浸式体验，实现了自有渠道中用户规模的稳定增长。

---

① 芒果TV. 共建新矩阵 同享新"生态"丨唐伟民分享芒果TV国际传播体系［EB/OL］.（2023-10-23）［2023-12-23］. https://mp.weixin.qq.com/s/_PxaWK5x2jayJT9imr-kLw.

② 彭悠悠，李思，尹思静. 国际传播"芒果模式"的探索与实践——以芒果TV国际APP为例［J］. 视听界，2023（1）：32-35.

首先，芒果TV通过精准定位，专注青春影响力。湖南卫视自2008年起便开始承办"汉语桥"世界大学生中文比赛，致力于向年轻群体传播中华文化。随着芒果TV国际版App的建设，这一传统得以延续。目前芒果TV海外用户男女比例为3∶7，以18岁—24岁的学生群体居多，他们每日在芒果TV国际版App上人均观看5至6个视频，观看时长在1小时以上，是YouTube平台观看时长的6倍。[①]由于青年群体通常对新鲜、有趣、多样化的内容更感兴趣，芒果TV在打通国际传播渠道的过程中注重输出创新性、多样性的内容，力求以年轻化的风格和元素吸引年轻用户的关注。例如，芒果TV的原创综艺《明星大侦探》《密室大逃脱》将年轻用户喜爱的烧脑、悬疑元素融合起来，在国际范围内引起了广泛关注。为展示近年来中国巨大的发展成就，芒果TV推出系列真人秀节目《功夫学徒》，邀请外国青年体验中国的各行各业，借助国际青年群体传播中国声音，也产生了很好的传播效应。此外，芒果TV还创制了关注"00后"青少年的脱口秀《放学别走》、探寻美味与体验野趣的《野生厨房》、情感观察类真人秀《妻子的浪漫旅行》《女儿们的恋爱》等丰富的优质内容。[②]芒果TV国际版App通过对青年受众的深入考察和精准定位，专注青春影响力，逐步在国际市场上获得更多年轻受众的喜爱。

其次，芒果TV积极进行技术创新，致力于打造现代化的自有平台和国际传播渠道。一方面，在多年的技术创新探索中，芒果TV国际版App以"极简的界面"和"极致的功能"为目标，不断进行版本更新和优化。2021年，芒果TV国际版App在进行全新的升级及功能体验优化的同时，技术架构全面优化，安装包体积压缩近50%，包体"瘦身"后，播放更流畅，App响应速度更快。[③]目前芒果TV国际版App应用界面支持英语、越南语、马来语等7种语言切换，并通过AI和人工相结合的方式，为平台内容提供18种语言的多语言字幕。对于重点内容，芒果TV国际版App还会在首页进行双语或多语种推介，帮助海外受众迅速发现他们喜欢的节目。另一方面，芒果TV也积极将技术应用于节目制作过程，使传播渠道更具科技感与沉浸感，从而对青年群体更具吸引力。芒果TV于2019年成立"创新研究院"，专注于虚拟现实技术应用的开发，并探索新型数字化制作技术在综艺节目中的应用。在综艺节目《声生不息·宝岛季》中，芒果TV运用了LED XR虚拟拍摄技术，成功突破了场地与时间的限制。在综艺节目《全员加速中》中，芒果TV利用虚拟空间让艺人通过VR和万向跑步机进行挑战，以数字分身的形式完成节目任务。此外，芒果TV还于2021年成功举办虚拟演

---

① 周煜媛.芒果TV成为中华文化走出去的重要网络平台[J].中国广播影视，2021（12）：42-44.
② 周煜媛.芒果TV成为中华文化走出去的重要网络平台[J].中国广播影视，2021（12）：42-44.
③ 彭悠悠，李思，尹思静.国际传播"芒果模式"的探索与实践——以芒果TV国际APP为例[J].视听界，2023（1）：32-35.

唱会，使虚拟主播小漾在《你好星期六》节目中与观众见面。这些举措均为芒果TV在国际市场的渠道拓展及核心竞争力的提升提供了有力支持。

（三）开设国风频道、文化专区，助力中国故事出圈"出海"

随着全球化的推进，互联网和社交媒体的普及令海外青年能够更加便捷地获取中国的信息，这使得海外青年的文化包容度得以提升，并对中华文化表现出更强的感知力。作为独立自主探索构建国际传播渠道的视频平台，芒果TV锁定海外青年群体，以湖湘文化和中华文化为核心，以优质内容为载体，通过特别开设国风频道、文化专区的方式向海外青年推广多部优质华语纪录片，使湖南故事、中国故事在自有渠道内自由、畅通传播，助力"湖湘风"和"中国风"的出圈"出海"。

首先，国风频道与文化专区的开设是芒果TV搭建自主国际传播渠道、打造中国文化展示窗口的重要举措。为了在满足海外用户观看和使用习惯的基础上推动湖湘文化和中国文化的海外传播，芒果TV国际版App对整体页面和排版设计进行了优化，在国内原有的频道分类基础上，缩减频道入口，简化内容分类，设置了包括文化、国风在内的六个频道，使页面布局更加简洁明了。在文化专区的首页，芒果TV国际版App设置了美食大片、解码湖湘文化、百年风华正青春等多个细分栏目，向海外受众推送了《岳麓书会，书香湖南》特辑以及包括《中国》《华流潮动》《沈从文与湘西》在内的多部优质纪录片。其中，纪录片《沈从文与湘西》以人文与故乡的视角，回顾了作家沈从文的生平，通过双配音与情景再现的形式，让全球受众切身感受沈从文作品饱含的家国之情与湘西的人文内涵（见图4-14）。① 在纪录片《中国》第三季收官之日，芒果TV国际版App以"卷轴+社交圈"为内容载体，特别策划推出"当我拥有了《中国》古代好友们"的主题创意互动H5作品（见图4-15）。此H5作品横向以时间为主线，融入"结绳记事"的设计和概念，串联起从上古神话到近代文明的中华历史发展脉络；纵向设计通过古人好友们发布社交动态的形式，全景展现对后世中国带来的深远影响、极富代表性和

图4-14 芒果TV国际版App文化频道主页推送纪录片《沈从文与湘西》

---

① 刘嘉琪.《沈从文与湘西》：一生感念乡土，一笔写就家国[EB/OL].（2023-06-08）[2023-12-24］. https://mp.weixin.qq.com/s/YrmaPnar8u2SayIYoQLGJA.

时代意义的历史人物和事件，兼具知识性、趣味性和互动性。①芒果 TV 国际版 App 通过精心策划的 H5 作品，为自有传播渠道增添了沉浸式的互动感，有效地拉近了海外青年群体与中国文化的距离，并获得了海内外用户的广泛认同。

其次，芒果 TV 在搭建国际传播渠道的过程中，注重集结优质内容资源，将精品充实其中，使"文化出海"更具影响力。为此，芒果 TV 积极整合内外部资源，通过精心策划和制作，推出了多部高质量的文化精品内容。如纪录片《我的青春在丝路》真实记录了奋斗在"一带一路"沿线国家的中国青年的追梦故事，在全平台上线一周流量接近 580 万。芒果 TV 与 Discovery 探索联合创制的职业体验纪实真人秀节目《功夫学徒》，一经播出便受到无数观众与各大媒体的广泛关注和一致好评，为文化类节目的国际表达提供了一条创新的可行路径。②2020 年推出的《功夫学徒之走读中国》以独特的视角和真实的记录方式，带领观众走进中国乡村的各个角落，展现了当地人民勤劳智慧的生活场景、传统文化的魅力以及乡村振兴战略取得的成就，推动中国故事"出海"。

图 4-15　芒果 TV 国际版 App 推出主题创意互动 H5 作品"当我拥有了《中国》古代好友们"

（四）跨界跨国开展业务，携手拓展海外传播渠道

在全球化日益演进和复杂海外市场环境相互交织的背景下，芒果 TV 如何进一步拓宽国际传播渠道，实现传播力的有效增长，成为"走出去"的关键一步。为此，在"讲好中国故事"这一理念驱使下，芒果 TV 始终坚持融通中外上下功夫，不断加强国内外战略合作，积极拓展海外"朋友圈"，加速互通互联的国际大通道建设，助推芒果内容走向更广阔的世界舞台。

首先，芒果 TV 通过与中国手机厂商合作的方式设立芒果 TV 国际内容专区，拓宽海外传播渠道。中国一些手机"出海"品牌在全球市场具有强大的影响力和市场份额，与其合作可以为芒果 TV 提供更广阔的用户基础和市场机会，实现内容的多渠道传播和推广。同时，中国手机厂商也可以通过与芒果 TV 合作，提升其产品的附加值和竞争力，进一步巩固其在国际市场的地位，实现互利双赢。目前，芒果 TV 已与华为、传

---

① 芒果 TV.《中国》第三季今日收官，古人教你以"礼"服人［EB/OL］.（2023-12-03）［2023-12-24］. https://mp.weixin.qq.com/s/-S3yz1IwxKbfckmCrMn-8g.

② 蔡怀军. 文化强国建设背景下国际传播的新思路——基于芒果 TV 海外业务的分析［J］. 传媒，2023（11）：59-61.

音、小米、OPPO等硬件厂商达成战略合作，将芒果TV的内容接入传音、小米手机视频等App内，不定时开展联合推广和会员促销活动，借助厂商的渠道优势和品牌优势进一步拓展芒果TV内容的分发渠道，辐射千万级海外用户。此外，在一些海外重点发展地区，芒果TV也通过与当地运营商合作的方式拓宽当地渠道，例如芒果TV加强与马来西亚电讯等当地头部运营商合作，扩大了芒果TV国际版App的用户规模和海外市场影响力。①

其次，芒果TV不断加强与国外电视台的框架合作，推动湖南广电内容在国际传播渠道中的交流与传播。2022年8月，芒果TV与老挝国家电视台、云数传媒正式签署战略合作协议，在数字化平台建设、内容授权与译制、跨境电商、合资等领域开展合作，共建东南亚区域国际传播中心；与马来西亚电讯公司和新加坡电信达成平台级战略合作，开辟"每天1小时"湖南广电内容节目带，覆盖当地410万华裔观众。②这些合作举措不仅有助于提升湖南广电的国际影响力，拓宽湖南故事、中国故事的对外传播渠道，也为海外青年群体提供了更多优质的中文节目选择，满足海外青年受众对中国文化的需求。

（五）版权发行，模式输出，推动IP落地海外

节目制作模式的输出，是中国媒体拓展国际受众、开发国际市场、实现文化"走出去"的有效实践。③在这一过程中，一方面优质IP实现了版权收入，另一方面中国媒体得以吸引更多国际受众的关注和喜爱，从而提升自身品牌影响力。芒果TV在构建国际传播渠道的过程中，持续进行业务创新，通过自有优质内容的版权发行，不断向外输出节目制作模式，推动芒果精品IP的海外落地。

首先，芒果TV以原创优质剧集和热门爆款综艺的海外发行为突破口，加强与国际媒体的版权交易合作，成功打通海外落地渠道，实现了芒果版权内容在海外的有效覆盖。例如芒果TV于2021年与国际传媒巨头Netflix进行版权交易合作，成功发行自制剧集《我亲爱的小洁癖》《理智派生活》，在Netflix上线播出后被翻译成多个语种版本，覆盖全球190多个国家和地区。目前芒果TV的多个优质IP如《乘风破浪的姐姐》《明星大侦探》《歌手》《中餐厅》《花儿与少年》等已经在全球范围内落地。

其次，在版权内容赢得海外传播声量的基础上，芒果TV致力于海外业务的创新，积极向外输出节目制作模式，以推动芒果TV全方位、深层次打造自主国际传播渠道。2019年，芒果TV与新加坡Sky Vision Media就《妻子的浪漫旅行》模式输出与共研达

---

① 芒果TV. 共建新矩阵　同享新"生态"丨唐伟民分享芒果TV国际传播体系［EB/OL］.（2023-10-23）［2023-12-26］. https://mp.weixin.qq.com/s/_PxaWK5x2jayJT9imr-kLw.
② 芒果TV. 共建新矩阵　同享新"生态"丨唐伟民分享芒果TV国际传播体系［EB/OL］.（2023-10-23）［2023-12-26］. https://mp.weixin.qq.com/s/_PxaWK5x2jayJT9imr-kLw.
③ 吕星. 芒果TV驾船出海的国际传播探索［J］. 中国记者，2023（7）：55-58.

成合作；2021年，芒果TV与越南国家电视台（VTV）就《小巨人运动会》达成原创模式授权合作；2023年4月，芒果TV与越南有线电视公司就《乘风破浪的姐姐》第一季的模式授权达成合作，在策划方案、赛制安排、拍摄地点、节目物料等方面，由芒果TV派专业团队指导，由越南本地艺人参加录制，2023年10月《乘风破浪的姐姐越南版》正式在越南国家电视台VTV3台播出，收视率一路飙升。目前芒果TV已经与马来西亚、巴西、新加坡等海外多个电视台及制作公司建立了战略合作，输出版权和节目制作模式，这不仅提升了芒果TV自身的国际影响力和竞争力，同时也为省级卫视打造自主国际传播渠道提供了模式示范。

四、总结

省级卫视全方位构建国际传播渠道的实践探索为我国城市故事和中国故事的传播提供了新的机遇。近年来，多家省级卫视开始利用自身资源和广泛影响力，积极建设国际传播的自有平台，掌握传播城市故事和中国故事的主动权。而芒果TV锁定海外青年群体，通过因地制宜布局"出海"之路、精准定位打造自有平台、开设国风频道文化专区、加强中外战略合作、输出版权和发行模式等举措，形成了打造自主国际传播渠道的"芒果经验"，为其他省级卫视提供了有价值的参考。随着芒果TV国际版App在海外影响力的不断加强，其在提升中华文化传播力、引导力、影响力、公信力以及构建全面、客观、立体、真实的中国形象方面将发挥更为积极的作用，从而带动更多的省级卫视承担起传播中华优秀文化，树立可信、可敬、可爱的中国形象的使命。

思考题

1. 查找资料，了解目前我国省级卫视国际传播渠道建设的基本现状。
2. 试析省级卫视在国际传播渠道布局中的重要地位。
3. 谈谈芒果TV在国际传播渠道建设中的成功经验及启示。
4. 选择一个你喜爱的国际传播媒体，谈谈其在国际传播渠道建设中的亮点和不足。

参考文献

[1] 肖旻.从芒果TV"文化出海"看视频平台海外融媒体实践[J].东南传播，2020（5）：116-118.

[2] 曾谊，段楚亚.芒果TV国际APP："芒果模式"在国际传播中的探索与实践[J].声屏世界，2023（5）：5-7.

[3] 彭悠悠，李思，尹思静.国际传播"芒果模式"的探索与实践——以芒果TV国际APP为例[J].视听界，2023（1）：32-35.

[4] 周煜媛.芒果TV成为中华文化走出去的重要网络平台[J].中国广播影视，2021（12）：

42-44.

[5] 蔡怀军.文化强国建设背景下国际传播的新思路——基于芒果TV海外业务的分析[J].传媒，2023（11）：59-61.

[6] 吕星.芒果TV驾船出海的国际传播探索[J].中国记者，2023（7）：55-58.

【作者：张淑燕　陈维青　兰少泽】

起点国际：打造国际网络文学垂直社区，凝聚海外中华文化爱好者

导语

近年来，在政策引领和市场需求的双重驱动下，网络文学"出海"成为我国文化对外宣传的重要窗口。起点国际（WebNovel）作为网络文学"出海"的第一个官方平台，自2017年推出至今，已成功打开了国外市场，打通了海外读者的阅读通道，成为中华文化"走出去"的重要平台。本案例立足渠道，从内容生产、市场开拓、宣传推广、IP开发、平台建设等方面分析了起点国际开拓海外网络文学市场的成功经验，为我国文化产业"出海"并作好中华文化对外传播提供有益参考。

一、案例背景

网络文学的崛起离不开网络文学平台的助力。早在1996年，网易开通了个人网页，以互联网作为媒介传播的文学作品第一次通过门户网站登上舞台。①1997年，美籍华人朱威廉创立"榕树下"个人主页，1998年"榕树下"发展为我国第一个网络文学公司，大批最早的网络作家聚集在此。此后，"书路""诗星座""黄金书屋"等大批文学网站相继诞生，1998年也因此被称作中国"网络文学元年"。经过20余年的发展，中国网络文学产业2022年总营收已达317.8亿元，网络文学市场形成了三梯队格局：第一梯队为三家网络文学上市公司，包括中文在线、掌阅科技和阅文集团；第二梯队为以起点中文网、创世中文网、纵横中文网、阿里文学、晋江文学为代表的二十余家网站；第三梯队以中小型文学网站为代表，它们面向窄众人群、聚焦窄众主题，数量众多。

随着我国网络文学产业的不断壮大，头部平台开启了进军海外市场之旅。2004年，阅文集团旗下门户网站起点中文网以国内网络文学作品为依托，面向海外出售作

---

① 欧阳友权.中国网络文学二十年（1998-2018）[M].南京：江苏凤凰文艺出版社.2019.

品版权；2014年—2016年，海外翻译网站崛起，出现了俄翻网站Rulate，英翻网站WuxiaWorld、Gravity Tales等，这加速了网文内容输出；2017年5月，阅文集团旗下海外门户起点国际正式上线，作为首个海外垂直门户网站，我国网络文学开始以此为阵地、成规模地对中国网文进行翻译输出。2023年5月27日，由中国作家协会等主办的"2023中国国际网络文学周"在杭州开幕，会上发布的《中国网络文学在亚洲地区传播发展报告》指出，截至2022年年底，中国网络文学已累计向海外输出网文作品16,000余部，海外用户超过1.5亿人，"出海"市场规模超过30亿元。[①] 从网络文学在海外的发展历程和取得的成绩看，网络文学"出海"的潜力是巨大的。

中国网络文学以其强劲的原创性、强大的传播力，在海外获得了极高的关注度和良好的经济效益，成为继美国好莱坞电影、日本动漫、韩国电视剧之后的又一世界级文化奇观。网络文学正成为传播中华文化的重要窗口和中华文化国际传播体系的重要组成部分。

阅文集团旗下海外门户网站起点国际是中国网络文学"出海"领域当之无愧的翘楚，它目前已探索打造了网络文学对外传播的系统性渠道生态，为网络文学的海外传播和网络文学的产业运营带来了示范效应。

二、案例描述

2017年5月，阅文集团海外门户起点国际上线，成为中国网络文学海外传播的第一个官方网站。[②] 作为网络"出海"的首个官方平台，起点国际在内容生产、市场开拓、宣传推广、IP开发、平台建设等方面大胆创新、勇于探索，努力把海外平台建设成为门槛低、共创性强、内容质量高且产出速度快的优质网络文学平台。经过多年的实践摸索，平台终于在海外市场落地生根，开花结果，成为我国文化"走出去"的重要传播渠道。

在开拓海外市场的过程中，起点国际积极寻求广泛深入的全球合作，合作方式秉持因地制宜、一国一策的原则。例如，阅文集团牵手中俄手机品牌Yota达成移动阅读战略合作，它与韩国的合作则采取投资韩国原创网络小说平台Munpia（株式会社文笔雅）的方式，打通了韩国网络文学市场。通过采取灵活多样的合作方式，起点国际迅速打开了海外市场。

在内容生产方面，起点国际采取了三种方式，第一种是精挑细选具有代表性的优

---

① 余俊杰，冯源.中国网络文学"出海"作品达16000余部［EB/OL］.（2023-05-27）［2023-12-10］.https://mp.weixin.qq.com/s/U92c4XA1xeYiAisu1xj5-A.
② 吉云飞."起点国际"模式与"Wuxiaworld"模式——中国网络文学海外传播的两条道路［J］.中国文学批评，2019（2）：102-108，159.

秀作品，如《天道图书馆》《美食供应商》《巫神记》《傲世九重天》等，在海外市场出售版权，作品上线后普遍获得超高人气，受到海外读者的追捧；第二种是中国网络文学的翻译版本上线起点国际平台，并逐渐使用AI翻译功能，提高翻译效率；第三种是吸纳本土用户参与网文生产，网络文学的独创性就在于开放、包容、共创，通过共创真正吸纳海外用户深度融入。输出作品和本土用户创作的作品多为东方玄幻故事或神话故事，展现了中国传统文化以及当下的流行风尚，让海外受众进一步了解中华文化。

在内容转换输出方面，起点国际启用了AI翻译技术提高翻译效率，同时，投入人工翻译，进行审核、校准、润色。在多语种市场布局加速的背景下，翻译机制发生巨大变化，形成了人工翻译、粉丝翻译、机器翻译、AIGC翻译的多主体协作翻译模式。

在IP产业开发上，起点国际基于自身大量的优质作品，通过与影视、动漫、游戏等产业联动，形成了以网络文学为基石的IP生态链，尤其在5G、AI、VR等数字技术的支持下，IP开发模式不断革新，网络文学正以源源不断的内容生命力征服海外读者。

在海外平台功能建设方面，基于渠道优势与内容优势，起点国际打造了共融性文化叙事平台，开发原创功能和"段评"功能，在读者"跟帖"与"盖楼"的文学接受实践中完善了平台的共创共读模式，开放、活跃、深度参与的平台氛围形成了。

经过六年的实践探索，目前，起点国际全行业海外营收规模达40.63亿元，共有40万名海外网络作家参与共创文学，海外原创作品达到61万部，实现规模化发展，海外访问用户约2.2亿人，用户覆盖全球200多个国家和地区，建立了网络文学对外传播的全球共创、社交共读、产业融合的系统性渠道生态，其运营模式为我国网络文学平台的成功"出海"提供了可借鉴的行动指南。[①]

三、案例分析

（一）跨语种转换与原创功能相结合，丰富内容生产模式

1. 引入AI翻译技术，实现作品的多语种快速转换

网络文学"出海"，离不开本土文学作品的输出。作为一种跨语言传播形态，网络文学传播面临语言上的差异，语言差异是对外传播的传播者与受传者即传受双方共同面临的首要障碍。[②]因此，将原作品的语言符号转换成规范、精当、地道或"原汁原味"的目标国受众的语言，是实现国际传播目标的前提。

中国网络文学篇幅普遍较长，且题材以仙侠类、玄幻类为主，语言隔阂成为网文产业化"出海"的最大痛点。为此，起点国际采取多种方式来提高翻译效率，制定了

---

① 阅文集团. 海外00后网文作家超40%［EB/OL］.（2023-12-05）［2023-12-10］. https://mp.weixin.qq.com/s/JQSgD_XWzAQAwko1-z-Nbg.

② 李智. 国际传播［M］. 北京：中国人民大学出版社，2013：135.

"翻译孵化计划"，依托对外合作的模式，大量招募优秀的翻译团队和人才，缩短翻译时间。① 随着市场的拓展，受众范围覆盖多个国家，多语种市场布局的加速，单纯依靠人力翻译显然已经难以满足用户快速增长的需要。

2018年7月，起点国际推出了全球首个网络文学人工智能翻译系统，运用算法技术，原来人工翻译需要1小时的1,000字文章，AI芯片只需要1秒钟就能完成，效率提高了3,600倍；之前100万字的文章，使用专业翻译人员需要花费20万元，而AI翻译只需不到1,000元，成本降到了原来的1%。②

《2023中国网络文学出海趋势报告》显示，截至2023年10月，通过引入AI智能翻译技术，起点国际已上线约3,600部中国网文的翻译作品，比3年前增长110%。同时，起点国际看到了以AIGC为代表的新科技为行业发展带来的机遇，2023年它加大了AIGC技术的布局，持续升级人机配合的AI翻译模式，加速网文"一键出海"步伐。

2. 开放原创权限，赋能用户内容共创

文学"出海"并不仅仅是"输出"，持续吸引海外用户深度融入与参与内容生态是文化真正落地生根的核心，起点国际通过在海外发挥内容原创功能实现了这一目标，越来越多的海外作家用中国网文模式书写好故事。

2018年4月，起点国际开放海外原创权限，每一个用户都有机会参与网络文学创作，这探索了内容共创的对外传播新路径。截至2023年10月，起点国际培养了约40万名海外网络作家，签约作家中"00后"占比高达42.3%。网络作家已成为海外热门兼职，海外本土UGC内容数量攀升，较有影响的海外原创作者及作品有新加坡Moloxiv的《第一秘境供应商》（*Number One Dungeon Supplier*），美国在校大学生创作的《虚无进化》（*Reborn: Evolving from Nothing*），印度作者neha的《我的美少女将军》（*My Beautiful Commander*）等。

起点国际逐步加快生态建设，为了不断发掘和培养海外有潜力的作者，它先后推出多个创作扶持项目，例如WSA（WebNovel Spirity Awards），即全球年度有奖征文品牌活动，2023年最新一届WSA参赛作品近11万部，同比增长17.3%。巴巴多斯作家"紫罗兰167"荣获"全球之星"称号，在发表获奖感言时，"紫罗兰167"表示，海外作家的创作受到中国网文的影响，随着网络小说在全球的流行，网文也将迎来更加繁荣的发展前景。

从海外作家产出的作品来看，许多作品的世界观架构深受中国网文的影响，他们吸取了东方文化的经典元素，并融合本土特色，实现了网文的本土再生，这进一步促

---

① 王顿.文化折扣视角下我国网络文学出海平台策略探析——以起点国际为例［J］.新闻知识，2020（1）：63-67.
② 顾植敏.起点国际平台网络文学海外输出与读者反馈研究［D］.兰州：兰州大学，2022.

进了全球文化交融。来自美国德州的 Logan，笔名 AuthorWiz，将英语写作的中国风网络小说的品质提高到一个更高的水平。他的原创作品《重生：虚无进化》(Reborn: Evolving From Nothing)广受全球读者喜爱，该作者在采访中表示："我的小说极大地受到了中国网络小说的影响，许多灵感都来源于中国网络小说，小说中的人物灵感有一些是来自中国古典经典形象，比如《西游记》中的孙悟空。"①

这种共创性的涟漪式国际传播新路径激发了多元主体的创作热情，促成了中华文化资源禀赋的创新性内化和转化，成为多元文明互鉴交融的重要载体。

（二）持续发力渠道和产业链建设，优化"起点模式"

1. 以多样化国际合作扩大海外受众终端覆盖

起点国际在全球化布局进程中逐步加快步伐，借助自身资金优势，运用资本运营手段，加强国际合作，让网文能够更迅速地抵达更多海外目标人群，在东亚、东南亚、非洲、欧美等地皆有产业布局。

图 4-16　阅文集团与 Munpia 共同启动"星创计划"
资料来源："阅文集团"微信公众号

2017 年 4 月，起点国际与亚马逊合作，上线阅文集团网络小说专区，这也是亚马逊第一次为网络小说建立单独的板块。2018 年 6 月，阅文集团牵手中俄手机品牌 Yota，双方就开通 Yota 牌手机搭载移动阅读达成合作，精准辐射海外目标用户。2018 年 10 月，阅文集团投资韩国原创网文平台 Munpia（见图 4-16），在当地网络文学平台投放我国文学作品，吸引韩国用户，Munpia 通过高比例的创作者分成模式，培养持续输出优质内容的能力，以及从创作到阅读的稳固、良性循环，促使平台更快、更好地与韩国当地的内容平台和创作者建立长期的合作关系。2019 年 6 月 22 日，阅文集团与通信技术企业新加坡电信集团（"新电信"）建立战略合作关系，双方在东南亚网络文学服务及内容平台业务方面进行合作，加码东南亚产业布局。此外，阅文集团发布了东南亚原创扶持计划"群星计划"（Rising Star），大力培育东南亚本土原创网络文学。

起点国际在全球范围内因地制宜，采取多样化的合作模式，通过与当地有影响力的产业合作，进一步推动网络文学"出海"并实现本土化，为中国网络文学谋求更大

---

① 搜狐网. 这些外国人迷上中国网络小说后，开始用英语写重生文了［EB/OL］.（2019-03-12）［2023-12-10］. https://www.sohu.com/a/300691327_100085085.

发展空间、形成良好的协同效应奠定了坚实的基础。

2. 线上线下并行拓宽宣传推广渠道

在平台的宣传推广方面,起点国际网络文学采取线上为主、线上线下结合的方式,在 Facebook、Instagram、Twitter 等知名社交平台都注册了官方账号,定期宣发文字、图片或视频。内容包括小说简介、作者介绍等,还会在小说更新时提前发布故事梗概,利用社交媒体的互动性与受众开展广泛交流,深入了解用户兴趣和需求,以更加精准的服务来增强用户黏性。

线下宣传主要是通过举办粉丝交流活动以及书展等提升用户的社群归属感。例如,2018 年,起点国际在菲律宾举办首场海外粉丝见面会(见图 4-17),活动得到了广大读者的热烈响应,众多当地知名媒体刊发大幅报道,多位菲律宾人气明星亦纷纷点赞。在泰国、越南、菲律宾等地举办的多场粉丝交流活动在东南亚掀起一股中国网文热潮。

图 4-17　起点国际在菲律宾举办首场粉丝见面会
资料来源:"阅文集团"微信公众号

3. 全球性 IP 开发推动网文"出海"全方位发展

在 IP 产业链的带动下,经典 IP 以电视剧《庆余年》为例,包括动画大电影《全职高手之巅峰荣耀》、游戏《斗破苍穹:怒火云岚》等越来越受到海外用户喜爱。可见,网络文学仍是多元化 IP 开发的"创意源",通过与影视、动漫、游戏等产业联动,网络文学 IP 全产业链价值愈发凸显,逐渐成为全球化的 IP。

实体出版、有声、漫画、影视是主要的开发形式。在起点国际海外原创作品中,历届 WSA 获奖作品已有约 40% 进行了 IP 开发,合作团队来自美国、英国、印度、日本、韩国、泰国等多个国家。根据阅文集团发布的《2023 中国网络文学出海趋势报告》,网络文学改编动漫 1,500 余部,其中浏览量超千万的作品有 123 部;上线有声作品100余部，单部作品最高播放量1.08亿次；由《田耕纪》改编的影视作品一经上线就登上爱奇艺泰国站、日本站榜首。①

在IP产业链的海外开拓进程中，网络文学正以源源不断的内容生命力征服海外读者。阅文集团CEO兼总裁侯晓楠在第二届上海国际网络文学周开幕式上表示，网文出海已进入"全球共创IP"的新阶段，不同国家和地区的创作者共同进行网络文学IP的培育及开发，网络文学全球化迎来新一轮浪潮。

（三）打造社交共读平台，在交流互鉴中提升中华文化影响力

1. 以人类共通情感筑牢社交共读基础

2020年11月16日，在阅文集团主办的"2020首届上海国际网络文学周"论坛上，与会专家夏烈认为，"网络文学'出海'迅速，从内因来看，人类的感受是共通的，网络文学满足了当代读者的共通精神需求。从外因来看，中国的网络文学主流是类型小说，有自己的故事系统，是面向大众的、工业文化背景下的产物。"从共通情感这个角度出发，起点国际网站作品内容覆盖15个大类，100多个小类，包含爱情、亲情、成长等板块，而这些类型小说恰恰是能够满足共通情感需求的；从故事系统来看，起点国际有自己的网络文学写作模式，包含系统文、复仇文、冒险升级文等，不同国家的受众都能接受或理解这些故事系统的内涵。

因此，中国的网络文学作品之所以能吸引全球范围读者共读，是因为网络文学走出去的本质是文化交流，人类的情感是相通的，思想在很多情况下也是相通的。

2. 基于共读的社交模式激活读者与粉丝活力

网络化叙事的开放性主要表现在作者与受众的界限不再泾渭分明，互联网的互动性特征消解了叙事的边界，传统意义上作者与受众的二元对立被打破。②早在2017年，阅文旗下起点中文网敏锐地察觉到，粉丝群体有对文章评论互动的社交需求，于是阅文集团推出"本章说"功能来迎合粉丝的需求，其在2018年逐渐演化成段落中的"段评"功能，即可以对每一段落进行评论，使评论与正文联系更加紧密，方便读者在文章阅读中实时互动交流。

中国社会科学院发布的《2019年度网络文学发展报告》显示，2019年，阅文旗下国内平台起点读书用户每天使用"段评"功能的占比超过50%，边看网文边看"段评"已经成为标配。在阅文集团的深度运营下，用户规模和用户黏性进一步提升，该报告显示，阅文集团月活跃用户达到2.2亿人，较2018年同比增长620万人；其中，阅文自有平台产品的月活用户增长9.4%，达到1.2亿人。

---

① 阅文集团. 海外00后网文作家超40%［EB/OL］.（2023-12-05）［2023-12-10］. https://mp.weixin.qq.com/s/JQSgD_XWzAQAwko1-z-Nbg.

② 杨国斌，王维."重点看评论"：叙事阈限、叙事惯习与网络化叙事［J］. 传媒观察，2023（11）：5-12.

该功能使阅文内容生态活跃度及规模进一步提高，引领了社交共读的差异化运营模式。2018 年，阅文集团将这一功能迁移至起点国际平台，"段评"区不仅可以实时交流，而且评论内容涉猎广泛，包括剧情分析、人物点评、文化常识和专业术语解释、剧情建议等，甚至创造性地将剧情改编成人物小传和趣味段子（见图 4-18）。藉此，中国网络文学海外平台打造了以互动共创为核心、充满生机与活力的对话生态，构成了新的数字阅读表达形式，颠覆了相对滞后的传统的文学接受模式。

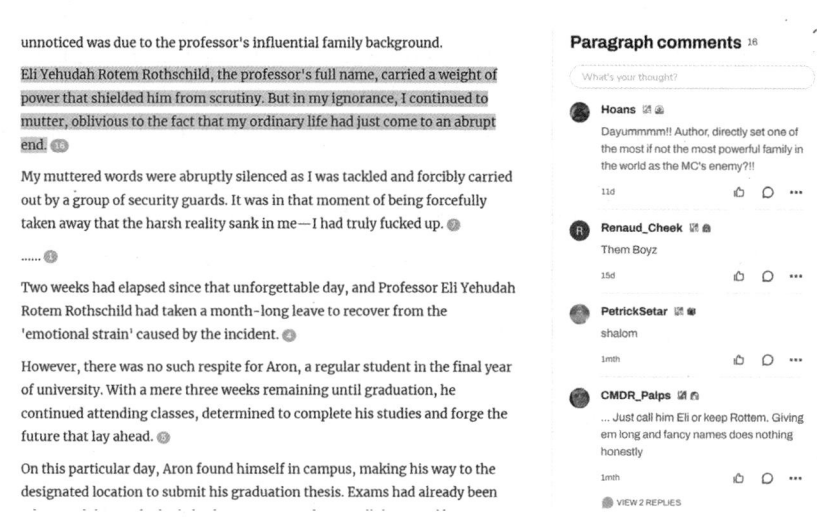

图 4-18　起点国际（WebNovel）网站"段评"

资料来源：起点国际（WebNovel）网站

四、总结

文学作为人类历史上悠久的文化类型，可以引发跨越地域边界、时间边界和文明边界的共情与共鸣，当然，中外文学交流也面临着文化折扣、西方中心化的文学话语主导模式、语言转译困难等问题，起点国际能够在重重困境中成功突围，离不开平台的助力与保障。从最初的海外出版授权到海外平台搭建与网文内容输出，再到海外原创作品上线、区域到全球的市场拓展及 IP 内容输出，起点国际一直在路上，成为中华文化"走出去"的重要载体，成为连接我国网络文学与海外受众的桥梁。未来，以起点国际为代表的文学网络社区，应持续推动网络文学与中华文化更深层次地向海外输出，推动中华文化走向世界，打造中国文学的国际共鸣。

> 思考题

1. 从国际传播的渠道角度，谈谈如何扩大中国网络文学海外传播的覆盖面和触达率。

2.结合起点国际平台案例,谈谈智能技术如何赋能文学类网络平台的国际传播。

3.结合你搜集的其他传播案例,谈谈如何通过多样化、立体式的渠道运营和拓展策略,推进中国文学的对外传播与接受。

参考文献

[1]李智.国际传播[M].北京:中国人民大学出版社,2013.

[2]王学鹏.起点国际:中国网络文学出海之帆[J].出版广角,2020(20):42-44.

[3]吉云飞."起点国际"模式与"Wuxiaworld"模式——中国网络文学海外传播的两条道路[J].中国文学批评,2019(2):102-108,159.

[4]薛可,李思晨.中华文化对外传播叙事空间生产构建的维度与机制[J].对外传播,2022(10):56-60.

[5]杨晨,何叶.网络文学,讲好中国故事的有力载体[J].出版广角,2023(13):27-33.

[6]洪长晖,徐雯琴.网络文学"出海"的演进脉络、现实图景与突围策略[J].出版与印刷,2023(3):50-60.

[7]搜狐网.这些外国人迷上中国网络小说后,开始用英语写重生文了[EB/OL].(2019-03-12)[2023-12-10].https://www.sohu.com/a/300691327_100085085.

[8]余俊杰,冯源.中国网络文学"出海"作品达16000余部[EB/OL].(2023-05-27)[2023-12-10].https://mp.weixin.qq.com/s/U92c4XA1xeYiAisu1xj5-A.

【作者:刘小晖　蓬洁】

第五章　国际传播受众篇

本章概述

国际传播受众是国际传播所面向的位于国界以外的传播对象。国际传播受众广泛且复杂多样，在语言、文化、心理、行为习惯、媒介使用特征等方面千差万别。对目标国受众特征的分析和把握，是实现国际传播精准化的前提。

本章案例选取了韩国、非洲、美国、东南亚等不同国家和地区的受众作为研究对象，同时，也关注了作为桥梁和纽带的来华留学生。本章在分析不同类型受众的特征以及他们对华的认知与态度的基础上，结合案例深入探讨了如何针对特定的国际传播受众进行精准传播，以达到良好的传播效果。

教学目标

使学生认识国际传播受众的广泛性和复杂多样性的特点；了解如何根据不同的维度对国际传播受众进行分类；掌握国际传播受众分析的理论、思路与方法；在把握特定国家和地区的受众特征基础上，针对性地制定国际传播策略，提升国际传播的接受度与有效性。

学习建议

1. 通读相关国际传播教材的"国际传播受众"章节内容，回顾相关知识要点。

2. 拓展学习有关受众分析理论与调查方法的知识，加深对案例中的调查方法以及分析思路的理解。

3. 查询和阅读不同国家和地区的受众调查报告，了解不同国家和地区的受众特征，思考如何针对特定的国际受众开展跨国传播。

中国对非传播:深耕本土化,增进认知与好感

导语

随着"一带一路"建设的推进,中非关系发展按下"加速键",不断迈上新台阶,引发国际社会的广泛关注。其中,媒体作为公共外交的重要渠道,已成为我国对非外交的重要抓手,中非媒体合作进一步推动双边关系发展,在巩固非洲民众对华积极态度与评价方面发挥着重要作用。本案例收集并梳理近年来多国家、多领域相关民意调查机构开展的涉非调查,通过综合分析来深入探究我国实行对非传播本土化策略的过程中,非洲民众对华的认知态度及其转变,力图呈现一幅非洲民众对华评价以及对中非关系认知的立体图景,探索一条切实有效的对非传播本土化路径,为促进我国在非洲实施更具战略性的媒体合作、开展更有针对性的本土化传播提供有益启示,为我国在国际传播领域的本土化实践提供经验。

一、案例背景

中非关系基础坚实,中非友谊源远流长。新中国成立以来,我国和非洲国家开创了中非关系新纪元。半个多世纪以来,加强中非合作始终是我国外交工作的重点,双方在多个领域取得了显著的合作成果。在双边合作及友好往来中,中国长期为非洲地区提供多领域、多层次的力所能及的援助,非洲也给予中国诸多支持。中非合作历经长时间的挑战以及风云变幻的国际环境考验,堪称发展中国家间关系的典范,中非友好关系将在新形势下实现进一步巩固与发展。

媒体合作是我国开展公共外交的关键渠道之一,我国新闻媒体不断增强对非传播力度。中非媒体研究学界达成的一个共识是,双方要培育自主而多元的传播主体,讲好中非自己的故事,避免陷入"他者"叙事的被动局面。[①] 在对非传播过程中,中国积极调整对非战略,基于新的传播技术,进一步推动中非媒体交往走向纵深,同时以提高非洲本土媒体发展能力作为双方共同目标,不断提升中非双方国际话语权和中国的国际影响力,在媒体合作中进一步推动中非双方关系的发展。

---

① 张艳秋.以媒体合作促进中非民心相通[J].西亚非洲,2020(2):41-48.

二、案例描述

受众调查是国际传播中传播主体更好地了解受众情况的有益举措，通过对非洲民意调查数据进行深入分析，我们能够更宏观、客观地了解非洲民众对中国的国际形象、国际影响力以及中非关系等问题的看法。近年来，国际范围内多家民调机构纷纷开展涉非主题的民意调查。在现有的各项公开的调查报告中，涉及的调查主题涵盖多个方面，如世界互联网统计中心对非洲各国家民众互联网接入情况及整体发展趋势进行统计分析；非洲知名民调机构"非洲晴雨表"对非洲各国家的数字鸿沟进行调查，重点关注阻碍互联网接入的服务价格因素；2020年，"大数据与国家传播战略"教育部哲学社会科学实验室（培育）暨华中科技大学国家传播战略研究院进行了覆盖全球13个国家的寰球民意调查，深入了解南非民众对不同国家的认知、态度和看法；美国皮尤研究中心全球调查（2019—2021）对34个非洲国家展开调查，了解非洲人如何看待中国与本国在经济方面的接触；李怀亮等学者结合非洲民众媒介使用特征以及中国主流媒体"走出去"的特点开展非洲受众调查。[①]

根据多项受众调查结果，非洲国家受众的媒介消费整体水平相对落后，但发展速度快、潜力大。在长期以来的对非传播以及媒体合作往来中，非洲受众对中国形成了整体向好的印象。

（一）非洲受众媒介接触特征

1. 非洲受众的数字媒体使用率快速增长

目前，非洲大陆在全球互联网用户增长方面表现出色，成为全球互联网用户增长最为迅猛的地区之一。世界互联网统计中心发布的最新数据显示，截至2022年5月25日，非洲互联网用户数量已经达到5.9亿人，互联网普及率为43%，占世界互联网用户总数的11.68%。2000年—2021年，非洲互联网整体增长率为12.98%。[②] 普华永道会计师事务所发布的调查报告显示，南非地区互联网用户的消费份额超过全球平均水平。[③] 民调机构"非洲晴雨表"对非洲互联网覆盖率进行调查，发现87%的非洲区域有互联网覆盖，毛里求斯、摩洛哥和博茨瓦纳几乎实现了全民覆盖，还有8个国家的互联网覆盖率达到了95%。[④] 由此可知，非洲互联网增长势头强劲，市场消费潜力大。

---

① 李怀亮，巩育华. 中国媒体"走出去"非洲受众调查及思考［J］. 对外传播，2021（5）：58-60.
② Internet World Stats. Internet Users in the World by Regions-March［EB/OL］.（2023-11-15）［2023-12-02］. https://www.internetworldstats.com/stats1.htm.
③ PwC.Africa Entertainment and Media Outlook［EB/OL］.（2023-11-15）［2023-12-02］. http://www.pwc.co.za/outlook.
④ AFROBAROMETER. Digital divide：Who in Africa is connected and who is not［EB/OL］.（2022-12-14）［2023-12-02］. https://www.afrobarometer.org/publication/ad582-digital-divide-who-in-africa-is-connected-and-who-is-not/.

长期以来，无线电一直是非洲最常见的大众媒介。然而，数字媒体的使用正在迅速增加，这带来了新的机遇和挑战，也将引发非洲媒体格局的重大变化。民调机构"非洲晴雨表"针对非洲民众的社交媒体使用情况进行调查，在接受调查的34个国家中，广播是人们获取新闻最常使用的大众媒介，69%的受访者表示"每周至少收听几次广播"，其中，45%的受访者"每天都在收听广播"。此外，根据2014年—2015年以及2019年—2021年进行的两轮调查数据，41%的受访者"每周至少几次从社交媒体获取新闻"，37%的受访者"每周至少几次从互联网上获取新闻"，"两者都接触"的受访者的比例几乎翻了一番，从24%增加到43%（见图5-1）。①

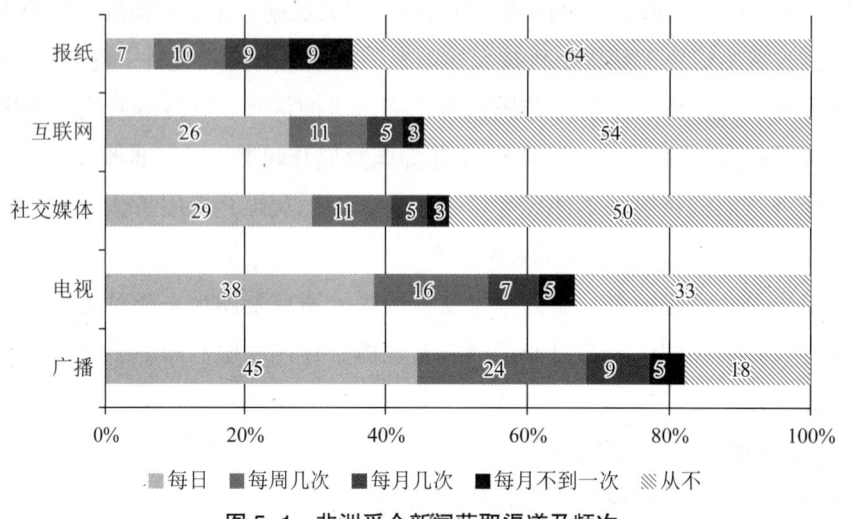

图5-1 非洲受众新闻获取渠道及频次

2. 非洲受众接触中国媒体的频率呈增长趋势

综合各项调查数据可以发现，非洲受众对中国媒体接触的时间普遍较短。值得注意的是，非洲受众接触中国媒体的频率处于增长趋势。随着中非关系的不断深化，非洲受众更加积极地接触和了解中国媒体。

研究发现，33.83%的非洲受众接触中国媒体的时间不到一年，而30.83%的非洲受众接触中国媒体的时间为1至3年，14.29%的非洲受众接触中国媒体的时间为3至5年，21.05%的非洲受众接触中国媒体的时间长达5年以上。这些数据表明，中国媒体的非洲受众数量有所增加，但长期受众仍处于缓慢积累中（见图5-2）。②

---

① Afrobarometer. Promise and peril：In changing media landscape, Africans are concerned about social media but opposed to restricting access［EB/OL］.（2022-02-15）［2023-12-02］. https://www.afrobarometer.org/publication/ad509-promise-and-peril-in-changing-medialandscape-africans-are-concerned-about-social-media-but-opposed-to-restricting-access/.

② 李怀亮，巩育华. 中国媒体"走出去"非洲受众调查及思考［J］.对外传播，2021（5）：58-60.

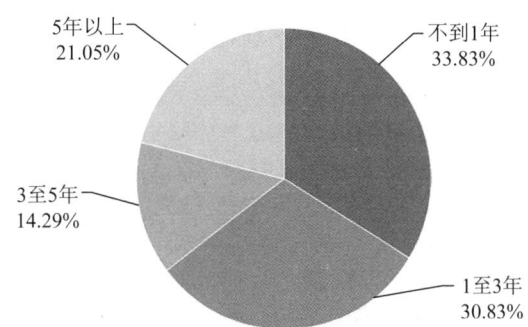

图 5-2　非洲受众对中国媒体的接触时间

此外，学者对非洲受众进行的调查呈现了非洲受众对于不同媒体的喜好趋势。在电视方面，非洲受众较喜欢的首先包括英国广播公司（BBC）、中央广播电视总台（CMG）、美国有线电视新闻网（CNN）、卡塔尔半岛电视台（Al Jazeera），其次包括福克斯新闻台（FNC）、北京卫视（BRTV）、东方卫视（SBN）等。与此相比，中国国际电视台（CGTN）在非洲的影响力较低。在广播方面，英国广播公司（BBC）以71.8%的得票率遥遥领先，成为非洲受众最喜欢的广播电台。非洲受众第二喜欢的广播电台是美国之音（VOA），其余广播电台依次为德国之声（DW）、法国国际广播电台（RFI）、美国广播公司（ABC）、哥伦比亚广播公司（CBS）、美国国家广播公司（NBC）、中国国际广播电台（CRI）等。非洲受众比较喜欢的报纸为《纽约时报》《中国日报》《观察者报》《人民日报》。非洲受众最喜欢的通讯社是路透社和新华社。① 从整体上看，中国媒体在非洲具有一定的影响力，但是，中国国际广播电台的存在感不高，其在非洲的传播力和影响力有待加强。

（二）非洲受众关于中国对非传播的评价

1. 对中国整体好感度较高，积极评价中国对非影响力

中国始终秉持正确义利观，致力于构建中非命运共同体，中国理念与中国行动得到了非洲各国人民的广泛认可。根据多项调查数据，非洲民众普遍对中国保持积极态度，并对中国在非洲的影响力给予较高评价。这一现象反映了中非之间的友好合作关系日益牢固，中国与非洲之间建立的友好关系在当地人民心中深受认可。

英国广播公司 2017 年进行了世界服务全球民意调查，数据显示，在中国进行重大投资的非洲地区，人们对中国的看法非常积极。② 皮尤研究中心对 24 个国家对中国的态度与认知进行了调查，数据显示，接受调查的撒哈拉以南的非洲人对中国给出了最高评价，尼日利亚和肯尼亚对中国的积极评价占比分别为 80% 和 72%（见图 5-3）。

---

① 李怀亮，巩育华. 中国媒体"走出去"非洲受众调查及思考［J］. 对外传播，2021（5）：58-60.
② BBC.Sharp drop in world views of US，UK：Global poll for BBC World Service［EB/OL］.（2017-07-03）
［2023-12-02］. https://www.bbc.co.uk/mediacentre/latestnews/2017/globescan-poll-world-views-world-service.

撒哈拉以南的非洲国家的人们认可中国对世界秩序的贡献。①

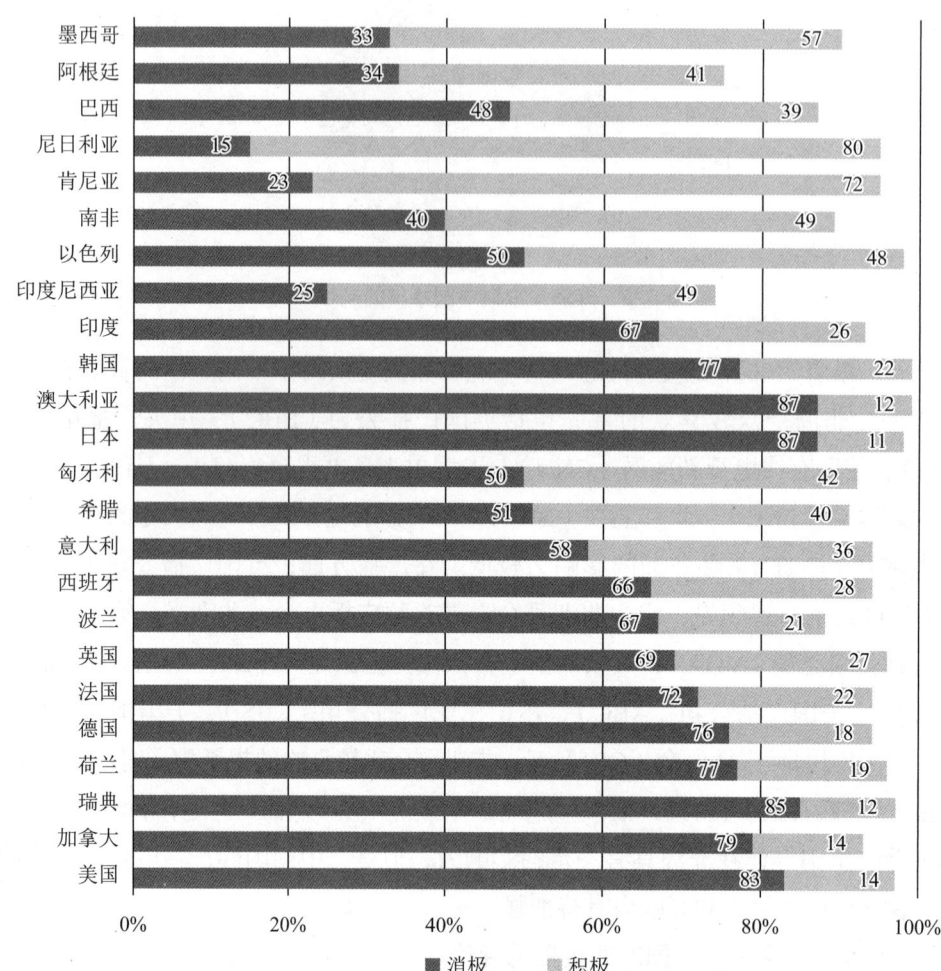

图 5-3　皮尤研究中心调查的 24 个国家对中国的态度与认知

在 2020 年和 2022 年，伊奇科维茨家庭基金会进行了两轮广泛的非洲青年调查，结果表明，非洲青年对于中国对非影响力给予高度评价。数据显示，有 79% 的非洲青年认为"中国对非洲的影响力最为显著"，54% 的非洲青年认为"中国对他们的国家有很大影响"，23% 的非洲青年认为"中国对他们的国家有一些影响"。来自马拉维、赞比亚和安哥拉的非洲青年认为"中国对他们的国家具有很大的影响力"，持该观点的被调查者占比分别为 77%、74% 和 71%。持有"中国对非洲具有积极影响"观点的非洲青年认为，中国对非洲最主要的积极影响包括中国为非洲提供了价格合适的消费品、中国

---

① Pew Research Center.China's Approach to Foreign Policy Gets Largely Negative Reviews in 24-Country Survey［EB/OL］.（2023-07-27）［2023-12-02］.https://www.pewresearch.org/global/2023/07/27/chinas-approach-to-foreign-policy-gets-largely-negative-reviews-in-24-country-survey/.

对非洲的基础设施发展投入资金并参与建设、中国为非洲国家的人们创造就业机会等。①

2.认可中国发展模式，希望学习借鉴中国经验

中国致力于维护广大发展中国家的利益。当前，中非双方发展理念契合点明显增多，中国的发展和治国理政经验在非洲受到更多认可和赞赏，良好的发展势头为中非关系的未来注入新的活力和动力。

民调机构"非洲晴雨表"2021年发布的调查报告显示，中国发展模式作为非洲人首选参照的发展模式仅次于美国。在接受调查的国家中，中国的发展模式在5个国家被认为是首选发展模式，分别是贝宁、马里、布基纳法索、尼日尔和博茨瓦纳。② 当代中国与世界研究院对外传播研究中心发布的《中国国家形象全球调查报告2019》提到，中国对全球治理的贡献和国内治理的表现得分分别为6.3分和6.2分。南非各国对中国国内治理表现打分为6.8分，较上一年增长0.4分，在接受调查的22个国家中排名第7（见图5-4）。③

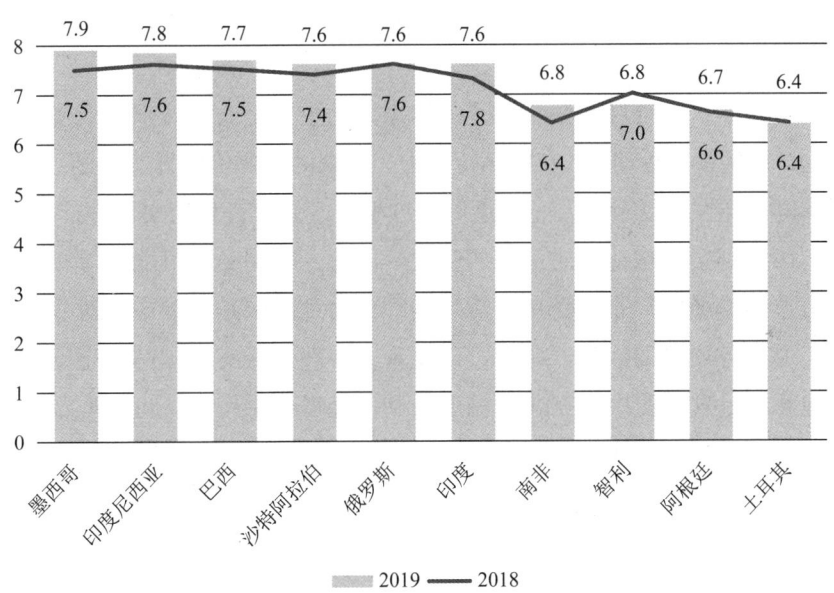

图5-4 各国对中国国内治理表现打分（10分制）

《中国民主实践与治理效能全球调查报告》由当代中国与世界研究院对外传播研究

---

① Ichikowitzfoundation.AFRICAN YOUTH SURVEY 2020［EB/OL］.（2020-02-20）［2023-12-02］. https://ichikowitzfoundation.com/our-work/africa-youth-survey-2020.

② Afrobarometer.Africans welcome China's influence but maintain democratic aspirations［EB/OL］.（2021-11-15）［2023-12-02］. https://www.afrobarometer.org/publication/ad489-africans-welcome-chinas-influence-maintain-democratic-aspirations/.

③ 当代中国与世界研究院对外传播研究中心.中国国家形象全球调查报告2019［EB/OL］.（2020-09-15）［2023-12-02］. http://www.accws.org.cn/achievement/202009/P020200915609025580537.pdf.

中心于2021年发布，报告提到，中国提出的"和平、发展、公平、正义、民主、自由"等全人类共同价值得到了23个国家民众的高度认可，平均认同度达到96.7%。具体而言，肯尼亚、尼日利亚等国认可度均超过98%，这一理念在全球范围内凝聚各国的广泛共识。同时，该报告还指出，23个国家的民众均对中国政治决策效率和效果表示认可。尼日利亚和肯尼亚等国的民众更是高度认可，他们认为中国政治决策具有高效、稳定、可持续等优势。[①]在2022年发布的《中国民主实践与治理效能全球调查报告》中，当代中国与世界研究院对外传播研究中心指出，中国共产党在推动中国式民主与中国式现代化中的领导核心作用得到了全球23个国家民众的进一步认可，认同度达到90.2%，较2021年提升7.3%。所有国家中，南非的认可度最高。此外，该报告还指出，中国政府的行政效率和效果得到好评，平均认可度达到88.8%，较2021年提升11.2%，南非等国对中国政府的认同度更是超过了93%。[②]由此可见，非洲对中国发展模式的认可程度高于世界平均水平，非洲民众充分肯定中国式民主的实践与治理效能。

三、案例分析

在一般情况下，针对目标受众展开的传播活动主要是通过传播改变受众态度，形成有利舆论，产生预期行动。[③]在国际传播中，受众的重要价值日益凸显。国际传播受众具有鲜明的多样性和复杂性，在信息传播过程中，受众自身的文化背景、经济地位、个人经历等因素都会影响他们对信息的解读。因此，不同受众可能会对相同的信息产生不同的解读。基于此，非洲受众的情感偏好和信息需求是影响中国对非传播效果的重要因素。通过各项民调数据，我们可以发现，非洲民众对中国的好感度较高，对中非合作评价积极，这表明中国在非洲的形象和声誉得到了广泛认可和尊重。本案例对此进行深入分析，阐述中国对非传播的本土化探索实践。

（一）立体化布局，提升受众接触率

渠道的选择直接关系受众的接触率、使用率等广度层面，以及认知度、好感度等深度层面，从而进一步作用于传播的效率、效果和效益等传播效能局面。[④]数据显示，随着中非关系的不断深化，非洲受众更加积极地接触和了解中国媒体。这得益于中国媒体通过立体化的媒体布局打造了多种信息渠道，使得越来越多的非洲受众开始了解

---

① 当代中国与世界研究院对外传播研究中心.中国民主实践与治理效能全球调查报告［EB/OL］.（2021-12-10）［2023-12-02］.https://mp.weixin.qq.com/s/E6C4Qv2uKjQsGBxTJVK57w.
② 当代中国与世界研究院对外传播研究中心.中国民主实践与现代化发展全球调查报告2022［EB/OL］.（2023-03-24）［2023-12-02］.https://mp.weixin.qq.com/s/Ozcju9hqCEOpD45HtWbmKA.
③ 程曼丽.国际传播学教程［M］.北京：北京大学出版社，2006：193-197.
④ 唐润华，李小男.国际传播中IP运营的效能提升价值及实现路径［J］.现代传播（中国传媒大学学报），2022（7）：54-63.

中国故事与中国理念。

调查揭示了非洲受众对于不同媒体的喜好趋势。从调查结果可以发现，非洲受众对中国媒体的整体喜好度较高，其中，中央广播电视总台、《中国日报》、新华社、《人民日报》等中国官方媒体在同类媒体中表现突出。值得注意的是，北京卫视、东方卫视等地方电视台也被非洲受众选择，可见我国电视媒体对非传播的成效显著。这得益于中国媒体重视非洲媒体市场，通过加强传播渠道建设，努力满足非洲受众对于信息的需求。例如，新华社在非洲大陆构建了高速专线网络，可传输数据、语音、文稿和图像。这一网络服务覆盖广泛，向非洲地区上千家媒体提供及时、准确的新闻信息。《人民日报》高度重视对非洲的报道，设立了专门的非洲中心分社，并在南非、尼日利亚、苏丹和埃及派驻记者，他们采写了大量关于非洲政治、经济、社会等宏观领域以及非洲人文风情和风土人情的精彩报道。

此外，调查结果显示，与其他老牌广播公司相比，当前中国国际广播电台在非洲的影响力还不够大。但是，广播是非洲民众最常使用的新闻媒介，其对非洲社会的广泛覆盖是其他媒介无法实现的。为此，近年来，中国国际广播电台依托其在非洲建立的记者站、节目制作室等资源，积极发展影视节目译制播出、报刊出版发行等新业务，提升在非洲地区的传播效能。

整体来看，中国媒体在非洲的新闻落地成效显著，呈现一幅欣欣向荣的景象。在非洲受众的数字媒体使用率快速增长的趋势下，中国媒体大力实施全媒体战略，在以广播、电视、报纸等传统媒介为战略支点的基础上，通过新技术、新平台为当地民众提供中国信息，实现了传播渠道的全面改造升级，这为提高非洲受众对中国媒体的接触率提供了重要的条件，为非洲受众了解中国提供了重要的信息平台。

（二）本土化策略，提高受众接受度

美国社会学家罗伯特·帕克（Robert Park）指出，不同文化群体的人彼此之间是陌生人。由于对陌生人的行为不确定和不可预知，人们总是对陌生人带着疑惑，这种疑惑的极端后果就是"仇外"。因此，国际传播的本土化有助于传播内容更好地融入非洲当地环境，使之更容易为非洲受众接受。

中国媒体在对非传播实践中始终坚持深耕本土化，形成了服务本土的传播优势，使中国媒体走进非洲媒体市场，贴近非洲受众，从而提升中国媒体在非洲的影响力以及传播内容的接受度。具体而言，中国对非传播本土化策略主要体现在以下三个方面。

第一，通过本土化内容赢得非洲受众的好感。中央广播电视总台积极探索联合采播的合作模式，推出《魅力肯尼亚》《魅力津巴布韦》等纪录片，展现非洲国家的文化特色、风土人情，通过讲述非洲的故事博得非洲受众的喜爱。

第二，通过母语传播降低跨境传播的文化折扣。非洲大陆的语言和文化具有多样性。为了更好地满足非洲受众的需求，中国国际广播电台雇用了大量具备专业知识的外籍人士参与节目制作，使用斯瓦希里语、豪萨语、茨瓦纳语等多种语言为非洲观众提供广播服务，借由母语传播在一定程度上消除文化隔阂，降低文化折扣。

第三，通过人才本土化策略提高传播的贴近性。中央广播电视总台非洲分台大量雇用非洲当地记者、编辑和节目主持人参与节目制作，通过与当地人的深度合作获取本土视角和深度理解，更好地反映非洲的时事动态，确保报道和节目更准确、更贴近非洲受众的需求，拉近与非洲受众的心理距离。

中国媒体对非传播的本土化探索，不仅有助于推动中国声音的非洲本土化传播，而且能够从民心方面巩固中非友谊，共建中非合作话语体系。

（三）精准设置议题，增强受众好感度

国际传播的受众群体具有复杂性的特点，非洲与中国以及非洲各国之间在语言文化、宗教信仰、风土人情等方面均存在差异。在制定对非传播策略时，深入了解和考虑这些差异性因素有助于建立更有效的沟通渠道，提高信息传播的准确性和吸引力。非洲受众与我国有着长期友好关系，属于顺意受众。非洲受众对中国整体好感度较高，对中国在非洲的影响力评价积极，并认可中国的发展模式，希望学习借鉴中国经验。这与中国媒体针对非洲受众的需求来设置议题紧密相关。

青年群体占非洲总人口的60%，是非洲未来发展的重要推动力量。随着非洲网络覆盖范围逐步扩大，青年成为民间话语互动的关键一环，在社会发展和变革中具有重要地位和影响力。中国在非洲青年群体中已经获得了相当程度的认可。相关的新闻报道容易引起这一群体的关注，例如，中国媒体针对"八大行动"中有关青年的措施设置议题。中非"八大行动"倡议旨在促进中非之间的合作与发展，"实施能力建设行动"中的许多措施都着眼青年的教育和职业发展，通过提供职业技能培训、设立旨在推动青年创新创业合作的中非创新合作中心等措施为非洲青年提供更好的发展机会。新华社对非洲青年以及专家进行采访，通过报道非洲青年对"八大行动"的期盼以及专家对"八大行动"的肯定来说明"八大行动"在促进中非人文交流和非洲青年发展方面发挥着重要作用。中国农业大学国际发展与全球农业学院的留学生、塞拉利昂青年康迪在《科技日报》英文版发表文章，分享自己在中国的见闻，高度肯定中国跨境电商演变和发展的经验对于非洲减贫的借鉴价值。精准的帮扶措施以及议题设置共同提升了非洲青年群体对于中国的好感度。

此外，脱贫、整体社会发展和进步是非洲人民关注的重大现实问题，中国媒体精准把握非洲受众的现实关切，聚焦中国带动非洲上万人脱贫等援非实践，设置议题，推出了大量的相关报道。例如，中央广播电视总台斯瓦希里语部策划推出系列报道《我的铁路——蒙内铁路》，采访蒙内铁路中非工作者，介绍蒙内铁路给肯尼亚百姓出行带来的便利，以及对当地经济的拉动作用。《人民日报》英文客户端推出"中国万花筒"系列微视频，围绕乡村振兴和对外经贸等主题交流讨论，帮助非洲受众深入了解中国的发展变化和中非文化交流故事。同时，中国的援非实践也获得了非洲媒体的关注。例如，塞内加尔《南方日报》刊发《中国菌草助非洲脱贫》，详细讲述中国与非洲国家在菌草技术合作方面的显著成果，并着重阐述这一合作在促进就业增长和改善粮食安全方面的重要作用。桑给巴尔ZBC电视台数次报道援桑给巴尔医疗队奔巴分队的事迹，扩大了中国援外医疗队的影响力。这些报道有利于拓展非洲对中国援非行动的认知，提升非洲人民对中国的好感度。

四、总结

中国在对非传播过程中，基于对非洲国家受众的深入了解与精准把握，立足受众需求，探索切实有效的对非传播本土化路径，通过立体化的媒体布局，有效提升了非洲受众的中国媒体接触率；通过制定本土化策略，提高了非洲受众的接受度，打破了中非之间的传播隔阂；通过精准设置议题，满足了非洲受众的特定需求，增强了非洲受众对中国的好感度，达成了中国媒体与非洲受众心连心的目标，有效提升了非洲受众对中国形象的积极认知。这条本土化路径不仅有助于促进中非之间的交流和合作，也为国际传播领域的本土化实践提供了有益的经验和借鉴。

思考题

1. 非洲受众作为我国国际传播受众的重要组成部分，有哪些突出特征？
2. 基于非洲受众的特征，应当如何优化对非传播策略？
3. 结合本案例谈谈融媒体时代中国对非传播的机遇与挑战。

参考文献

［1］张艳秋. 以媒体合作促进中非民心相通［J］. 西亚非洲，2020（2）：41-48.
［2］李怀亮，巩育华. 中国媒体"走出去"非洲受众调查及思考［J］. 对外传播，2021（5）：58-60.
［3］Internet World Stats. Internet Users in the World by Regions-March［EB/OL］.（2023-11-15）［2023-12-02］. https://www.internetworldstats.com/stats1.htm.
［4］PwC. Africa Entertainment and Media Outlook［EB/OL］.（2023-11-15）［2023-12-02］. http://www.pwc.co.za/outlook.
［5］AFROBAROMETER. Digital divide：Who in Africa is connected and who is not［EB/OL］.（2022-12-14）［2023-12-02］. https://www.afrobarometer.org/publication/ad582-digital-divide-who-in-africa-is-connected-and-who-is-not/.

［6］Afrobarometer.Promise and peril：In changing media landscape，Africans are concerned about social media but opposed to restricting access［EB/OL］.（2022-02-15）［2023-12-02］.https://www.afrobarometer.org/publication/ad509-promise-and-peril-in-changing-media-landscape-africans-are-concerned-about-social-media-but-opposed-to-restricting-access/.

［7］BBC.Sharp drop in world views of US，UK：Global poll for BBC World Service［EB/OL］.（2017-07-03）［2023-12-02］.https://www.bbc.co.uk/mediacentre/latestnews/2017/globescan-poll-world-views-world-service.

［8］Pew Research Center.China's Approach to Foreign Policy Gets Largely Negative Reviews in 24-Country Survey［EB/OL］.（2023-07-27）［2023-12-02］.https://www.pewresearch.org/global/2023/07/27/chinas-approach-to-foreign-policy-gets-largely-negative-reviews-in-24-country-survey/.

［9］Ichikowitzfoundation.AFRICAN YOUTH SURVEY 2020［EB/OL］.（2020-02-20）［2023-12-02］.https://ichikowitzfoundation.com/our-work/africa-youth-survey-2020.

［10］Ichikowitzfoundation.AFRICAN YOUTH SURVEY 2022［EB/OL］.（2022-06-13）［2023-12-02］.https://ichikowitzfoundation.com/our-work/africa-youth-survey-2022.

［11］翟慧霞.非洲民众对华认知与中国对非传播思考——基于2013~2018年国际涉非民意调查的分析［J］.国际传播，2018（5）：60-68.

［12］Afrobarometer.Africans welcome China's influence but maintain democratic aspirations［EB/OL］.（2021-11-15）［2023-12-02］.https://www.afrobarometer.org/publication/ad489-africans-welcome-chinas-influence-maintain-democratic-aspirations/.

［13］当代中国与世界研究院对外传播研究中心.中国国家形象全球调查报告2019［EB/OL］.（2020-09-15）［2023-12-02］.http://www.accws.org.cn/achievement/202009/P020200915609025580537.pdf.

［14］当代中国与世界研究院对外传播研究中心.中国民主实践与治理效能全球调查报告［EB/OL］.（2021-12-10）［2023-12-02］.https://mp.weixin.qq.com/s/E6C4Qv2uKjQsGBxTJVK57w.

［15］程曼丽.国际传播学教程［M］.北京：北京大学出版社，2006.

［16］唐润华，李小男.国际传播中IP运营的效能提升价值及实现路径［J］.现代传播（中国传媒大学学报），2022（7）：54-63.

【作者：吴文汐　王妍松　华苺君　梁珺怡】

洞悉美国"Z世代"群体特征：精准传播中国声音

导语

对中美关系而言，"Z世代"青年掌握着中美未来发展的前途和命运，也承载着达成中美友好未来的使命。在世界大发展、大变革、大调整的背景下，美国"Z世代"的群体特征与触媒习惯有别于其他传统世代,为我们改变美国受众对中国的印象和态度提供了可能。本案例依据美国人口普查数据、智库报告以及市场调查机构数据,从基本特征、心理特征、媒介接触特征等层面,深挖美国"Z世代"的鲜明特点,并据此延伸我国针对这一特定群体的文化传播策略与方法,推动中美新一代人群的交流。

一、案例背景

国际受众复杂多样,分布在不同国家、地区和文化圈中,不同的国际受众(群)拥有不同的利益诉求、政治意识形态和价值取向。对传播者来说,国际受众的顺意、逆意或中性,取决于传受双方所处的国家和文化之间的远近亲疏关系,即取决于双边国际关系和文化关系。① 随着中美两国在经贸、高科技领域博弈的加剧,加之部分美国主流媒体恶意进行涉华报道的长期影响,美国部分民众对中国存在认知和态度的方面偏差偏见,尤其是较为年长的群体,其成长过程中接触信息的渠道有限,了解中国社会必须依赖本国媒体,这导致他们这个群体中对华逆意受众占比较高。

习近平总书记指出,世界的未来属于年轻一代,全球青年有理想、有担当,人类就有希望,推进人类和平与发展的崇高事业就有源源不断的强大力量。② 互联网的兴起,让民众获得了更多的接触信息渠道。与互联网共生的"Z世代"个性鲜明,自成一派。另外,美国在我国国际传播战略布局中的重要意义不言而喻。美国"Z世代"一方面受所处时代环境的影响,世界观有别于美国其他传统世代;另一方面其接触媒体的类型多样且开放,区别于以往世代受限于主流媒体的特征,为我们改变"Z世代"对中国的印象和态度提供了可能性。因此,洞悉美国"Z世代"的群体特征及其触媒习惯,能够为我们有的放矢地开展对美传播活动提供依据。

二、案例描述

(一)"Z世代"的社会缘起

"Z世代"一词中"Z"的选用源于延续性的命名方式。"X世代"之后的第二代被命名为"Y世代"(千禧一代),按照字母顺序,之后的世代延续为"Z世代"(见图5-5)。

---

① 李智.国际传播[M].北京:中国人民大学出版社,2013.
② 习近平主席在联合国教科文组织第九届青年论坛开幕式上的贺词[N].人民日报,2015-10-27(1).

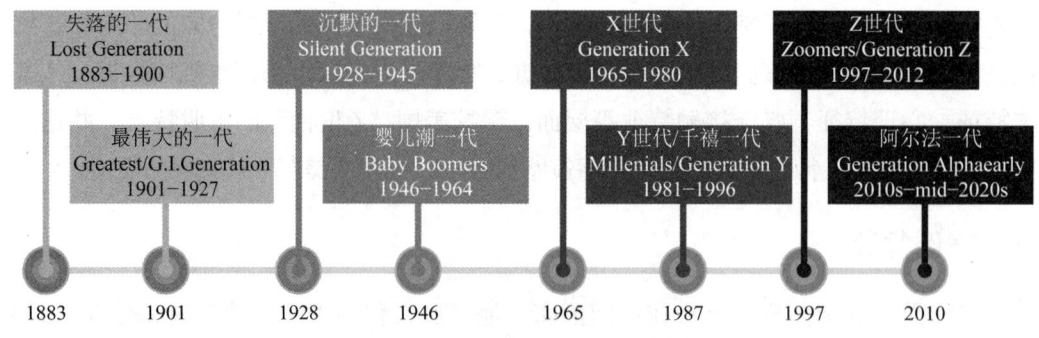

图 5-5　各世代名称及时间划分

数据来源：*Teens, Social Media and Technology 2022*

此外，"Z 世代"通常所使用的 Zoomer 一词最早可以追溯到 2016 年，该词于 2021 年 10 月被添加到韦氏词典。在此之前，Zoomer 偶尔被用来描述特别活跃的婴儿潮一代。起初，对这一世代的人命名之前，其他有关这一代的名称命名的提议有 iGeneration、Homeland Generation、Net Gen、Digital Natives、Neo-Digital Natives、Pluralist Generation、Internet Generation、百年一代和后千禧一代。美国皮尤研究中心在 2019 年对谷歌趋势上这一群体的各种指代名称进行了调查，发现在美国国内"Z 世代"的指称最受欢迎，从此在自有报告中称其为"Gen Z"。韦氏词典和牛津词典也将"Z 世代"一词录入词条。

（二）"Z 世代"的人口基本状况与成长背景

联合国经济和社会事务部将"Z 世代"的出生时间划定为 1995 年至 2010 年，美国民调机构皮尤研究中心将"Z 世代"的出生时间划定为 1997 年至 2012 年。结合国内外学界、业界较为主流的观点，本案例将"Z 世代"界定为在 1997 年至 2012 年出生的人群。美国 2019 年人口普查数据显示，"Z 世代"约占美国人口的 24%。据美国人口普查局预测，到 2026 年，美国"Z 世代"将以非白人为主；由于父母相对受教育程度较高，"Z 世代"也将成为历史上受教育程度最高的一代。

不同的时代背景造就了不同的世代人群，美国婴儿潮一代成长于经济繁荣时期，千禧一代出生在一个富裕的时代，然而，"Z 世代"是在气候变化、经济衰退、不平等等话题的包围下长大的，这塑造了"Z 世代"独特的思维、行为和态度倾向。

（三）"Z 世代"的典型群体特征

从 Net Gen、Digital Natives、Neo-Digital Natives、Internet Generation 这些备用命名可以看出，"Z 世代"的成长与互联网密不可分，他们是典型的数字原住民。作为人类历史上第一代真正的数字原生代，"Z 世代"触媒习惯的最显著特点为深度接入互联网。根据美国皮尤研究中心 2022 年一项针对 13 岁至 17 岁青少年（均属于"Z 世代"

人群）社交媒体使用情况的调查"Teens, Social Media and Technology 2022"结果，97%的"Z世代"青少年每天都使用互联网（见图5-6）。①

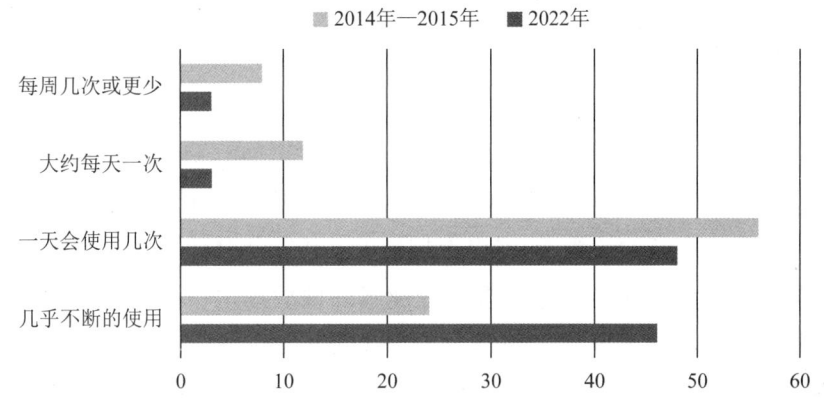

图5-6　美国"Z世代"青少年2014年—2015年、2022年互联网使用情况

数据来源：皮尤研究中心2022年进行的调查——"Teens，Social Media and Technology 2022"

三、案例分析

（一）美国"Z世代"群体的特征

1. 美国"Z世代"群体的媒介使用特征

（1）喜欢在社交媒体中迁徙的互联网原住民

"Z世代"是社交媒体平台上最活跃的群体，喜欢追逐流行和时尚，习惯在不同平台间迁移。"Teens, Social Media and Technology 2022"调查结果显示，由中国出品的社交媒体应用Tik Tok自2017年在北美首次亮相以来人气飙升，大约67%的美国"Z世代"表示他们曾经使用过Tik Tok（高于Instagram和Snapchat，低于Youtube），Tik Tok目前已成为本次调查所覆盖的社交媒体平台中最受欢迎的平台之一。基于多平台的媒体多任务行为成为美国青少年群体的一种生活方式。

（2）深受社交媒体场域中的意见领袖影响

目前，社交媒体已经成为"Z世代"获取新闻资讯、文娱内容、产品信息的最重要途径。Morning Consult 2019年发布的《"Z世代"和千禧一代意见领袖营销报告》显示，近75%的"Z世代"和千禧一代在社交媒体上关注意见领袖。② 意见领袖作为社交场域中的舆论主导者，其观点和态度深刻影响着"Z世代"的价值判断和选择。此外，

---

① AVOGELS E，WATNICK R G，MASSARAT.Teens，Social Media and Technology 2022［R］.WashingtonD.C：Pew Research Center，2022.

② Morning Consult Center.The Influencer Report Engaging Gen Z And Millennials［R］. Morning Consult Center，2019.

报告指出，意见领袖的真实性是"Z世代"所看重的特质。88%的受访者表示，意见领袖是否真实以及真诚地关心"Z世代"的利益对他们而言十分重要。社交媒体中拥有这些特质的意见领袖受到"Z世代"的尊崇，其言论成为影响"Z世代"的政治、经济、生活决策的重要参考。

2. 美国"Z世代"群体的心理特征

"Z世代"的成长伴随着世界格局的变化与社会的动荡，心理健康受到挑战是"Z世代"显著的群体性心理特征。2022年春季版哈佛青年民调显示，"Z世代"与抑郁和无望感作斗争的可能性约为25岁以上群体的2倍。从整体上看，越来越多的美国青少年正在与心理健康作斗争。尽管心理健康的挑战给这一群体带来较大困扰，但这些冲击与变革也让"Z世代"更具创新和变革精神，据《福布斯》报道，"尽管他们面临着可怕的时代，但只有6%的'Z世代'对未来感到恐惧，'Z世代'在重大创新和社会变革中长大，也正是这些变革，让'Z世代'更具有好奇心和全球意识。"

3. 美国"Z世代"群体的娱乐偏好

在娱乐偏好上，除了社交媒体，电子游戏也是"Z世代"的重要娱乐方式。根据美国皮尤研究中心的数据，早在2017年，就有相当比例的美国"Z世代"投入电子游戏娱乐。60%的18岁至29岁的美国人表示他们"经常或有时玩电子游戏"。[1] 而到了2018年，18岁至29岁的男性中有72%的玩电子游戏，同一年龄段的女性玩电子游戏的比例则为49%。除了使用手机、电脑等常用设备进行游戏体验，不少美国"Z世代"还购入专门的游戏机用于游戏体验。皮尤研究中心2018年进行的另一项调查显示，虽然男性和女性拥有游戏机的比例相似，但年轻男性特别有可能拥有一台游戏机：18岁至29岁的男性中，68%拥有游戏机，而同一年龄段的女性拥有游戏机的比例为46%。[2] 根据市场调研机构Sensor Tower的报告，《原神》《使命召唤》以及《万国觉醒》等中国游戏产品长期稳居美国手游市场畅销榜Top100，它们贴近美国"Z世代"的娱乐需求，游戏"出海"也为对美"Z世代"的精准文化传播提供了契机。

4. 美国"Z世代"的问题关切

"Z世代"既对关乎切身利益的现实问题保持理性考量，如医疗保健、教育公平等问题，又对涉及人类命运的全球性问题给予重视，尤其是环境议题。美国皮尤研究中心发布的"*Public's Top Priority for 2022: Strengthening the Nation's Economy*"报告显示，已成年的"Z世代"对降低医疗费用、提高教育水平、应对气候变化等议题的关注度

---

[1] BROWN A. Younger men play video games, but so do a diverse group of other Americans [R]. Washington D.C: Pew Research Center, 2018.

[2] PERRIN A. 5 facts about Americans and video games [R]. Washington D.C: Pew Research Center, 2018.

相对较高，关注评分均在 50 分以上（见图 5-7）。①

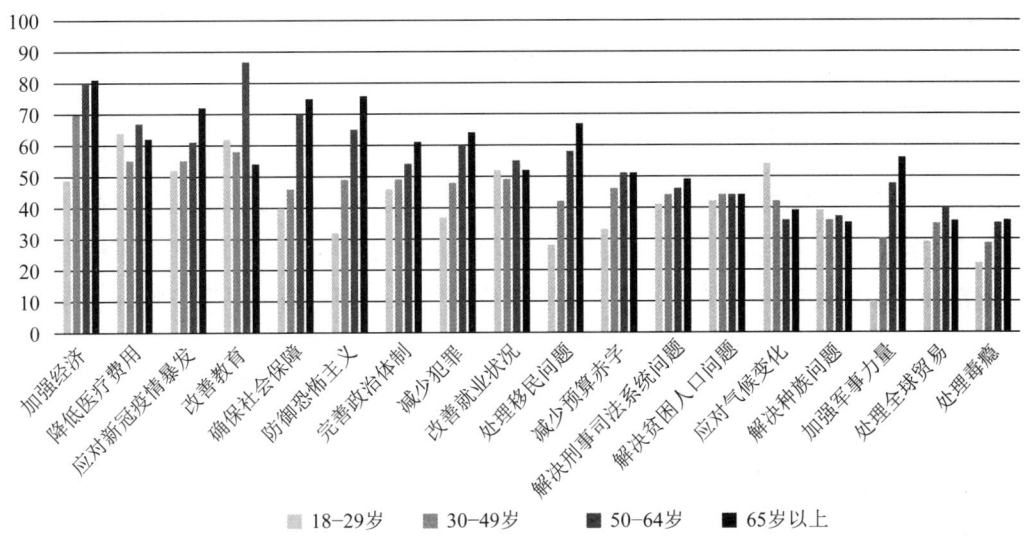

图 5-7　美国不同年龄层成年人对相关社会议题的关注程度

资料来源：美国皮尤研究中心发布的 "Public's Top Priority for 2022：Strengthening the Nation's Economy" 报告

在环境保护方面，"Z 世代"更为关注气候问题，他们比别的世代更有可能对气候变化产生强烈情绪反应。调查显示，在美国社交媒体用户中，45% 的"Z 世代"通过关注社交媒体账号、点赞或评论帖子、发帖分享等方式就社交平台上的气候变化议题进行互动。针对"上一次在社交媒体上看到有关应对气候变化的内容，让我对未来感到焦虑"的问题，高达 69% 的"Z 世代"表示肯定，而仅有 46% 的"X 世代"持肯定态度。

（二）针对美国"Z 世代"的传播策略

1. 立足"Z 世代"渠道偏好，主流媒体积极布局新一代社交媒体平台

在对美传播过程中，我国媒体应着眼美国排名前列的社交媒体平台，密切关注美国"Z 世代"用户媒介迁移及媒介偏好动向，及时跟进"Z 世代"社交媒体使用变化趋势，占领社交媒体传播阵地。

我国主流媒体一直在积极构建基于国际传播的新媒体矩阵，以传递更客观真实的中国声音。许多中国媒体都在 YouTube、Facebook、Twitter 等社交媒体平台上拥有较大数量的粉丝。截至 2022 年 11 月 9 日，"人民日报"Facebook 账号粉丝量 314 万，"新华社"Facebook 账号粉丝量为 9,369 万。对美国"Z 世代"而言，YouTube、Instagram、Tik Tok 等社交媒体平台广受青睐，如何在这些社交媒体平台中用"Z 世代"乐于接受的传播内容和方式获得他们的关注、认同和喜爱，是主流媒体精准布局国际传播渠道

---

① Pew Research Center.Public's Top Priority for 2022：Strengthening the Nation's Economy ［R］.WashingtonD.C：Pew Research Center，2022.

必须回答的问题。

2. 呼应"Z世代"多样化的娱乐需求，通过企业"出海"为精准国际传播赋能

针对美国"Z世代"个性化的娱乐需求，越来越多的中国互联网企业进军海外市场，在娱乐领域搭建多元化的海外传播平台，这也是精准传播中华文化的契机。在短视频领域，Tik Tok、Kwai等中国短视频平台赢得了美国青年群体的喜爱，成为传播中国声音的重要平台。此外，中国网络文学也受到"Z世代"喜爱，武侠、玄幻、神话等主题的中国网文在北美和亚洲市场感染了众多年轻读者，也使他们更好地理解了中国传统文化精神。举例而言，2020年，推文科技推出网文"出海"开放平台，整合起点国际等受到"Z世代"欢迎的网络文学平台，启动"中国网文联合出海计划"。我国网文企业通过布局海外市场，传递中国文学之美，可有效影响美国"Z世代"，赋能国际传播。

3. 打造连通中外的特色网红，影响美国"Z世代"的对华认知和态度

青年意见领袖对美国"Z世代"具有较强的引导力和号召力，可以成为中国对美传播过程中的重要切入点。我们可以考虑根据不同意见领袖的账号运营风格及其个人特点，激活国际媒体平台上华人意见领袖、在华外籍意见领袖传递中国声音的传播热情，形成传播合力，以多样的主题内容和表达方式精准影响目标受众。

在"Z世代"喜爱的媒体平台YouTube、Instagram、Tik Tok上，存在许多传递中华文化的中外籍意见领袖，他们是重要的国际传播主体。对待现有的传递中华文化的网络意见领袖，如传递中华文化的"李子柒"、分享中国风景的"滇西小哥"等（见表5-1），他们已经获得了国际受众的喜爱，具备进行国际传播的能力。因此，国家可以通过提供场地、资金、设备、内容策划等层面的支持，优化其作品内容生产，助推其更好地展现中国风貌与中华文化。

表5-1 在YouTube、Instagram、Tik Tok等社交媒体平台传播中华文化的意见领袖

活跃平台	名称	粉丝数（万）	作品数	主题	国籍
YouTube	李子柒	1,720	128	生活、传统文化	中国籍
	The Food Ranger	551	340	美食	外国籍
	滇西小哥	951	288	生活、风景	中国籍
Instagram	Han 鹿	1,271.32	212	明星文娱	中国籍
	尤长靖	54.59	309	明星文娱	中国籍
Tik Tok	Jason	110	—	商业带货	外国籍
	Syasin	47.26	—	摄影摄像	中国籍

资料来源：YouTube

对待外籍意见领袖，我们应积极构建交流互鉴桥梁，传递中国声音，循序渐进优

化其对华认知和态度。如中国"灯下亮"工程通过在涉外宾馆、饭店、机场等区域加强我国对外出版物的陈列、赠阅等方式,丰富外国受众的涉华信息接触渠道。我们也可以通过组织媒体参访等方式,鼓励外籍意见领袖亲历中国,通过直接经历促进对华态度的改变,进而影响以他们为意见领袖的美国"Z世代"的对华态度。

4. 以美国"Z世代"喜欢的游戏为载体传播中华优秀文化

"Z世代"是真正意义上的数字原住民,他们于信息爆炸环境中成长,频繁接触生态安全、不平等甚至战争等风险议题,因而更向往和平、美好。中国在对美国"Z世代"传播的过程中,应结合其心理需求,打造富含和谐美好的价值观、契合美国"Z世代"心理的作品与内容。

其中,游戏成为一个富有吸引力的连接美国"Z世代"的内容载体。如中国"出海"到美国的游戏 *Genshin impact*,受到了美国"Z世代"的欢迎,根据 data.ai 的数据,*Genshin impact* 的"Z世代"玩家人数是其他世代的 2.5 倍。*Genshin impact* 正是抓住了美国"Z世代"渴望和平美好的心理需求,在游戏世界中构建了蕴含美国以及全球各国文化与历史背景的虚拟世界,在这个世界中,不同国家的人们和谐相处,友好往来,没有战争动荡,契合了美国"Z世代"向往和平与美好的心理需求。

此外,还有许多蕴含丰富中华元素的国产游戏成功"出海"美国,传播者以游戏为载体、通过娱乐化的方式影响美国年轻世代。如结合《山海经》内容元素开发的游戏《妄想山海》,在欧美市场取得了不俗的成绩,用户以旅行者的身份徜徉在中华大地,游戏通过场景搭建、人物设计、主题活动等方式,植入中华诗词文化、区域文化、非遗文化,潜移默化地将中华优秀文化传播给美国"Z世代"。

四、总结

"Z世代"是世界发展的未来,也是中美关系将来的决策者。中美发展处于关键阶段,中国应当深入研究分析美国"Z世代"独特的群体特征,用好各类媒体平台,积极参与"Z世代"关切的议题,通过国际传播,凝聚共识,积极行动,引领中美关系积极发展。在中国国际传播能力建设过程中,中国应做到受众精准化,准确把握美国"Z世代"的群体特点,了解、掌握他们的成长背景及工作、生活方式,有针对性地创新对外传播策略,提升我国对美国"Z世代"的传播实效,进而推动美国"Z世代"更加客观理性地看待中国,在交流互鉴中增进理解,开创中美交流合作的新方向。

思考题

1. 美国"Z世代"这一受众群体具有哪些特征与偏好?
2. 从 Tik Tok 的高使用率,到 *Genshin impact* 的火爆,结合案例分析美国"Z世代"

的媒介偏好特征。

3. 结合美国"Z世代"的受众特征，谈谈不同类型传播主体如何进行国际传播实践。

4. 除了美国"Z世代"，你是否了解其他国家或地区的"Z世代"？他们与美国"Z世代"有何共性与区别？这对我国国际传播有何启示？

参考文献

[1] 习近平主席在联合国教科文组织第九届青年论坛开幕式上的贺词[N]. 人民日报，2015-10-27（1）.

[2] 彭振刚."Z世代"国际传播策略与实践路径研究[J]. 对外传播，2021（7）：39-42.

[3] 孙美娟. 凝聚国际传播"Z世代"力量[N]. 中国社会科学报，2022-02-18（2）.

[4] 王峰，臧珈翊. 面向海外"Z世代"做好国际传播的主流媒体新策略[J]. 对外传播，2022（10）：46-50.

[5] 郑天仪，曲茹."游戏出海"与中国文化对外传播——以国产游戏角色"云堇"为案例[J]. 对外传播，2022（4）：33-36.

[6] 田智辉. 论新媒体语境下的国际传播[J]. 现代传播（中国传媒大学学报），2010（7）：39-42.

[7] PARKER K，IGIELNIK R.On the Cusp of Adulthood and Facing an Uncertain Future：What We Know About Gen Z So Far[R].WashingtonD.C：Pew Research Center，2020.

[8] ZHONG T，SRINIVASAN N.Zebra IQ's 2020 State of Gen Z Report[R]. the United States：Zebra IQ，2020.

[9] SILVER L，DEVLIN K，HVANG C.People around the globe are divided in their opinions of China[R].WashingtonD.C：Pew Research Center，2019.

[10] BARNETT S,THOMPSON N,ALKOUTAM S.How Gen Z Will Shake Up Foreign Policy[R]. Carnegie Endowment for International peace，2020.

[11] Looking Forward with Gen Z ——A Gen Z Research Report[R]. Waltion Family Foundation，2022.

【作者：刘小晔　段丽华】

中国古装电视剧走红东南亚：立足受众需求，践行精准"出海"

导语

东南亚地区深受儒家文化圈的影响，对中华文化接纳程度高，加之各类制作机构和网络视听平台以东南亚地区作为"出海"第一站，一直以来东南亚地区都是国产电视剧对外发行与传播的核心目标市场。影视剧是文化价值观的重要载体，同时也是跨文化传播的重要媒介，它可以通过文化吸引而非胁迫的硬性手段来获得传播话语权，增进国际社会对本国文化的认知，在跨文化传播中发挥连接不同文化的桥梁作用。本案例立足东南亚受众的文化接受习惯、影视剧题材偏好、观剧需求、触媒习惯及语言习惯，提炼总结中国电视剧尤其是古装剧在东南亚广受欢迎的驱动因素，为中国影视剧如何更好地以"出海"方式助力中华文化"走出去"提供借鉴。

一、案例背景

近年来，越来越多的国产剧走出国门，电视剧成为国际传播中一张闪亮的中国名片，生动地展示了中国文化、中国价值和中国形象。国产剧"出海"最早可以追溯到20世纪80年代，《西游记》《红楼梦》《三国演义》三部经典电视剧出口近邻，拉开了我国电视剧"出海"的序幕，并在亚洲地区掀起观剧热潮。近十年来，我国影视剧从产量到质量都有了大幅度的提升，国产剧"出海"也从自发走向自觉。国家广电智库的分析文章指出，我国电视剧对外传播经历了三个发展阶段：一是自发"出海"阶段（2012年—2014年），许多电视制作公司与播出平台自发加大电视剧"出海"数量，但由于各个组织合作松散，"出海"规模较小，出口电视剧数量为569部次，合计2.6万多集；二是规模化"出海"阶段（2014年—2017年），在政策扶持和渠道完善的加持下，国家通过精准施策，加速了海外传播渠道的整合，出口电视剧增至1,755部次，共计9.5万多集；三是产业链"出海"阶段（2018年—2022年），在这期间，网络视听媒体纷纷拓展海外市场，如腾讯视频、爱奇艺等平台加强与海外合作，形成本土运营策略，在渠道方面取得重大突破，"出海"实力稳步增强，这一阶段共出口电视剧2,689部次，共计10万多集。①

就海外出口发行区域而言，我国电视剧出口的核心优势区域在亚洲市场。国家广

---

① 周菁.中国电视剧国际传播进入合作出海新阶段［EB/OL］.（2022-09-30）［2023-12-10］.https://news.qq.com/rain/a/20220929A03A8L00.

电总局发展研究中心发布的《2023中国剧集发展报告》的数据显示，73家影视制作机构发行到东南亚的剧集占出口剧集的86.30%。根据2023年5月发布的《中国电视剧YouTube平台用户画像》，对播放效果最好的100部电视剧进行播放量统计，亚洲地区播放量占比高达65.79%，亚洲地区的核心市场是东南亚，在单集播放量超过400万次的9部只进行一种语言译配的剧集中，8部为越南语配音，占比高达88.89%。可见，中国电视剧在东南亚市场广受欢迎，未来，东南亚市场仍然是我国电视剧"出海"的主要目的地，把握目标市场受众的影视题材偏好及消费特征等受众特征是保持文化对外贸易市场占有率的前提。

二、案例描述

东南亚地区位于亚洲东南部，毗邻我国西南地区，包含越南、泰国、新加坡等11个国家，面积约457万平方千米，国别众多，语言种类繁多。东南亚地区与我国地缘位置相近，同属亚洲文化圈，部分地区更是与中国同属儒家文化圈，双方在节日习俗、文化习惯上有诸多相似之处，文化交流密切，商贸往来频繁，区域合作广泛，这些国家因而成为中国进行周边传播的重点对象。

文化的接近性能够有效消解国际传播中的文化折扣，因此，东南亚地区一直以来都是我国文化对外贸易的重要目标市场，尤其是影视剧、综艺节目在这一地区广受欢迎。学者罗幸等人在国家广播电视总局部级社科研究项目"中国与东南亚间影视传播机制与引导策略研究"中对东南亚受众的题材偏好进行实证研究发现，在众多的出口剧目中，作为传统优势类型的古装题材电视剧最受东南亚受众喜爱，武打、玄幻与宫廷题材三类古装剧集位列受欢迎排名前三（见图5-8）。[①] 比如，《延禧攻略》《梦华录》《甄嬛传》等中国古装剧受到东南亚受众的追捧。2023年8月，优酷发布的《古装剧出海报告》显示，古装剧被译制为英语、泰语、越南语、西语、阿拉伯语等16种外语，通过优酷海外YouTube频道、新加坡StarHub、泰国TrueID、越南VieON等50余家海外电视媒体和新媒体平台覆盖全球超200个国家及地区，其中，印度、印尼、越南、泰国、美国观众更偏爱古装剧。

东南亚主要国家的年轻人口占比较高，而年轻群体是文娱产业消费的主力人群。根据DataReportal在2022年2月发布的报告，东南亚总人口达6.78亿，东南亚人口大国的13岁—24岁人口占比，印尼为20%，菲律宾为23%，缅甸为21%，越南为16%。该地区平均年龄29岁，60%的人口在35岁以下。可见，无论是庞大的人口基数，还是年龄结构，东南亚都是文娱产业的潜力市场。

---

① 罗幸，赵雷.中国电视剧在东南亚五国传播的四大特点［EB/OL］.（2021-09-15）［2023-12-15］.https://mp.weixin.qq.com/s/KzLkSs5Ttt9Y8bdReZrbzg.

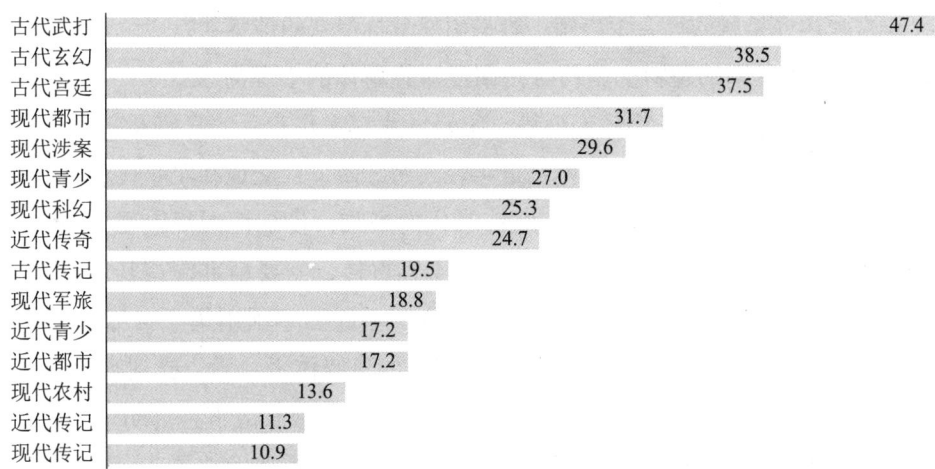

图 5-8　东南亚观众对中国剧集题材类型的偏好度（%）

资料来源：《中国电视剧在东南亚五国传播的四大特点》

此外，东南亚地区是数字经济的下一个前沿区域，当地用户对流媒体的接受度高，触媒偏好逐渐由传统媒体转向流媒体。伦敦市场研究公司（Global Web Index，GWI）的数据显示，全球观看网络电视和视频流 Top10 国家中有 4 个来自东南亚，分别是泰国、菲律宾、越南和马来西亚，泰国更是以 1 小时 31 分钟的使用时长位列第一。[①]因此，近年来，我国影视剧集出口由海外电视台销售逐渐转变为以海外流媒体为主，Netflix（奈飞）等国际流媒体平台也加大了与国产剧在渠道发行方面的合作力度。

三、案例分析

（一）中国古装剧蕴含的文化价值观符合东南亚受众的精神需求

东南亚地区与中国有着较深的历史渊源，中国与东南亚各国的官方及民间友好往来源远流长。中国的物质器具、语言文字、生活方式、艺术宗教和价值观念早已融入当地，如孝道、长幼有序等观念得以传承，饮食、服饰、家具、住宅也保留了中国习俗和中国元素，词汇体系夹杂着大量的闽南方言等。19 世纪中期，中国人大量移民到东南亚各国，东南亚地区至今拥有世界上最大的华人华侨群体，占全球海外华人总数的 70%。数量庞大的华人群体深刻地影响着东南亚文化的形成和发展。

文化接近性理论认为，受众愿意选择与自己文化背景相近的文化产品。相似的文化心理、文化态度和文化习惯衍生出共通性体验和亲密感语境，成为东南亚受众对中国电视剧产生情感共鸣和价值认同的基础。例如，《三生三世十里桃花》《花千骨》等仙侠剧因其蕴含的物我共生、天人合一观念与东南亚的文化观念、宗教观念较为接近，

---

① 大数跨境. 我国长视频平台的出海之路——我有"霸总"，请你爱我［EB/OL］.（2022-10-18）［2023-12-15］.
https://business.sohu.com/a/586745493_121478199.

缩小了跨文化内容接触的社会距离感，容易引发目标受众的情感共鸣。

（二）中国古装剧的题材类型符合东南亚年轻群体的心理需求

东南亚地区人口结构呈年轻化趋势，年轻世代对文化产品的喜好及其题材偏好有着显著的群体特殊性，因而，影视剧贴近年轻人婚恋观、社交观和职业观念十分重要。

就东南亚地区而言，伴随着数字经济时代的来临，传统性别规范受到极大冲击，东南亚女性的自我觉醒浪潮来临，面对年轻女性群体，需要精准洞察其情感联结点，这也解释了东南亚受众为何如此衷爱"她力量"崛起的中国剧集。2022年《卿卿日常》上线至印度半岛、新加坡、马来西亚等地区的流媒体平台后，受到当地观众的追捧，其以古装题材为"表"，但所宣扬的清醒独立的女性成长故事是打动东南亚文化圈年轻世代的内在因素。同理，《延禧攻略》中小宫女一路逆袭的故事，《梦华录》展现的"Girls Help Girls"女性互助理念，都能在亚洲地区女性主义文化崛起背景下满足广大年轻女性观剧群体的心理需求。

（三）中国古装剧的影视风格符合东南亚年轻群体的审美需求

人类对于美有着天然的向往，在这个颜值即正义的时代更是如此，年轻群体对于审美的追求更高，不仅要求演员外貌姣好，而且对影视剧中的服饰、妆容、场景都有着更高的标准。2023年《长月烬明》登录海外平台后，其精美的服化造型吸引了大量海外剧迷，服化道美轮美奂，特效酷炫，有《长月烬明》海外剧迷评论说："这是一部很棒的剧，很开心能通过这类电视剧了解中国历史，我很喜欢。"还有网友表示："服饰太绝了，特效也很豪华，不愧是我等了很久的剧。"

中国古装剧不仅在服化造型上吸引着东南亚受众，而且其场景设计满足了受众对美的感受。2023年《梦华录》在柬埔寨、越南热播，众多用户在平台表达了对剧中晴凤雨露、鸟鸣蛙啼这种极致美学的赞叹，也被"茶百戏"等中国传统文化元素所打动。

（四）中国古装剧的推广策略符合东南亚年轻群体的追星需求

中国古装剧善用明星效应，增加东南亚地区年轻用户黏性。明星的影响力在文化产品输出上具有强大的影响力，他们愿意追逐自己喜爱的明星参演的影视剧。中国古装剧在发行出口过程中，通过在海外举办明星与粉丝见面会、明星应援活动等方式，促进了中国明星海外粉丝圈的形成，在满足海外粉丝追星需求的同时，也能够增加粉丝与明星的黏性，进一步促进国产剧在海外的宣传。根据海外媒体报道，电视剧《陈情令》主演们于2019年9月在曼谷举行粉丝见面会，现场人数突破10万，掀起追星热潮。这种热潮与2003年在泰国火爆的韩国电视剧《大长今》相比毫不逊色。

（五）中国古装剧的流媒体发行渠道迎合了东南亚受众的触媒习惯

伴随着智能手机的普及，东南亚受众对流媒体的接受度逐渐提高，渠道偏好逐渐由传统媒体转向流媒体平台，IFlix、Netflix、Tribe等流媒体服务平台是东南亚受众接触文化娱乐内容的主要渠道。当前我国视听平台捕捉到东南亚受众的渠道偏好，采用"平台落地"的方式，积极拓展海外市场，推出了一系列海外流媒体平台，包括腾讯视频的 WeTV、爱奇艺的 iQIYI、芒果 TV 的 MangoTV、优酷的 YOUKU 等。

2018 年以前，中国古装剧对东南亚的出口主要采取"借船出口"的发行方式，如优酷将古装剧版权卖给流媒体平台 Netflix，还同越南本土平台 ZingTV 合作，与国内同步播放剧集，但是这种方式受到诸多限制。2018 年，以芒果 TV 为代表的视听网络平台，改变"出海"战略，从"借船出海"升级为"造船出海"，打造海外平台，并将重点目标设定为越南、老挝等周边国家。自此，我国在线视频平台逐渐落地东南亚地区。

在基于流媒体的渠道布局支持下，中国古装剧能够精准迎合东南亚地区受众的渠道偏好习惯，中国影视剧在华语视听文化圈持续发力，引发观影热潮。2021 年至 2023 年，WeTV 上线 133 部剧集，其中 68 部同步播出；iQIYI 发布 209 部作品，142 部同步播出；MangoTV 推出 106 部作品，78 部同步播出。截至 2023 年 4 月，芒果 TV 海外版已覆盖 195 个国家和地区，腾讯视频 WeTV 已覆盖 110 多个国家和地区，爱奇艺海外版已覆盖 191 个国家和地区。[①] 可以说，中国自有流媒体平台矩阵已经在东南亚地区形成合力，与国外流媒体巨头共建东南亚视听服务生态系统。

（六）中国古装剧的多语种配音译制满足了东南亚受众的语言多样化需求

作为一种跨语言传播形态，电视剧存在语言差异。语言差异是对外传播的传播者与受传者的共同障碍。[②] 东南亚地区拥有近 800 种语言，其中马来语是使用最为广泛的语言，共有 2.9 亿人使用；印尼语（1.56 亿）、越南语（9,000 万）和爪哇语（8,200 万）次之。讲泰国语、缅甸语、巽他语、老挝语、他加禄语、宿务亚诺语和高棉语的人也超过 1,500 万。英语也是这一地区被广泛使用的语言，甚至是很多国家的通用语言。

针对东南亚地区语种丰富这一状况，我国在影视译制方面持续布局。在全球最大的专注正版亚洲剧集的网站 Viki 上，字幕组可以为平台上架的剧集添加多语言字幕，覆盖十几种语言，Viki 还专门设置了"中国奇幻剧"板块，上线多种语言字幕，《上阳赋》《扶摇》《三生三世枕上书》等剧均有上万人评分，分数均在 9 分以上。

WeTV、iQIYI、MangoTV、YOUKU 等流媒体平台也加快了剧目译制进程，大部分"出海"剧集的字幕版本保持在 8 个语种以上，包含越南语、泰语、印尼语等。如中国古装仙侠剧《沉香如屑》自 2022 年上线以来，已面向新加坡、马来西亚、越南、泰国等国发行，上线了越南语、泰语等多个语种的配音版，这是国产剧首次实现海外多语种配音的国内外同步上线。

---

① 杨明品，周述雅. 网络视听海外平台建设的基本情况及对策建议［EB/OL］.（2023-04-27）［2023-12-19］. http://www.nrta.gov.cn/art/2023/4/27/art_3895_64152.html.
② 李智. 国际传播［M］. 北京：中国人民大学出版社，2013：135.

四、结语

近年来,我国影视产业积极走向海外,在助力中华文化"走出去"方面发挥了重要作用。本案例以中国古装剧在东南亚地区的传播为例,探究中国古装剧在东南亚广受欢迎的原因。研究发现,中国古装剧的价值表达符合同属儒家文化圈的东南亚受众的文化接受习惯,在渠道发行方面也迎合了东南亚受众的触媒偏好,同时在内容题材、影视风格上进一步满足了受众的多样化需求,多语种配音符合东南亚地区国别众多、语种繁多的现实。在践行文化"走出去"、文化强国战略的进程中,中国影视业应在全面客观把握海外域情的基础上,推进中国声音的区域化表达、分众化输出,更好地发挥影视产业的跨文化传播功能和舆论引导功能,提升我国影视作品的国际传播效能。

思考题

1. 以东南亚地区为例,试析中国影视剧在践行文化"走出去"的过程中如何以受众需求为导向。

2. 对在东南亚走红的中国影视剧进行案例分析,谈谈未来如何从文化价值相似性的角度更好地推广中国影视剧。

3. 结合本案例,立足国际传播的受众角度,谈谈未来应该如何以影视剧为载体更好地传播中华文化。

参考文献

[1] 罗幸,罗奕.中国影视剧和综艺节目东南亚传播研究——基于2021年的受众调查[J].传媒,2022(12):40-43.

[2] 何鸿婷.文化接近性视域下国产电视剧在东南亚的传播策略分析[J].视听,2019(6):36-37.

[3] 王蓉.中国古装剧在东南亚传播的改进策略[J].视听,2020(2):33-34.

[4] 周菁.中国电视剧国际传播进入合作出海新阶段[J].中国广播电视学刊,2022(11):28-31.

[5] 宋帆.近年来中国电视剧在泰国的传播现状、特点和策略[J].西部广播电视,2022(18):116-118.

[6] 林广云.中国电视剧越南网络传播偏好调查及传播路径建构[J].科技传播,2019(20):134-138,178.

[7] 常江.中国电视剧海外传播的文化使命[J].中国电视,2020(10):73-76.

[8] 杨本明.近年来中国剧集在日本的传播现状研究[J].中国电视,2022(12):107-112.

【作者:刘小晔 蓬洁】

中外文化交流互鉴的使者：来华留学生对中国文化的接受与认同

导语

来华留学生是中外文化交流的桥梁，是促进中国与其他国家人民民心相通的中坚力量。国际地位的攀升、学术的精进、人才培养水平的提升、相关政策的扶持，共同助力来华留学生数量与质量的显著增长。以留学生为纽带推动中华优秀文化"走出去"，已经成为中国文化对外传播的主要方式。把握来华留学生对中国文化的接受与认同情况，对于中国文化的跨文化传播有着重要的意义。本案例结合此前相关调查结果，分析了来华留学生对中国文化的认知与态度，并从媒介接触渠道、文化接近性、既有态度等方面探讨了背后的影响因素，从而为促进来华留学生的中国文化认同提出建议。

一、案例背景

1950年，捷克、波兰等国的外籍学生作为第一批留学生来到中国，开启了来华留学的新篇章。此后，随着我国国际地位不断提升，与各国的联系日渐密切，来华留学生的国别来源也日益丰富。数据显示，我国在2018年共接收了来自196个国家和地区的49.2万余名来华留学人员，成为世界第三、亚洲最大的留学生目的国。[1]

中华文明有着数千年的历史底蕴，承载着中华民族的基因与血脉，具有连续性、创新性、统一性、包容性以及和平性等五大突出特性。党的二十大报告明确指出，"深化文明交流互鉴，推动中华文化更好地走向世界。"中国文化的对外传播有助于世界各国更全面地了解中国，更好地理解中国的政策与主张，为我国在新时代开展国际传播提供厚实的历史文化资源和坚实的价值依凭。[2] 如何做好中国文化的对外传播、提升国家文化软实力，成为当前我国国际传播的重要课题。

来华留学生是中外文化交流的重要桥梁，是向海外传播中国文化、促进国与国之间民心相通的中坚力量。相较于其他国外民众，来华留学生拥有更好的汉语语言基础，有更多的机会直接体验与深入了解中国文化，有着天然的"他者"视角与对外的亲近性，同时又具备优秀人才特征，具有一定号召力，能够对中国文化的对外传播和推广发挥重要作用。了解来华留学生对中国文化的认知与态度，把握来华留学生对中国文

---
[1] 王辉耀，苗绿. 中国留学发展报告（2020—2021）[C]. 北京：社会科学文献出版社，2021：34.
[2] 胡百精. 中华文化国际传播的战略思维与路径[J]. 对外传播，2022（9）：8-11.

化的接受与认同情况,对促进中国文化的对外传播有重要的现实意义。

二、案例描述

来华留学生群体作为中国文化的直接接触者,对中国文化的对外传播起到了重要的推动作用,该群体对中国文化的认知情况以及认同程度得到了许多学者的关注。

(一)留学生对于中华文化的认知集中于具体的文化符号

符号是人们为了帮助自身更好地认识事物而对其进行的简化和概括,是约定俗成的一种形式。文化符号是跨文化传播的重要载体,只有在该国家和民族历史与文化发展中所形成的特殊文化形式,才能被认为是一个国家和民族特有的文化符号。在面对抽象的概念时,人们通常采用可感知的具象符号来进行替代,如汉语、孔子、故宫等文化符号便常被看作中国文化这一抽象概念的具体体现。绝大多数的来华留学生对于中国文化的认知并不全面,而是依托碎片化的具体的文化符号。任迪、姚君喜采用随机抽样的方式对上海交通大学的外籍来华留学生开展问卷调查,回收289份有效样本,其中对"提到中国文化,您的第一印象是什么?"这一开放式问题的回答,排名在前4位的描述性认知因素是:历史传统、孔子/儒家、饮食、汉字/汉语。① 此外,来华留学生对不同中国文化符号的知晓程度也存在一定差异。一项以"北上广"三地的外籍留学生作为对象的聚焦来华留学生对中国文化符号知晓度的调查显示,"汉语""汉字"的知晓度分别为99.3%和98.8%,明显超过"长城""中国功夫""中餐"等其他中国文化符号。②

我们将中国文化符号划分为中国历史、中国思想、物质文化、语言文字与中国建筑等维度后可以看出,来华留学生对于中国文化符号的认知更多地停留于最浅层的语言文字层面,对其他维度的符号缺乏深层次的认识,对中国文化具有一定的刻板印象:中国文化历史是悠久的,孔子和儒家文化是中国思想的代表,饮食文化和功夫文化是中国文化在物质层面的集中体现。③

相关研究表明,留学生来华前后对中国文化相关信息的接触渠道不同,且不同渠道影响其对中华文化的认知。姚君喜的研究指出,来华留学生对互联网的使用能够显著影响其对中国文化符号中的生活符号($\beta=0.091$,$\rho<0.01$)的评价,对报纸的使用能够显著影响其对中国文化符号中的人文符号($\beta=0.090$,$\rho<0.01$)的评价。④ 李加军的研究表明,留学生来华前后对中国文化接触的渠道存在差异,对中国文化接触

---

① 任迪,姚君喜. 外籍留学生"中国及中国文化印象"认知和评价的实证研究[J]. 当代传播,2018(2):50-55.
② 姚君喜. 媒介使用对外籍留学生中国文化符号认同的影响[J]. 当代传播,2021(6):55-59.
③ 朱佳妮,姚君喜. 外籍留学生对"中国文化"认知、态度和评价的实证研究[J]. 当代传播,2019(1):56-60,65.
④ 姚君喜. 媒介使用对外籍留学生中国文化符号认同的影响[J]. 当代传播,2021(6):55-59.

的深度与广度随之发生变化，获取的信息量和准确度也会存在差异，进而影响他们对中国文化的认知。[①]留学生在来华前主要通过间接接触的方式获取中国文化信息（见表5-2），其中以社交媒体为主要渠道。在这一渠道下，留学生将他国文化行为置于其自身文化的价值、信仰规范框架内看待和理解，这容易产生差异性解读。来华后，直接接触是留学生获取中国文化信息的主要方式（见表5-3）。在直接接触中，社交媒体占据主要渠道，在华留学生使用的境内社交媒体以微信、QQ、抖音等为主。[②]其中，通过直接体验获得的中国文化信息对改变观念、拓展认知有重要作用。

表5-2 留学生来华前接触中国文化的类型与路径

接触类型	类型子类	接触路径	频次
间接接触 （94.9%）	间接人际接触 （22.2%）	通过正在中国读书或已经毕业或曾到访过中国的朋友、家人、同学等	78
		通过未到过中国的家人	8
		通过中文老师	4
		通过笔友	1
	间接文化 产品接触 （72.7%）	通过外国社交媒体（Instagram、YouTube、Facebook、Quora）	58
		通过电视节目（系列剧、电视剧、体育等）	45
		通过中国电影	39
		通过因特网（如WiKi、Google、中国大学网站）	32
		通过英文图书或从中文翻译过来的图书	31
		通过新闻、报纸	26
		通过学校课程（如历史课）、留学宣传讲座等	21
		通过留学服务机构（如Moksh Global）	10
		通过杂志	9
		通过使用中国产品	7
		通过汉语学习App、在线汉语学习软件（如Tandem）	7
		通过纪录片	6
		通过广播	2
		通过阅读有关来华旅行的博客	1
		通过阅读中国大学寄送的来华学习手册	1
		通过中国社交媒体（如Tik Tok）	1
		通过听中文歌曲	1
		通过在线游戏	1
	合计		389

---

① 李加军.来华留学生中国文化接触路径构建与比较［J］.当代青年研究，2022（3）：35-42.
② 李加军.来华留学生中国文化接触路径构建与比较［J］.当代青年研究，2022（3）：35-42.

续表

接触类型	类型子类	接触路径	频次
直接接触（5.1%）	直接人际接触	通过观察中国人或与中国人交流	13
	直接人际接触	通过中国大使馆的工作人员	1
	直接人际接触或文化体验	通过中国餐厅	6
	直接文化体验	通过参加中国文化交流活动	1
	合计		21

资料来源：《来华留学生中国文化接触路径构建与比较》

表 5-3　留学生来华后接触中国文化的类型与路径

接触类型	类型子类	接触路径	频次	接触类型	类型子类	接触路径	频次
直接接触（72.4%）	直接人际接触（47.4%）	通过与当地人、中国学生交流或结交中国朋友	84	间接接触（27.6%）	间接人际接触（8.8%）	通过高年级同乡了解	25
		通过中国教师的文化概论课、中文课	71			通过与来自其他国家的留学生交流	7
		通过中国老师了解	29			通过在中国的家人	2
	直接文化体验（25%）	通过参加学校组织的活动	30		间接文化产品接触（18.8%）	通过社交媒体	14
		通过到中国参观旅行	38			通过中国的图书或杂志	12
						通过留学新生指导手册	12
		通过参加中国重要节日活动	12			通过手机应用软件	8
						通过因特网	8
						通过音乐	7
		通过品尝中国食物	9			通过新闻	5
		通过到中国市场或商店购物	8			通过中国电影	5
						通过翻译软件	2
	合计		281		合计		107

资料来源：《来华留学生中国文化接触路径构建与比较》

（二）留学生对于中华文化的态度趋于正向

在对上海交通大学外籍来华留学生对中国文化的喜欢程度的调查中，无论是"长城""大熊猫""春节"等具体的文化符号，还是"中国工艺""中国建筑""音乐舞蹈"等抽象的文化形态，来华留学生都表现出正向态度。其中，他们在文化符号上对"长城"的喜欢程度最高,均值为4.35,在文化形态上对"中国工艺"的喜欢程度最高,均值在4以上。"中国建筑""中国历史""中国饮食""中国地理""古代科技"等也获得来华留学生的喜欢,均值均在3.9及以上(见表5-4)。

表5-4 外籍来华留学生对中国文化的喜欢程度

	均值（X）	标准差（SD）	标准误差（SE）
中国工艺	4.02	0.844	0.050
中国建筑	3.99	1.009	0.060
中国历史	3.97	1.111	0.066
中国饮食	3.93	1.023	0.061
中国地理	3.92	0.957	0.057
古代科技	3.90	0.901	0.053
中国汉字	3.85	1.030	0.061
中国文学	3.85	0.921	0.054
民间文化	3.76	0.884	0.052
音乐舞蹈	3.58	1.015	0.060
中国思想	3.44	1.003	0.059

资料来源:《外籍留学生对"中国文化"认知、态度和评价的实证研究》

宋丹、许海元选取京津冀的10所高校来华留学生作为调查对象,并将中国情怀划分为亲近感、归属感与责任感进行测量。其中,亲近感包含中国文化对来华留学生具有的吸引力与感染力;归属感是指来华留学生感知到自身已对中国文化产生认同,并愿意积极主动融入;责任感则是来华留学生自发帮助、支持、宣传中国的使命感。[①] 通过分析回收的663份有效问卷发现,来华留学生的中国情怀得分整体中等偏高(见图5-9),学历层次越高,中国情怀的分值越高,通过汉语水平等级考试的留学生的中国情怀分值也显著高于未通过该考试的留学生。

---

① 宋丹,许海元.来华留学生中国情怀提升研究——基于京津冀高校来华留学生的调查[J].河北师范大学学报(教育科学版),2022(4):135-140.

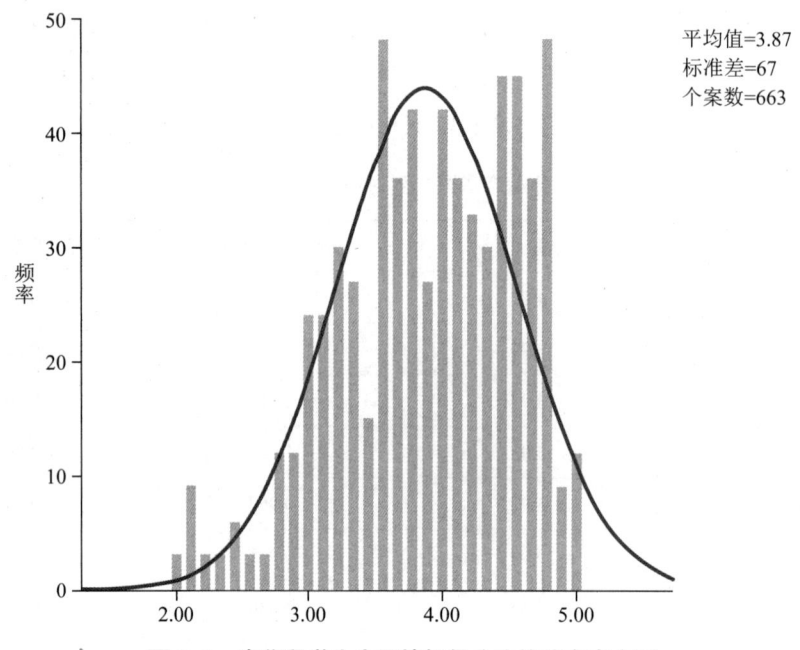

图 5-9　来华留学生中国情怀得分均值分布直方图

资料来源：《来华留学生中国情怀提升研究——基于京津冀高校来华留学生的调查》

（三）东西方留学生对于中华文化的情感倾向与态度评价存在差异

研究对"北上广"地区外籍留学生的调查先采用随机发放问卷的形式收集有效样本，后在保留所有来自非亚洲国家的 375 份有效样本的基础上，随机保留 562 份来自亚洲国家留学生的有效样本，以此调整样本中来自亚洲与非亚洲国家的来华留学生比例，使之与教育部 2018 年发布的统计结果相一致。[①] 通过 ANOVA 方差检验发现，东西方不同文化背景的来华留学生在对以下符号的态度上存在显著差异。对比东西方来华留学生的总体态度偏向发现，东方文化背景的来华留学生对中国文化喜爱程度的均值为 3.54，西方文化背景的来华留学生对中国文化喜爱程度的均值为 3.37，即来自东方的留学生对中国文化的喜爱程度高于来自西方的留学生。这个结论具体表现在留学生对北京大学、清华大学、外滩、敦煌、道家、八卦这 6 个文化符号的态度方面，东方文化背景的来华留学生的态度评价高于西方，相反，在大熊猫、书法、京剧、青花瓷这 4 个文化符号的态度评价上，西方文化背景的来华留学生的态度评价高于东方（见表 5-5）。11 项中国文化符号测量变量的标准差中有 8 项均为西方文化背景的来华留学生高于东方，也就是说，西方文化背景的被测者对于同一中国文化符号的个体间态度差异更大。

---

① 罗幸，赵雷. 中国电视剧在东南亚五国传播的四大特点［EB/OL］.（2021-09-15）［2023-12-15］. https://mp.weixin.qq.com/s/KzLkSs5Ttt9Y8bdReZrbzg.

表 5-5　东西方不同国家的外籍留学生对中国文化符号态度评价的 ANOVA 分析

符号	区位	均值（X）	标准差（SD）	标准误差（SE）	显著性
大熊猫	东方	4.36	1.096	.004	.001***
	西方	4.43	.967	.062	
北京大学	东方	3.82	1.252	.050	.004**
	西方	3.54	1.418	.091	
清华大学	东方	3.69	1.403	.056	.000***
	西方	3.05	1.664	.106	
外滩	东方	3.46	1.595	.064	.000***
	西方	2.94	1.905	.122	
敦煌	东方	3.08	1.746	.070	.000***
	西方	2.55	1.949	.125	
龙	东方	3.96	1.220	.049	.007**
	西方	3.96	1.342	.085	
书法	东方	3.72	1.302	.052	.000***
	西方	4.00	1.196	.076	
京剧	东方	3.36	1.421	.057	.010**
	西方	3.40	1.483	.095	
青花瓷	东方	3.30	1.574	.063	.000***
	西方	3.47	1.492	.095	
道家	东方	3.21	1.544	.062	.005***
	西方	3.10	1.663	.106	
八卦	东方	3.01	1.656	.066	.000***
	西方	2.60	1.874	.120	

资料来源：《媒介使用对外籍留学生中国文化符号认同的影响》

　　除东西方文化背景的来华留学生对中国文化符号的态度偏向存在差异外，来源国与中国的政治亲近程度也会影响来华留学生的态度偏向。宋丹和许海元对来华留学生的中国情怀测量数据进行分析，得出以下结论："一带一路"沿线国家的来华留学生在中国情怀上与来自其他国家的留学生间存在显著差异，前者在亲近感和归属感上的得分均显著高于后者。此外，来自发展中国家留学生的归属感和责任感得分均显著高于来自发达国家的留学生。[①]

[①] 宋丹，许海元. 来华留学生中国情怀提升研究——基于京津冀高校来华留学生的调查[J]. 河北师范大学学报（教育科学版），2022（4）：135-140.

三、案例分析

（一）传播渠道限制来华留学生认识中国文化的深度

以往的调查结果显示，来华留学生对中国文化的认知普遍集中于具体的抽象符号，其中很大的原因是受传播渠道限制。不同渠道所承载的信息内容在广度与深度上均有一定差别，所接触事物信息的丰富性在一定程度上决定了人们对该事物的认知程度。拓展传播渠道是加强传播能力、提升传播效能的重要手段。

李加军在研究中指出，留学生来华前以间接接触中国文化为主要接触路径，其中对外国媒体的接触频率最高。①然而，通过外国媒体所了解的中国文化是经过"他者"视角选择和解读后的"符号真实"，这种拟态环境和中国文化的客观事实之间存在较大偏差。加之，间接接触形成的是碎片化、片面化的认知，缺乏系统性与完整性，使他们容易产生对中华文化的增值、减值或异值解读，从而造成大部分留学生对中国文化的了解都停留在具体的符号层次，整体来说比较肤浅。这一现象也反映了我国媒体在对外传播工作中还需要有效整合国际媒体、国外人士等传播资源，进一步提高自身影响力；同时要提升"本土化"的工作，注重传播技术形式的不断变迁，争取提升留学生来华前对中国文化的接受与认识。

李加军的研究同时指出，来华后留学生对中国文化的接触途径以直接接触为主，间接接触为辅。②因此，我们要抓住来华留学生亲身进入中国社会这一重要时机，从多方面拓宽他们接触中国文化的渠道，从而加深其对中国文化的认识与了解。广西师范大学国际教育学院组织的留学生龙狮运动，贵州茶艺社举办的留学生"中国茶文化"体验活动，西安文旅的"丝路起点·文明根脉"留学生交流活动等，都有效促进了来华留学生对中华文化的认同。我们应多组织来华留学生参加与中国文化相关的社会实践活动，并安排相应的中国学生与之交流，通过直接的人际接触和文化体验的方式，帮助来华留学生更加立体地了解与中国文化相关的历史、精神、事件等。

留学生来华期间对中国文化产品的间接接触同样需要注意。在间接文化产品接触中，在华留学人员最常用的中国境内社交媒体大多为微信、QQ音乐、抖音等。③中国留学生服务中心举办了"我与中国传统文化的美丽邂逅"2023来华留学生短视频平台竞赛，一方面增强来华留学生的媒介素养，帮助其更好地适应国内的媒介环境；另一方面通过课外竞赛的形式，有针对性地培养来华留学生对中国媒介的使用习惯。

---

① 李加军.来华留学生中国文化接触路径构建与比较［J］.当代青年研究，2022（3）：35-42.
② 李加军.来华留学生中国文化接触路径构建与比较［J］.当代青年研究，2022（3）：35-42.
③ 李加军.来华留学生中国文化接触路径构建与比较［J］.当代青年研究，2022（3）：35-42.

（二）文化接近与汉语水平影响留学生对中国文化的认知

根据以往的调查，东方文化背景和汉语能力较强的来华留学生更易接受中国文化，这主要是受文化的接近性和语言可理解性的影响。受众不是一个简单的整体，而是彼此间存在着很大差异的群体，国际传播受众间的差异性因广泛性、复杂性和多样性的特点而更加明显。① 国际传播的受众分布于世界各地，他们的差异主要表现在以下三个层面，一是宗教信仰与文化习俗不同，二是语言不同，三是媒介使用习惯不同。这种差异性会使不同受众接触的信息内容、信息形式以及信息量有所不同，对同一信息的关注与解码不同，理解与态度也就不同。

在无法改变差异性的前提下，我们想要实现更加高效地传播，就需要主动去减小差异。文化习俗上的差异要求我们注意规避潜在的文化误解或冲突，在传播内容上要尊重目标受众的宗教信仰和文化习俗。高校需要针对性地开展教师培训，使他们更加了解文化差异。语言上的差异影响留学生对文化的接受与理解，加强在华留学生汉语水平，能够帮助其更好地适应中国社会，理解中国文化。已有研究表明，留学生汉语学习动机对中国文化认同具有显著的正向影响。② 目前国内包括武汉大学、西安交通大学和厦门大学等在内的多所高校都开展了来华留学生汉语演讲比赛，中国国家汉办主办的"汉语桥"更是国际汉语比赛的代表性赛事。2008年，第七届汉语桥在湖南卫视播出，引起国内外广泛关注。该节目参赛者的世界大学生身份使之具备对外传播的天然优势，同时还能较为精确地吸引国内外的大学生群体与未来大学生群体，中文演讲的内容和竞赛形式达成对上述目标受众学习中文的有效激励，值得我们结合当下的新媒介、新技术进行学习与思考。

（三）顺意程度影响来华留学生对中国文化的认知态度

从受众对传播者的态度出发，国际传播受众可以划分为顺意受众、逆意受众和中立受众。其中顺意受众分为两种，一种是与传播主体国有着长期友好关系或处在同一联合体中的受众，另一种是在某一重大事件中与传播主体国具有相同态度和立场的受众。③ 其中来华留学生基本属于顺意受众，因此他们对于中国文化的态度都是较为积极的。与此同时，来自"一带一路"沿线国家以及发展中国家的留学生对中国文化的认同度高于其他国家的来华留学生的原因主要是，他们在经济与政治等不同层面与中国处于同一联合体中，来自这些国家的留学生对中国的亲近性更高，具有更强的顺意性。

随着互联网技术的快速发展，受众逐渐掌握了接收信息的主动权，承担着信息接

---

① 李智. 国际传播［M］. 北京：中国人民大学出版社，2013.
② 姚君喜. 外籍留学生汉语学习、媒介使用对中国文化认同的影响［J］. 上海交通大学学报（哲学社会科学版），2023（6）：32-45.
③ 程曼丽. 国际传播学教程［M］. 北京：北京大学出版社，2006.

收者与传播者的双重角色。在这样的背景下，顺意受众接触中国文化的相关信息时态度更为积极，更可能给予正向反馈或发布有利信息。因此，我们在稳定已有顺意受众的基础上不断扩大其范围尤为重要。从上述顺意受众的具体内涵和"一带一路"倡议增加了沿线国家的来华留学生数量这些事实可知，以国家为主体的友好外交是扩大顺意受众范围的有效措施。

（四）态度差异造成来华留学生对中国文化的不同评价

调查显示，西方国家的来华留学生不同个体间对中国文化的评价存在较大差异，西方留学生对中国文化的整体认同度低于东方，"一带一路"沿线国家的来华留学生相比其他国家对中国文化的整体认同度更高，造成这些现象的原因是这些国家的留学在来华前对中国的态度就存在差异。态度是一种内在的心理变化过程，是受众对传播主体持有的评价和行为倾向。对受众的心理变化过程施加一定影响，从而改变受众对特定对象的不利评价与行为倾向，促进对传播主体形成有利的态度偏向，是国际传播的重要任务之一。[①] 态度是由认知、情感和行为倾向三个部分组成的，其中认知是态度形成的基础条件，没有对一个事物的认知与印象，就不可能形成判断。同时，对一个事物缺乏较为全面的认识就容易产生偏见，只有对事物的了解更多更全面，对事物的判断与评价才能更客观。相较于东方，西方多个国家与中国存在一定分歧，其媒体对中国的相关报道具有一定的局限性与片面性。此外，在同一东方背景下，"一带一路"沿线国家对中国形象的塑造更为全面客观。梁云等学者通过分析 VKONTAKTE 网（俄罗斯、中亚及东欧地区最为常用的社交网站）的中国形象发现，相较于其他国家，"一带一路"沿线国家与中国之间建立了友好关系，涉华报道较多，且客观或积极态度为主，这有助于提升国民对中国的认知度与好感度。[②]

国家形象的塑造既要有硬实力，又不能缺乏软实力，在国际形势日益复杂的当下，中国媒体在国际传播中既要发挥信息传播的工具性作用，又要承担形象和价值的塑造任务。传播者在内容上从多个维度讲述中国文化，形式上用丰富技术展现中国文化，帮助留学生在来华前对中国文化拥有更全面更准确的了解与认识。与此同时，传播者要明确传播文化和价值的追求是深入人心、潜移默化，介入合适的情感因素，打造更容易引起共鸣的信息内容，从而影响甚至改变受众的心理倾向。

四、总结

结合上述针对来华留学生对中国文化的认知与认同现状的描述与分析，来华留学

---

① 程曼丽. 国际传播学教程 [M]. 北京：北京大学出版社，2006.
② 梁云，张淼淼，佟毅. 社交媒体视角下的"一带一路"沿线国家中国形象分析——基于社交网站 VKONTAKTE 的中国报道 [J]. 新疆师范大学学报（哲学社会科学版），2017（5）：128-136.

生对中国文化的认同度较高，但也存在着整体认知重复单一、浮于表层、东西方文化背景的来华留学生对中国文化态度具有显著差异等问题。传播渠道、受众特性以及受众态度等均在不同程度上影响着来华留学生对中国文化的认识与认同。为促进来华留学生更好地认识中国文化，加强中国文化的对外传播，我们需要改进以下几点：一是提高中国文化传播渠道的多元性和传播内容的丰富性，抓住来华留学生与中国文化直接接触的宝贵机会；二是重视顺意受众在中国文化传播中的重要作用，通过国家的友好外交扩展潜在的顺意受众群体；三是明确受众的差异性，提升来华留学生的汉语水平，借用新媒介与新技术激发更多留学生学习汉语；四是要明确传播对受众态度的影响始于认识，加强对中国文化的信息传播，让来华留学生对中国文化有更全面的认识，必要时加入情感因素以引起共鸣，促使其转变态度。

思考题

1. 请结合具体事例，分析来华留学生在中国文化对外传播中的重要作用。
2. 来华留学生对中国文化的认知与认同受哪些因素影响？

参考文献

[1] 王辉耀，苗绿.中国留学发展报告（2020—2021）[C].北京：社会科学文献出版社，2021.

[2] 胡百精.中华文化国际传播的战略思维与路径[J].对外传播，2022（9）：8-11.

[3] 任迪，姚君喜.外籍留学生"中国及中国文化印象"认知和评价的实证研究[J].当代传播，2018（2）：50-55.

[4] 姚君喜.媒介使用对外籍留学生中国文化符号认同的影响[J].当代传播，2021（6）：55-59.

[5] 朱佳妮，姚君喜.外籍留学生对"中国文化"认知、态度和评价的实证研究[J].当代传播，2019（1）：56-60，65.

[6] 李加军.来华留学生中国文化接触路径构建与比较[J].当代青年研究，2022（3）：35-42.

[7] 宋丹，许海元.来华留学生中国情怀提升研究——基于京津冀高校来华留学生的调查[J].河北师范大学学报（教育科学版），2022（4）：135-140.

[8] 李智.国际传播[M].北京：中国人民大学出版社，2013.

[9] 姚君喜.外籍留学生汉语学习、媒介使用对中国文化认同的影响[J].上海交通大学学报（哲学社会科学版），2023（6）：32-45.

[10] 程曼丽.国际传播学教程[M].北京：北京大学出版社，2006.

[11] 梁云，张森森，佟毅.社交媒体视角下的"一带一路"沿线国家中国形象分析——基于社交网站VKONTAKTE的中国报道[J].新疆师范大学学报（哲学社会科学版），2017（5）：128-136.

[12] 刘涛.从文化差异到文化认同：来华留学生趋同化管理创新策略研究[J].东北师大学报

（哲学社会科学版），2022（3）：157-164.
[13] 张智，王湘丽.东盟留学生对中华龙狮文化认同的实证研究——以广西师范大学国际教育学院留学生为例[J].广州体育学院学报，2021（1）：62-67.
[14] 楚雪，张国良.互联网使用对中国留学生文化认同的影响——基于留美中国与他国学生的比较研究[J].西南民族大学学报（人文社科版），2020（5）：164-169.
[15] 黄慧.来华留学生中国文化认同感研究[J].教育评论，2017（12）：40-43.
[16] 赵宏，张晶.来华留学生中华文化认同培养[J].黑龙江高教研究，2017（11）：145-147.
[17] 王强.外国人对中国文化的认知情况：一项基于留学生群体的调查[J].西安外国语大学学报，2015（2）：14-17.
[18] 王维.文化类电视综艺节目的海外传播浅析——以《中国诗词大会》为例[J].当代电视，2022（2）：60-63.

【作者：吴文汐　赵予菲】

中国电影的对韩传播：接受偏好与策略探索

导语

电影作为一种大众传播媒介，是连接社会与观众的纽带，潜移默化地影响着观众对现实世界的认知与理解。近年来，中国不断推进电影产业的国际合作交流。中韩两国在历史记忆、文化底蕴等各个方面存在密切的关联，文化观念差异小，因此，中国电影在韩国传播具有天然优势。中国电影进入韩国市场已有数十年的时间，取得了一定的成绩，但也存在市场占有率低、文化折扣等问题。本案例旨在分析韩国观众对中国电影的接触偏好，探索中国电影作为中国文化的输出途径如何影响韩国观众对中国的认知，为中国电影的对韩传播策略提供参考。

一、案例背景

电影作为包含艺术、经济和意识形态的文化艺术品和工业产品，不仅具有创造经济效益和社会效益的核心功能，也能够反映本国文化软实力的强弱，具有凝聚时代共识、塑造国家形象、传播民族文化等多重政治、文化和意识形态功能。因此，各国都高度重视本国电影在国际舞台上的传播，同时注重引入异国电影，以促进国际间文化交流和合作。

近年来，中国十分重视国产电影的海外传播，并积极出台电影振兴等相关政策。在党的二十大报告中，习近平总书记强调了"讲好中国故事、传播好中国声音，展现可信、可爱、可敬的中国形象"的重要性。在海外观众观看中国电影的过程中，中国电影所讲述的中国故事以及外国电影中的中国元素共同构建了展示给海外观众的中国形象，发挥着国家名片的重要功能。

改革开放 40 多年来，中国电影的国际传播经历了三个重要的发展阶段，包括跻身国际主流电影节，进入国际主流电影市场以及融入国际主流电影产业。这一发展过程标志着中国电影在全球电影领域崭露头角，占据重要地位。从 2011 年开始，中国成为仅次于北美的第二大电影市场。[①] 随着国际国内形势的不断变化，中国电影进入产业升级的转型期，即从电影大国转向电影强国的关键时期。

自 20 世纪 80 年代以来，中国电影在韩国的传播已有近 40 年的历史，发行了 500 多部电影。韩国市场对中国文艺片的接受程度和反馈效果较好。中国文艺片的持续传播在韩国电影市场产生了积极的反响。例如第三代导演谢晋的作品《最后的贵族》，第四代导演谢飞的《香魂女》，第五代导演田壮壮的《蓝风筝》，第六代导演贾樟柯的《三峡好人》，以及新生代导演毕赣的《地球最后的夜晚》等，因其深刻的思想内涵和先进的电影语言而成功进入韩国市场。与此同时，中国类型片尤其是香港动作片和中国大制作的电影，持续涌入韩国市场。影片如《英雄》《十面埋伏》和《夜宴》等都取得了可观的票房成绩。值得一提的是，根据学者陈慧的统计，《赤壁》（上下集）和《英雄》等电影创造了超过百万观影人次的佳绩。[②] 然而，由于文化差异问题，犯罪片和喜剧片在韩国市场相对不受欢迎。

韩国作为与我国交往密切的东亚邻国，在历史发展、美学传统、文化记忆等各个方面关联密切，对于中国电影来说，存在与韩国电影市场互联互通的潜力。研究韩国受众对中国电影的偏好，对于指导中国电影在海外的传播具有现实意义。

二、案例描述

本案例以黄会林教授团队《2019 年度中国电影日韩地区传播调研报告》为基础，并结合石嵩、张燕、陈惠等多位学者关于中国电影在韩国地区传播的相关研究进行分析。

"中国电影国际传播"调研项目自 2011 年启动以来，已持续 12 年。2019 年，由黄会林教授团队组织，采用线上报名征集的方式，随机抽样选择了日本和韩国各 20 名电影观众作为研究对象。研究团队选取包括中国申报奥斯卡奖的电影、在日韩院线上映并取得高票房的中国电影、在日韩网络平台获得高评分的中国电影，以及 2018 年至

---

① 尹鸿，陶盎然. 改革开放以来中国电影的国际传播 [J]. 当代中国史研究，2021（6）：143.
② 陈慧. 新时期以来中国电影在韩国的传播与拓展 [J]. 电影文学，2021（19）：82-87.

2019年备受欢迎的中国电影,同时结合中、日、韩三国主要信息门户网站和电影网站的数据,最终选择了20部中国电影,并选取了30部包含中国元素与中国形象的日本、韩国和美国电影,作为研究样本。

项目组从目标受访者的特点、观影行为和观影偏好等多个维度出发,设计问卷题目,将这20部中国电影和30部包含中国元素的日、韩、美电影分为两组,采用李克特量表,要求受访者对每个测量指标的喜好程度进行评分。项目组委托市场调查咨询公司 Paneland,通过在线调查网站样本库发布问卷,最终收回了1,500份有效问卷,其中日本和韩国各占750份。研究团队通过对数据的分析,探索韩国受访者对中国电影的接触偏好及这些偏好对他们的对华认知的影响。本案例借助该调研的结论进行论述,探索中国电影在韩国传播的策略。

(一)韩国受访者对中国电影的观影情况

1. 对中国电影的观影频率及渠道

调研团队通过分析受访者的观影习惯发现,过去三年内,韩国受访者通过网络渠道或者院线渠道观看中国电影的人数达到了总体的一半,可以看出,韩国受访者对中国电影有较高的热情。值得注意的是,韩国观众在观影渠道的选择上存在差异(见表5-6),他们更倾向于通过网络渠道(1.98部/年)观看中国电影,而不是通过院线渠道(1.80部/年)。

表5-6 韩国受访者在不同渠道观看中国电影的频率

单位:部

检验变量	国别	N	均值
院线观看频率	韩国	750	1.80
网络观看频率	韩国	750	1.98

资料来源:《日韩观众电影接触与偏好对其认知中国的影响——2019年度中国电影日韩地区传播调研报告》

2. 对中国电影的偏好

《2019年度中国电影日韩地区传播调研报告》显示,韩国受众对于中国电影的偏好可以划分为内地电影和香港电影两个感知维度,他们对于香港电影的喜好程度较高。根据学者统计,中国电影韩国市场观影人次前50名中大部分都是香港电影(见表5-7),在韩国市场中引发观影热潮、票房成绩超百万的影片,如《赤壁》《英雄》《色·戒》等,均为香港电影。

表 5-7 中国电影韩国市场观影人次前 50 名

序号	片名	导演	韩国观影人次（万）	类型	主演
1	赤壁（下）	吴宇森	271	历史、动作、战争	梁朝伟、金城武、张丰毅
2	英雄	张艺谋	191	剧情、武侠、古装	李连杰、梁朝伟、甄子丹
3	色·戒	李安	186	剧情、爱情、历史	梁朝伟、汤唯
4	赤壁（上）	吴宇森	157	历史、动作、战争	梁朝伟、金城武、张丰毅
5	十面埋伏	张艺谋	103	剧情、武侠、古装	刘德华、金城武、章子怡
6	三国之见龙卸甲	李仁港	102	古装、动作、历史	刘德华、洪金宝
7	满城尽带黄金甲	张艺谋	90	剧情、动作、古装	周润发、巩俐、周杰伦
8	无极	陈凯歌	80	剧情、奇幻	张东健、张柏芝
9	神话	唐季礼	53	动作、冒险	成龙、金喜善
10	狄仁杰之通天帝国	徐克	46	动作、悬疑、古装	刘德华、刘嘉玲、李冰冰
11	夜宴	冯小刚	44	剧情、古装、动作	章子怡、葛优
12	新警察故事	陈木胜	42	动作、犯罪、剧情	成龙、谢霆锋、杨采妮
13	宝贝计划	陈木胜	40	动作、喜剧、剧情	成龙、古天乐
14	无间道	刘伟强	39	剧情、犯罪、惊悚	刘德华、梁朝伟、黄秋生
15	投名状	陈可辛	38	剧情、动作、战争	李连杰、金城武、刘德华
16	孔子	胡玫	37	传记、古装	周润发、周迅
17	霍元甲	于仁泰	36	剧情、传记、动作	李连杰、孙俪
18	见鬼 2	彭发、彭顺	33	剧情、奇幻、恐怖	舒淇、郭涛
19	七剑	徐克	32	剧情、动作、武侠	甄子丹、黎明、杨采妮
20	剑雨	苏照彬	31	动作、爱情、武侠	杨紫琼、郑雨盛
21	长江 7 号	周星驰	31	喜剧、科幻	周星驰、徐娇
22	墨攻	张之亮	30	动作、剧情、战争	刘德华、安圣基
23	危险关系	许秦豪	29	剧情、爱情	章子怡、张东健
24	江山美人	程小东	19	动作、剧情、爱情	黎明、陈慧琳
25	保持通话	陈木胜	18	剧情、动作	古天乐、徐熙媛
26	神笔马良	钟智行	17	动画	
27	警察故事 2013	丁晟	15	动作、犯罪	成龙、刘烨
28	2046	王家卫	15	剧情、爱情、奇幻	梁朝伟、章子怡
29	画皮	陈嘉上	15	剧情、爱情、奇幻	周迅、陈坤等
30	潜艇总动员：时光宝盒	何子力	14	动画	
31	花木兰	马楚成	13	冒险、剧情、爱情	陈坤
32	关云长	麦兆辉、庄文强	12	传记、动作、历史	甄子丹、姜文

续表

序号	片名	导演	韩国观影人次（万）	类型	主演
33	非常完美	金依萌	12	喜剧、爱情	章子怡
34	精武风云·陈真	刘伟强	12	动作	甄子丹、舒淇
35	十月围城	陈德森	12	动作、剧情、历史	甄子丹、王学圻
37	叶问	叶伟信	11	动作、传记、剧情	甄子丹、任达华
38	异度空间	罗志良	10	剧情、恐怖	张国荣、林嘉欣
39	霸王别姬	陈凯歌	10	剧情	葛优、巩俐
40	大兵小将	丁晟	9	动作、冒险、喜剧	成龙、王力宏
41	兔侠传奇	孙立军	9	动画	
42	我的青春都是你	周彤、代梦颖	8	青春、爱情	宋芸桦、宋威龙
43	笔仙2	安兵基	8	恐怖	辛芷蕾
44	铜雀台	赵林山	8	历史、古装	周润发、刘亦菲
45	集结号	冯小刚	7	历史、战争	张涵予、邓超
46	少年的你	曾国祥	7	青春、爱情	易烊千玺、周冬雨
47	大鱼海棠	梁旋、张春	6	动画	
48	豆福传	邹燚	6	动画	
49	白雪公主之神秘爸爸	赵奔	6	动画	
50	唐山大地震	冯小刚	6	剧情、灾难	徐帆、张静初

资料来源：《新时期以来中国电影在韩国的传播与拓展》

从文化成因来看，早在"亚洲四小龙"时期，韩国与香港就已合作了多部影片。此后，20世纪八九十年代香港影片进入黄金时代，正值韩国文艺片发展的低谷期，香港影片在韩国迎来了广泛而持久的传播。

中国内地电影不断发展，在韩国电影市场中的竞争力也随之增强。近年来，中国的国产动画电影、爱情电影和文艺片在韩国比较受欢迎。有学者统计了2019年韩国电影市场中中国影片的观影排名，前10名中已经有8部为中国内地电影（见表5-8）。科幻电影如《流浪地球》崭露头角，是中国类型电影进入韩国市场的新突破。

表5-8 2019年韩国电影市场中中国影片观影排名

顺序	影片	导演	制片国家/地区	类型	放映厅数	票房收入（万元）	观影人次（人）
1	一吻定情	陈玉珊	中国台湾	爱情	532	2,083.96	428,009
2	潜艇总动员：海底两万里	申宇	中国内地	动画/冒险	344	221.59	51,841

续表

顺序	影片	导演	制片国家/地区	类型	放映厅数	票房收入（万元）	观影人次（人）
3	最好的我们	章笛沙	中国内地	爱情/青春/校园	174	156.49	31,888
4	流浪地球	郭帆	中国内地	科幻	178	87.98	17,637
5	神秘世界历险记4	王云飞、张林旭、李佳怡	中国内地	动画	237	66.63	15,484
6	潜艇总动员4：章鱼奇遇记	何子力	中国内地	动画/冒险/喜剧	191	48.17	11,055
7	超时空同居	苏伦	中国内地	爱情/奇幻电影	135	46.79	10,284
8	闯堂兔3：囧囧时光机	曾宪林	中国内地	动画	239	40.64	9,382
9	人面鱼：红衣小女孩外传	庄绚维	中国台湾	恐怖/剧情	37	23.10	6,290
10	地球最后的夜晚	毕赣	中国内地	文艺/剧情/推理	1	27.81	5,967

资料来源：《近年来中国影片在韩国的接受特征分析及传播力提升研究》

3. 对中国元素外国电影的偏好

学者张燕综合考察中国内地最卖座的华语电影前30名和北美最卖座的华语电影前30名以及韩国最卖座的华语电影前30名，指出韩国观众对于中国元素电影的接受属于"东亚模式"。由于韩国的历史发源受到了中国的影响，两国之间的文化既趋同又有差异。具有中国元素的影片既能够在某种程度上引起韩国观众的价值共鸣，又能够迎合其对不熟悉的文化的猎奇心理。[①] 在此次调研中，调研组同样探究了韩国受访者对包含中国元素的日、韩、美影片的偏好程度。根据数据分析结果，韩国受访者对于中国元素外国电影的偏好可以划分为三个维度——日美剧情片、韩国剧情片和美国动画片，这种偏好会影响韩国观众对于中国的认知。

（二）韩国受访者观影行为对中国的认知与态度的影响

为了调查韩国观众对中国的认知情况，调研团队探索性地分析了受访者对于中国经济基础、军事实力、文化观念、国民素质、幸福指数、自然风光、民族风俗以及宗教信仰的认知指标。为确保研究能够深入探讨受访者对电影样本的喜好程度与其对中国的认知情况之间的相关性，调查团队排除了受访者已有的对中国元素的直接接触经验以及与中国文化相关学习的间接经验。研究采用结构方程模型进行变量因果关系的分析，并最终形成了韩国受访者观影情况与对中国的认知之间的结构模型（见图5-10），为本案例提供借鉴。

[①] 张燕．他者想像与自我建构——韩国电影中的中国元素运用及中国电影海外拓展[J]．现代传播（中国传媒大学学报），2013（12）：65-69.

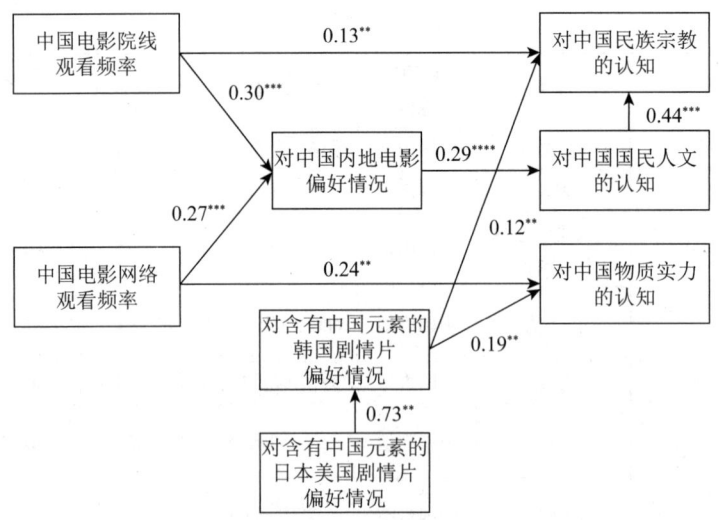

图 5-10　韩国受访者观影频率、观影偏好与认知中国情况相关分析的结构模型
资料来源:《日韩观众电影接触与偏好对其认知中国的影响——2019 年度中国电影日韩地区传播调研报告》

1. 观影渠道及对中国电影偏好的影响

调研团队通过分析数据得出了以下结论。在观影渠道和对中国电影的偏好方面,韩国受访者对中国电影的院线和网络观影频率均与其对中国内地电影偏好程度显著相关,这会间接影响他们对中国国民人文的认知。韩国受众不同渠道的观影频率对其认知中国带来的影响在范围和类型上有所区别。具体表现为,一方面,在院线观看中国电影的频率会对韩国受众在中国国民人文方面的认知产生明显的影响;另一方面,通过网络自行观影会影响受众对中国物质实力形象的认知。

2. 含有中国元素的外国电影偏好度的影响

在含有中国元素的外国电影偏好度方面,韩国受访者对中国民族宗教和物质实力的认知会受到对含有中国元素的韩国剧情片偏好情况的影响。而韩国受访者对有中国元素的韩国剧情片的喜好程度受到其对含有中国元素的日本、美国剧情片偏好程度的正向影响。

三、案例分析

国际传播不仅是国际社会参与的传播,而且是各国间的跨文化传播,所以,它既要满足人类文化或者文明的共性,又要高度关注特定对象国的文化特性。[①] 电影作为对外输出中国文化的重要途径更是如此。中国电影"走出去"的一个重要前提就是海外受众的接受。而国际传播中的受众具有突出的复杂性和多样性特征,由于国别、地域

---

① 程曼丽. 国际传播学教程[M]. 北京:北京大学出版社,2006.

不同，其接受心理、接受习惯也呈现很大差异，因此需要对不同国家采取有针对性的传播策略。本案例以《2019年度中国电影日韩地区传播调研报告》中得出的韩国受众接触偏好及对中国认知情况影响因素为基础，尝试优化中国电影对韩传播的策略。

（一）立足主体意识，讲好中国故事

根据调研结果，韩国观众对中国电影的偏好呈现"内地电影"和"香港电影"之分。同时，韩国受访者认知中国情况受到中国内地电影影响，内地电影对韩国受访者感知中国"国民人文形象"影响显著。但在韩国受到欢迎的中国电影类型主要是香港的武侠片和动作片，总体上看，国产电影在韩国市场的竞争力相对薄弱。韩国电影振兴委员会（KOFIC）的数据显示，2017年—2021年中国影片（除港澳台地区）韩国院线年播放量平均占韩国院线播放量的2.3%，而同时期美国和日本影片在韩的播放量都达到了21.2%，接近中国影片占比的10倍。

调研组还发现，近年来，许多在国内获得高票房和好评的中国电影在韩国的传播效果甚微。从文化层面来看，国产电影遭遇这一困境的主要原因是同源差异对认同基础的消解和文化折扣导致的传播效果的减损。[1]一方面，由于中国和韩国在地理位置上接近，韩国的历史发源又在很大程度上受到中国的影响，两国文化在很多方面存在相似性，这会让韩国受众对中国电影产生亲近感。另一方面，两国的价值取向也存在差异。例如，虽然两国都受儒家思想影响，表现出群体价值取向，但韩国受到西方资本主义思潮的影响，其个人价值取向更加突出。一旦中国电影在这些维度上表现出与韩国文化的明显差异，就会使受众感受到同源文化差异带来的威胁，消解其对于中国文化的认同基础。另外，中国电影的对韩传播还面临着文化折扣带来的效果减损。文化折扣也叫做文化贴现，这一概念是指在文化传播过程中由于文化结构不同导致传播效果被削弱，使得受众很难接受和理解文化。[2]造成文化折扣的原因除了翻译、音乐等因素，主要还是国产电影长期"自说自话式"的中国文化演绎和表述方式。

解决这一困境需要我们在内容上寻求突破，立足文化主体性，充分发挥中华文化自身的创造力，做到对本民族题材的世界性讲述。例如电影《英雄》中包含的中国历史文化元素，充分运用了与韩国之间的历史纽带，在韩国市场广受好评。科幻电影《流浪地球》通过表现地球遭受灭顶之灾时全人类的团结引起了受众的共鸣，传递中国构建人类命运共同体的观念，在韩国市场获得了87.98万元的票房收入。我们在电影的选材和表述中需要运用那些能够引起共鸣的中华优秀传统文化元素，可以从中韩共同

---

[1] 王子涵，范红.文化自信视域下中国影视在韩国传播的定位与定向——基于"同源差异"与"文化折扣"的分析[J].电影评介，2022（11）：7-12.

[2] HOSKINS C，MIRUS R. Reasons for the US dominance of the international trade in television programmes [J]. Media, Culture & Society, 1988, 10（4）: 499-515.

的儒家文化中寻求突破,避免文化差异和文化折扣,对中华文化进行再诠释。

(二)拓宽传播渠道,助力海外传播

国际传播发展到当代,其传播活动的最显著的时代特征表现在传播手段,尤其是传播技术即媒介技术发展和融合的趋势上。① 中国电影的海外传播也是如此,受众不仅能够通过传统的院线渠道来观看电影,而且可以借助日益发展的网络渠道。根据调研结果,韩国观众更倾向于通过网络渠道来观看中国电影,在网络和院线进行观影均会影响其对中国的认知,因此完善传播策略需要同时拓宽网络渠道和院线渠道。

韩国观众倾向于通过网络渠道来观影主要是因为中国电影在国内和海外的放映中存在时间差,通过网络观影不仅更加方便和便宜,还能够观看一些不在档期的影片。但据韩国电影振兴委员会统计,2017年—2021年中国电影(除港澳台地区)在韩线上播放量份额整体占比偏低,近3年有上升趋势,这主要得益于中国网络视频平台对中国电影海外传播的推动。② 这也为我们拓宽中国电影网络传播渠道提供了启发,可以开拓其他平台如 Tik Tok 作为中国电影对外传播的新途径。根据 FastData 研究院发布的《2022年度 Tik Tok 生态发展白皮书》,Tik Tok 在全球总下载量超过34亿,月活用户超过10亿,已经成为全球用户规模前5的社交应用。而在中国版的抖音上,已经有电影在抖音平台首映成功的案例,并且在逐渐普及。我们借助 Tik Tok 在韩国的影响力复刻这一方式,在拓宽韩国观众网络观影渠道的同时,也能让观众更易接受中华文化。

而在院线方面,韩国三家主要的影院分别是 CJ CGV、乐天公司的 Lotte Cinema 和 Megabox,它们占据了韩国90%以上的银幕数目和剧院席位。并且有学者通过整理数据发现,2019年在韩市场排名靠前的中国影片,均在三大院线中有着较高的排片数量。③ 因此,为了赢得韩国主流观影人群的认可,中国电影需要加强与韩国三大院线的合作,利用韩国老牌发行公司的银幕占有率,寻求更好的影片传播渠道,确保影片在韩国市场得到更广泛的传播。

除了以上两个渠道,中国电影还应该积极参加电影节的交流,以此为渠道提高影片或导演的知名度,从而推动其在韩国的传播。张艺谋导演的《红高粱》于1998年在第38届柏林电影节上获得了金熊奖,为中国电影的国际化打开了一扇大门。④ 借此,张艺谋在韩国也获得了极高的知名度,韩国市场中中国大陆电影前3名都出自张艺谋之手。在当今这个全球化发展的时代,通过电影节来宣发电影,吸引世界目光,获得

---

① 李智.国际传播(第二版)[M].北京:中国人民大学出版社,2020.
② 王子涵,范红.文化自信视域下中国影视在韩国传播的定位与定向——基于"同源差异"与"文化折扣"的分析[J].电影评介,2022(11):7-12.
③ 石嵩,金利泰.近年来中国影片在韩国的接受特征分析及传播力提升研究[J].电影评介,2021(7):7-14.
④ 郁笑洋,靳明月.中国商业电影"走出去"路径研究[J].北京电影学院学报,2023(12):110-118.

资源倾斜是十分必要的。迎合韩国观众网络观影的偏好，同时积极拓宽其他传播渠道，才能让中国电影取得更好的传播效果。

（三）整合优势资源，推动中外合拍

调研结果显示，韩国观众对于中国的认知情况以及对于中国电影的观看会受具有中国元素的韩国本土电影的影响，并且会间接受具有中国元素的日本、美国剧情片偏好程度的正向影响。对于中国电影来说，要顺应韩国观众的这一偏好，还要推动中外合拍电影的发展。

合拍团队进行跨国家、跨地区、跨资本和跨文化的合作，可以突破国家间的贸易和文化壁垒，对中国电影"走出去"具有重要意义。中韩合拍片《我的野蛮师姐》《大明猩》和中美合拍片《功夫梦》在国内外取得了巨大的成功。[1] 中外合拍，并不仅仅是后期制作、投资或个人的才能的合作。要想让跨国跨地区的优势资源真正达到互补共融，就必须在互相尊重的基础上，在剧本情节、故事内容等各个方面求同存异，进行创造性地融合。同时，中国电影应该努力争取创作主导话语权，将中国元素、中国形象更好地融入故事叙述与图像表现。

另外，在中外合拍中还可以借助具有文化适应特性的影视明星。文化适应者可以做到在保留自己原来的文化身份和文化特征的同时，能与不同文化群体建立和维持和谐的关系，能够成为跨国沟通的桥梁。[2] 例如，中国明星刘德华主演的电影《天若有情》在韩国市场引发了轰动，因此他广受韩国受众的喜爱。明星身上的文化适应性可以使韩国受众更愿意接受中国电影，从而提升中国电影在韩国的传播效果。在传播全球化背景下，新媒体主导的网络传播方式得到创新，即传播主体和受众之间形成了互动关系。在信息传递链上，受众的地位上升，具有高度的主动性和自主选择能力。[3] 顺应受众的偏好，才能使中外合拍片达到预期的效果。

四、总结

电影传入中国已经一百余年，在这期间，中国电影完成了成长蜕变，不断走向产业化、专业化，这从侧面彰显着国家文化软实力的提升。近年来，中国电影在韩国市场历经浮沉，通过对韩国受访者的观影偏好进行分析，我们发现韩国受访者对于中国电影的偏好呈现内地电影与香港电影两个维度之分，同时其对中国的认知受到中国内地电影以及包含中国元素的国外剧情片的影响。基于此，中国电影应当立足主体意识，

---

[1] 张燕.他者想像与自我建构——韩国电影中的中国元素运用及中国电影海外拓展[J].现代传播（中国传媒大学学报），2013（12）：65-69.
[2] 阴艳，付妍妍.文化适应框架：中国影视文化在韩传播的有效路径[J].传媒，2019（12）：20-22.
[3] 李智.国际传播（第二版）[M].北京：中国人民大学出版社，2020.

对中华优秀传统文化进行再诠释,同时拓宽传播渠道,整合优势资源,推动中韩合拍电影的发展,助推中国电影"走出去",提升中国电影的文化竞争力与传播力,这对中国的国际形象建设具有长远的战略意义。

思考题

1. 韩国观众对中国电影的接触偏好有何特点?韩国观众对中国电影的接触如何影响其对中国的认知?
2. 在海外发行时,中国电影如何根据海外观众特征进行针对性的营销传播?
3. 请结合一部具体的中国电影,谈谈电影在国际传播中的作用。

参考文献

[1] 石嵩,金利泰.近年来中国影片在韩国的接受特征分析及传播力提升研究[J].电影评介,2021(7):7-14.

[2] 王施瑜.浅析中国影视的海外推广现状以及发展策略[J].中国民族博览,2019(1):240-243.

[3] 阴艳,付妍妍.区域视角与情感框架:中国影视文化在韩国传播的框架分析[J].现代传播(中国传媒大学学报),2020(6):101-109.

[4] 黄会林,李慧研,杨卓凡.日韩观众电影接触与偏好对其认知中国的影响——2019年度中国电影日韩地区传播调研报告[J].现代传播(中国传媒大学学报),2020(1):17-23.

[5] 张燕.他者想像与自我建构——韩国电影中的中国元素运用及中国电影海外拓展[J].现代传播(中国传媒大学学报),2013(12):65-69.

[6] 阴艳,付妍妍.文化适应框架:中国影视文化在韩国传播的有效路径[J].传媒,2019(12):20-22.

[7] 王子涵,范红.文化自信视域下中国影视在韩国传播的定位与定向——基于"同源差异"与"文化折扣"的分析[J].电影评介,2022(11):7-12.

[8] 陈慧.新时期以来中国电影在韩国的传播与拓展[J].电影文学,2021(19):82-87.

[9] 李宝蓝.中国电影在韩国的传播、接受与发展[J].电影评介,2017(10):12-16.

[10] 张利,倪祥保.中国影视作品在韩国传播与接受情况研究——以大田市部分大学师生及其家人亲属调研访谈为例[J].电影评介,2017(19):62-65.

[11] 李智.国际传播(第二版)[M].北京:中国人民大学出版社,2020.

[12] 程曼丽.国际传播学教程[M].北京:北京大学出版社,2006.

【作者:吴文汐　鲁新月　梁珺怡　华苒君】

第六章　国际传播效果篇

本章概述

国际传播效果是由国际传播主体的跨国信息传播行为所产生的体现在国际受众身上的有效结果。国际传播效果是国际传播者从事国际传播活动的出发点和归宿。传播主体的传播效能如何，传播渠道的选择是否合适，传播内容的策划与生产是否适应对象国受众，传播是否达到了既定目标，这些问题最终都需要通过传播效果加以检验。因而，如何把握和测评传播效果是国际传播者重点关注的问题。

本章选取了电影、重大国际会议及赛事活动、城市和企业的海外传播等案例，基于不同的方法，从不同维度深入剖析其海外传播效果。与此同时，本章结合具体传播情境与实践，探讨了影响国际传播效果的因素。

教学目标

使学生了解传播效果理论及其在国际传播中的运用；认识国际传播效果的分类；了解国际传播效果的影响因素；把握不同类型的国际传播活动取得积极传播效果的原因；结合国际传播的特征、规律与要求，理解和掌握国际传播效果的测评方法。

学习建议

1. 通读相关国际传播教材的"国际传播效果"章节内容，回顾相关知识要点。
2. 拓展学习有关传播效果理论与评估方法的知识，加深对案例的理解。
3. 请选择一项国际传播活动，设计其传播效果的测评方案。

《流浪地球》海外传播：诠释人类命运共同体理念，激发共情共鸣

导语

电影作为文化软实力的重要组成部分，对于提升一个国家或地区在国际上的影响力和吸引力有着不可忽视的作用。进入21世纪，在国家的大力扶持下，中国电影"走出去"采取了多元化和开放化的路径。改编自刘慈欣同名科幻小说的我国第一部"硬科幻电影"《流浪地球》走出国门，在海外获得了优异的票房成绩，并收获多方好评，成为"现象级"电影。本案例从作品质量、价值内核、宣发策略三个维度对《流浪地球》的海外传播策略与效果进行深入研究，以期为中国电影更好地"走出去"，赢得海外市场和观众提供借鉴与启示。

一、案例背景

电影是一个国家进行国际传播的重要文化产品形态，它不仅能够展现一国的历史文化和民族精神，传递鲜活生动的家国故事，还能够提高国家文化软实力，增强国际影响力。电影作为一种跨文化的艺术形式，能够跨越语言和地域障碍，与全球观众产生共鸣和共情，从而促进文化交流与对话。例如，美国的漫威系列电影，通过打造一个庞大而精彩的超级英雄宇宙，体现美国的科技创新、民主自由、正义勇敢等价值观，斩获全球数亿观众的热情和忠诚，成为美国文化软实力的代表。

自2002年中国电影产业化转型至今，其市场规模不断扩大，观影人数持续增多，电影类型丰富多样，细分市场逐渐形成。从资金、生产到宣发、周边，电影产业链正在完善，并积累了一批具有专业化经验的剧本创作者、编导和后期制作团队，为中国电影产业的发展打下了良好的基础。[①] 同时，随着中国经济社会的快速发展和对外开放的不断深化，中国电影"走出去"也在进行新的探索。2019年2月5日，改编自刘慈欣同名科幻小说的我国第一部"硬科幻电影"《流浪地球》在国内外同步上映，获得了极高口碑和热烈反响，各大媒体从制作水准、思想内涵、全球使命等角度对其进行了积极评价，认为该影片是中国科幻大片的类型化奠基之作，[②] 是电影领域拯救人类命运

---

① 金韶，刘蕊宁. 中国科幻电影国际传播策略研究 [J]. 传媒，2021（5）：52-55.
② 李一鸣. 《流浪地球》：中国科幻大片的类型化奠基 [J]. 电影艺术，2019（2）：53-55.

中国方案的成功艺术实践。①

二、案例描述

2015年8月，刘慈欣的科幻小说《三体》在海外获得雨果奖最佳长篇小说奖，这是亚洲人首次获得雨果奖，也是中国科幻电影走向世界的重要一步。自此，刘慈欣在国际上的知名度进一步扩大，与其相关的文艺作品也因此获得了一定的关注度。2019年2月5日，即己亥猪年春节当日，《流浪地球》电影在海内外同步上映。《流浪地球》在北美上映仅11天就收获了382万美元的票房，刷新了近5年来中国电影在北美票房的最高纪录。同时，《流浪地球》在澳大利亚、新西兰等国家的上座率高达90%，取得了优异的票房成绩。

（一）《流浪地球》引发海外关注

在海外关注度上，《流浪地球》上映后不仅仅在国内获得了高关注度和高话题度，它在海外同样是一部"现象级"电影。通过对谷歌新闻（Google News）关于《流浪地球》的电影报道统计发现，自2019年2月5日至5月5日，有112家国际媒体关注《流浪地球》并发布了共计134篇相关报道。此外，在美国知名的社交网站Twitter上也有多家海外媒体对《流浪地球》进行报道（见表6-1）。比如，全球知名媒体美国有线电视新闻网（CNN）就发布了相关推文3篇，获得了866次转发。英国的《新科学人》（New Scientist）也对《流浪地球》进行了报道，并获得了509次转发。国际媒体的广泛关注，充分说明《流浪地球》在海外形成了极高的影响力、号召力和传播力。②

表6-1 Twitter上报道《流浪地球》电影的主要媒体

	Twitter账号	媒体名称	国籍	推文数	转发总量
1	CGTN Official	中国环球电视网	中国	9	1,884
2	Xinhua News	新华社	中国	5	905
3	Verge	科技博客	美国	6	903
4	CNN	美国有线电视新闻网	美国	3	866
5	New Scientist	《新科学人》	英国	2	509
6	China Daily	《中国日报》	中国	5	487
7	CNNI	美国有线电视新闻网国际频道	美国	5	418
8	Global Times	《环球时报》	中国	5	340
9	THR	《好莱坞报道》	美国	1	231
10	The Economist	《经济学人》	英国	1	179

资料来源：《跨文化传播视角下〈流浪地球〉国际媒体传播效果及策略研究》

---

① 陈远洋.《流浪地球》——拯救人类命运的中国方案的艺术实践[J].电影文学,2019(8):76-80.
② 相德宝,王静君.跨文化传播视角下《流浪地球》国际媒体传播效果及策略研究[J].全球传媒学刊,2020(4):59-71.

在电影票房表现上,根据票房魔咒(Box Office Mojo)的数据,《流浪地球》在美国地区的最终票房为 597 万美元,成为同期档中国电影在美国的票房冠军。根据近 20 年(2000 年—2020 年)的统计数据,《流浪地球》一跃挤进华语电影美国票房排名前 20 榜单,且位列第 11(见表 6-2)。

表 6-2 华语电影美国票房排名前 20 榜单

	电影名	上映时间	IMDB 评分	影片类型	导演	美国地区票房
1	卧虎藏龙	2000	7.8	动作,冒险,幻想	李安	$128,078,872.00
2	英雄	2002	7.9	动作,冒险,历史	张艺谋	$53,710,019.00
3	长城	2016	5.9	动作,冒险,幻想	张艺谋	$45,540,830.00
4	霍元甲	2006	7.6	动作,传记,剧情	于仁泰	$24,633,730.00
5	龙年	1985	6.9	动作,犯罪,剧情	迈克尔·西米诺	$18,707,466.00
6	别告诉她	2019	7.6	喜剧,剧情	王子逸	$17,695,781.00
7	饮食男女	1994	7.8	喜剧,剧情,爱情	李安	$7,294,403.00
8	喜宴	1993	7.6	喜剧,剧情,爱情	李安	$6,933,459.00
9	一代宗师	2013	6.6	动作,传记,剧情	王家卫	$6,594,959.00
10	满城尽带黄金甲	2006	7.0	动作,剧情,历史	张艺谋	$6,566,773.00
11	流浪地球	2019	6.0	动作,科幻	郭帆	$5,971,413.00
12	霸王别姬	1993	8.1	剧情,音乐,爱情	陈凯歌	$5,216,888.00
13	色·戒	2007	7.5	剧情,历史,爱情	李安	$4,604,982.00
14	哪吒之魔童降世	2019	7.5	动画,动作,冒险	杨宇	$3,695,533.00
15	美人鱼	2016	6.2	喜剧,剧情,幻想	周星驰	$3,232,685.00
16	战狼 2	2017	6.0	动作,冒险,剧情	吴京	$2,721,100.00
17	大红灯笼高高挂	1991	8.1	剧情,历史,爱情	张艺谋	$2,603,061.00
18	我和我的祖国	2019	6.4	剧情,历史	陈凯歌等	$2,356,683.00
19	活着	1994	8.3	剧情,战争	张艺谋	$2,332,728.00
20	摇啊摇,摇到外婆桥	1995	7.1	犯罪,剧情,历史	张艺谋	$2,086,101.00

资料来源:《华语电影海外传播效果的时代变迁——基于 IMDb 和 Box Office Mojo 网站的数据样本》

(二)高品质内容收获多方好评

在海外媒体评价方面,通过对 Twitter 平台上电影报道文本进行分析发现,西方主流媒体的报道突破了原有的报道框架。比如,《纽约时报》评论称:"虽然《流浪地球》将中国置于未来空间探索的核心地位,但是它展现了一种解决地球危机时所必须的国际合作理念。"Vice 杂志也在一篇电影评论中称:"《流浪地球》中的全球灾难是在类比当今全球面临的气候变化和环境问题,电影明确倡导全球合作对解决气候问题的必要性。"①

在网民评价方面,一项对豆瓣网、IMDb、Moviepilot 和 Zeit Online 等国内外主流电影平台上对《流浪地球》的中美德网络影评分析发现,从总体上来看,三个国家的网友在技术手段和主旨内涵方面的评价均是正面情感比例高,负面情感比例低。②另外,一项对 YouTube 平台上《流浪地球》电影的网民评价分析结果显示,表示支持或赞美电影的评论占比近 70%。诸如"在中国的视角里,世界团结一心,但在美国的视角里,只有美国人能拯救世界""我已经对美国人拯救地球的好莱坞戏码感到腻烦,《流浪地球》讲述的是人人拯救地球的故事,胜利归功于全人类的团结""电影所展现的不仅是个人英雄的征程,而且是一个物种的征程"等高赞评价,从电影主题到影片所传递的精神内涵对电影进行了称赞,反映了观众对美国电影套路的审美疲劳和对《流浪地球》精神内涵的肯定。③

三、案例分析

(一)过硬的电影质量是取得海外观众认可的关键因素

海外受众作为科幻电影海外传播的目标受众,是影响科幻电影海外传播效果至关重要的一环。刘玲玉和邓燕燕利用 Python 对《流浪地球》的中美德网络影评进行情感分析和主题挖掘,对观众的整体评价、情感态度、关注主题等进行宏观层面的定量分析,发现技术手段、故事逻辑、人物塑造以及故事内涵是海外观众在影片内容方面比较关注的四个特征项。④由此可见,在跨文化传播中,电影自身的质量仍然是影响其海外传播成功与否的关键因素。

《流浪地球》根据刘慈欣的同名小说改编而来,在刘慈欣获得雨果奖之后,《流浪地球》也具有了更强的 IP 吸引力。首先,在技术手段上,《流浪地球》使用了大量的特效和 CGI 技术,呈现壮观而逼真的太空景象和地球表面景观,以及紧张刺激的动作场面。电影的初剪视效镜头达到 4,000 个,最后缩减到 2,200 个。电影还邀请了制作过《复仇者联盟3》和《饥饿游戏2》等国际大片的好莱坞资深特效师瓦伦·哈德卡担任

---

① 相德宝,王静君.跨文化传播视角下《流浪地球》国际媒体传播效果及策略研究[J].全球传媒学刊,2020(4):59-71.
② 刘玲玉,邓燕燕.基于 Python 情感分析和批评隐喻的网络话语分析——以影片《流浪地球》中美德影评为例[J].江苏大学学报(社会科学版),2022(3):76-88.
③ 相德宝,王静君.跨文化传播视角下《流浪地球》国际媒体传播效果及策略研究[J].全球传媒学刊,2020(4):59-71.
④ 刘玲玉,邓燕燕.基于 Python 情感分析和批评隐喻的网络话语分析——以影片《流浪地球》中美德影评为例[J].江苏大学学报(社会科学版),2022(3):76-88.

特效制作师。其次，电影在制作上展现了中国科幻电影的实力和水平。再次，在故事逻辑和人物塑造上，《流浪地球》电影在保留小说核心设定和主题的基础上，进行了适合电影叙事方式的改编，增加了更多人物和情节，让故事更加丰富和完整。电影不仅满足了原著小说粉丝们的期待，也吸引了更多没有阅读过小说的观众。最后，在故事内涵上，电影展现了人类身处绝境时的坚韧、勇敢和无私，以及对未来和希望的追求，引发了观众对人类命运和未来的思考。电影也融入了中国文化和价值观，如家庭、亲情、牺牲等主题，让观众产生了与角色的情感共鸣。从整体来看，《流浪地球》电影结合了科幻、灾难、动作等多种元素，带给观众视觉和情感上的双重震撼。《流浪地球》能够成功，与其过硬的剧本质量和电影制作水准息息相关。它展现的中国科幻电影的潜力和魅力，不仅为中国科幻电影树立了新的标杆，而且为中国科幻文化走向世界打开了新的窗口。

（二）人类命运共同体的价值内核引发共鸣

电影凭借视听一体的手段和高级的叙事手法，在与不同文化的交流中发挥着得天独厚的优势。它在对外传播的过程中展现的不仅是一个国家的消费习惯、生活方式、价值观念，而且是一个国家和民族的整体形象。所以，电影是进行国家形象建构的重要工具，是增强国家文化软实力的重要载体。

以往的主旋律电影不管是《红海行动》还是《战狼2》，都着眼于传统安全领域，其叙事框架都着力呈现中国强大的硬实力，这类电影在国内能够激起民族自豪感和荣誉感，但却很容易让外媒曲解。不少外媒在报道中有意将评论焦点引至"大国主义""民族主义""中国威胁论"等议题，形成了对我国国家形象的消极"他构"。当今世界，环境、公共卫生等非传统安全问题日益突出，这类议题往往具有跨国性、联动性和扩散性特征，需要跨国协同治理，其背后折射的正是人类命运共同体的价值内核。《流浪地球》以环境和气候变化这一全球共同关心的非传统安全问题作为切入点，讲述国际合作共御风险的故事，其所传递的国际合作理念和人类命运共同体的价值观念符合国际社会的内心期待，更容易激发海外观众的共鸣与认同。结合前文国外媒体的报道和国外受众的评价，《流浪地球》所传递的人类命运共同体价值观念深得人心。《流浪地球》以自我建构的形式改变了西方对我国"大国主义""民族主义""中国威胁论"的刻板印象，突破了外媒既往的对华报道框架，建构了一个以合作形式积极参与国际事务的负责任的大国形象。

（三）因地制宜的宣发策略促进电影海外传播

不同国家和地区因为本土人群、文化差异、生活习惯和方式的不同，对类型影片的审美也存在差异。因此，在面向不同国家和地区进行传播时，制作者应该综合考虑影片类型和观众特征来选择合适的宣发策略。《流浪地球》海外传播的成功也与其因地制宜的宣发策略有关系。

在《流浪地球》海外发行和营销上，负责该片在北美和澳新地区的院线发行的华人影业也采取了比较特别的策略。在网络推广方面，华人影业对包括 INS、Facebook、YouTube 等在内的海外主流社交媒体平台进行了投放。在线下上映策略方面，华人影业先在北美华人聚集的主要城市选择了 67 家影院上映《流浪地球》，先牢牢稳住主流华人观众群，为影片打下引爆口碑的基础。在口碑有了小范围的引爆后，华人影业没有像常规那样急于增加影院数量，而是选择增加每个影院的排片场次，继续催化观影火爆局面，推进口碑的集中发酵，激发更多海外观众的观影需求，以此逐步增强《流浪地球》在海外传播的声势。在北美洛杉矶、纽约的部分场次，外国观众的比例甚至超过了 50%。

在推广档期上，《流浪地球》也选择了一个有利于海外传播的档期，即中国春节档期。这一档期不仅是中国电影市场最重要的档期之一，也是全球华人最关注的档期之一。《流浪地球》在大陆与北美地区同步上映，在澳大利亚、新西兰、韩国等地延后上映，充分利用了春节档期的市场效应和文化效应，吸引了更多海外观众的注意。另外，国外著名流媒体平台 Netflix 在《流浪地球》上映后也购买了电影版权，并将其翻译成 28 种语言，面向全球 190 个国家和地区的观众播放，扩大了《流浪地球》的国际传播范围。

选择针对性的线下上映策略、利用社交媒体平台进行宣传推广、选择合适的发行档期、与流媒体平台进行合作等传播策略，不仅为《流浪地球》打开了海外市场，而且为中国电影"走出去"提供了借鉴和启示。

四、总结

科幻电影的海外传播有助于增强国家的文化软实力，提升国家形象。《流浪地球》以其引人入胜的故事情节、过硬的电影特效技术、引发共鸣的价值理念、多样化的传播策略等成功走出国门，为我国如何从"借船出海"转向"造船出海"，向海外讲好中国故事提供了参考。与此同时，我们也要清醒地认识到，在中国电影"走出去"的背后，仍然存在着电影行业资金链易断裂、人才储备不足、科幻电影生产周期长、中国电影海外发行意识整体较弱等问题。为此，我们仍须加大政策扶持，解除我国电影行业在资金、人才等方面的后顾之忧，提升中国电影的海外发行意识，激发从业人员的积极性和创造力，激发整个电影产业的活力，以助力我国电影产业在海外传播过程中更加有效地呈现中国故事，展现中国风采，实现"造船出海"。

思考题

1. 为什么《流浪地球》能够获得海外媒体与受众的好评？
2. 《流浪地球》如何体现人类命运共同体这一价值理念？
3. 《流浪地球》在海外市场采取了多种宣发策略，你认为这些策略存在哪些优势和局限？你还能想到哪些可以提升中国电影在海外市场的关注度与影响力的宣发策略？

参考文献

[1] 金韶，刘蕊宁. 中国科幻电影国际传播策略研究 [J]. 传媒，2021（5）：52-55.
[2] 李一鸣.《流浪地球》：中国科幻大片的类型化奠基 [J]. 电影艺术，2019（2）：53-55.
[3] 陈远洋.《流浪地球》——拯救人类命运的中国方案的艺术实践 [J]. 电影文学，2019（8）：76-80.
[4] 相德宝，王静君. 跨文化传播视角下《流浪地球》国际媒体传播效果及策略研究 [J]. 全球传媒学刊，2020（4）：59-71.
[5] 刘玲玉，邓燕燕. 基于Python情感分析和批评隐喻的网络话语分析——以影片《流浪地球》中美德影评为例 [J]. 江苏大学学报（社会科学版），2022（3）：76-88.
[6] 高凯，李本乾. 中国电影海外传播内容特征与国家形象建构——结合北美主流媒体影评的考察 [J]. 未来传播，2022（1）：102-111，130.
[7] 李嘉珊，田嵩. 情感倾向与消费认知：华语电影海外传播效果的时代变迁——基于IMDb和BoxOfficeMojo网站的数据样本 [J]. 现代传播（中国传媒大学学报），2022（3）：91-98.
[8] 王伟伟，孟丹妮，金鑫. 国产科幻电影的家国情怀与中国价值观——以《流浪地球》为例 [J]. 传媒，2019（17）：37-39.
[9] 刘婧，饶曙光. 共同体美学视域下的"国潮电影" [J]. 当代电影，2022（6）：143-148.

【作者：吴文汐　王灵岩　冯文硕】

中国国际进口博览会：意见领袖助力，突破圈层限制

导语

2018年11月5日，中国在经济形势复杂严峻、贸易保护主义持续扩散的大背景下，首次举办了中国国际进口博览会，向世界表明了我国为维护全球多边贸易体制、重建全球开放合作环境的决心与努力。目前，中国国际进口博览会已连续举办六届，不仅参加国家与意向成交额不断上升，而且海外传播数据与传播影响力也显著提高。通过

比较分析Twitter平台上前两届中国国际进口博览会的相关推文，可以发现，与首届中国国际进口博览会相比，第二届中国国际进口博览会在议题分配上更加合理，意见领袖也更加多元。本案例探讨了这背后的原因及启示，为中国主场外交活动的对外传播提供参考。

一、案例背景

2008年金融危机爆发之后，全球经济形势受到极大冲击，各国贸易摩擦不断。一方面，美国政府发动贸易战，向各国进口商品征收巨额关税；另一方面，欧洲等发达国家也纷纷出台贸易保护政策。全球经济贸易关系在此严峻形势下变得举步维艰，经济发展面临的不确定性也进一步增加。为了再次激发贸易合作对全球经济的积极作用，我国于2015年正式实施"一带一路"政策，持续奉行全球自由贸易主义。然而，这一举措仍然无法缓和国际贸易局势的持续性紧张。在此情况下，我国为推动全球经济深入合作、促进世界贸易自由发展，主动承担大国责任，继"一带一路"政策后，通过主动扩大进口的方法改变现状，于2018年11月5日成功举办首届中国国际进口博览会（以下简称"进博会"）。

举办进博会具有多重作用，对我国外贸格局的发展具有积极意义。一是让世界看到中国坚持多边主义、坚持经济全球化的决心；二是证明中国在扩大对外开放水平、建设开放型世界经济体系方面作出的努力；三是使中国刻意追求贸易顺差的谣言不攻自破，有力回击美国政府毫无根据的指责与污蔑。增加进口商品尤其是高端进口商品，不仅可以提高人民生活品质、增进民生福祉，还可以提高国内企业的危机意识，主动提升产品质量，进而提高生产水平与技术创新水平，增强国际竞争优势。此外，举办进博会也有助于促进进口国家和区域结构的相对平衡，加强与周边经济体，特别是"一带一路"发展中经济体的经贸联系。总而言之，通过举办进博会，我国扭转了以往对外开放的被动模式，在生产要素安排、资源配置等方面更加主动，呈现进口量稳步增长的新态势，同时也向世界各国展示了中国为促进全球经济贸易深入交流作出的积极努力。进博会的举办对全球经贸发展也具有积极意义，一是为各国开展国际贸易、展示各国发展成就提供平台与机会；二是推动实现国家及地区间贸易畅通繁荣；三是对全球贸易往来起到积极影响与带动作用，为世界各国扩大出口提供难得的历史机遇，为推动经济全球化朝着更加开放、包容的方向发展提供了良好契机。

本案例从传播议题和传播网络两个方面剖析前两届进博会在国际社交媒体平台的传播情况，并分析其获得积极反响的原因，以期为中国主场外交活动的对外传播提供参考。

二、案例描述

进博会并非只是以进口为主题的一般性外交活动，更是我国主动开放市场、扩大进口的重要政治行动，目前已连续举办六届。习近平总书记向第六届进博会致信中提到，"中国将始终是世界发展的重要机遇，将坚定推进高水平开放，持续推动经济全球化朝着更加开放、包容、普惠、平衡、共赢的方向发展。希望进博会加快提升构建新发展格局的窗口功能，以中国新发展为世界提供新机遇；充分发挥推动高水平开放的平台作用，让中国大市场成为世界共享的大市场；更好提供全球共享的国际公共产品服务，助力推动构建开放型世界经济，让合作共赢惠及世界。"① 铿锵有力的一席话，彰显了我国对外开放的坚定决心和构建人类命运共同体的大国责任。

（一）进博会海外传播影响力不断攀升

首届进博会不仅交易采购成果丰硕，而且传播影响力也十分显著，吸引了来自75个国家和地区的695家媒体、共计4,100余名中外记者参会报道。② 在传播数量方面，2018年1月至9月，海外进博会相关信息的传播量不断提升，但增速较为平缓；10月，即进博会举办的前一个月，相关信息的传播量出现明显增长，猛增近2倍；并且在接下来的11月，由于进博会的正式举办，当月信息量达到峰值，增长了4倍左右；12月，信息量虽有所减少但仍然数量可观（见图6-1）。总之，海外相关信息的传播节奏可以概括为"常态化报道—展前集中预热—展期高度聚焦—展后降低关注"。在传播渠道方面，以新闻媒体报道为主，占比90.8%，路透社、英国广播公司、彭博社等多家主流媒体参与报道，海外影响力不断提升；社交媒体相关报道仅占比9.2%。③

第二届进博会宾朋满座、万商云集，共计181个国家和地区的组织参加，3,800家企业参展，超过50万采购商到会。④ 在海外影响力不断提高的同时，传播总量也提升至150万，掀起全球关注热潮。根据人民网舆情数据中心的调查，2019年1月1日至11月30日，海外相关信息共计16,832条，其中媒体报道占比51.3%，社交媒体发布的信息占比48.7%（见图6-2）。⑤ 与2018年同期相比，社交媒体发布量有了显著提升。

---

① 新华网. 习近平向第六届中国国际进口博览会致信［EB/OL］.（2023-11-05）［2023-12-12］. http://www.news.cn/politics/leaders/2023-11/05/c_1129958379.htm.
② 人民网舆情数据中心. 首届中国国际进口博览会传播影响力报告［R/OL］.（2019-02-23）［2022-10-31］. https://www.ciie.org/zbh/cn/19us/ciie/review/20190223/10958.html.
③ 人民网舆情数据中心. 首届中国国际进口博览会传播影响力报告［R/OL］.（2019-02-23）［2022-10-31］. https://www.ciie.org/zbh/cn/19us/ciie/review/20190223/10958.html.
④ 人民网舆情数据中心. 第二届中国国际进口博览会传播影响力报告［R/OL］.（2020-02-23）［2022-10-31］. https://www.ciie.org/resource/upload/zbh/202005/231324291q3q.pdf.
⑤ 人民网舆情数据中心. 第二届中国国际进口博览会传播影响力报告［R/OL］.（2020-02-23）［2022-10-31］. https://www.ciie.org/resource/upload/zbh/202005/231324291q3q.pdf.

这一方面得益于新华社、《人民日报》等官方媒体通过国外社交媒体平台主动发声,加大传播力度;另一方面得益于国外企业和个人的积极参与,他们利用个人账号主动发布信息,使得进博会海外传播的主体构成更加多元。

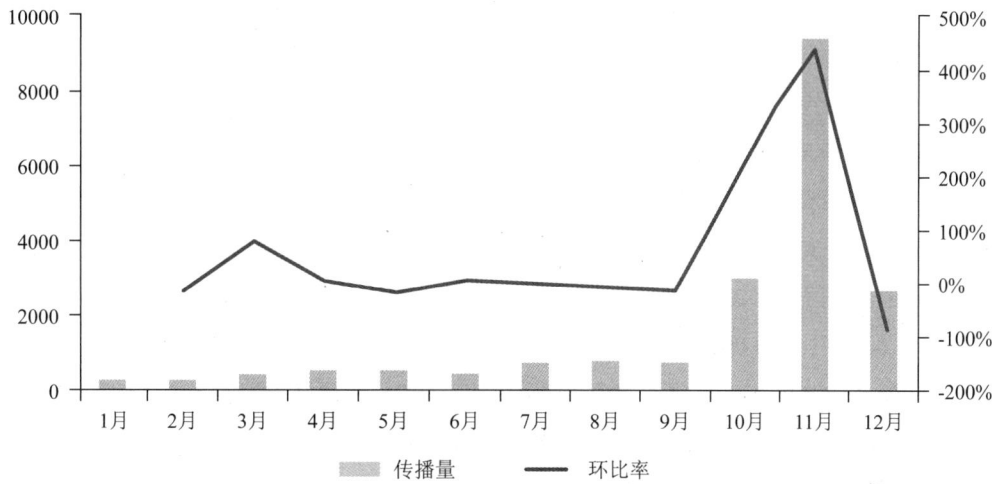

图 6-1　首届进博会海外信息月度传播走势
资料来源:《首届中国国际进口博览会传播影响力报告》

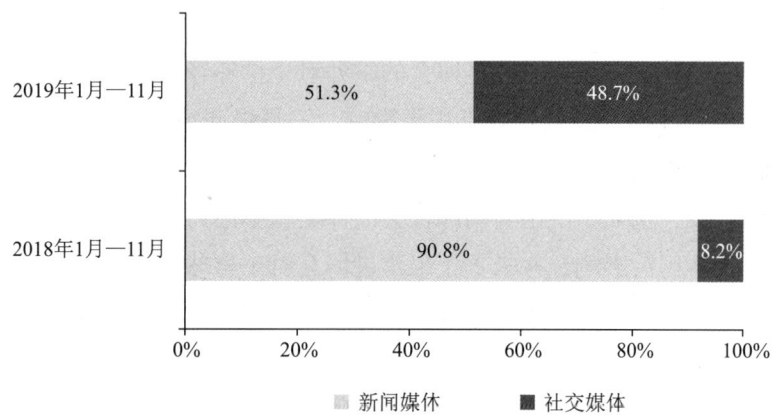

图 6-2　第二届进博会海外信息传播渠道分布
资料来源:《第二届中国国际进口博览会传播影响力报告》

(二)相关报道议题分配更为合理,意见领袖更加多元

作为全球事件与话题讨论的信息平台,Twitter 聚集了世界各地的用户,包含了不同语言的人群,是评估进博会国际传播效果的首选平台。以"China International Import Expo"、CIIE 或 #CIIE 为关键词进行搜索,选取 2018 年、2019 年的 11 月 1 日至 14 日时段,Twitter 平台上发布的前两届进博会的内容(第一届数据集 28,980 条,第二届数据集 28,980 条),通过分析发现,在主题方面,两届进博会推文的主题可以分成四类,第一届进博会占比较高的主题类别分别是"演讲致辞与仪式"（63.14%），"市场探索与贸易合作相关"（17.65%），"展品与交易相关"（12.77%），"新闻报道方式相关"（6.44%）。第二届进博会的主题类别占比有了较大的变化，占比较高的主题类别首先是"展品与交易相关"（40.92%），其次是"市场探索与贸易合作相关"（38.22%），再次是"演讲致辞与仪式"（20.86%）。[①]首届进博会各主题的发布时间主要集中在 11 月 5 日和 6 日，而第二届进博会各主题的发布时间较为分散。

在参与主体方面，首届进博会占比最高的意见领袖是媒体（40.00%），然后依次是政府组织（28.33%）、政府人员（15.00%）、企业（8.33%）、未认证个人用户（3.33%）、企业人员（1.67%）等。第二届进博会意见领袖的类别更加丰富，媒体仍然是占比最高的意见领袖类型（28.57%），但政府人员（15.87%）、企业（15.87%）、未认证个人用户（19.05%）等的占比都明显提高，行业组织（4.76%）、企业人员（6.35%）等占比有所增长，还新增了国际组织（3.17%）这一类型。[②]

（三）外媒报道以肯定态度为主，伴随误解与质疑

外国媒体对进博会的报道既表现出跨越国界的肯定与赞同态度，又存在为维护本国利益而出现的否定与质疑，这一点在首届进博会的报道中尤其明显。叶俊等人从世界各地媒体对第一届进博会的报道入手，选择了 16 个国家的 148 家媒体的相关报道，包括英语、德语、法语等 7 种语言，全面分析进博会的国际舆论。研究发现，首先，外媒对于进博会的报道重点，一是进博会的举办对于世界经济的促进作用，二是进博会的举办对本国经济的发展是否具有积极影响，三是强调进博会经济意义的有限性，淡化进博会举办的必要性，四是进博会的外交意义和政治意义。其次，外媒的报道往往关注矛盾与冲突，例如，中国与国际社会的冲突、中国与本国公民的冲突等，并关注这些问题对于本国的影响，并未真正聚焦进博会对于全球贸易自由化与经济全球化的促进作用。另外，部分外媒报道中还存在一定的误解，一是对进博会的举办目的存在误解，认为进博会的真正目的是拉拢周边国家，形成政治联盟，而非中国宣称的推动经济全球化、维护全球贸易关系。例如，美国《外交官》称进博会的举办隐藏着中国想要成为全球经济仲裁者的野心，而非只是普通的贸易活动。二是怀疑进博会承诺举措的真实性，不相信中国会言行一致。如《泰晤士报》称，各国外资公司已经厌倦了中国承诺改革的说辞。三是对进博会的治理措施表示反对，认为相关治理举措只是

---

① 汤景泰，陈秋怡，高敬文.传播网络与跨圈层传播：中国主场外交的国际传播效果研究［J］.新闻大学，2020（8）：56-70，128.

② 汤景泰，陈秋怡，高敬文.传播网络与跨圈层传播：中国主场外交的国际传播效果研究［J］.新闻大学，2020（8）：56-70，128.

短期行为，同时也影响了当地民众的日常生活。[①]

三、案例分析

（一）抓住核心议题，提升国家形象

从传播过程来看，传播主体、传播内容、传播媒介、传播对象是决定国际传播最终效果的主要因素，而传播内容是其中的核心影响因素。国际传播是一种跨文化、跨国家的交流活动，面对不同文化背景和意识形态的传播对象，思想和文化的差异要求国际传播的内容具有一定的共通性，传播人们普遍关注或与自身利益相关的内容，尽可能减少跨文化传播过程中存在的种种障碍。进博会作为大型主场外交活动具有良好的议程设置能力，因此，哪方面的内容作为主要传播议题，对进博会海外传播效果具有决定性影响。根据对前两届进博会推文主题的分析归纳，我们发现在主题类别方面，第二届进博会与第一届进博会相比有较大的变化，"展品与交易相关"这一主题类别由12.77%提升至63.14%，"市场探索与贸易合作相关"主题也由17.65%增长至38.22%，"演讲致词与仪式"占比下降至20.86%。这说明，第二届进博会在把握核心议题方面表现得更为突出，例如"市场探索与贸易合作相关""展品与交易相关"等，通过传播这类表现合作共赢意义的内容，展现中国对多边贸易关系的重视，让开幕式致辞中扩大高水平开放、同世界分享发展机遇、互惠互利的承诺有了立足点，更清晰地传达进博会本身的宗旨，更有利于提升国家形象。同时，在主题安排方面，首届进博会在11月5日至6日集中发布了主要议题，导致受众无法合理分配对各主题的关注时间，短时间内接收了过多内容，不利于对进博会相关信息的详细了解，没有达到议题间的协作宣传效果。第二届进博会在各主题的安排上更加恰当，将各个主题安排在不同的时间段发布，既实现了该主题的集中宣传，又有利于受众合理分配注意力，从而提升传播效果。

总之，相比于首届，第二届进博会在议题类型、议题分布方面的安排都更合理，实现了传播效果最大化，树立了我国重视世界贸易与多边关系的大国形象，不断提升国际影响力。

（二）重视意见领袖，突破圈层限制

意见领袖指的是一群人中重要信息与观点的主要提供者，他们往往拥有较多的信息渠道，消息灵通；或者在某一领域十分权威，对特定问题具有发言权。目前，我国国际传播仍然将意见领袖作为重点受众，一方面，他们是传播网络中的重要节点，能够对普通民众的态度与行为产生重要影响；另一方面，西方国家对我国持有的"刻板

[①] 叶俊，李霁卿，张佳佳. 全球媒体对中国形象的跨国界建构——首届中国国际进口博览会国际舆情分析［J］. 对外传播，2018（12）：43-46.

印象"和"固有偏见"仍存在，因此需要借助意见领袖采取重点突破战略来应对。①

进博会作为主场外交活动，如何突破圈层限制，使得传播效果最大化，这是活动期间需要注意的重点问题。意见领袖社交范围广，拥有多方信息渠道，想要突破圈层限制，推动进博会信息在更大范围内扩散，需要高度重视意见领袖这一关键枢纽。在社交媒体网络中，关键意见领袖占据传播的结构洞位置，是连接陌生个体的联系人，也是社交网络的中心点，他们对信息流的分发、传播带来了深远的影响，因此在舆论发展中起到关键作用。根据对前两届进博会意见领袖的分析归纳发现，第二届进博会在意见领袖的类别上更加丰富，不再仅由媒体主导，政府、组织、企业、个人占比不断提升，说明更多元的主体参与了进博会议题的传播，不同类型的意见领袖将与进博会相关的信息传递到其活跃的人际关系网络，使得越来越多的海外公众了解并关注进博会，圈层限制逐渐突破，实现了进博会信息的广泛传播。

这启示我们，国际传播要重视意见领袖的影响力，寻找潜在的意见领袖，通过设置其感兴趣的内容、话题等，利用互动策略吸引其积极参与，从而增加不同圈层中意见领袖的数量，吸引更多的企业、组织、团体参与，实现进博会信息的跨圈层传播，提高传播效果。

（三）把握定向传播，利于舆情疏导

在国际传播中，传播者发出的信息能否被接收对象所接受，取决于后者获取信息的意愿程度、自身利益和价值取向同信息含义的契合程度以及已有知识和经验同信息内容的重合程度。因此，面对不同个性和需求的国际传播对象，传播者首先要了解其关注重点，进而展开因人而播、因群而播的定向传播和精准传播策略，从而实现传受双方之间充分而有效的沟通。

以世界各国媒体对进博会开幕第一天的报道为对象进行分析，可以发现，西方发达国家因对进博会的举办目的、后续政策、社会影响等方面存在误解，相关报道存在一定的负面情绪。这些质疑一方面是因为在"西强我弱"的国际传播格局中，我国开展的各项活动必然会被国际传播结构所形塑，遭受抹黑与恶评。想要解决这一问题，我国需要通过长期的努力和发展，利用后发优势改变不合理的国际传播秩序，这无疑是一场持久战；另一方面是因为中国媒体在报道进博会时，往往从自身出发对进博会的信息进行跟踪报道，而没有站在传播对象的立场上思考海外受众的关注焦点，这就造成了国内媒体难以有效回应外媒质疑。这启示我们主场外交活动的对外传播要学会换位思考，从不同传播对象的角度出发，有针对性地传播信息和回应质疑，从而提升传播效果。

---

① 刘滢．"全球中国"视域下媒体国际传播效能提升的新思考［J］．新闻与写作，2021（9）：69-74.

四、总结

进博会的海外传播效果充分体现了设置核心议题、重视意见领袖对提升主场外交活动传播效果的积极作用。这启示我们在进博会的宣传中需要注意以下几点：一是明确每届进博会的举办意义以及背后承载的理念，由此设置相关议题，同时也要注意议题之间的管理与协作；二是通过互动策略、利益关联等方法吸引更多意见领袖参与，不断提升跨圈层的传播能力；三是传播中国声音时要有的放矢，要有针对性地回应，做到微观对话与宏观叙事的有机结合。

思考题

1. 相较于首届进博会，第二届进博会在Twitter平台的传播效果显著提升，请分析其中的原因。
2. 主场外交活动中应如何优化议题设置以提升国家形象？
3. 请分析意见领袖在对外传播中的作用。

参考文献

[1] 汤景泰，陈秋怡，高敬文.传播网络与跨圈层传播：中国主场外交的国际传播效果研究[J].新闻大学，2020（8）：56-70，128.
[2] 叶俊，李霏卿，张佳佳.全球媒体对中国形象的跨国界建构——首届中国国际进口博览会国际舆情分析[J].对外传播，2018（12）：43-46.
[3] 刘滢."全球中国"视域下媒体国际传播效能提升的新思考[J].新闻与写作，2021（9）：69-74.
[4] 郭庆光.传播学教程[M].北京：中国人民大学出版社，1999.
[5] 李智.国际传播[M].北京：中国人民大学出版社，2013.
[6] 人民网舆情数据中心.首届中国国际进口博览会传播影响力报告[R/OL].（2019-02-23）[2022-10-31].https://www.ciie.org/zbh/cn/19us/ciie/review/20190223/10958.html.
[7] 人民网舆情数据中心.第二届中国国际进口博览会传播影响力报告[R/OL].（2020-02-23）[2022-10-31].https://www.ciie.org/resource/upload/zbh/202005/231324291q3q.pdf.

【作者：吴文汐　卢庆瑶】

北京冬奥会：创新符号表达，赢得关注和认同

导语

作为全球最重要的国际体育盛会，奥运会一直是各国经济、政治、文化等多种实力相互竞争的互动空间，承载着传播奥林匹克精神、塑造国家形象、达成全球共识的重大使命。2022年北京冬奥会于2月4日在鸟巢举行。据统计，本届冬奥会收视率再创新高，引全球公众关注，社交媒体平台Twitter上相关话题的讨论展现了人们对北京冬奥会开幕式的高度认同。冬奥会吉祥物"冰墩墩"也引发了海外公众热议，传播热度居高不下。本案例从符号学视角出发，揭示冬奥会及其吉祥物"冰墩墩"在海外获得良好传播效果的原因，为日后国际体育盛会的对外传播提供启发。

一、案例背景

2022年2月4日，北京冬奥会顺利开幕。作为重大国际体育赛事，北京冬奥会承担着传播奥林匹克精神、塑造中国国家形象的使命。尤其在"世界百年未有之大变局"和新冠疫情的双重背景下，办好冬奥会这一跨国性体育盛会，是中国向世界作出的庄严承诺。习近平总书记在北京冬奥会主媒体中心考察调研时强调："要通过办好这样的大型国际赛事活动，进一步提升我们的文化传播力、新闻影响力、国家软实力。"[①] 这既为北京冬奥会的宣传报道指明了方向，又为向世界讲好中国故事、传播好中国声音提供了根本遵循。

二、案例描述

（一）冬奥会收视率创新高，引发全球关注

2022年2月20日晚，北京冬奥会闭幕，这标志着为期17天的冬奥会圆满结束。据统计，本届冬奥会是2008年以来收视率最高的一届。在日本，冬奥会整体观看人数超过1.4亿。在澳大利亚，开幕式收视率比上届提升331%，观赛人数超过1,000万，占澳大利亚总人口的40%。北京冬奥会在欧洲几个冬季运动大国也获得极大的收视成功。在德国，377万名观众通过电视二台观看了2月4日的开幕式转播，收看人数比上届高出170万；394万名观众通过电视一台观看了2月5日的冬奥会转播，收看人数是同时段其他节目收看人数的2倍。在奥地利，ORF电视台的冬奥转播最高观看人数为41.6万，平均收看人数为31.6万，收视率高达63%。在瑞典，Kanal5电视台的开幕式

---

① 郭沛沛，赵卫东. 创新传播手段 提升传播效能——北京冬奥会、冬残奥会宣传报道对加强国际传播能力建设的启示［EB/OL］.（2022-04-07）［2023-12-12］. http://theory.people.com.cn/n1/2022/0407/c40531-32393069.html.

收视率比上届开幕式高出1倍。

同时，本届冬奥会在其他转播方式中也创下了史无前例的收视纪录。在美国，Peacock TV 平台上冬奥会的观看总时长高达39亿分钟，而此平台历届冬奥会的收视总时长仅有4亿分钟；在加拿大，半数以上的民众通过广播在线收听冬奥会；在欧洲，观众早已习惯在不同时段收看奥运比赛，近半数的民众通过不同平台关注了北京冬奥会。总的来说，本届冬奥会线上线下的关注量远超以往，是一次成功的跨文化传播实践。[①]

（二）海外观众对开幕式反响热烈，但负面声音仍存在

作为世界最大的公共交流平台，Twitter 涵盖了世界各国人群，拥有庞大的用户数量和活跃的用户群体，是进行国际传播效果评估的良好平台。冬奥会开幕式作为传递我国价值理念和文化内涵的媒介事件，具有深刻的社会价值。因此，研究此次冬奥会开幕式在 Twitter 平台的传播效果对此后的跨文化传播具有重要的借鉴意义。根据范家其等人的研究，以"Opening Ceremony"为关键词，选取北京时间2022年2月4日至9日 Twitter 平台的有效推文42,213条，通过随机抽样选取400个样本。分析发现，在内容主题方面，样本中与开幕式相关的正面内容约占总体的31.25%；通知类内容与其他内容占总体的18%与17.5%；开幕式负面内容、运动员相关内容、其他争议内容分别占比4%、10%、10%（见图6-3）。31.25%的样本体现积极的价值观念，例如"奥林匹克精神""环境保护""绿色生态""包容""和平"等。[②]

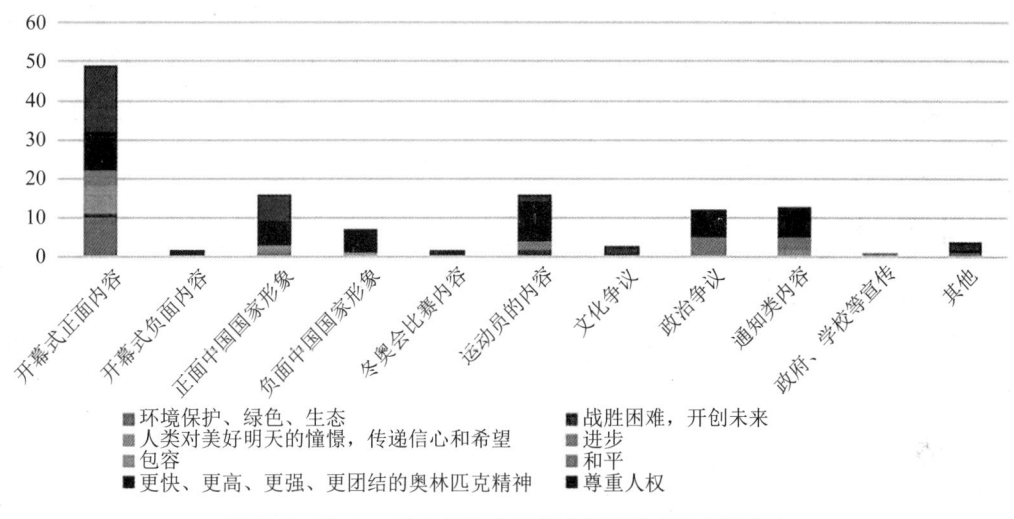

图6-3 Twitter 北京冬奥会开幕式报道的内容主题分布
资料来源：《北京冬奥会开幕式的跨文化传播效果研究——基于 Twitter 用户发言的分析》

---

① 受众研究中心.北京冬奥会全球收视扫描［EB/OL］.（2022-03-04）［2023-12-12］.https://mp.weixin.qq.com/s/1wxZiHLVWK71QvmO-Im4zg?.
② 范家其，王宇.北京冬奥会开幕式的跨文化传播效果研究——基于 Twitter 用户发言的分析［J］.传媒，2022（14）：93-96.

（三）吉祥物"冰墩墩"成为"顶流"，传播热度持续攀升

"冰墩墩"作为本届冬奥会的吉祥物，在不到一周时间迅速火遍全网，相关话题频繁登上社交媒体热搜榜，周边商品销售一空，成为千金难买的网红吉祥物。与此同时，"冰墩墩"也引发了海外公众热议，在 Tik Tok 平台上点击和下载率最高，平均每条视频的点赞数为 7,354，下载数为 60；在 Instagram 上留言数最高，平均每条帖文获得留言 73.6 条；各平台与"冰墩墩"相关的帖文数量较为平均，从开幕到闭幕基本呈现水平线走势。① 从整体上看，"冰墩墩"受到了海外公众的共同喜爱，一方面是以普通公众为代表的民间国际传播矩阵，例如 Tik Tok 上的 Mulan stalking、missbeibei、niniinchina、TangKnows、ananinChina 等博主，其中 niniinchina 发布的关于"冰墩墩"的视频获得众多海外网友的评论转发，实现了良好的传播效果；另一方面是以外国记者和运动员为代表的意见领袖传播主体，例如日本记者辻冈义堂，在社交平台上多次表达了对"冰墩墩"的喜爱，使得日本掀起了一股抢购"冰墩墩"的热潮。

薛可等人以"BingDwenDwen""BingDunDun""冰墩墩"为主要关键词，选取 2022 年 2 月 4 日至 21 日 Twitter、Instagram、Tik Tok 等多个海外社交媒体平台上的 50 篇帖文进行分析发现，各大平台上与"冰墩墩"相关的内容情感态度以积极为主，占比 90%。发帖人身份以普通网民为主，占比 62.7%，知名博主占比 17.3%，运动员占比 10.7%，中国媒体及发言人占比 4.7%。通过分析海外社交媒体平台的高频内容可发现，首先，"冰墩墩"与其符号原型大熊猫之间存在强关联，占比 51.3%；其次，"可爱"也成为与"冰墩墩"关联较多的形容词，占比 11.3%。以 Tik Tok 为例，非比赛内容占比 55%，其中与"冰墩墩"有关的内容占比 11%。Tik Tok 关于冰墩墩的帖文中，熊猫占比 9.3%，航天员占比 1.3%，冰糖葫芦、冰丝带、红心图案均占比 0.7%。②

三、案例分析

（一）通过共情传播引发情感共鸣

1909 年，学者爱德华·布雷福德铁钦纳提出用英语 Empathy（同情，共鸣）来代替德语 Einfuhlung（进口），并将其定义为一种自我融入其他事物并逐步实现客体人性化的过程。③ 由此可见，共情是指人类感同身受地去理解他人心境、处境，这并非是一种情绪或感受，而是一种理解他人特有经历并据此作出回应的能力。在国际交流日益

---

① 薛可，古家谕，陈炳霖.共情·创新·融合：文化符号与国家话语体系构建——基于"冰墩墩"的社交媒体平台内容分析［J］.新闻与写作，2022（5）：35-45.
② 薛可，古家谕，陈炳霖.共情·创新·融合：文化符号与国家话语体系构建——基于"冰墩墩"的社交媒体平台内容分析［J］.新闻与写作，2022（5）：35-45.
③ 唐宁，唐然.共情理论视域下重大突发事件微纪录片的视听传播探究［J］.中国电视，2020（8）：9-13.

频繁的今天，共情可以快速拉近两国距离，获得情感认同。由于国际传播是一种跨越国界、语言和文化的交流活动，因此时空和语言文化的距离要求国际传播的内容具有一定的共情性，以减少跨文化传播的障碍。这种传播内容的共情性主要表现在主题的性质上，如有关人道主义、和平发展等主题极易打动人心和引起共鸣，给绝大多数公众带来震撼，产生良好的国际传播效果。

面对不同文化背景和价值理念的海外受众，通过何种方式清晰准确传递信息，避免文化折扣，是冬奥会报道需要重视的问题。本次开幕式突出了"和平""团结""绿色""自然"等各国共同关注的主题，促进各国受众对于表演环节的理解。例如，运动员入场曲是对19首世界古典音乐的融合与改编，展现中国对各国文化的包容与尊重。此次开幕式表演的主角都是普通人，不再是明星的主场。他们用简约朴素的表达方式致敬现实生活中的平凡英雄，直抵人心，引发共鸣。这种具有共情性质的文化符号能够快速使传播双方达成共识，在符号互动、共享的过程中实现意义的扩张及共通意义空间的扩大。

研究者通过对随机抽样的400个样本进行分析发现，有31.25%的推文体现价值理念，例如"和平""绿色""自然"等词条讨论度较高。开幕式正是通过贯穿这种全人类共同关注的议题，采用具有共情性的文化观念引发各国观众的情感共鸣，从而获得良好的传播效果。此次冬奥会开幕式通过传达具有共情性的主题内容，将全球性与民族性相连结，在共情传播中激发全球观众的共情反馈，从而构建了中国向往和平、心系世界的国际形象。因此，以情感共振为媒介的跨文化传播是提升国家形象的重要方式。

（二）创新传统符号，获得情感认同

符号无处不在，日常生活中充满着各种符号，人与人之间的互动离不开符号，它既可以是具体的动作、语言或物体，又可以是抽象的思想或情感。而文化符号作为符号的一种，其所携带的意义并非与生俱来，而是由所处时代、所在环境赋予的。每个民族都有自身独特的文化符号，中华民族五千年的悠久历史孕育了许多内涵丰富的文化符号，例如雄伟壮阔的万里长城、可爱憨厚的熊猫、遍布各地的中国美食等，这些文化符号在塑造我国国家形象，搭建我国话语体系方面发挥着重要作用。

学者罗兰·巴特曾提出，在一个文本中，不同程度地存在着令人熟悉的旧文本，例如先前文化的文本和周围文化的文本，任何文本都是过去引文的一个新织体。[①]换言之，先前文化具有文化符号的民族性与传统性，周围文化展现文化符号的创新性与时代性。通过对多个海外平台的50篇帖文进行内容分析发现，"可爱"（Cute、Love）成为与"冰

---

① 张蕊，王瑾.北京2022年冬奥会文化符号设计与传播价值研究[J].包装工程，2022（10）：190-196.

墩墩"联系较多的形容词，占比 11.3%，这说明"冰墩墩"作为文化符号获得了广泛的国际共识。此外，"冰墩墩"与其符号原型大熊猫之间存在强关联，占比 51.3%，这说明"冰墩墩"容易被海外网友接受的主要原因是其原型大熊猫这一中国传统文化符号获得全球公众的喜爱与认同，因此通过创新传统文化符号所形成的"冰墩墩"极易拉近与全球公众之间的距离，减少不同国家公众对于"冰墩墩"的陌生感与距离感，获得普遍的情感认同。另外，航天员、冰丝带等构成元素也在"冰墩墩"相关帖文中占有一定比例，说明"冰墩墩"这一吉祥物将民族文化与现代事物相结合，在传递中国文化和奥林匹克精神的基础上，传播地域文化、映射奥运理念、关联未来与科技感，实现了传统性与时代性的融合。传统文化符号通过创新，与海外受众在文化的相互交流中产生了情感的共鸣。

（三）促进符码转换，改变态度倾向

斯图亚特·霍尔被称为英国文化研究之父，是编码解码理论的提出者。霍尔提出了信息交流的四阶段理论：生产、流通、分配/消费和再生产。由于传播者和受传者有着不同的文化背景与意识形态，使得传播者编码与受传者解码之间存在隔阂。霍尔通过上述分析，提出三种关于受众解码的不同模式：即主导—霸权式、协商式、抗争式。在主导—霸权式解码中，受传者直接从信息内容中获取内涵意义，在主导符码范围内进行操作；在协商式解码中，受传者对于传播者所传递的意义并非全部接受，而是存在相容因素与对抗因素的混合；在抗争式解码中，受传者"有可能完全理解话语赋予的字面和内涵意义的曲折变化，但他以一种全然相反的方式去解码信息"，即受众解码处于"对抗"地位。[①] 霍尔提出的编码解码理论虽然诞生于电视时代，但是在媒介不断融合发展的当下仍然具有可借鉴的理论意义。

冬奥会开幕式作为媒介事件的跨文化传播实践，在引来海外社交媒体用户激烈讨论、高度赞美的同时，也出现了不少负面言论。研究者通过对样本进行内容分析，发现"政治争议""开幕式负面内容""负面中国国家形象"等内容主题分别占总体的 7%、4%、3%，并且在"尊重人权"价值观念样本中，"中国负面态度"占比达 40.6%，这体现了 Twitter 平台相关内容中中国负面态度与人权争议的强相关性。出现这些争议的原因，一方面是中西方话语体系与文化存在差异，海外受众在观看开幕式后，想要在解码过程中清晰准确地理解我国在编码过程中想要传递的理念具有一定难度，因此必然会存在误解与隔阂；另一方面是西方媒体对中国事件的报道存在政治化倾向，在新闻编码过程中存在框架化、污名化的言论，出现由"政治偏见"代替"文化偏见"

---

① 李冰，李静，王如诗. 情感共鸣与价值引领：银发综艺节目的编码解码研究［J］. 中国电视，2022（9）：28-34.

的现象。样本中质疑、嘲讽、戏谑、愤怒等负面态度占比分别为 7.5%、3.75%、4.25%、5.75%，这也说明开幕式报道在跨文化传播过程中存在难以避免的抗争式解码。因此，如何突破西方媒体由意识形态支配的报道框架，如何在复杂解码编码过程中保持信息传递的准确性与真实性，如何拓宽中西方共通的意义空间来促进符码转换以改变"他塑"的"拟态事实"，是目前对外传播亟须解决的问题。

四、总结

对北京冬奥会传播效果的分析，充分表明了文化符号在跨文化传播过程中的价值，开幕式展现的共情性文化符号以及"冰墩墩"这一极具国际共识的吉祥物，减少了因政治和文化区隔所导致的陌生感，拉近了海内外公众的心理距离，改变了我国原有的"自塑"话语体系，形成具有共识性的"他塑"话语体系。同时，外媒报道仍存在具有明显情感偏向的"政治化"解读，引导读者形成刻板印象，产生了较大的负面效应，需要引起官方重视。我们要直面西方媒体的蓄意抹黑、无端挑唆，以官方身份在海外社交媒体上积极发布信息，扩大自身影响力，以更好地发挥舆论引导作用。

思考题

1. 试析冬奥会吉祥物"冰墩墩"得到海外受众关注与喜爱的原因。
2. 在重大国际赛事的对外传播中，如何通过创新传统符号提升对外传播效果？
3. 如何运用共情传播引发情感共鸣，提升国际传播效果？

参考文献

[1] 薛可，古家谕，陈炳霖.共情·创新·融合：文化符号与国家话语体系构建——基于"冰墩墩"的社交媒体平台内容分析[J].新闻与写作，2022（5）：35-45.

[2] 范家萁，王宇.北京冬奥会开幕式的跨文化传播效果研究——基于 Twitter 用户发言的分析[J].传媒，2022（14）：93-96.

[3] 唐宁，唐然.共情理论视域下重大突发事件微纪录片的视听传播探究[J].中国电视，2020（8）：9-13.

[4] 张蕊，王瑾.北京2022年冬奥会文化符号设计与传播价值研究[J].包装工程，2022（10）：190-196.

[5] 李冰，李静，王如诗.情感共鸣与价值引领：银发综艺节目的编码解码研究[J].中国电视，2022（9）：28-34.

[6] 郭庆光.传播学教程[M].北京：中国人民大学出版社，1999.

[7] 李智.国际传播[M].北京：中国人民大学出版社，2013.

[8] 刘巍枫.以北京冬奥会为契机建构国际传播正面叙事[J].对外传播，2022（6）：47-50.

[9] 钟新，蒋贤成，王雅墨.国家形象的跨文化共情传播：北京冬奥会国际传播策略及效果分析

[J]．新闻与写作，2022（5）：25-34．

[10] 曾祥敏，方笑．中国形象塑造与对外传播话语构建——北京冬奥会融合传播探析[J]．传媒，2022（11）：58-61．

【作者：吴文汐　卢庆瑶】

中国城市海外网络传播效果：效果分化，特色致胜

导语

城市作为国家的组成单元，在国家形象塑造中扮演着关键角色。它不仅是国家形象建构的重要组成部分，而且是我国对外传播的重要内容。社交媒体的快速发展，也为我国城市海外传播提供了有力支持。本案例以《2021中国城市海外网络传播力建设报告》为例，从传播效果视角出发，探讨在社交媒体时代我国城市如何通过掌握平台特性、善用长尾效应、运用共情传播和打造城市文化符号等策略，提升城市在海外的知名度和形象，为更好地提升我国城市海外传播效果提供参考。

一、案例背景

习近平总书记强调，讲好中国故事，传播好中国声音，展示真实、立体、全面的中国，是加强我国国际传播能力建设的重要任务。①城市作为人类社会文明的重要物质和精神载体，蕴含着极具特色的海外传播资源。随着我国融入全球化的进程加快以及我国自身现代化的深入发展，中国城市的国际化日益成为发展的必然趋势，中国城市海外形象建构也逐渐成为一个重要命题。

随着信息技术的飞速发展，互联网已成为民众获取信息的主要来源。国外社交平台的兴起打破了国家与地域的限制，海外民众借助社交平台能更加方便快捷地了解中国城市形象。Tik Tok等海外社交平台的应用，使得城市形象在新的技术环境下呈现新的样貌。我国城市也逐渐开始重视利用海外社交平台提升自身在海外的形象，例如，成都市充分运用Tik Tok短视频平台展示时尚文化和自然景观；珠海市注重利用大型节事塑造城市品牌，其举办的国际航空航天博览会吸引了国外众多军迷的关注。

---

① 共产党员网．习近平：高举中国特色社会主义伟大旗帜　为全面建设社会主义现代化国家而团结奋斗——在中国共产党第二十次全国代表大会上的报告[EB/OL]．(2022-10-16)[2023-11-29]．https://www.12371.cn/2022/10/25/ARTI1666705047474465.shtml．

在海外网络平台中，Google、Twitter、YouTube 以及 Tik Tok 具有较高的影响力。Google 搜索作为全球最大的搜索引擎，包含了全球主流媒体的新闻报道。利用 Google 平台分析与中国城市有关的新闻内容和新闻报道数量具有较高的研究价值和可信度。Twitter 是全球性的社交媒体平台，其数据统计在一定程度上能反映中国城市在海外传播的深度和广度。YouTube 作为海外主要的视频网站，在该平台上进行影像传播能够吸引全球用户关注并形成视觉化印象。YouTube 的数据统计在一定程度上能反映中国城市的跨文化传播和沟通能力。Tik Tok 通过本土化运营策略在海外赢得了大量用户的喜爱。研究我国城市在 Tik Tok 平台上的统计数据，对于探究我国城市在社交媒体平台的海外网络传播力具有重要意义。

为了把握目前中国海外城市形象的总体情况，北京师范大学、《中国日报》和光明网联合发布的《2021 中国城市海外网络传播力建设报告》（下文简称《报告》）通过设定具体的维度和指标来构建我国主要城市在 Google、Twitter、YouTube 以及 Tik Tok 平台的传播力指数，较为全面、详细、客观地展示我国主要城市在海外的传播状况。本案例以《报告》为例，分析中国城市的海外传播效果。

二、案例描述

（一）主要城市海外网络传播效果评估指标体系构建

《报告》以我国 337 座城市（自治州、地区、盟，不含港澳台地区城市）为研究对象，在 Google、Twitter、YouTube、Tik Tok 4 家平台使用关键词检索的方式获取相关信息，为保证所采集的数据为英文语境下的信息，且避免与城市同名的信息混淆，研究者在关键词检索时，对直辖市、省会城市及计划单列市的英文名称冠以双引号，对普通地级市的英文名称在冠以双引号的同时，加上该城市所在省份的英文名称（带双引号）。在指标体系构建方面，通过专家法，并依据各平台特点设置了不同的指标和权重（见表 6-3）。其中，Google、Twitter 和 YouTube 这 3 个平台的指标均包含"非负新闻/信息/视频数量"这一项，该指标通过随机抽样的方式，对新闻、信息和视频等条目进行正负面情感倾向编码得到负面信息率后计算而来。此外，Twitter 平台维度还包含"点赞量""转发量"和"评论量"3 个指标，所占权重分别为 7%、4% 和 4%。Tik Tok 则包含"浏览总量"1 个指标，所占权重为 20%。[①]

表 6-3 中国城市海外网络传播力指数指标体系

维度	指标	权重	
Google	非负新闻数量	20	20

[①] 张洪忠，方增泉，周敏.2021 中国海外网络传播建设报告［M］.北京：经济管理出版社，2022：160-161.

续表

维度	指标	权重	
Twitter	点赞量	7	30
	转发量	4	
	评论量	4	
	非负新闻数量	15	
YouTube	非负视频数量	30	30
Tik Tok	浏览总量	20	20

资料来源：《2021中国城市海外网络传播力建设报告》

（二）主要城市在不同平台的海外传播效果描述

1. Google平台：头部城市传播效应强，特色化宣传效果较好

在Google平台中，研究者根据算法得出337座城市的Google传播力指数。Google传播力指数排名前3的城市分别为上海市（100）、北京市（99.74）、武汉市（47.70）。排名前3的普通地级市（自治州、地区、盟）为三亚市（32.02）、南通市（17.45）、苏州市（12.63）。综合Google平台的传播力指数来看，城市之间的Google传播力指数差异较大。

深圳市和大同市在Google平台传播力指数方面表现不俗。深圳市传播力指数多年稳居靠前位置，被海外媒体称作中国城市化的典范。作为改革开放前沿阵地，深圳市在对外传播方面积极宣传自身成就和特色，内容涵盖经济、科技、文化、社会等各领域，在Google中有关"Shenzhen"话题搜索结果共计78,500条。

大同市传播力指数排名相比2020年上升了37名，上升速度较快。在对外传播中，大同市借助数字经济实现"煤都"转型发展的经济类新闻较多，向海外受众展示了"煤都"的绿色转型。

2. Twitter平台：城市传播效果参差不齐，"他者"视角吸引受众关注

Twitter传播力指数排名前3的城市分别为北京市（100）、武汉市（97.75）、上海市（94.12）。排名前3的普通地级市（自治州、地区、盟）为张家界市（41.53）、恩施土家族苗族自治州（39.36）、天水市（38.80）。综合Twitter传播力指数来看，直辖市、省会城市和计划单列市整体传播力较强，但各城市之间的差异仍然较大，普通地级市（自治州、地区、盟）在Twitter的传播力总体较弱，各城市间的传播力差异相对较小。

在Twitter平台，昆明市和张家界市综合传播力指数较高。在对外传播中，昆明市着力从"他者"印象方面展示昆明城市形象。在Twitter使用关键词"Kunming"检索统计期间与昆明市相关的推文，检索出大量与生物多样性相关的内容，发文主体包括国际组织、海外媒体等，内容涵盖各种类别。

张家界市在对外宣传中善用国外受众熟悉的元素。《阿凡达》电影上映后，"潘多拉很遥远，而张家界很近"的宣传口号为国外网友留下了深刻的印象。张家界著名景点"南天一柱"后来也被以电影中的景点命名为"哈利路亚山"，为国外网友津津乐道。

3. YouTube 平台：城市传播力差距较大，科技手段与城市内容结合较好

YouTube 传播力指数排名靠前的城市依次为上海市（100）、武汉市（98.89）、北京市（95.62）。排名前 3 的普通地级市（自治州、地区、盟）为开封市（55.79）、中山市（48.84）、三亚市（48.55）。综合 YouTube 传播力指数来看，直辖市、省会城市和计划单列市整体传播力较高，但各城市之间存在较大差异。普通地级市（自治州、地区、盟）在 YouTube 传播力指数相对较低，各城市之间的传播力差异相对较小。

在 YouTube 平台，厦门市是 2021 年排名上升最多的计划单列市。厦门市在海外传播的宣传中将 4k 高科技手段与城市内容相结合，4k 街景使得海外友人能够以"第一人称"视角观察厦门，同时超高清的 4k 分辨率能够确保细节极高的还原度，让海外受众在观看视频过程中享受好莱坞级别的画质，这易使受众产生强烈的沉浸感。

4. Tik Tok 平台：城市传播两极分化严重，符号化传播赢得受众青睐

在 Tik Tok 平台，全国 337 座城市中有 186 个城市的传播力指数低于 1，102 座城市的传播力指数为 0，这表明在 Tik Tok 平台，我国城市的传播力存在两极化。

在 Tik Tok 平台，成都市和景德镇市获得良好的传播效果。以"成都"为标签的视频主要围绕熊猫、时尚以及城市景观这三个方向进行符号生产，吸引了大量海外用户观看。以"景德镇"为标签的内容中，许多视频集中展示了与"瓷器"这一文化符号相关的内容。这些视频主要包括知识讲解、符号展示、用户体验三种类别，为海外用户提供了重要的了解中国文化的窗口。

三、案例分析

（一）掌握平台特性，展示城市良好形象

新媒体时代，网络平台有四种可供性特征：持久性、可见性、可传播性、可搜索性。持久性意味着用户表达的内容可以被持久保存，可见性代表更多的潜在受众可以被发现，可传播性代表内容可以被轻易分享，可搜索性即内容方便被搜索。[1] 随着网络平台的种类与数量不断增多，不同网络媒体平台构建了复杂、差异化的网络场域。在媒介交往中，不同媒体平台提供不同的交流情景和传播场域。用户个体会结合自己的需要迁徙并活跃于不同社交媒体平台。网络媒体平台特性也会对传播效果产生不同影

---

[1] 徐艳珠，张志安. 从平台可供性视角看中国企业海外传播 [J]. 对外传播，2020（7）：10-12.

响，要想最大化地提升城市海外网络传播效果，就要针对不同的平台采取针对性的传播策略。

根据《报告》内容，我国主要城市在 Google、Twitter、YouTube 以及 Tik Tok 平台的传播力指数有不同的表现。Google 搜索涵盖了全球主流媒体的新闻报道，我国城市为了提升在 Google 平台的曝光量，牢牢把握宣传主动权，积极主动设置城市对外传播议题，增强新闻宣传报道的力度，引导国际舆论。Twitter 平台作为全球使用率最高的 10 个应用之一，对人们的生活起着重要的作用。我国城市在 Twitter 平台进行对外宣传时，要注重利用 Twitter 平台交互性强的特点，增强与用户的互动，提升用户好感度。YouTube 作为海外影响力较大的视频平台，是对外宣传城市形象、讲好中国故事的重要渠道。我国城市在 YouTube 平台进行对外宣传时，要找准自身城市特色，尽可能地在视频中展示城市良好风貌，从而为受众留下深刻印象。Tik Tok 覆盖全球 150 个国家和地区，在全球拥有 10 亿活跃用户。作为新兴的短视频平台，Tik Tok 为我国城市文化国际传播带来了新机遇。我国城市在 Tik Tok 平台进行海外传播时，要充分了解短视频平台的算法机制，结合城市自身特色和热点事件来进行城市宣传。

（二）善用长尾效应，提高城市"自塑"力

根据《报告》内容，在全国 337 座城市中，北京市、上海市、武汉市这些一线城市在海外媒体传播状况良好。与直辖市、省会城市及计划单列市相比，普通地级市（自治州、地区、盟）的平均海外网络传播力明显偏低。虽然"一线头部"城市为海内外受众留下了较为深刻的印象，获得良好的传播效果。但是互联网的发展也使传统的大众传播模式面临分散化、个人化的挑战，有着个性化特征的小众群体在网络中日渐活跃。[①] 因此，"尾部"的普通地级市可以通过挖掘城市自身特点，通过网络传播平台对外宣传，利用长尾效应，找准并积累自己的海外受众粉丝群体，进而提升城市的海外网络传播力。大同市在 Google 的传播力指数排名相比 2020 年前进了 37 名，排名上升速度较快。据 Google 报道，大同市引进一批高新技术产业项目，大力推动数字经济与实体经济深度融合，促进能源供应链从单一到多元、从"黑色"到"绿色"的转变。[②] 在对外传播中，大同市借助数字经济实现"煤都"转型发展的城市特色，吸引了大量海外媒体进行报道，"煤都"的绿色转型被展示给海外受众。随着中国国际地位的日益提升，中国城市在进行海外传播时，要牢牢把握宣传主动权，主动提升城市外宣媒体的自塑力，将我

[①] 陈力丹，霍仟. 互联网传播中的长尾理论与小众传播［J］. 西南民族大学学报（人文社会科学版），2013（4）：148-152，246.

[②] PR Newswire.Chindata Group opens Asia's largest single hyperscale data center in Shanxi［EB/OL］.（2020-11-06）［2023-11-29］. https://www.prnewswire.com/news-releases/chindata-group-opens-asias-largest-single-hyperscale-data-center-in-shanxi-301167715.html.

国城市在世界上的形象建设逐渐由"他塑"为主转变为"自塑"为主，将国际传播话语权掌握在自己手中，从而不断提升我国城市的海外传播效果。

（三）运用共情传播，提升城市知名度

在城市对外传播中，有许多城市账号从外国人视角出发来宣传城市形象。对海外受众来说，由外国人在第一现场讲述中国故事这样具体化的叙事能够增强共情体验。在新的国际形势下，"他者"叙事的路径创新也为传统叙事提供了新的契机。昆明市借助 Twitter 平台宣传外国人对昆明城市故事的讲述，"Carlos Martinez"曾在 Twitter 平台发帖表示，"中国将领导并致力于建设 15 亿元的昆明生物多样性基金，来支持发展中国家的生物多样性保护，非常高兴能看到中国展现出的领导力。"不同于传统官方宣传话语体系，外国人讲述中国故事能够呈现不同的叙事视角，挣脱旧有思维方式的束缚，使受众重新认识中国。这种宣传方式既容易被海外受众接受和理解，提升城市传播的影响力，又容易向海外展现我国城市真实立体的良好形象。此外，也有许多城市在对外传播中发布思考人类共同命题的内容，由此引发海外用户的情感共鸣。在 Twitter 上，外国友人对南京人民在战争中所经历的苦难表达了深切同情，由此引发了网友对"反战"这一人类共同命题的深刻反思。共情传播的本质是传播者在一定程度上通过信息传递、信息扩散、信息共享与受众产生情感共鸣。[①] 随着全球化进程的深入发展，以共情传播作为国际传播交流的新契机，构建情感共同体，是顺应国际传播新趋势、提升国际传播效能的重要方式。

（四）打造城市文化符号，提升城市口碑

从城市海外网络传播力指数排名来看，许多传播力指数排名靠前、取得良好对外传播效果的城市，会通过展示城市独特而鲜明的文化符号向外界展示城市形象，彰显城市文化特征。文化符号是国家、民族、地区在物质和精神生产过程中所形成的关于物质和精神文化的标志。作为国家文化软实力的重要载体，文化符号在对外交往中起着举足轻重的作用。[②] 这些文化符号能够很好地体现城市特点，方便海内外受众进行记忆和传播，进而不断提升城市的传播能力。Tik Tok 作为新兴的短视频平台在海外传播中有较高的关注度，许多城市会借助 Tik Tok 平台传播自身特色形象。在 Tik Tok 平台，以"成都"为标签的视频主要展现了熊猫、时尚和城市景观三个方面的内容。这种"符号生产"与城市形象传播相辅相成，相互推动，加速城市形象在网络上的传播。而在以"景德镇"为标签的内容中，大量视频围绕着"瓷器"这一文化符号展开。在现代视频技术的加持下，"瓷器"符号在网络世界中展现强大的影响力，加深了受众对

[①] 张雅洁. 以"共情叙事"讲好中国故事——城市广电探索国际传播新路径［J］. 中国广播电视学刊，2022（9）：99-101.
[②] 刘国贞. 文化符号学视域下城市形象的传播［J］. 青年记者，2019（11）：77-79.

景德镇的印象。随着国内外文化的不断碰撞与交流，城市会逐步形成自己特有的文化符号，其意义模式本身的渗透能力非常强，它可以在一定程度上影响国内外受众对城市的认识，有助于城市在对外传播中取得良好的传播效果。

四、总结

国际传播对于城市形象的塑造是一个错综复杂的过程。在这个过程中，国际化社交媒体平台扮演着至关重要的角色。这些平台不仅是信息的传播者，而且是信息的加工者，它们能够巧妙地对城市的多元特征进行编码，将城市的各个方面以多样化、多层次的方式呈现给全球受众。在国际传播中，国际化社交媒体平台已经成为城市形象建构中不可或缺的一环。这些媒体平台承担着传递城市信息、展示城市魅力、推广城市文化的重要责任。随着互联网时代的到来，我国城市也需要积极参与国际传播，更加注重挖掘和凸显城市自身的独特魅力和特色。通过塑造城市文化符号，建构独具魅力的城市形象，结合国际化社交媒体平台的特性，把握平台可供性，以多样的方式宣传城市形象和文化内涵，从而确保城市形象能够在全球范围内得到积极评价和认可。

思考题

1. 中国城市可以运用哪些方式提升自身的海外网络传播力？
2. 在城市形象的海外传播中，网络平台特性如何影响城市海外形象的塑造？
3. 知名度相对较低的非一线城市应当如何提升自身的海外网络传播力？

参考文献

[1] 张洪忠，方增泉，周敏.2021中国海外网络传播力建设报告[M].北京：经济管理出版社，2022.
[2] 北京师范大学新闻传播学院海外网络传播力课题组.国际传播新格局下中国城市海外网络传播力分析[J].对外传播，2022（2）：50-53.
[3] 李智.国际传播[M].北京：中国人民大学出版社，2013.
[4] 徐艳珠，张志安.从平台可供性视角看中国企业海外传播[J].对外传播，2020（7）：10-12.
[5] 陈力丹，霍仟.互联网传播中的长尾理论与小众传播[J].西南民族大学学报（人文社会科学版），2013（4）：148-152，246.
[6] 张雅洁.以"共情叙事"讲好中国故事——城市广电探索国际传播新路径[J].中国广播电视学刊，2022（9）：99-101.
[7] 刘国贞.文化符号学视域下城市形象的传播[J].青年记者，2019（11）：77-79.

【作者：吴文汐　刘英杰】

中央企业海外网络传播效果：内容多元，成效显著

导语

在全球化背景下，中央企业特有的资源和影响力，对于塑造和传播国家形象、推动国际交流与合作具有关键意义。基于此，本案例以《2021 中央企业海外网络传播力建设报告》为例，从传播主体、内容、受众、渠道四个方面分析了中央企业海外传播的效果。积极传播多元内容、主动对外设置议题、加强互动传播在中央企业对外传播中发挥了积极作用。为了更好地适应和引领未来发展，中央企业应当进一步拓宽海外媒体渠道的建设，加强与国际市场的连接，从而更好地适应国际市场的需求，提升自身的竞争力，为国家的形象塑造和国际交流与合作作出更大的贡献。

一、案例背景

中央企业是指由中央人民政府（国务院）或委托国有资产监督管理机构行使出资人职责的国有独资或国有控股企业。其领导班子由中央直接管理或委托中央组织部、国务院国资委或其他中央部委（协会）管理。中央企业是中国经济的重要名片，更是国民经济的重要支柱。

随着互联网信息技术的不断进步，海外社交平台蓬勃发展，它推动了全球各地的沟通与联系，打破了地域和国界限制，促进了文化交流。同时，海外社交平台也成为全球商业的重要渠道，让企业能够推广产品、服务和品牌形象，接触更广泛的国际市场。海外社交平台的兴起不仅促进了全球化的交流与合作，而且为企业带来了更广阔的互动与发展机遇。中央企业重视利用国外社交平台提升自身形象，例如，中国交建集团注重使用延时与航拍技术，在不同的视角切换中展现项目真实的建设过程，充分利用短视频形式展现中国交建的"中国速度"，在海外取得了良好的传播效果。

为了解我国企业海外网络传播力现状，提高企业海外网络传播力，北京师范大学新闻传播学院课题组编著了《2021 中央企业海外网络传播力建设报告》（下文简称《报告》），对 96 家中央企业在国际搜索网站和海外社交平台的数据进行了具体的维度和指标分析，详细全面地展示了中央企业海外网络传播力现状，为了解中央企业海外网络传播力建设情况提供了强有力的数据支持。基于此，本案例以该《报告》为例分析中央企业海外传播效果。

二、案例描述

（一）中央企业海外网络传播效果评估指标体系构建

《报告》选取在海外有影响力的 6 个平台 Google、Wikipedia、Twitter、Facebook、Instagram、YouTube 作为考察对象。数据采集时间为 2020 年 10 月 15 日至 2021 年 10 月 14 日。在检索过程中，研究者使用英文对中央企业名称进行搜索，如若在搜索过程中存在无关信息混入的情况，则通过人工筛选的方法确定中央企业的正确网址，从而确保数据的科学性与准确性。

Google 是全球最大的搜索引擎平台，用 Google 平台分析与中央企业有关的新闻报道内容具有较高的可信性。Wikipedia 是一个以多种语言为基础写成的网络百科全书，中央企业是否能积极主动地面向全球完善自身媒体资料，可以通过 Wikipedia 平台英文词条的完整性反映，而中央企业和用户之间的沟通交流状况可以通过网站的编辑频率和链接的数目体现。Twitter 作为全球最大的社交媒体平台之一，在多个国家和地区被广泛使用。Twitter 平台的数据统计在一定程度上可以反映中央企业在海外的影响力。Facebook 是一个以"熟人"社交为核心的社交媒体平台，其数据统计能够在一定程度上反映中央企业在海外传播的触达范围、深度以及认同程度。Instagram 主打图像社交的平台运营模式深受年轻人喜爱，对该平台进行数据统计分析，能够从侧面了解中央企业的品牌影响力和在海外的多模态信息传播效果。YouTube 是全球最大、最具影响力的视频网站之一，它的统计数据能够较好地体现中央企业的跨文化交流能力。

《报告》采用德尔菲法设立指标和权重。首先，选取 Google、Wikipedia、Twitter、Facebook、Instagram、YouTube 6 个平台作为考察对象；其次，对每个对象设立具体指标，通过赋予各项指标不同权重，计算评估我国中央企业的海外网络传播力综合指数。研究者对 25 个二级指标逐一赋予权重进行量化统计分析，得出 96 家中央企业的海外网络传播力综合指数得分（见表 6-4）。[①]

表 6-4 中央企业海外网络传播力指数指标体系

对象	指标	权重	
Google	新闻数量（正面新闻）	25	25
Wikipedia	词条完整性	2.5	10
	一年内词条被编辑的次数	2.5	
	一年内参与词条编辑的用户数	2.5	
	链接情况（What Links Here）	2.5	

---

① 张洪忠，方增泉，周敏.2021 中国海外网络传播力建设报告［M］.北京：经济管理出版社，2022：97-98.

续表

维度	指标		权重	
Twitter	自有账号建设	是否有官方认证账号	1	20
		粉丝数量	4	
		一年内发布的内容数量	4	
		一年内最高转发量	3	
		一年内最多评论数	3	
	平台传播量	正向传播量	5	
Facebook		是否有官方认证账号	1	15
		好友数量	5	
		一年内发布的内容数量	5	
		一年内最高点赞数	4	
Instagram		是否有官方认证账号	1	15
		粉丝数量	2.8	
		一年内发布的内容数量	2.8	
		一年内最多回复数量	2.8	
		一年内图文最高点赞数量	2.8	
		一年内视频最高点击量	2.8	
YouTube		是否有官方认证账号	1	15
		订阅数量	4.6	
		一年内发布的内容数量	4.7	
		一年内最高点击量	4.7	

资料来源:《2021中央企业海外网络传播力建设报告》

（二）中央企业在不同平台的海外传播效果描述

1. Google平台：中央企业效益与技术发展引外媒关注

在Google传播力指数得分中，排名靠前的中央企业有：中国移动通信集团有限公司（100）、中国中车集团有限公司（99.62）、中国联合网络通信集团有限公司（93.15）、招商局集团有限公司（90.49）。

在Google平台国外主流媒体的报道中，企业效益和技术的发展主题与中央企业关联度较高。中国中车集团有限公司2021年7月推出的600 km/h的超高速磁悬浮列车引起了国外媒体的极大关注，*Trains*等多家国外媒体争相报道。中国航天科工集团有限公司的"嫦娥五号"机器人探测器在月球悬挂国旗等成就，也引起了包括美国太空新闻网（SpaceNews）在内的多家海外媒体的关注与报道。

2. Wikipedia 平台：传播力指标总体增幅较小

中国南方航空集团有限公司（100）、中国东方航空集团有限公司（97.31）、中国第一汽车集团有限公司（87.79）在 Wikipedia 平台传播力指数排名靠前。

与 2020 年相比，中央企业在 Wikipedia 平台的传播力总体上略有提高，词条完整性由 2020 年的 59.8% 上升至 2021 年的 66.7%，年平均参与编辑用户的数量增加 3 人，总体上各项指标均有增长，但增速相对缓慢。部分中央企业忽视对 Wikipedia 平台的建设，在搜索中发现，中国煤炭科工集团有限公司等 13 家中央企业连续两年在 Wikipedia 平台无相关数据。

3. Twitter 平台：企业特色宣传模式效果良好

中国东方航空集团有限公司（100）、中国石油化工集团有限公司（95.20）、中国南方航空集团有限公司（94.53）、哈尔滨电气集团有限公司（92.36）、中国建筑集团有限公司（91.89）在 Twitter 平台传播力指数得分比较靠前。

在拥有 Twitter 账号的中央企业中，不同企业能够根据自身发展模式进行宣传。中国交通建设集团有限公司注重运用延时和航拍技术，展现工程的真实施工情况。哈尔滨电气集团有限公司在展现园区环境和规模时，倾向于使用 1 分钟以内乃至 10 秒以内的短视频形式。这几种特色宣传模式均获得了良好的传播效果。

4. Facebook 平台：传统文化与创意宣传相结合

Facebook 上传播力指数得分靠前的中央企业有中国南方航空集团有限公司（100）、中国东方航空集团有限公司（92.16）、中国移动通信集团有限公司（91.14）。

在 Facebook 平台上，航空类中央企业与中国交通建设集团在 Facebook 平台的各维度排名中均比较靠前。航空类中央企业以文化类内容为重点进行传播，将传统文化类内容与创意宣传方式相结合，增强了海外传播效果。中国航空集团有限公司在海外传播中，通过举行活动赢奖品等趣味模式传播中国文化。中国交通建设集团有限公司在海外传播内容中融入公益元素，推出了"爱的形状"公益话题栏目，不仅吸引了大量海外用户关注，而且在此过程中树立了良好的企业形象。

5. Instagram 平台：企业与用户互动效果好

中国南方航空集团有限公司（100）、中国建筑集团有限公司（97.16）、中国东方航空集团有限公司（93.80）、中国铝业集团有限公司（91.22）在 Instagram 平台的传播力指数得分比较靠前。

在 Instagram 平台，中国南方航空集团趣味粉丝数量位列中央企业排名第一，其发布的内容丰富多样，传播效果较好。中国南方航空集团 2021 年发布的"机翼上的小触角是什么？"推文获 4,019 次点赞，是南航"一年内最多回复量"的推文。

6. YouTube 平台：宣传内容灵活多样

中国中车集团有限公司（100）、中国移动通信集团有限公司（93.68）、中国东方航空集团有限公司（89.51）在 YouTube 平台传播力指数得分比较靠前。

中国东方航空集团有限公司在 YouTube 平台的海外网络传播力，在一年内有了巨大飞跃，订阅数量翻了 63 倍，单个视频的最高点击量达 23,673 次。中国东方航空集团有限公司发布的视频中，既有对企业本身的介绍，又有对中国传统美食、中国传统手工艺、中国传统节日等内容的宣传，其借助灵活多样的内容形式，塑造了企业良好的海外形象。

三、案例分析

（一）积极传播多元内容，促进海外文化交流

传播内容是国际传播过程的中心要素，也是影响国际传播效果的最重要的因素之一。由于国际传播是一种跨国界、跨语言和跨文化的传播，因而时空和语言文化的距离要求国际传播的内容要减少跨文化传播的障碍。[①] 根据《报告》内容可知，中国交通建设集团在 Facebook 平台推出的"爱的形状"公益话题栏目，通过定期介绍公司的志愿项目，分享员工给山区孩子捐赠物资等影像资料，传递了一种跨越文化、国界的正能量。这样的公益活动内容不受文化壁垒的束缚，通过社交媒体平台的传播，将温暖和关爱传递到更广的范围。公益活动不仅能够打动人心和引起共鸣，而且展现了企业的社会责任感和人文关怀，为企业树立了积极的形象。

尽管国际传播内容应该努力减少或避免跨文化传播的障碍，但其题材可以是民族国家独有的，具有本土文化特色的。[②] 国家特色文化也能够吸引受众注意力。根据《报告》内容可知，利用文化类内容进行传播表现突出的为航空类中央企业。中国航空集团有限公司的宣传方式十分独特，通过举行活动赢奖品的模式将对外传播与中国文化相结合，用一种有趣有效的方式实现对中国文化的宣传。其相关推文也获得了 2,616 次点赞，可见人们对这一话题的兴趣度和关注度较高。因此，中央企业在进行海外传播时，为了避免受众审美疲劳，还应在传播内容上更贴近当下中国文化发展现状和特点，与时俱进创新传播内容，将国际化和本土化表达方式相结合，努力让海外用户了解更真实的中国。

（二）对外主动设置相关议题，吸引国际社会关注

国际议程设置可以理解为，国家等行为主体围绕特定的目的，通过主动对议题进

---

① 李智. 国际传播 [M]. 北京：中国人民大学出版社，2013：171.
② 李智. 国际传播 [M]. 北京：中国人民大学出版社，2013：171-172.

行界定选择、冲突拓展和利益动员,从而达到吸引国际社会关注,最终将自身属意的议题纳入国际议程的目的,使得国际舆论导向有利于自己的议题选择。[①] 通过《报告》内容可知,在中央企业的海外传播实践中,企业的经济与技术成就得到国外媒体报道,特别是企业在某个领域取得重大技术突破时,往往能够吸引海外网络平台的极大关注。

由此可见,国外媒体和海外人士都对中央企业技术特征以及取得的突破性成就非常关注。这些报道不仅是对中国企业技术实力的认可,也是对中央企业在全球舞台上不断增强的科技影响力的认可。通过海外媒体的报道,中国企业的技术成就得到了更广泛的认可和关注,鉴于此,中央企业在开展海外传播时应更加侧重宣传企业所拥有的技术实力和持续的发展成就,积极地设定企业在国际舞台上所要呈现的议题,主动向海外媒体传递技术创新等信息,让更多国际受众了解企业的技术实力和发展成就,进而提升中央企业在国际上的知名度和认可度。

(三)加强互动传播,树立企业良好形象

在传播过程中,即便是同一个传播者,使用同一种传播媒介,传播同样内容的信息,在不同的传播对象那里也会引起不同的反应,从而产生不同的传播效果。[②] 因此,面对众多不同个性和需求的国际传播对象,国际传播者想要提升国际传播效果,就必须积极主动地去贴近、了解传播对象的需求,不断增强与用户的互动交流。国际社交媒体平台开发了互动交流的功能,能够更好地实现用户间的互动交流。[③] 根据《报告》内容可知,中央企业在海外传播过程中注重使用多样化互动方式调动用户积极性。在Instagram平台,中国南方航空集团趣味粉丝数量位列中央企业第一名。中国南方航空集团注重通过趣味提问增强与用户间的互动,在社交媒体中持续推出话题,促使更多的受众参与传播过程。人们以各种不同的观点和立场参与热点话题的讨论,从而实现传受双方充分而有效地沟通,促进传受双方更广泛地交流和理解。

未来,中央企业在国际传播交流中应重视与用户互动,通过开展趣味问答、互动留言等活动,与受众建立更加密切的联系,持续推出符合受众兴趣的内容,建立一个更为开放、有益于深入对话的双向传播体系。加强企业与受众之间的联系,可以为企业在海外传播中树立更加积极、更有影响力的形象。

(四)渠道建设不足,限制中央企业海外网络传播力的提升

作为传播的中介,传播媒介是传播过程的重要组成部分,也是传播行为得以实现的不可或缺的物质手段。作为一种跨国界、跨语言的特殊传播活动,国际传播对传播媒介

[①] 陈正良,高辉,薛秀霞.国际话语权视阈下的中国国际议程设置能力提升研究[J].中国矿业大学学报(社会科学版),2014(3):93-98.

[②] 李智.国际传播[M].北京:中国人民大学出版社,2013:173.

[③] 杨保军.论传播主体与接受主体的关系[J].国际新闻界,2003(6):44-48.

的要求和依赖程度更高,因此,传播媒介对国际传播效果的影响程度也更深。①

目前,中央企业在国际社交平台的入驻能力相对薄弱,部分企业忽视对海外平台的宣传建设,存在账号更新较慢,甚至未开通企业账号的情况,忽略了互联网的传播规律。这会限制中央企业海外网络传播力,未来中央企业在国际传播方面应采取多种措施积极协调,促进各级传播主体在海外平台开设账号,通过社交媒体拓展公共讨论空间,丰富信息来源并提高信息可信度。②在海外传播过程中,中央企业需要积极构建与新兴媒体之间的合作关系,深化与受众之间的互动与联系,以实现信息触达效果的最大化,从而提升信息传播的实际效果。

四、总结

在当今全球化的背景下,中央企业在国际传播中扮演着至关重要的角色,其独特的资源和影响力对于塑造和传播国家形象、促进国际交流与合作至关重要。中央企业的海外网络传播效果充分体现了积极传播多元内容、主动设置对外议题、加强互动传播在提升海外影响力的积极作用。在未来发展中,为了拥有更加广泛的发展空间和更多的国际传播机遇,中央企业应进一步拓宽海外媒体渠道建设,提高各级传播主体在海外平台开设账号的水平,持续推进媒体融合向纵深发展。这种深度融合不仅包括技术层面的整合,而且涉及文化、信息和传播的多维度交流与合作,力求为中央企业在国际舞台上寻求更具创新性的国际传播模式、拓展国际影响力、增强国际竞争力提供坚实的基础。

思考题

1. 中央企业的海外网络传播力受到哪些因素的影响?

2. 对于中央企业而言,如何根据不同平台特征,针对性开展海外网络传播以获得良好的传播效果?

3. 在国际社交媒体平台上,中央企业应如何加强与用户的互动来提升对外传播效能?

参考文献

[1] 张洪忠,方增泉,周敏.2021中国海外网络传播力建设报告[M].北京:经济管理出版社,2022.

---

① 李智.国际传播[M].北京:中国人民大学出版社,2013:172.
② 北京师范大学新闻传播学院海外网络传播力课题组.中央企业海外网络传播力建设的三个关键节点[J].对外传播,2022(3):8-11,50.

［2］北京师范大学新闻传播学院海外网络传播力课题组.中央企业海外网络传播力建设的三个关键节点［J］.对外传播，2022（3）：8-11，50.

［3］郭庆光.传播学教程［M］.北京：中国人民大学出版社，1999.

［4］李智.国际传播［M］.北京：中国人民大学出版社，2013.

［5］王才勇.文化间性问题论要［J］.江西社会科学，2007（4）：43-48.

［6］陈正良，高辉，薛秀霞.国际话语权视阈下的中国国际议程设置能力提升研究［J］.中国矿业大学学报（社会科学版），2014（3）：93-98.

［7］杨保军.论传播主体与接受主体的关系［J］.国际新闻界，2003（6）：44-48.

【作者：吴文汐　刘英杰】

后　　记

《新时代国际传播案例教程》的出版得益于学科评估。在第五轮学科评估中，我院新闻传播学学科取得了相对较好的成绩，但在复盘问题时发现，教材建设仍然是我们的软肋，加强教材建设是提高学科综合实力的当务之急。立足国家提高国际传播能力，加强国际传播人才培养的现实需求，基于多年教学的经验积累，国际传播课程的主讲教师团队启动了案例教程的撰写工作。具体工作分工为：张淑燕负责全书的统筹和审稿工作，并撰写了第一、二、三、四章的15个案例，吴文汐撰写了第五、六章的8个案例，刘婷撰写了第一、二、三章的5个案例，刘小晔撰写了第一、四、五章的7个案例。

《新时代国际传播案例教程》从成稿到顺利出版，首先，要感谢东北师范大学传媒科学学院（新闻学院）提供的学科建设经费支持，让教材建设团队能够无后顾之忧地投入书稿写作；感谢东北师范大学发展规划处周霖处长围绕教材建设对国际传播未来的发展方向给予的规划指导，让团队有了更为清晰的发展思路。

其次，感谢精诚合作的每一位团队成员！吴文汐、刘婷、刘小晔三位优秀青年教师不但承担着科研、教学、研究生培养等繁重的工作任务，而且承担着繁重的家务劳动，她们克服重重困难全力以赴，为学科建设默默付出，这种奉献精神令人敬佩！同时，感谢参与教程写作的所有可爱的学生们，在导师的精心指导下，同学们不但加深了对所学知识的理解，而且学以致用，提高了分析问题、解决问题的能力，收获了成长。这一过程也丰富了青年教师的指导经验，从这个意义上看，本教程也是教学相长的成果。

最后，诚挚感谢中国传媒大学李智教授！我与李教授因国际传播的教学交流结缘，每每在教学过程中遇到困惑求教于李教授时，总能得到李教授的悉心指导，让我豁然开朗！本教程的出版更是益于李教授的牵线搭桥，让我有幸结识中国传媒大学出版社的曾婧娴编辑。在与曾老师的交流中，除了能感受到她作为责任编辑的专业与敬业，她谦虚和善的为人以及对作者的体贴和包容，更是给人如沐春风之感！

期待在编辑老师和作者团队的共同努力下，我们的成果能够收获社会效益，发挥应有的价值！

统稿人　张淑燕

2024 年 3 月

图书在版编目(CIP)数据

新时代国际传播案例教程 / 张淑燕等编著. -- 北京 : 中国传媒大学出版社, 2025.4.
ISBN 978-7-5657-3858-6

Ⅰ. G206

中国国家版本馆CIP数据核字第2025JB1399号

新时代国际传播案例教程
XINSHIDAI GUOJI CHUANBO ANLI JIAOCHENG

编　　著	张淑燕　吴文汐　刘　婷　刘小晔
策划编辑	曾婧娴
责任编辑	曾婧娴
特约编辑	王玉风
责任印制	李志鹏
封面设计	拓美设计
出版发行	中国传媒大学出版社
社　　址	北京市朝阳区定福庄东街1号　邮　编　100024
电　　话	86-10-65450528　65450532　传　真　65779405
网　　址	http://cucp.cuc.edu.cn
经　　销	全国新华书店
印　　刷	艺堂印刷(天津)有限公司
开　　本	787mm×1092mm　1/16
印　　张	18.75
字　　数	366 千字
版　　次	2025年4月第1版
印　　次	2025年4月第1次印刷
书　　号	ISBN 978-7-5657-3858-6　　定　价　69.00元

本社法律顾问：北京嘉润律师事务所　郭建平